GS

René Teuteberg, Raymond Petignat,
Dorothea Roth, Rudolf Suter

Albert Oeri
1875 bis 1950

Journalist und Politiker
aus Berufung

GS-Verlag Basel

Der Verlag dankt
- Herrn Dr. Jakob Oeri für seine Hilfe
- Herrn Dr. Rudolf Suter für die Gesamtredaktion.

Im GS-Verlag Basel ist ferner herausgekommen:

Albert Oeri
O. – Tagesberichte 1932 bis 1945
erschienen in den Basler Nachrichten
322 Seiten, gebunden, ISBN 3-7185-0175-9

Bibliografische Information der Deutschen Bibliothek
Die Deutsche Bibliothek verzeichnet diese Publikation in der Deutschen Nationalbibliografie; detaillierte bibliografische Daten sind im Internet über http://dnb.ddb.de abrufbar.

© 2002 GS-Verlag Basel
Typografie / Imaging: Bildpunkt AG, Münchenstein
Druck: Stiehler Druck & media GmbH, Denzlingen
ISBN 3-7185-0192-9

Inhalt

11 Vorwort

Leben und Wirken Albert Oeris

15 Die Familie
    Johann Jakob I. Oeri — 16
    Johann Jakob II. Oeri — 18
    Johann Jakob III. Oeri — 20

23 Lehr- und Wanderjahre
    Universitätsstudium in Basel und Göttingen, Doktorpromotion — 25
    Mitglied der Studentenverbindung Zofingia — 28
    Wintersemester 1899/1900 in Berlin — 29
    Die Griechenlandreise 1900 — 32
    Lehrer am Gymnasium in Gotha — 33

35 Der weitere Lebensgang
    Ahnentafel — 40

42 Der Historiker
    Basilia und Robur, 1896 — 43
    De Herodoti fonte Delphico, 1899 — 43
    Das Orakel von Delphi und die griechische Politik, 1899 — 44
    Herodots Ehrlichkeit, 1900 — 45
    Der Revisionsgeneral Rolle, 1904 — 46
    Confession, 1905 — 47
    Hans Stockars Jerusalemreise und sein Tagebuch von 1520-1529 — 48

Antiker Aberglaube, 1908	48
Die Schweiz im 15. Jahrhundert, 1908	49
Schweizerische Stadttyrannen, 1909	50
General Dufour	51
Die Basler Universität und das Basler Gemeinwesen, 1910	51
Die Ergebnisse des Balkankrieges, 1913	52
Aus einer bösen alten Zeit, 1925	52
Kontinentalsperren, 1941	54

56 Der Literat

Zofingerkonzert-Prolog, 1895	57
Einem Zofingerfreund ins Liederbuch, 1899	57
Hochzeits-Stiggli, 1910	58
Ein Traum, 1916	59
D Helgegant, 1921	60
Besuch im Basler Rathaus, 1922	62
Festspiel, 1923	63
Hans Trampers Flucht vor der Langeweile, 1924	65
Die unemietigi Gosche, 1926	69
Die Reiseberichte	70

71 Der Kunstfreund

78 Der Lokalpolitiker

Beginn der Laufbahn, 1902-1908	78
Untersuchung im Polizeidepartement – «Affäre M. und H.», 1908/09	80
Soziales Engagement, 1910-1916	83
Staatliches Lebensmittelamt, Kriegsfürsorge 1917-1920	87
Arbeitszeitgesetz, 1919/20	91

Bürgerliche Arbeitsgemeinschaft, 1920/21	92
Arbeitslosenunterstützung, Krisenhilfe, 1922	95
Tumulte im Grossen Rat, 1923	98
Gleichberechtigung der Frauen, 1920, 1926	101
Schulgesetz und «Rotes Treffen», 1927, 1929	105
Wachsamkeit gegenüber Faschismus und Kommunismus, 1928	108
Auseinandersetzungen mit Friedrich Schneider, 1931/32	111
Widerstand gegen die neue deutsche Ideologie, 1933ff.	115
Der «Fall Hauser», Frühjahr 1935	119
Universitätsgesetz, 1935-1937	121
Proteste im «roten Basel» gegen den Nationalsozialismus, 1935-1939	124
Zweiter Weltkrieg: «Giftgasaffäre» – Tod Hausers – Nichtwahl Friedrich Schneiders als Grossratspräsident, 1939-1941	127
Nachkriegszeit: letzte Beiträge Oeris im Grossen Rat, 1945-1948	133

135 Der eidgenössische Politiker

Die Leidensgeschichte der aussenpolitischen ständigen Kommission	142
Albert Oeri und das Flüchtlingsproblem	144
Albert Oeri und das Frauenstimmrecht	148
Die ausserparlamentarische Tätigkeit Albert Oeris während des Zweiten Weltkriegs	149
Das politische Credo	155

162	Der Journalist und Kommentator	
	Vom «Zeitungsschangi» zum Chefredaktor mit internationaler Leserschaft – die «Basler Nachrichten» und ihre Entwicklung in der Presselandschaft	162
	Der «Gegengiftkoch»	164
	Die Auseinandersetzung mit Albert Oeris Schaffen – Eine Fülle von Material und ihre Grundlagen	168
	Technische und redaktionelle Voraussetzungen im Pressewesen zur Zeit Albert Oeris – Verbreitung und Vertrieb der «Basler Nachrichten»	181
	Nachrichtenquellen, Herkunft von Informationen	193
	Versuch einer kritischen Würdigung – weitere Zitate aus «Tagesberichten»	200
	Bolschewismus, Faschismus und Nationalsozialismus – zwischen Skylla und Charybdis	229
	Illusionen von Rechts und Links	232
	Misstrauen und bürgerliche Ängste gegenüber dem Sozialismus	235
	Albert Oeris Sicht auf Sowjetrussland	239
	Fascismus – Nationalsozialismus – Faschismus	245
	Albert Oeri und die Pressezensur von 1939 bis 1945	254
275	Anmerkungen	
285	Verzeichnis der Abbildungen	
286	Kurzporträts der Autoren	

Aus dem Werk Albert Oeris

291	Politische Literatur	
	Deutschland	
	Vier O. – Tagesberichte	293
	Der Bayernputsch, 1923	293
	Das Kabinett Hitler, 1933	296
	Die Judenverfolgung in Deutschland, 1938	299
	Der Verschwundene, 1945	302
	Deutscher Mikromythos, 1945	309
	Schweiz	
	Wann soll die Schweiz dem Völkerbund beitreten?, 1920	315
	Ein Plädoyer, 1931	349
	Schweizertum und Nationalsozialismus, 1933	357
	Bundesrat Motta †, 1940	363
	Gesund bleiben, 1940	368
377	Reiseberichte	
	Die griechischen Reisebriefe, 1900	379
	Reise durch den Peloponnes	380
	Inselreise	386
	Reise nach Troja und Konstantinopel	395
	Reise nach Mittelgriechenland	407
	Ein Streifzug nach Kommagene, 1906	416
	Erste Reise durch die Vereinigten Staaten, 1918	425
	An der Ruhr, 1923	440
	Drei Wochen in Spanien, 1929	461
	Zweite Reise durch die Vereinigten Staaten, 1930	473

Vorwort

Albert Oeri, dessen Werk und Wirken im vorliegenden Buch umfassend dargestellt und sorgfältig gewürdigt werden, war eine führende Persönlichkeit im politischen und kulturellen Leben Basels während der ersten Hälfte des 20. Jahrhunderts. Dank seiner besonderen aussenpolitischen Kompetenz gewann er auch Einfluss auf der eidgenössischen Ebene; seine Stellungnahmen wurden sogar im europäischen Ausland beachtet.

Sehr bereichernd ist, dass nach der eindrücklichen Biographie, die der bewährte Historiker René Teuteberg mit Beiträgen von Dorothea Roth, Raymond Petignat und Rudolf Suter verfasst hat, Oeri selber mit wichtigen politischen Aufsätzen und fesselnden Reiseberichten, diese vor allem aus Griechenland, zu Wort kommt.

Seine einzigartige Lebensleistung ergibt sich aus wenigen Zahlen. Oeri war während 50 Jahren Redaktor der «Basler Nachrichten», während 40 Jahren Mitglied des Grossen Rates und während nahezu 20 Jahren Abgeordneter im Nationalrat. Auf Grund seiner bewundernswerten Arbeitskraft hat er eine fast unübersehbare Zahl von Leitartikeln, Aufsätzen, Reden etc. publiziert. Obwohl sein Hauptinteresse eindeutig auf der Aussenpolitik lag, hat er sich an jeder grösseren politischen Auseinandersetzung in seiner Vaterstadt beteiligt und an jedem wichtigen Gesetzgebungswerk mitgewirkt. Da ich am Ende seiner Amtszeit sein Kollege im Grossen Rat gewesen bin, erinnere ich mich gut daran, mit welchem Interesse seine Interventionen aufgenommen wurden. Da er leise sprach, bildeten sich um ihn stets starke Ansammlungen von Ratsmitgliedern, die sich seine Beurteilungen nicht entgehen lassen wollten.

Die Grundlagen der Politik Oeris waren solid und klar. Er war ein überzeugter schweizerischer Demokrat liberal-konservativer

Prägung. Die betont wirtschaftsfreundliche Haltung der «Basler Nachrichten» wurde gemildert und aufgehellt durch den Basler Charakter des Grossneffen Jacob Burckhardts. Seine innere Heimat war das humanistische, fromme und soziale Basel.

Oeri war ein überzeugter Befürworter der Gleichberechtigung der Frau und deshalb auch des Frauenstimmrechts. Schon zu Beginn des letzten Jahrhunderts hat er sich für die obligatorische Unfall- und Krankenversicherung eingesetzt. In einer markanten Rede vor dem Nationalrat empfahl er 1942, mitten in schwerster Kriegszeit, eine menschliche, grosszügige Flüchtlingspolitik und kritisierte die Praxis des Bundesrates. Hätten seine Ratschläge Gehör gefunden, so wäre uns heute manch berechtigter Vorwurf erspart geblieben.

Grösste Verdienste hat Oeri sich erworben mit seinem festen und konsequenten Eintreten für eine unabhängige, neutrale Schweiz gegenüber der nationalsozialistischen Bedrohung. Er hat die totalitären Systeme bekämpft und ihre deutschen wie auch ihre einheimischen Anhänger verurteilt. Trotz behördlicher Zensur hat er seinen Standpunkt deutlich und beharrlich vertreten. Zusammen mit der «NZZ», dem Berner «Bund» und der sozialdemokratischen Presse bildeten die «Basler Nachrichten» den Kern des Widerstandes. Oeri bleibt darum als grosser Patriot in bester Erinnerung.

Die Gedanken und Prinzipien von Albert Oeri sind nicht nur geschichtliche Zeugnisse. Sie behalten ihre Bedeutung auch im 21. Jahrhundert. Als Beleg diene ein einziges Zitat aus dem Sammelband «Alte Front»: «Es gibt in der Politik keine schwerere Sünde als die Verantwortungsscheu und keine grössere Tugend als die Verantwortungsbereitschaft.»

Basel, im Mai 2002

Hans Peter Tschudi
alt Bundesrat

Leben und Wirken Albert Oeris

Die Familie

Ein grosser Teil der Basler Bevölkerung glaubt, die durch ihre kulturelle Tätigkeit bekannt gewordene Familie Oeri gehöre zu den ganz alten Basler Geschlechtern, wie die Burckhardt, die Merian, die Sarasin u.a. Das stimmt aber nicht. Im September des Jahres 1999 feierten die Oeri die Verleihung des Basler Bürgerrechtes vor 150 Jahren. Also erst im Jahre 1849 sind sie eine Basler Familie geworden. Die früheren Oeri waren Zürcher! Darum stellt sich Albert Oeri im Juli 1933, als er vor den Zürcher Studenten einen Vortrag halten musste, als Zürcher Abkömmling vor. Nachdem er das Lob Zürichs gesungen hatte, die Stadt sei eine *«urbs agilis, novarum rerum cupida»*, gesteht er, dass sein Stammvater ein Zürcher gewesen sei. Das sei freilich schon lange her, denn «seither sind wir heftig verbaslert». Aber Zürich sei die Stadt seiner toten Vorväter, und der erste bekannte Oeri sei in der Mitte des 14. Jahrhunderts schon politischer Führer gewesen – oder Rädelsführer? –, fügt er bei. Die Familiengeschichte der Oeri ist schon zwei Mal ziemlich gründlich erforscht worden.[1] Aus der Fülle der Namen, die besonders in den Zürcher Steuerbüchern festgehalten sind, nennen wir nur einige wenige. Ulrich Oeri (oder auch Röri geschrieben), der in der Literatur als Stammvater bezeichnete Oeri, war schon zu Rudolf Bruns Zeiten, also um 1350, Zunftmeister und als Mitglied des Rates auch Mitglied der Regierung. Die folgenden Generationen sind bereits reich und politisch mächtig und spielen nicht nur in Zürich, sondern auch in der Eidgenossenschaft eine wichtige Rolle.

Über Generationen hinweg waren die Oeri in Zürich Goldschmiede.[2] Bemerkenswertes leistete Anton Oeri (1532-1594). Er war von Beruf Baumeister; heute würde man sagen: Architekt. Sein Hauptobjekt, das «Bauhaus», ein städtischer Repräsentationsbau und zuletzt Sitz der Stadtregierung, wurde erst Ende des

19. Jahrhunderts abgebrochen.³ Immer wieder werden Angehörige der Familie Oeri Mitglieder der Regierung und dadurch Landvögte in den Untertanengebieten. In militärisch führender Funktion nehmen sie an allen Kriegen des 14. und 15. Jahrhunderts teil: am «Alten Zürichkrieg», am «Waldshuterkrieg», am «Burgunderkrieg» und am «Schwabenkrieg». Ebenso häufig befindet sich unter den Friedensvermittlern in eidgenössischen Händeln ein Oeri. Der erste Oeri, der in Basel gelebt hat, war der Student Rudolf (um 1460-1502). Er immatrikulierte sich 1476 an der noch jungen Universität. Nach der Fortsetzung des Studiums in Tübingen, wo er sich durch ziemlich rüde Studentenstreiche hervorgetan haben soll, durchlief er wie die Vorfahren die Ämterlaufbahn in Zürich.⁴

Weil vom weitläufigen Geschlecht der Oeri nur ein einziger in der grossen «Allgemeinen deutschen Biographie» Aufnahme gefunden hat, sei dieser, Hans Jakob Oeri, hier erwähnt, obwohl er nicht direkt mit dem Basler Zweig verschwägert war:⁵ Hans Jakob lebte von 1782 bis 1868 meistenteils in Zürich; er wurde Landschaftsmaler, studierte in Paris und war danach acht Jahre in Russland als Maler tätig. Er soll, was doch auf eine geistige Verwandtschaft mit den Basler Oeri hinweist, «geschichtsversessen» gewesen sein. Viele seiner Bildniszeichnungen bewahrt die graphische Sammlung des Zürcher Kunsthauses auf.

Johann Jakob I. Oeri, 1759-1829

Johann Jakob Oeri war der erste, der eine feste Beziehung zu Basel herstellte. Wir nennen ihn Johann Jakob I., weil noch zwei weitere des gleichen Namens folgen. Johann Jakob I. war Pfarrer in Wil (auch Wyl geschrieben), einer Gemeinde, die nördlich des Rheins liegt, aber noch zum Kanton Zürich gehört. Auch seine

Johann Jakob Oeri, 1759-1829
Pfarrer in Wil ZH.

erste Frau Esther, geb. Schinz, war eine Zürcherin. Ihre Familie war mit dem damals berühmten Pfarrer und philosophischen Schriftsteller Johann Caspar Lavater (1741-1801) befreundet. Diesen feurigen Kämpfer gegen die unchristlichen Ideen der französischen Revolution hatte die helvetische Regierung aus Zürich ausgewiesen und nach Basel verbannt. Hier schloss er Freundschaft mit dem reichen Ratsherrn und Bandfabrikanten Daniel Schorndorff (1750-1817) und dessen Frau Magdalena, geb. Iselin (1760-1832). Diese Begegnung der Schorndorff mit Lavater und der Zürcher Familie Schinz hat die Verbindung mit Basel vorbereitet. Im grossen Haus der Schorndorff am Nadelberg waren nämlich vier hübsche Mädchen aufgewachsen.[6] Zwei von ihnen starben früh. Die beiden älteren, Magdalena und Susanna (genannt Setti), heirateten beide einen Pfarrer. Setti den Basler Jakob Burckhardt, wodurch sie die Mutter des Kulturhistorikers Jacob Burckhardt wurde, die ältere (Lene genannt) den 1810 verwitweten Pfarrer Oeri in Wil. Die grosse Verwandtschaft der Ehegatten Oeri und Schorndorff brachte Leben in das abgelegene Dorf Wil. Ein Bild davon findet man in der Korrespondenz der Schorndorff-Schwestern. Auch einer der ersten Briefe Jacob Burckhardts stammt aus Wil. Das erste bekannt gewordene Poem der Familie Oeri ist ein Trostgedicht des Wiler Pfarrers für seine Schwägerin in Basel, als deren Söhnlein Rudolf 1818 starb.[7]

Da die Wiler Dorfschule noch in ihren Anfängen steckte, unterrichtete Pfarrer Oeri seine Buben seit ihrem achten Lebensjahr in Latein. Später wurde der Pfarrvikar damit beauftragt. Das antike Bildungsgut ist also bei den Oeri schon früh gepflegt worden. Es erstaunt nicht, dass der Enkel Johann Jakob III. Oeri und der Urenkel Albert ihre Dissertation in lateinischer Sprache geschrieben haben.

Im Frühjahr 1829 traf das Unglück die Wiler Familie schwer. Der Vater, Johann Jakob I. Oeri, starb am 21. März, anderthalb Jahre später die Mutter. Jetzt waren die Söhne Vollwaisen. Sie wurden aber problemlos in der Familie des Onkels Burckhardt in Basel aufgenommen. Der jüngere, Daniel, blieb aber nur kurze Zeit in Basel. Er besuchte die Schulen in Lausanne, wurde Kaufmann und übersiedelte wieder in die angestammte Heimat. Johann Jakob II. Oeri aber ist der Stadt am Rheinknie treu geblieben und wurde der Stammvater aller heute noch in Basel lebenden Oeri.

Johann Jakob II. Oeri, 1817-1897

Johann Jakob II. Oeri hat die Verbindung zwischen den Zürchern und den Baslern dauerhaft gemacht. Wie gesagt: Nach dem Tod seiner Mutter im Jahr 1830 wuchs er im Pfarrhaus des Obersthelfers in der Münstergemeinde, im Haus am Hasengässlein, auf, und zwar zusammen mit dem gleichaltrigen Jacob Burckhardt. Und da Oeri eine Schwester Jacob Burckhardts, Louise, heiratete, wurde er auch Schwager Burckhardts. In der Studentenverbindung «Zofingia» bekam er – seiner Nase wegen – das Cerevis «Camuph» verpasst. Mit Burckhardt machte er im Sommer 1838 eine Reise nach Florenz, die dieser in einem erhaltenen Brief beschrieben hat.[8] Im September 1839 zogen die beiden Vettern nach Berlin, wo «Köbi» Geschichte, Johann Jakob Theologie studierte. Nach drei Semestern ging Oeri nach Bonn.

Nach einem Vikariat in Winterthur wurde er nach Lausen (bei Liestal) berufen und blieb der dortigen Gemeinde 53 Jahre treu. Als Präsident des reformierten Pfarrkonvents leistete er 30 Jahre lang der Baselbieter Kirche wertvolle Dienste. Er starb am 5. Juli 1897 in Basel, wurde aber auf seinen Wunsch in Lausen begraben.

Was Johann Jakob II. Oeri während vier Jahrzehnten in Lausen erlebt hatte, erfahren wir aus der gedruckten Predigt vom 29. Juli 1883. Und von Jacob Burckhardt gibt es einen Bericht über die Feier anlässlich der Amtseinsetzung, die ein Licht wirft auf das oft kritisierte Verhältnis der Baselbieter zu den Stadtbaslern. Die Gemeinde hätte die Feier gut vorbereitet und nach der Einsegnung habe man im Wirtshaus gegessen. Und dann heisst es: «Alles geschah ohne den mindesten Anstoss und kein Mensch hätte vor drei Jahren geglaubt, dass Leute von Stadt und Land sich also miteinander vertragen können.»[9] Diese versöhnliche Feier zwischen der Landschäftler Gemeinde und dem Stadtbasler Pfarrer war der Beginn einer lebenslangen Partnerschaft. Aus der erwähnten Predigt (1883), die er mit den Worten «Ich gedenke an die vorigen Zeiten» begann, wird ersichtlich, dass Johann Jakob II. Oeri während seinen 40 Amtsjahren nicht nur die christliche Lehre und Ethik verkündet hat, sondern regelmässig auch auf die Dorf-, Schweizer- und Weltgeschichte zu sprechen kam.

Johann Jakob Oeri-Burckhardt (1817-1897), Pfarrer in Lausen, der Grossvater von Albert Oeri.

Johann Jakob III. Oeri, 1844-1908

Zwei Söhne hatte der Lausener Pfarrer: Johann Jakob III., geboren am 24. Juni 1844, und Rudolf Daniel (1849-1917). Wir beschreiben hier den älteren, weil er der Vater Alberts geworden ist. Seine ersten Jugendjahre verbrachte «Schaaggi» in Lausen. Vom elften Lebensjahr an besuchte er dann die Schulen in Basel. Da noch keine Eisenbahnverbindung eingerichtet war, durfte er bei seinem Grossvater Dr. theol. Jakob Burckhardt, dem Antistes der evangelisch-reformierten Basler Kirche, wohnen. 1862 immatrikulierte er sich an der Philosophischen Fakultät der Universität Basel und studierte alte Sprachen. Nach vier Semestern bezog er die Universität Bonn, wo er nach nur zwei Jahren zum Dr. phil. promovierte. In seiner Dissertation, die er lateinisch abfasste, untersuchte er ein weit abgelegenes Thema, nämlich die Verszahlensysteme im antiken Drama. Nach dem Besuch des Königlich-Pädagogischen Seminars in Berlin erhielt er eine Stelle in der schlesischen Kleinstadt Kreuzburg, nahe der polnischen Grenze. Nach Vorschrift erwarb er die preussische Staatsbürgerschaft, ohne indessen seine schweizerische aufzugeben. Köstliche Briefe schickte Jakob aus Kreuzburg, das keine 5'000 Einwohner habe und es noch nicht zu einem Strassenpflaster gebracht habe, es sei das reinste Landstädtchen, die Leute seien gutmütig, aber nicht allzu geistreich. Oft zeigt er sich missmutig über den niederen Rang seiner Lehrstelle in Kreuzburg und sehnt sich nach höheren Lehrerämtern.[10] Sein Onkel Jacob Burckhardt liest ihm gelegentlich die Leviten und warnt ihn vor den «überschätzten akademischen Höhen».[11] Schon früher, als Jakob Oeri noch in Bonn studierte, hatte der Onkel die Ambitionen seines Neffen gedämpft. Er schrieb ihm zum Beispiel: «Der innere Friede und das bescheidene Wohlergehen gedeihen gewiss besser bei einer mässigen Gymnasialstelle... Nur muss man sich nicht in die Knechtschaft des sogenannten vollen Pensums begeben, sondern Zeit und Kraft für die innere Ausbildung übrig behalten.»[12] «Man kann ja sehr glücklich sein, ohne ein grosses Tier zu sein ... Wer frisch bleiben soll, der bleibt es auch mit Hilfe von Pflichterfüllung und guten Büchern in einer kleinen Stadt, und wer versauern soll, der versauert auch in Berlin und in Paris.»[13]

Der Gymnasiallehrer Johann Jakob Oeri (1844-1908) mit seiner Frau Adele (geb. Oschwald) und den Kindern Albert (Mitte), Eugen (rechts) und Marie-Louise.

Im September 1870 gab er seine Stelle in Kreuzburg auf, unterrichtete bis Oktober 1871 in Waldenburg, einer andern schlesischen Kleinstadt. Dann aber wurde er als Lehrer ans Gymnasium nach Schaffhausen berufen und heiratete Adele Oschwald. Albert, sein ältester Sohn, kam am 21. September 1875 in Schaffhausen zur Welt. Sein bestes Arbeitsfeld aber wurde 1882 das Humanistische Gymnasium in Basel, wo er 25 Jahre lang Griechisch, Latein und Deutsch unterrichtete. Ein anschauliches Bild des Lehrers Johann Jakob III. Oeri zeichnete sein Schüler Alfred Hartmann.

Er teilt mit, Dr. Jakob Oeri sei ein geistvoller, gemütlicher, dicker Mann gewesen, der gelegentlich gewaltig böse werden konnte, aber dessen Verstimmung nie lange angedauert habe.[14]

Jakob Oeri muss eine grosse Arbeitskraft besessen haben. Neben dem ungewöhnlich umfangreichen Lehrpensum fand er noch Zeit, politisch tätig zu sein. Er liess sich in den Grossen Rat des Kantons Basel-Stadt wählen und vertrat dort zehn Jahre lang, von 1889 bis 1899, die Liberale Partei. Aber nicht durch seine Lehrertätigkeit oder sein politisches Wirken hat sich Jakob Oeri ein bleibendes Denkmal gesetzt, sondern durch seine editorische wissenschaftliche Leistung. Er ist es, dem wir das Erscheinen der «Weltgeschichtlichen Betrachtungen» und der «Griechischen Kulturgeschichte» von Jacob Burckhardt zu verdanken haben. Da er bis kurz vor seinem Tod im Schuldienst stand, arbeitete er an der Edition vor allem in den Ferien, und zwar in Schaffhausen, im Haus seiner Schwägerin Marie Oschwald. Ein Neffe Oeris erinnert sich: «Ich sehe deutlich vor mir, wie mein Onkel jeweilen früh morgens, etwa um sieben Uhr, mit schweren Schritten, links und rechts beladen mit Büchern und Manuskripten vom Haus durch den Garten zur Veranda schreitet, um dort seine Arbeit zu beginnen. Um elf Uhr schreitet er dann wieder durch den Garten ins Haus zurück und begibt sich gewichtigen Schrittes in die Stadt hinunter, in die Rheinbadanstalt.»[15] Die «Weltgeschichtlichen Betrachtungen» Jacob Burckhardts hat Albert Oeri 1929 in der Gesamtaugabe wieder herausgebracht, allerdings ohne die Leseirrtümer seines Vaters zu korrigieren.

So vieles im Leben von Johann Jakob III. Oeri erscheint wie eine Vorwegnahme der Arbeit seines Sohnes Albert. Und wie eine Stafettenübergabe mutet es an, wenn 1908 an Stelle des verstorbenen Vaters der Sohn Albert in die «Hebelstiftung» gewählt wird.

René Teuteberg

Lehr- und Wanderjahre

Albert Oeri wurde am 21. September 1875 in Schaffhausen als ältestes von fünf Kindern des Gymnasiallehrers Johann Jakob Oeri-Oschwald geboren. Die Oeris wohnten im berühmten von Tobias Stimmer (1539-1584) bemalten «Haus zum Ritter». Man geht wohl kaum fehl, wenn man annimmt, der Knabe Albert habe von seinem Vater eine gründliche Erklärung der Fassadenmalerei aus der Spätrenaissance erhalten. Hier wird er zum ersten Mal die Namen der antiken Heroen und Sagenfiguren, Odysseus und Kalypso, aber auch die Namen Demosthenes und Cicero gehört haben. Von da an bleibt ihm die Antike präsent, auch wenn er beruflich sein Augenmerk vor allem auf die Gegenwart richten wird.

Vom Familienleben der Oeris weiss man nicht viel. Dass es aber lebhaft zu und her ging, verrät ein Satz in einem später entstandenen Festschriftartikel: In der «üppig übervölkerten Kinderstube» habe man entweder zusammen gespielt oder sich verhauen.[1] Schon in den frühen Schaffhauser Jahren lernte Albert einen Freund kennen, dem er bis ans Lebensende verbunden blieb, den Sohn des Pfarrers in der Nachbargemeinde Dachsen: Carl Gustav Jung (1875-1961). Albert und Carl trafen sich wieder in Basel, weil der Vater von Carl Pfarrer in Kleinhüningen und der Vater von Albert Lehrer am Gymnasium in Basel wurde. Von 1882 bis 1908 unterrichtete Johann Jakob Oeri als beliebter und fleissiger Lehrer alte Sprachen und Geschichte an der altehrwürdigen Basler Bildungsstätte.[2] Erst jetzt, als Johann Jakob an der Rebgasse 1 Wohnsitz nahm, sind die Oeris ganz «verbasleret». Die Beziehung zu Schaffhausen wurde aber nicht völlig abgebrochen. Während der Ferien stellte nämlich J.J. Oeri im Garten seiner Schwägerin Marie Oschwald in Schaffhausen nach Jacob Burckhardts Notizen eine endgültige Fassung her von dessen 1905 erstmals erschienenen «Weltgeschichtlichen Betrachtungen».[3]

Auch Albert pflegte die Verbindung zu seinem Geburtsort noch längere Zeit. Er hatte um 1908 einen Vortrag über die «Jerusalemreise» des Schaffhauser Ratsherrn Hans Stockar gehalten, der das Akten-Studium im Schaffhauser Archiv voraussetzte.

Im Frühjahr 1886 trat Albert in die erste Klasse des 300 Jahre alten Gymnasiums am Münsterplatz, der ehemaligen Lateinschule «auf Burg», ein. Gemäss dem Basler Schulgesetz von 1880 sah die Gruppierung der Schuljahre so aus: Dem Besuch der vierjährigen Primarschule vom 6. bis 10. Lebensjahr schloss sich vom 11. bis 14. Altersjahr das Untere, vom 15. bis 18. Altersjahr das Obere Gymnasium an. Mädchen war der Besuch des Gymnasiums verwehrt. Ein Grossteil der Unterrichtsstunden galt dem Latein- und Griechischunterricht. Die Aufgabe des altsprachlichen Unterrichts umschrieb der Kenner des Basler Schulwesens Theophil Burckhardt-Biedermann so: «Nicht äusserliche Nachahmung der Sprache des Altertums, sondern einerseits Übung der Geisteskräfte und Schärfung des sprachlichen Schönheitssinnes, andererseits Befruchtung unseres Geisteslebens durch das Studium der antiken Kultur – bezweckt das heutige Gymnasium».[4] Albert Oeri hat sich diese sprachliche Bildung in der Schule am Münsterplatz angeeignet und sie während eines ganzen Journalistenlebens täglich gepflegt.

Trotz der Qualitäten, die Albert im Gymnasium bewies, war er kein sogenannter Musterschüler. Die Notentabellen verraten es: Sein Name findet sich in den Notenlisten zwischen dem 3. und dem 13. Rang. Gute Noten erhält er regelmässig in den Fächern Latein, Griechisch und Deutsch. Seine Schwächen waren «Schreiben» (=Schönschreiben) und Turnen. Einmal weist die Betragensbemerkung «schwatzhaft» darauf hin, dass er sich in langweiligen Schulstunden lieber mit dem Banknachbarn unterhalten hat als zuzuhören.[5]

Alberts Schulzeit endete im Frühjahr 1894. Der Maturitätsausweis des Basler Gymnasiums öffnete die Türen zu allen Universitäten im deutschsprachigen Raum. Im gleichen Jahr, 1894, wurde Albert stellungspflichtig, das heisst, er hatte die jedem jungen Schweizer im Zusammenhang mit der Militärtauglichkeit bekannte Prozedur zu bestehen. Albert wurde der Infanterie zugeteilt, absolvierte 1895 in Aarau die Rekrutenschule und leistete die üblichen Wiederholungskurse. Im Ersten Weltkrieg rückte er zum Aktivdienst ein, wurde aber seines Berufs wegen nach 24 Diensttagen wieder entlassen.[6] Da er 1923 seine Wehrpflicht erfüllt hatte, wurde er im Zweiten Weltkrieg nicht mehr mobilisiert. Aber Soldat war er in jeder Beziehung geblieben. In der gefahrvollsten Zeit, am 15. Mai 1940, schrieb er dem Basler Regierungsrat, er werde nicht an einer nationalrätlichen Kommissionssitzung in der Innerschweiz teilnehmen, da dies einen «peinlich, defaitistischen Eindruck» machen würde. Solange Riehen – dies war sein Wohnort – nicht evakuiert werde, gehöre er nachts dorthin, denn «als alter Fusilier habe ich meine Uniform, mein Gewehr und 106 Patronen bereitliegen und bin durchaus schussfähig.»[7]

Universitätsstudium in Basel und Göttingen, Doktorpromotion

Am 26. April 1894 immatrikulierte sich Albert an der Universität Basel. In der Wahl der Studienfächer blieb er in den Fussstapfen seines Vaters: Er konzentrierte sein Studium auf Latein, Griechisch und Geschichte. Wir wissen nicht mit Sicherheit, welche Vorlesungen er gehört hat, da sein Testatbuch verlorengegangen ist. Aber wir wissen, welche Vorlesungen damals die Universität ihren Studenten angeboten hat. Siebzig

Dozenten lasen vor etwa vierhundert Studenten. Der berühmteste Gelehrte von europäischem Rang in Basel, Jacob Burckhardt, las zwar seit 1893 nicht mehr. Aber zu ihm hatte Albert sozusagen einen privaten Draht: Der Grossonkel hatte den Gymnasiasten schon beobachtet, denn er schrieb 1891 an einen Freund, der älteste Sohn seines Neffen – gemeint war der Neffe Johann Jakob Oeri-Oschwald – reife dem Maturitätsexamen entgegen und verspreche ein tüchtiger Mensch zu werden.[8] Anderseits wissen wir, dass Albert seinen Grossonkel öfters gesehen und mit ihm diskutiert hat. Ein schönes Zeugnis dieser Beziehung zwischen Grossonkel und -neffe ist der Brief vom 22. Juni 1896, den Albert aus Göttingen geschrieben hat, wo er zwei Semester (1896 und 1896/97) zugebracht hat.

Der ruhmvollste Gelehrte der philosophischen Fakultät Basel war der Sprachwissenschaftler Jakob Wackernagel (1852-1938). Er hatte als Verfasser einer altindischen Grammatik internationale Anerkennung gefunden und wurde darum 1902 an die Universität Göttingen berufen, die im 19. Jahrhundert eine der besten Universitäten Deutschlands war und deshalb gerne von Schweizer Studenten belegt wurde. Der bedeutendste Historiker war der Burckhardt-Schüler Adolf Baumgartner (1855-1930). Er behandelte die Weltgeschichte. Nicht beweisen kann man, ob Albert auch den damals noch wenig bekannten Kunsthistoriker Heinrich Wölfflin (1864-1945) gehört hat. Gewiss aber sass er in den Vorlesungen und Seminarübungen des jungen Professors der klassischen Philologie, Ferdinand Dümmler (1859-1896). Der geistvolle Mann und sein umfassendes Können seien den Studenten in dauernder Erinnerung geblieben, sagen die Universitätsgeschichten.

Spärlich fliessen die Nachrichten über den Göttinger Aufenthalt von Albert Oeri. Aus dem erwähnten Brief an den Grossonkel Jacob Burckhardt erfährt man, dass er wenig Kontakt mit den deutschen Studenten pflege, da diese sich nur für «Examina und Bier» interessierten.⁹ Stark beeindruckt ist er aber von einem Gelehrten, mit dem er drei Jahre später hitzig diskutieren wird: Ulrich von Wilamowitz-Moellendorf (1848-1931), dessen Stern gerade damals aufstieg. Im Jahr 1897 wurde er nach Berlin berufen, wo ihn Oeri wiederum hört.

Was ihn in der Kleinstadt Göttingen mit ihren zirka 26'000 Einwohnern und 1'000 Studenten beeindruckte, ja begeisterte, waren die Bibliotheken. Sie boten so reiche Hilfsmittel zum Studium, dass Albert auch die Sommerferien (1896) in Göttingen verbrachte. Er sieht sich aber auch die Umgebung von Göttingen an. So besucht er beispielsweise die Gemäldegalerien in Marburg und Kassel.

Im Frühjahr 1897 kehrt Albert nach Basel zurück. Er muss in den folgenden Semestern hart gearbeitet haben, denn schon im Sommer 1899 ist seine lateinisch geschriebene Dissertation gedruckt worden, und am 17. Juni 1899 kann er seine Rede zur Erlangung der Doktorwürde in der Aula des Museums an der Augustinergasse halten. Der Titel seiner Dissertation lautet: *«De Herodoti fonte delphico»*. Ihr Inhalt kommt im Kapitel «Der Historiker» zur Sprache. Oeris Promotionsrede trägt die Überschrift «Das Orakel von Delphi und die griechische Politik». Wenn man meint, dass in den Texten lediglich ein philologisches Problem behandelt werde, dann sieht man zu kurz. Eine Stelle im Lebensbericht von 1941 bezeugt nämlich, dass ihn schon damals die Politik der delphischen Orakelpriester zur Untersuchung gereizt hat: «Die delphischen Orakelpriester verstanden es, die Geschichtsschreibung ganz intensiv im Sinne ihrer Interessen zu beeinflussen».¹⁰ Das Studium der überlieferten griechischen Orakel-Texte hat Oeri nie mehr aufgegriffen, aber das Thema der politischen Propaganda hat den Journalisten zeitlebens beschäftigt.

Mitglied der Studentenverbindung Zofingia

Der Zofinger Albert Oeri.

Während des Universitätsstudiums in Basel war Oeri Mitglied der Studentenverbindung Zofingia.[11] Am 26. Mai 1894 wurde er in die Sektion Basel der 1819 gegründeten Schweizer Studentenvereins Zofingia aufgenommen und war vom ersten Tag an ein eifriges Mitglied. Als Cerevis erhielt er den Biernamen «ES» oder «S», da er beim Aussprechen dieses Buchstabens anstiess. Bei den Diskussionen nach den Vorträgen oder im zweiten, gemütlichen Teil ergriff er häufig das Wort, sehr oft «in ergötzlichen Versen» oder mit «bittern Witzen». Da die Diskussionen oft bis tief in die Nacht dauerten, begleitete Albert den ängstlichen Freund Jung von der Zofingerkneipe in der Steinenvorstadt zum Wohnort Jungs in Bottmingen durch das «unheimliche Nachtigallenwäldchen». Zum Abschied vertraute ihm Jung einen Revolver an. «Ich bin mechanisch unbegabt und wusste nicht recht, ob die Waffe gesichert sei oder demnächst los gehen werde.» Geradezu burschikos schliesst Oeri die Beschreibung der Zofinger Freundschaft mit C.G. Jung: «Am Ende seiner Studienjahre verzog sich Jung in die Psychiatrie.»

In die Zofingergeschichte eingegangen sind auch seine Prologe zu den «Konzärtli». Er musste seinen ersten Prolog bereits 1895 – er war kaum ein Jahr Mitglied – verfassen, weil er den witzigen unverfrorenen Ton traf, der von den Zofingern bei diesem Anlass gefordert wurde. Am 16. Juni 1899, am Tag vor seiner Promotionsrede, verabschiedete er sich von seinen Mitzofingern und dankte «für alle Freundschaft und alles Interesse, das Ihr mir je und je bewiesen habt, und für die reiche Belehrung, die ich von der Zofingia empfangen habe». Sein letzter Gruss als aktiver Zofingerstudent war ein Sonett, das im «Centralblatt» publiziert worden ist (siehe S. 57).

Wintersemester 1899/1900 in Berlin

Warum Oeri, nachdem er schon promoviert hatte, im Oktober 1899 nach Berlin fuhr, ist nicht ganz klar. War es die Hoffnung, durch das Kaiserliche Archäologische Institut ein Stipendium für eine grosse Griechenlandreise zu erhalten? Lockte ihn einfach die Weltstadt Berlin und ihr Universitätsbetrieb oder hatte er die Absicht, mit einer Koryphäe der deutschen Altphilologie abzurechnen? Ein Brief Alberts an seinen Vater vom 22. Dezember 1899 deutet auf das Problem hin, das die Familie des Lehrers Johann Jakob Oeri damals beschäftigte, ja betroffen gemacht hatte. Im Jahr 1898 nämlich hatte Alberts Vater das Manuskript der «Griechischen Kulturgeschichte» von Jacob Burckhardt drucken lassen. Die Reaktion auf diese Burckhardt-Ausgabe sorgte für Aufregung. Die erwähnte Koryphäe unter den deutschen Altphilologen, Ulrich von Wilamowitz, zu dessen Füssen Albert im Sommer 1896 in Göttingen gesessen war, hatte im August 1899 eine deutsche Übersetzung des Dramas «Agamemnon» von Aischylos herausgebracht und im Vorwort geschrieben: «Schliesslich würde ich es für feige halten, wenn ich es nicht hier ausspräche, dass die griechische Kulturgeschichte von Jacob Burckhardt, nach der mancher leicht greifen könnte, für die Wissenschaft nicht existiert.»[12] Das war herbste Kritik am Werk Burckhardts. Geradezu boshaft grimmig war nun aber, was Wilamowitz über den Herausgeber dieser «Griechischen Kulturgeschichte» im folgenden Satz schrieb: «Die Pietät vor dem verehrten Manne haben die verletzt, welche seine veralteten Hefte der Öffentlichkeit vorwerfen...» Diese «veralteten Hefte» hatte Johann Jakob III. Oeri im Sommer 1898 «der Öffentlichkeit vorgeworfen». Albert scheint das Vorwort zum Drama «Agamemnon» etwa zwei Monate nach Erscheinen des Buches gelesen zu haben, denn er berichtet in dem erwähnten Brief vom 22. Dezember: «Letzthin las ich die Stelle.» Sogleich habe er Wilamowitz geschrieben, und es sei zu einem Gespräch gekommen, in dessen Verlauf er [Albert] ein paar scharfe Fragen gestellt, sich dann aber mit Wilamowitz versöhnt habe. Er schliesst den Brief mit: «Ich hoffe, Du wirst es billigen.»[13]

Aus den übrigen Briefen aus Berlin erfährt man, dass er die «Weltstadt Babylon» gründlich kennengelernt hat. Wie in Göttingen ist sein Urteil kritisch: «Für den deutschen Durchschnitts-Studenten haben meine Sympathien eher ab- als zugenommen.» Aber intensiv pflegte er die Freundschaft mit den Schweizer Kommilitonen. Zum Teil kannte er sie noch von der «Zofingia» her. Mit Walter Hühnerwadel, dem späteren Winterthurer Kantonsschullehrer, wohnte er zusammen, pflegte ihn, als er krank war, und gemeinsam spielten sie – mit Bleisoldaten, die Hühnerwadel zu Weihnachten 1899 erhalten hatte. Dies sei mindestens so geistreich wie Jassen, meinte Albert. Vor allem aber besuchte er Theatervorstellungen, darunter auch die ersten Stücke von Gerhard Hauptmann. Wie schon in Göttingen besucht er die Museen und Galerien. In der Nationalgalerie, so urteilt er, drücke Arnold Böcklin «alles übrige an die Wand». Dass er auch dem Schweizer Gesandten Roth einen Besuch abstattete, gehörte – noch im 20. Jahrhundert! – zu den Pflichten eines Schweizer Studenten. Bezeichnend ist, was Albert über diesen Besuch nach Hause berichtet: Man habe sich über den «Wohlgemuthandel» unterhalten.[14] Seine wichtigste Beschäftigung aber war die Vorbereitung auf eine Griechenlandreise, die das «Kaiserliche Deutsche Institut für Archäologie» organisiert hatte. Albert arbeitete sich nicht nur gründlich in die griechische Archäologie ein, er studierte auch Neugriechisch und lernte reiten.

Von der Lebensweise eines Schweizer Studenten in Berlin am Ende des Jahrhunderts berichtet Oeri nicht viel, aber man erfährt immerhin, dass die zwei gemieteten Zimmer – er teilt die Unterkunft, wie bereits erwähnt, mit Freund Hühnerwadel – 60 Mark kosteten und das Frühstück 20 Pfennig. Die Vermieterin bezeichnet er als ein «Berliner Räf», die über ihr Gut wie «ein Drache wache». An neuen technischen Errungenschaften sieht er eine «Kinematographensammlung», wo man gegen Einwurf von zehn Pfennig ein billiges Kinoprogramm sehen kann. – Was er aber in der Weltstadt bitter vermisst, sind seine Schweizer Stumpen. Er bettelt um Nachschub, denn er vergehe ohne dieses Kraut «fast vor Sehnsucht».

Als er Ende Februar des Jahres 1900 die Heimreise antrat, hatte er einen für ihn wichtigen Brief im Gepäck. Man hatte in Basel erfahren, dass er an einer grossen Griechenlandreise teilnehmen werde, daraufhin fragte ihn ein Redaktor der «Allgemeinen Schweizer Zeitung», ob er für die erwähnte Zeitung «Reisebriefe» verfassen würde. Albert sagte freudig zu und lieferte so gewissermassen sein journalistisches Gesellenstück.

Die Erinnerung an den Aufenthalt im kaiserlichen Berlin um die Jahrhundertwende wird in ihm sicher aufgestiegen sein, als er 34 Jahre später wieder in Berlin weilte, um in Goebbels' Propagandaministerium vorzusprechen.

Die Griechenlandreise 1900

Die Nachricht von einer grossen Griechenlandreise taucht zum ersten Mal in einem Brief Oeris vom 22. Dezember 1899 an seine Eltern auf. Am 19. Januar 1900 teilt er mit, er könne an der Peloponnes- und Inselreise teilnehmen; das Reiseprojekt erfülle ihn mit grosser Freude. Dem Vater dankt er für die «Spende». Am 2. Februar meldet er schliesslich, er habe zu seinem «nicht geringen Vergnügen ein Stipendium von 2'000 Mark» für die Griechenlandreise erhalten.

Wie kam es am Anfang des 20. Jahrhunderts zu einer mehrwöchigen Griechenlandreise, an der sechzig Personen teilnahmen? Das junge Königreich Griechenland – es bestand seit 1830 als Erbmonarchie – hatte die Erforschung seiner Kunst- und Bodenschätze den Engländern, Franzosen und ganz besonders den Deutschen überlassen. Mit grossem Erfolg forschte das «Kaiserliche Deutsche Institut für Archäologie» in Olympia und auf der Akropolis. Sein Leiter war einer der erfolgreichsten deutschen Ausgräber: Wilhelm Dörpfeld (1853-1940). Dieser, ursprünglich Helfer des berühmten, aber noch dilettierenden Heinrich Schliemann, grub nicht nur selbst in Griechenland, sondern schulte in glänzender Vortragstätigkeit Generationen von Archäologen. Die beste Werbung für seine Arbeit waren die alljährlich von ihm geleiteten Peloponnesfahrten. Und an einer solchen durfte nun Oeri teilnehmen. Die von ihm verlangten «Reisebriefe» wurden dann in der «Allgemeinen Schweizer Zeitung», jeweils in der «Sonntags-Beilage», vom 24. Juni 1900 bis zum 17. November 1901 veröffentlicht. Allerdings wäre Oeri fähig gewesen, ein ganzes Buch zu schreiben, das ohne weiteres neben denen der grossen Reiseschriftsteller des 19. Jahrhunderts hätte bestehen können.

Die Griechenlandreise im Sommer 1900 ist der krönende Abschluss von Oeris Studium. Bald darauf begann für ihn das Berufsleben: Albert wurde wie sein Vater Gymnasiallehrer.

Lehrer am Gymnasium in Gotha

Nicht nur, was das Studium betraf, auch beruflich schien Albert Oeri in die Fussstapfen des vorbildlichen Vaters zu treten. Noch während der erwähnten Lehrertätigkeit Johann Jakob Oeris im Osten Deutschlands wurden die Beziehungen mit einem Schulrektor in Gotha geknüpft. Ihn hat Albert auf der Reise nach Berlin im Oktober 1899 besucht. In Berlin bot sich ihm die Möglichkeit, dem Schulunterricht gelegentlich beizuwohnen oder sogar selbst Lektionen zu erteilen. Im September 1900, kurz nach der Griechenlandreise, tritt er eine Stelle als Lehrer für alte Sprachen am Gymnasium in Gotha, einer thüringischen Kleinstadt, an. In der Oeri-Literatur ist folgende Anekdote überliefert: Albert habe in der ersten Schulstunde den Buben erzählt, er habe aus der Schweiz fliehen müssen, weil er einen aufsässigen Schüler zu Tode geprügelt habe.[15] Schon im Februar 1901 verliess Albert Gotha. Die Zeit, die er auf dem Katheder im Schulzimmer verbracht hatte, war also sehr kurz. Gleichwohl war sie für den weiteren Lebensweg entscheidend. Damals hatte er gemerkt, dass das Unterrichten nicht seine Sache sei und sein Platz nicht die enge Schulstube sei, sondern dass er «in der wirklichen Welt» liege.[16] In den Briefen aus Gotha an seine Freunde Andreas Vischer und Carl Gustav Jung kommt er auf sein «Kammacherdasein» zu sprechen. Er sagt, er habe die Tätigkeit in der Schulstube einer kleinen Stadt satt, und meint: «Es wird einem bewusst, was man für ein langweiliger Seckel ist, wenn man nicht probiert, auf einem kleinen oder grossen Fleck der Erdkugel sich durchzusetzen.»

Was aber bedeutet für Oeri «sich durchzusetzen»? Eine Antwort gibt der Brief vom 30. Dezember 1900 an den Freund Jung. Er schildert ihre unterschiedliche Einstellung zum Leben so: «Ich glaube, Du bildest Dir mit Unrecht ein, wir tragen unsere Anklagen gegen die Welt auf den gleichen Haufen. Dazu sind wir viel zu verschiedene Köpfe. Du grämst Dich um das viele Leid auf Erden und ich viel mehr um das viele unausgeglichene Unrecht. Mir scheinen Schmerzen und Tod lange nicht als der Übel grösstes, vielleicht überhaupt nicht als Übel. Dich lässt dafür der soziale und politische Gang der Welt ziemlich kalt.» Albert aber liess der politische Gang der Welt gar nicht kalt. Die Gelegenheit, in grösserem Rahmen zu wirken, bot sich bald. In einem wortgleichen Brief fordert er am 18. Februar 1901 seine beiden Freunde auf, «ihren Senf dazuzugeben» zur Frage, ob er die ihm angebotene Stelle eines Redaktors an der «Schweizer Allgemeinen Zeitung» annehmen oder ablehnen solle. Offenbar hatten ihn die beiden zum Berufwechsel ermutigt, denn schon Ende Februar schreibt er ihnen: «Ich bin nun glücklich Zeitungsschangi geworden», und präzisiert, «aber mehr aus positiver Neigung dazu als aus Horror vor der Schulmeisterei». Den positiven Entschluss begründet er dann so: «Ich bin eben ein Zoon politikon» [ein politisches Lebewesen]; darum habe er den «Opfergang» in die Redaktionsstube unter allen Umständen gewählt.[17]

René Teuteberg

Der weitere Lebensgang

Nach dem Lehramt in Gotha endeten Oeris «Lehr- und Wanderjahre». Von da an beginnt sein öffentliches Wirken in Basel, zunächst als Zeitungsredaktor, dann nach wenigen Jahren auch als massgebliches Mitglied mehrerer für das Basler Kulturleben wichtiger Gremien, die er zum Teil leitete, und schliesslich als Träger von politischen Mandaten.

Wir verzichten auf eine ins Einzelne gehende Weiterführung seiner Biographie, weil ja in den folgenden Kapiteln der Verlauf seines Lebensganges deutlich genug zu Tage tritt. Jedoch listen wir der Übersichtlichkeit halber in der nachstehenden Tabelle die wichtigsten Lebensdaten und Tätigkeitsbereiche chronologisch auf.

1875 (21. September)	Geburt in Schaffhausen
1882	Übersiedlung nach Basel
1886	Eintritt ins Gymnasium «auf Burg»
1894	Matura
1895/96	Studium der Altphilologie und Geschichte in Basel, Mitglied der Studentenverbindung «Zofingia»
1896/97	Studium in Göttingen
1899	Doktorpromotion in Basel
1899/1900	Weiterstudium in Berlin
1900	Griechenlandreise

1900/01	Gymnasiallehrer in Gotha
1901-1949	Eintritt in die Redaktion der «Allgemeinen Schweizer Zeitung», die 1902 mit den «Basler Nachrichten» fusionierte. Oeri betreut bis 1911 das Ressort Lokales und danach das Ressort Inland, von 1911 an das Ressort Aussenpolitik, von 1925 bis 1949 als Chefredaktor
1908-1912 (?)	Mitglied der Basler Hebelstiftung
1908-1948	Mitglied des Grossen Rates des Kantons Basel-Stadt
1910	Ehe mit Hanna Preiswerk (1876-1966)
1911-1918	Präsident der Kommission der Skulpturenhalle
1913	Übersiedlung nach Riehen
1913-1922	Mitglied der Staatlichen Heimatschutzkommission, ab 1914 deren Präsident
1914	24 Tage militärischer Aktivdienst
1918	Erste Reise in die USA
1918-1931	Präsident des Basler Kunstvereins
1919-1928	Vizepräsident der Basler Kunstkredit-Kommission
1930	Zweite Reise in die USA

1931-1949	Nationalrat als Vertreter der liberal-demokratischen Partei
1945	Ehrendoktorate der Juristischen Fakultät der Universität Basel und der Medizinischen Fakultät der Universität Bern
1950 (22. Dezember)	Tod in Riehen

Die Tabelle vermittelt nur eine ungefähre Ahnung vom enormen ausserberuflichen Arbeitsumfang. Man staunt ob der Menge seiner Verpflichtungen im kulturellen und im politischen Bereich. Sie alle nahm er auf sich, einerseits aus innerer Neigung, anderseits als Dienst am Gemeinwesen – ohne dabei je seine Hauptaufgabe, die des Redaktors, zu vernachlässigen.

Ein derartiges Pensum konnte er nur bewältigen, weil er äusserst diszipliniert arbeitete, sein Tagewerk bedachtsam einteilte, nichts übereilte und mit seinem klaren Verstand das Wesentliche vom Unwesentlichen zu unterscheiden vermochte. Auch liess er sich bei Kontroversen nie ins Bockshorn jagen. Meinungsverschiedenheiten gab es mit dem Verwaltungsrat der Zeitung wie in der Politik. Oeri vertrat stets deutlich seinen Standpunkt, focht mit Anstand und in fairer Respektierung des Gegners, so dass dieser sein Gesicht wahren konnte. Solche Ritterlichkeit ist heute eine eher selten beobachtete Tugend.

Oeri kam bei all seiner Arbeitsbelastung zustatten, dass ihn seine Frau, Hanna Preiswerk, die er 1910 geheiratet hatte, verständnisvoll unterstützte. Von ihr sagte er einmal während des Zweiten Weltkriegs, sie habe ihn «wie ein Schutzengel» gehütet, so dass er nicht einmal vom nächtlichen Kriegslärm jenseits der nahen Grenze gestört worden sei.

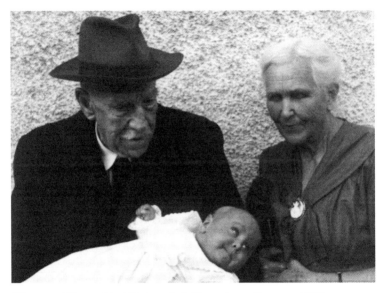

Albert und Hanna Oeri-Preiswerk als Grosseltern, Sommer 1950.

Seinerseits bemühte er sich, seinen fünf Töchtern und seinem Sohn ein guter Vater zu sein. Jedenfalls attestieren ihm diese nach seinem Hinschied in den «Personalien» dankbar, dass ihm dies trotz seiner spärlichen Freizeit gelungen sei. Er erzählte ihnen und später den 18 Enkelkindern, die er sehr liebte, Geschichten und Geschichte, nahm sie auch zu Museumsbesuchen mit, um ihnen Einiges von den kulturellen Werten zu vermitteln, die ihm selbst so viel bedeuteten.

Sein hohes Verantwortungsbewusstsein, seine ausdauernde Arbeitskraft, seine Vorurteilslosigkeit, seine Toleranz, sein Mut zu völlig unabhängiger Stellungnahme, auch sein (bisweilen ironischer oder sarkastischer) Humor hatten ihre Basis letztlich in einer unangefochtenen christlichen Gläubigkeit, wie sie gelegentlich auch in seinen Briefen und Artikeln spürbar wird.

Nicht lange war es ihm vergönnt, den erst spät angetretenen Ruhestand zu geniessen. Er hatte schon einige Jahre an Herzbeschwerden gelitten. Diesen erlag er kurz vor Weihnachten 1950 in

Riehen, wo er 1913 Wohnsitz genommen hatte. Dort ist viele Jahre nach seinem Tod eine Strasse nach ihm benannt worden, zur Erinnerung an einen der bedeutendsten Mitbürger der ersten Hälfte des 20. Jahrhunderts. Auch er verdient, wie seinerzeit der politische Schriftsteller Carl Hilty (1833-1903) den Ehrentitel eines *«Praeceptor Helvetiae»*, eines Lehrers der Eidgenossenschaft. Dass er aber auch weit über die Grenze unseres Landes hinaus hochgeschätzt war, bezeugt am prominentesten das Beileidtelegramm des damaligen deutschen Bundeskanzlers Konrad Adenauer (1876-1967):

«Mit aufrichtiger Anteilnahme habe ich soeben die Nachricht vom Ableben des ehemaligen Chefredakteurs der «Basler Nachrichten» Albert Oeri erhalten. Mit dem Entschlafenen verliert Basel eine bedeutende Persönlichkeit seiner grossen humanistischen Tradition, Europa einen aufrechten Vorkämpfer für seine Einigung, Deutschland den objektiv urteilenden Beobachter und Freund. – Adenauer.»

René Teuteberg

Ahnentafel

Burckhardt — Schorndorff — Oeri

Johann Rudolf
1738-1820
Pfarrer, «Pastor Petrinus»
∞ 1 Esther de Lachenal, † 1771
∞ 2 Valeria Iselin, † 1779
∞ 3 Margaretha Merian, † 1820

Daniel – Magdalena Iselin 1760-1832
Bandfabrikant
1750-1817

Jakob, Dr. theol. h.c., Antistes   ∞ 1 1811 Susanna M. (Setti), 1782-1830   M. Magdalena (Lene)
1785-1858   ∞ 2 1833 Hanna Stark, 1795-1846   1780-1830

Louise	Rudolf	Jacob	Gottlieb	Susanna	Hanna	Fritz
1813-1889	1815-1818	1818-1897	1821-1889	1824-1851	1834-1909	1836-1876
∞ Joh. Jakob II Oeri, Pfarrer (s. Oeri-Linie)		Prof. Dr. phil. Kultur-Historiker	∞ Maria-Laura Alioth, † 1880	∞ Eduard Bernoulli 1819-1899	∞ August Veillon 1833-1898	

Margaretha
1811-1873
∞ Melchior Berri, Architekt 1801-1854

∞ 2 Johann Jakob I
Pfarrer in Wil ZH
1759-1829
∞ 1 Esther Schinz, † 1810

Daniel	Johann Jakob II	∞ Louise Burckhardt
1818-1889	1817-1897	1813-1889
	Pfarrer in Lausen 1843-1896	(s. Burckhardt-Linie)

Johann Jakob III (Schaaggi)
1844-1908, Gymnasiallehrer
∞ Adele Oschwald
6 Kinder

Rudolf Daniel
1849-1917
Arzt, Gynäkologe
∞ 1 Alice Chappuis, † 1880
∞ 2 Georgine Sarasin
11 Kinder

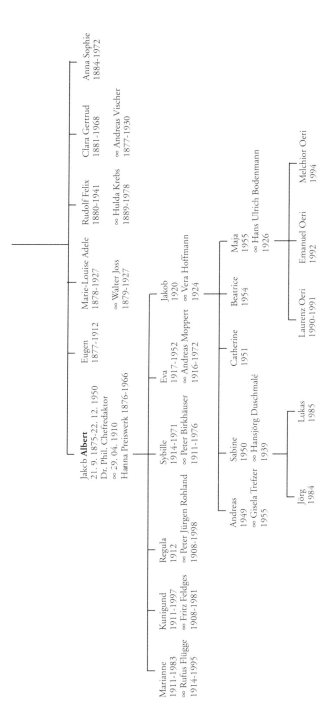

Der Historiker

Die kurze Dauer des doch recht anspruchsvollen Studiums und dessen glanzvoller Abschluss mit einer lateinisch geschriebenen Dissertation und einer öffentlichen Promotionsrede hätten eigentlich erwarten lassen, dass Oeri die akademische Laufbahn einschlagen werde; denn zweifellos besass er das Zeug zu einem prominenten Lehrstuhlinhaber, was seine relativ wenigen historischen Publikationen und seine späteren, meist auch historisch fundierten Zeitungsartikel zur Genüge beweisen. Doch er zog es vor, in die Redaktionsstube einer Tageszeitung zu treten – aus «tiefster Neigung», wie er einem Freund schrieb. Aber auch ein Satz aus seinem «Lebenslauf» ist zu beachten, in welchem er bekennt, er habe von Zeit zu Zeit «Rückfälle von Sehnsucht nach der reinen Wissenschaft» gehabt.[1] Anderseits gesteht er fast in jeder seiner historischen Arbeiten, er habe «ohne eigene wissenschaftliche Forschung» oder «ohne wissenschaftliche Prätention» geschrieben. In solchen Äusserungen klingt die Bescheidenheit eines Jacob Burckhardt auf; Oeris historische Arbeiten nämlich werden strengen wissenschaftlichen Ansprüchen durchaus gerecht. Einer seiner Freunde, der ganz gewiss etwas von der Historie verstand, der Völkerrechtler Max Huber (1874-1960), versicherte, Albert Oeri habe den «Blick für Tiefendimensionen der Geschichte» besessen.[2]

Wir betrachten nun in Kürze und in chronologischer Reihenfolge Oeris historische Publikationen und Vorträge; sie alle lassen erkennen, wie wichtig für ihn die Geschichtsschreibung war, auch und vor allem im Hinblick auf die Gegenwart.

Basilia und Robur
«Anzeiger für Schweizerische Geschichte», 1896, Nr. 6

Schon zwei Jahre nach Beginn des Studiums beteiligte sich Albert Oeri an einer wissenschaftlichen Diskussion, welche die Basler Philologen und Historiker schon lange beschäftigt hatte. Es ging um die Interpretation einer Textstelle im Werk des römischen Autors Ammianus Marcellinus (um 330-395). Dieser Historiker berichtet, der Kaiser Valentinian (321-375) habe bei Basel *(prope Basiliam)* eine Festung *(munimentum)* gebaut, die die Anwohner Robur nennen *(quod appellant accolae Robur)*. Der Gelehrtenstreit drehte sich um die Frage, ob Robur ein anderer Name für Basel gewesen sei oder ob es sich um den Namen einer (archäologisch noch zu suchenden) Festung gehandelt habe. Oeri bewies nun einleuchtend, dass Robur nicht mit Basel identisch gewesen sein kann, also auch jenseits des Rheins oder in grösserer Entfernung von Basel gelegen sein konnte.

Fünfzig Jahre später griff ein anderer Altphilologe, Oeris Freund Max Niedermann (1874-1954), in die Diskussion ein und gab Oeri vollkommen recht. «Die allein richtige Erklärung ist die von Dir gegebene... , dass der Name Robur schon vorher an der betreffenden Stelle haftete», das heisst nicht mit Basilia identisch war.[3]

De Herodoti fonte Delphico
(Über Herodots delphische Quelle)
Dissertation, Basel 1899

Die von Ulrich von Wilamowitz angeregte, dem Vater Jakob Oeri *«pietatis causa»* (aus Dankbarkeit) gewidmete, in untadeligem Latein verfasste und gut 60 Druckseiten starke Dissertation zeugt wiederum vom philologischen und geschichtskritischen Scharfsinn sowie vom hohen Differenzierungsvermögen des Autors.

Er geht der Frage nach, welches die Quelle *(fons)* beziehungsweise die Quellen waren, die dem aus Halikarnass (im südwestlichen Kleinasien) stammenden «Vater der Geschichtsschreibung», Herodot (vor 490-vor 430 v.Chr.), zur Verfügung standen, wenn er in seinem umfangreichen Geschichtswerk «Die Musen des Herodot» Zitate und Sprüche des Orakels von Delphi wiedergibt und erwähnt. Ferner versucht er nachzuweisen, welche Orakelsprüche nachträglich von den delphischen Apollo-Priestern aus politischen Gründen verändert oder gefälscht worden sind. Und zuletzt schlussfolgert er überzeugend, dass eine nicht allgemein zugängliche Sammlung von delphifreundlichen Geschichten bestanden haben muss und dass Herodot von den delphischen Priestern in propagandistischer Absicht dazu ausersehen worden sein muss, mit seinem Geschichtswerk ihre delphifreundlichen Versionen zu verbreiten.

Das Orakel von Delphi und die griechische Politik
Promotionsrede 1899

Die Promotionsrede mit dem Titel «Das Orakel von Delphi und die griechische Politik» verdeutlicht die Hauptgedanken der Dissertation, indem sie einige jener Weissagungen und Ratschläge des Apollo-Orakels der Kritik unterzieht, die von einer Stadt oder von einem Fürsten waren erbeten worden. Dasselbe Thema war zuletzt vom Historiker Ernst Curtius (1814-1896) behandelt worden. Im Gegensatz zu diesem argumentiert Oeri, der delphische Gott sei viel eher «der Getriebene als der Treibende» gewesen. Den angeblichen Einfluss des delphischen Orakels illustriert er mit zahlreichen Beispielen aus der griechischen Geschichtsschreibung und kommt dabei zu dem Schluss, das Orakel habe sehr oft dem Wunsch des Fragestellers gemäss geantwortet.

Wenn man nur diese Promotionsrede kennt, könnte man meinen, Oeri habe mit ihr lediglich ein rein philologisches-interpretatorisches Problem behandelt. Aber vierzig Jahre später, in seinem «Lebensbericht» 1941, bekommt die Rede eine zusätzliche Tiefendimension. Er schreibt hier nämlich, das Thema sei politischer gewesen, als es zu sein schien; denn «die delphischen Orakelpriester verstanden es, die Geschichtsschreibung ganz intensiv im Sinn ihrer Interessen zu beeinflussen». Das antike Orakelwesen erscheint nun als eine Einrichtung, die mit dem Ministerium der Volksaufklärung in der Neuzeit zu vergleichen ist.

Die Arbeiten über das griechische Orakel hat Oeri zwar nie mehr weitergeführt, aber mit dem Thema der politischen Propaganda hat er sich sein Leben lang herumgeschlagen!

Herodots Ehrlichkeit
in: Neue Jahrbücher für das klassische Alterum, Leipzig 1900, Bd. 5, S. 638-640

Bald nach seiner Promotion fühlte sich Oeri genötigt, sich erneut mit Herodot und dessen Glaubwürdigkeit zu befassen. Ein junger Philologe hatte in einem Aufsatz die Einflüsse orientalischer Politik auf Griechenland im 6. und im 5. vorchristlichen Jahrhundert behandelt. Dabei kam er natürlich auf den Historiker jener Zeit, Herodot, zu sprechen und bezweifelte dessen Ehrlichkeit. Oeri als gründlicher Herodot-Kenner zerzaust die Arbeit des Kollegen nach Strich und Faden. «Die Arbeit ist trotz ihrer Prätention gegen die modernen und antiken Historiker der Griechen unbrauchbar» ... «Dem Verfasser geht jedes Verständnis für das Wesen eines Mannes wie Herodot ab.» Die Arbeit «artet in einen Kriminalroman aus.»[4] Oeri sollte im Laufe seines späteren Wirkens noch oft Gesprochenes und Gedrucktes kritisch beurteilen, aber solch vernichtende Schärfe ist doch ein Zeugnis seiner Jugend geblieben.

Der Revisionsgeneral Rolle
Aus der Zeit der ersten Wiedervereinigungsbewegung

Am 19. Dezember 1904 hielt Oeri vor der Historischen und Antiquarischen Gesellschaft in Basel einen Vortrag mit dem Titel «Der Revisionsgeneral Rolle». Dieser Vortrag wurde 1936 gedruckt, da die damals erneut geführte Diskussion über die Wiedervereinigung der beiden Basel das Interesse an der Geschichte stark belebt hatte. Eine eigentliche Biographie des Baselbieter Lehrers, Kaufmanns und Politikers und späteren Regierungsrats Christoph Rolle (1806-1870) habe er zwar nicht schreiben wollen, sagt Oeri, doch verdiene es der Mann, vor der Vergessenheit bewahrt zu werden, weil er in der turbulenten Epoche der Baselbieter Verfassungsrevision 1862 das obligatorische Referendum durchgesetzt habe, das im Kanton Basel-Landschaft jetzt noch – also 1904 – existiere. Eine Idealgestalt sei Rolle freilich nicht gewesen, aber ein «konsequenter Vollender des extrem demokratischen Staatsrechtes».[5]

Möglicherweise hat die Hochachtung, die Oeri dem agitatorischen Politiker entgegenbringt, unter anderem damit zu tun, dass dieser in Lausen geboren wurde, lebte und starb – in Lausen, wo Alberts Grossvater als Pfarrer gewirkt hatte. So oder so, es ist ein bezeichnendes Merkmal von Oeris historischer und damit auch der späteren journalistischen Betrachtungsweise, dass er, eigene Sympathien und Antipathien hintanstellend, möglichst sachlich und unvoreingenommen zu urteilen bestrebt ist, dabei aber nie den humanistischen Massstab ausser Acht lässt.

Confession

Am hundertsten Todestag von Friedrich Schiller, am 9. Mai 1905, veröffentlichte der junge Redaktor in den «Basler Nachrichten» einen Gedenkaufsatz. Schon der Titel mochte manchen Leser etwas stutzig gemacht und der Inhalt wird bei manchen Unmut geweckt haben. Zwar ist Schiller – nach Oeri – ein grosser Dichter und noch mehr ein grosser und guter Mensch; aber er sei «unserer Zeit entrückt», man könne ihm «nicht mehr in die Augen sehen». Warum diese Einschätzung? Schillers Ideal sei die Freiheit, doch heute wolle man nicht mehr Freiheit, sondern «Sicherheit». Aber – so fährt Oeri fort – «Das wird nicht ewig so bleiben. Die Welt wird wieder Zeiten durchmachen, wo ihr Sicherheitsfanatismus durch höhere Gewalten über den Haufen gerannt wird ... Und dann, wenn die Sicherheit ihre Bedeutung als Ideal verliert, wird man vielleicht wieder froh sein, an der Hand Friedrich Schillers zu den alten, hohen Freiheitsidealen der Revolutionszeiten zurückgeleitet zu werden.» Es ist wohl kaum übertrieben, wenn man behauptet, hier habe der junge Oeri ein grosses politisches Grundproblem des 20. Jahrhunderts erkannt, nämlich dass man nicht soziale, vom Staat vollumfänglich geschützte Sicherheit und gleichzeitig völlige Freiheit geniessen kann.

In einem Vortrag vor der Zürcher Studentenschaft hat Oeri 1933 das Thema erneut aufgegriffen und die Erkenntnis, die er 28 Jahre zuvor gewonnen hatte, wieder kräftig vertreten.[6]

Hans Stockars Jerusalemreise und sein Tagebuch von 1520 bis 1529

Das Manuskript umfasst 64 Seiten; wann und wo Oeri den Vortrag gehalten hatte, liess sich nicht eruieren.

Albert Oeri hatte das Manuskript des Schaffhauser Kaufmanns und Politikers Hans Stockar (1490-1556) in der Hand. Er zitiert viel; etwa ein Viertel des Vortrags besteht aus Zitaten. So wird das Bild dieses Schaffhausers lebendig. Stockar nahm an den Feldzügen der Eidgenossen am Anfang des 15. Jahrhunderts teil, unternahm drei Wallfahrten, nämlich nach Santiago, Rom und Jerusalem, und erlebte die Reformation. Er bekleidete hohe Ämter in der Verwaltung des Standes Schaffhausen. Oeri lobt Stockars Offenheit und meint, gegenwärtig finde man keine derart präzisen Urteile über Weltpolitik mehr. Oeri beherrscht nicht nur den Stoff bis ins Detail, er wendet sich gelegentlich auch methodisch geschickt an seine Zuhörer.

Dieser Vortrag dürfte einer der besten Texte des Historikers Oeri sein.

Antiker Aberglaube

Acht Jahre nach der Dissertation über Herodot und das delphische Orakel taucht wieder ein antikes Thema auf. «Antiker Aberglaube» hiess der Titel des Vortrags, den Albert Oeri am 21. März 1908 im «Engelhof» hielt. Griechen und Römer werden seit der Renaissance als Begründer «aller wissenschaftlichen Kritik» verehrt. Das sei richtig, meint Oeri, aber die Schattenseiten hätten dabei nicht gefehlt. Der Aberglaube in den verschiedensten Formen habe auch im alten Griechenland und Rom geherrscht. Ein besonders krasser, sogar staatlich geschützter Aberglaube habe dem Orakel von Delphi gegolten. Oeri schliesst mit einigen Sätzen, die wir als sein Bekenntnis zur Antike zitieren: «Es hat auch bei den Griechen ‹gemenschelt›. Tut das ihrer Grösse und ihren gewaltigen Verdiensten Abbruch? Ich glaube nicht! Ich glaube, auf dem dunklen Hintergrund strahlte desto heller das Bild der führenden Geister, denen wir ewig dankbar sein werden, dass sie der Welt das Licht der Wissenschaft aufgesteckt haben.»[7]

Die Schweiz im 15. Jahrhundert
Rede an der Bundesfeier der bürgerlichen Parteien in der Burgvogtei in Basel; gedruckt in den «Basler Nachrichten» am 4. August 1908.

Albert Oeri war im Mai 1908 in den Grossen Rat des Kantons Basel-Stadt gewählt worden. Es war darum so etwas wie eine Pflichtübung, wenn er am 1. August – der damals noch kein bezahlter Feiertag war – die Festrede hielt. Der Tradition gemäss wurde dem Redner das Thema vorgeschrieben. Oeri musste über «Die Schweiz im 15. Jahrhundert» reden. Er griff freilich ins 14. Jahrhundert zurück, indem er ausführlich über die Schlacht bei Sempach (1386) und den Sempacherbrief (1393) sprach. Mit der historischen Schilderung allein liess er es freilich nicht bewenden, sondern er verglich die «Wehrdienstordnung» von 1393 mit der eben zustande gekommenen Militärorganisation von 1908. Den sogenannten «Verrat von Novara» nahm er zum Anlass, auf die aktuelle Frage hinzuweisen, ob ein russischer Revolutionär rechtmässig dem Zaren auszuliefern sei oder ob das – wie in Novara Anno 1500 – ein Verrat wäre. Beachtenswert ist, dass Oeri am 1. August nicht nur Lobhymnen auf die Schweiz sang, sondern darauf hinwies, dass der deutsche Kaiserstaat viel mehr für die sozial bedrängten Klassen tue als die Schweiz. Kranken- und Unfallversicherung seien gesetzgeberisch zu ordnen. Darum rief er seinen Parteifreunden zu: «Im Krieg wie im Frieden ist eben das Geheimnis allen Erfolges für ein Staatswesen der gute Wille seiner Bürger, dem Ganzen zu dienen.»[8]

Schweizerische Stadttyrannen
Vortrag am 29. Oktober 1909 in Arlesheim auf Wunsch des Verkehrsvereins Arlesheim und am 4. Dezember 1909 in den «Arbeitersälen Engelhof» in Basel.

Zunächst erörtert Oeri die Herkunft des Wortes und die Staatsform, die man mit Tyrannei bezeichnet. Tyrannei sei eine «Kinderkrankheit der Demokratie». In der Schweiz habe sie keinen Nährboden gefunden, weil hier eine Abneigung gegen Extreme – im Guten wie im Schlechten – bestehe. Einige Ausnahmen habe es aber gegeben. Sie werden von Oeri ausführlich geschildert.

Musterbeispiele für Stadttyrannen sind ihm die beiden Zürcher Bürgermeister Rudolf Brun (1310-1360) und Hans Waldmann (1439-1489). Sie handelten wie Renaissancemenschen, die jenseits von Gut und Böse standen. (Man erinnert sich, wenn man diese Aussage liest, an Oeris Vortrag von 1933, in dem er sich der Zürcher Abstammung rühmte.) Zürich sei immer ein guter Boden für «Helden» gewesen, während man sich in Basel an das «man» (me sait) gehalten habe. Hingegen habe sich der berühmteste Zürcher, Ulrich Zwingli, nicht als Stadttyrann, sondern als weitherziger und weitsichtiger Patriot gezeigt. Ausführlich äussert sich Oeri dann noch über einen fast unbekannten Schaffhauser Politiker, Tobias Holländer (1636-1711). Die Erinnerung an seine eigene Geburtsstadt mag dafür Anlass gewesen sein. Oeri schliesst den Vortrag mit der Bemerkung: «Es war gut für unser schweizerisches Vaterland, dass es nicht viele in dieser Art ‹interessante› Söhne gehabt hat!»

General Dufour

Der Vortrag, dessen Manuskript uns vorliegt, ist nicht datierbar; er dürfte aber noch im ersten Jahrzehnt des 20. Jahrhunderts gehalten worden sein. Oeri schildert Dufour als einen Mann, der zwar politisch konservativ gewesen sei, aber doch die Sache der Liberalen kräftig vertreten habe. Dufour erscheint geradezu als Gegenpol zum «Wirrkopf» Christoph Rolle. Breit stellt Oeri den Verlauf des Sonderbundfeldzuges dar. Dufour gehöre zu den grössten Schweizern der Neuzeit; er habe dem Vaterland «unschätzbare Dienste» geleistet und «vielleicht verdankt es ihm seine Rettung».

Die Basler Universität und das Basler Gemeinwesen
Separatdruck aus den «Basler Nachrichten» vom 11./17. Juni 1910

Im Jubiläumsjahr 1910, 450 Jahre nach der Gründung der Basler Universität, schildert Oeri die Beziehung zwischen der Universität (einer sich selbst regierenden, ursprünglich unter kirchlicher Leitung stehenden Institution) und dem Staat: Gelehrtenrepublik neben Handwerkerrepublik. Dank der echten Popularität der Universität im Staat hat die Hochschule viel Gutes stiften können. So wurde zum Beispiel – was man den Theologen und Juristen der Universität verdankt – in Basel nie ein Hexe verbrannt. Schule und Gesundheitswesen sind durch die Universität wesentlich gefördert worden. Sonderrechte hat die Universität zwar nicht mehr, aber sie konnte ihre Existenz in allen Krisen, besonders im 19. Jahrhundert, bewahren. Es gibt also einen guten Grund, ihr 450-jähriges Bestehen zu feiern.

Oeri hat für diese Arbeit – wie die darin verwendeten Zitate deutlich machen – die gesamte gedruckte Literatur durchgeackert und darüber hinaus Quellen (Matrikelbücher) gelesen.

Die Ergebnisse des Balkankrieges

Seinen Vortrag über die Ergebnisse des Balkankriegs hat Oeri zweimal gehalten; im Dezember 1913 in Liestal und im Januar 1914 in Basel. Man kann sich fragen, ob man hier einen historischen Aufsatz oder einen journalistischen Artikel vor sich hat. Der Titel sagt, dass sich Oeri auf die Ergebnisse beschränkte, also keine tiefgehende Studie über Ursachen und Zusammenhänge bieten wollte.

Die Fakten, die er schildert, drehen sich nur um Zahlen (Tote und Verwundete) und die Ausdehnung der Staaten (Landgewinne und -verluste). Jeder andere Journalist hätte auch darüber schreiben können. Der Schluss ist freilich typisch Oeri. «Diese Balkankriege (von 1912 und 1913) hinterlassen viele offene Fragen. Deren schwerste ist: Werden nicht diese Kriege wie jede böse Tat fortzeugend Böses gebären? Wird dem ersten und zweiten Krieg ein dritter folgen? Und wird unter diesen weiteren Kriegen nicht jener der schrecklichste sein, vor dem uns allen graut: der europäische Völkerkrieg, der auch Mitteleuropa, vielleicht auch unser Land heimsucht. Das verhüte Gott!»[9] Oeri hat den 1. August 1914, den Ausbruch des Ersten Weltkrieges, kommen sehen!

Aus einer bösen alten Zeit

Ein achtseitiges Sonntagsblatt der «Basler Nachrichten» füllte Oeri am 2. August 1925 mit der Schilderung der kleinbürgerlichen Revolution im Jahre 1691. Diese Revolution ist in die Basler Historiographie eingegangen unter der Bezeichnung «Das Einundneunziger Wesen». Wieder einmal betont er, er möchte ein wenig erzählen «ohne jegliche wissenschaftliche Prätention». Immerhin schöpfte er die gedruckten Quellen und Darstellungen gründlich aus. Er gab der Hoffnung Ausdruck, die Mangelhaftigkeit seiner Darstellung werde einen zünftigen Historiker zu einer Bearbeitung «aus dem Busch klopfen». Diese Hoffnung wurde schon bald darauf erfüllt, durch Dr. Eduard Schweizer im Basler Neujahrsblatt 1931.

Den Verlauf des Aufstandes der unteren Volksschichten gegen die immer mächtiger werdende Oberschicht, besonders gegen die Familie Burckhardt, schildert Oeri breit. Die Revolution der Handwerkerzünfte war, weil die Geistlichkeit sie unterstützte, zunächst erfolgreich, dann aber lief sie ins Leere: Die alten Regenten kamen wieder ans Ruder und liessen die Rädelsführer auf dem Marktplatz hinrichten. Oeri brachte keine neuen Tatsachen, aber die Art und Weise, wie er das Bekannte beschrieb, ist bezeichnend. Wir belegen die Schärfe und Ironie seiner Formulierungen mit drei Zitaten. Über die Sieger schreibt er: «Die Basler Obrigkeit benahm sich nach dem Einundneunziger Wesen wie beim Bauernkrieg 1653. Erst hat sie monatelang eine Eselsgeduld entwickelt, allerdings eine gescheite Eselsgeduld... dann kam ein kurzes Intermezzo Löwenmut und leider am Ende die Grausamkeit des Tigers. Es war abscheulich, wie man mit den Besiegten verfuhr.» Aber auch das Benehmen der Revolutionsführer wird nicht idealistisch verklärt. «Diese Männer sind bei allem Mut an Seelenstärke... im Grunde weich gewesen und waren zur Führung einer Rebellion höchstens durch ihr gutes Maul ausgerüstet.» Und Oeris Schlussurteil: «Dass die Geschichte des Einundneunziger Wesens, wenn auch politisch lehrreich, doch so gänzlich unromantisch, so beklemmend ist, verdankt sie dem bändigenden Einfluss unseres Milieus und unserm Föhnklima.»

Kontinentalsperren
Vortrag in der Statistisch-Volkswirtschaftlichen Gesellschaft in Basel am 28. April 1941; publiziert im Sonntagsblatt der «Basler Nachrichten» am 11. Mai 1941.

Der Titel bringt einen Begriff im Plural. Tatsächlich schildert Oeri verschiedene Fälle von Kontinentalsperren. Dieses Mittel der Kriegsführung kannte schon die englische Navigationsakte von 1651. Aber vollumfänglich zur Wirkung bringen konnte es erst Napoleon. Er war gezwungen, ein Land nach dem andern zu erobern, um die völlige Blockade, das heisst, die völlige Unterbindung der Einfuhr englischer Waren auf den Kontinent, zu erreichen. 1941 richtete sich die Blockade gegen die Belieferung Englands. Beide Kriegsmächte versuchten einander «auszuhungern». Es war ein Belagerungskrieg von ungeheuren Dimensionen im Gang. Europa war wieder einmal schwer krank! Dieses Krankheitsbild wollte Oeri «anspruchslos» darstellen. Indem er das Zeitalter der napoleonischen Kontinentalsperre ausführlich schilderte, gelang es ihm, die Gegenwart zu erklären, ohne den Namen Hitlers auszusprechen, der kaum zwei Monate später, wie Napoleon, nach Russland zog. Oeri schliesst mit einem Blick auf die Zukunft: Das Kriegsende werde nicht Frieden, sondern lediglich Waffenstillstand bedeuten, wenn es nicht gelinge, die internationale Wirtschaft «wieder in ihren natürlichen Kreislauf zurückzuleiten». Oeri fragt sich, ob man aus der Weltgeschichte etwas lernen könne, und er kommt zum Schluss, dass man etwas lernen könne, nämlich wie Gefahren für die Menschheit zu vermeiden seien. Man könne aber auch aus ihr lernen, so, wie das 20. Jahrhundert vom 19. gelernt habe, wie man es anstellen müsse, «um den gleichen verheerenden Unsinn noch viel raffinierter zu wiederholen».

Die oben aufgeführten geschichtlichen Arbeiten zeigen, dass Oeri nicht nur die Anlagen zum Historiker besass, sondern dass er tatsächlich einer war, und zwar einer, der sich weder auf ein Spezialgebiet beschränkte noch ideologische Scheuklappen trug. Er bemühte sich, im Sinne Leopold von Rankes zu berichten, «wie es gewesen ist», oder gelegentlich, wie es hätte sein können; und wo er wertet, tat er es auf der Grundlage seiner universalen Bildung. Er wollte nun aber seine historischen Erkenntnisse nicht Selbstzweck bleiben lassen, sie vielmehr auch den Zeitgenossen vermitteln, und zwar in der jeweiligen Beziehung zur Gegenwart. Da kommt der Pädagoge zum Vorschein! Ganz klar hat dies jener Freund erkannt, den Oeri fragte, ob er den Ruf in eine Zeitungsredaktion annehmen solle. Dieser Freund – wir kennen seinen Namen nicht – antwortete treffend: er, Oeri, sei wohl «ein Schulmeister, aber eher einer für Erwachsene als für Kinder». – Oeri schlug denn auch diesen Weg ein, weil er es «als einfache Pflicht empfand, politische Überzeugungen, die ich für begründet hielt, ins Publikum zu tragen». Hierbei kam ihm natürlich seine sprachliche Formulierungskunst und seine stilistische Meisterschaft zustatten. – Als verantwortungsbewusster Journalist ist er immer auch gewissenhafter Historiker geblieben.

René Teuteberg

Der Literat

Albert Oeri besass, wie viele Basler vor und nach ihm, durchaus auch poetische Fähigkeiten; die Tradition der kleinen, im Familien- und Freundeskreis beheimateten «Stiggli», der Schnitzelbänke und der humoristisch-satirischen «Verslibrünzlerei; war ihm nicht fremd, ja sie kam seinem Wesen sogar entgegen. Und er hat sich in den genannten Sparten aktiv, wenn auch nicht sehr häufig, betätigt. Darüber hinaus aber hatte er das Zeug zu umfangreicheren und tiefer lotenden literarischen Produktionen.

Das wichtigste Arbeitsinstrument des Literaten und Poeten, die gewandte Handhabung der Sprache – ob Dialekt oder Hochdeutsch – beherrschte er, wie wir wissen, von Anbeginn perfekt; dazu kommen noch ein unverstelltes Assoziationsvermögen, eine unerschöpfliche Phantasie und ein ausgeprägter Sinn für das Komische und das Abseitige. Alle diese Eigenschaften kamen ihm in seiner gesamten journalistischen, redaktionellen und literarischen Tätigkeit zustatten.

Im Folgenden behandeln wir in chronologischer Abfolge die poetisch-literarischen Arbeiten, die auf uns gekommen sind: sie liegen zum Teil gedruckt vor, zum Teil als Manu- oder Typoskripte.

Auf Oeris literarkritische oder kunstkritische Artikel während seiner kurzen Zeit als Kulturredaktor gehen wir nicht weiter ein, weil diese Artikel meist nicht signiert waren und daher die Zuschreibung unsicher ist. Nur so viel: Die mit O. gezeichneten Kritiken sind in der Regel recht ausführlich, ausgewogen und auf Gerechtigkeit des Urteils bedacht; sie sind bei aller Deutlichkeit der jeweiligen Bewertung kaum je verletzend, höchstens ironisch, im schlimmsten Fall satirisch.

Zofingerkonzert-Prolog, 1895

Die frühesten erhaltenen Versdichtungen sind gewiss nicht von hohem künstlerischem Wert; sie sind solid gearbeitete, aber doch recht brave Hervorbringungen, so zum Beispiel der Prolog zum Zofingerkonzert von 1895. Er besteht aus über 150 vergnüglichen, geschickt gereimten baseldeutschen Versen, die eine Vorschau auf das zu erwartende Programm bieten und zugleich eine *Captatio benevolentiae* sind.

Einem Zofingerfreund ins Liederbuch, 1899

Nach Abschluss des Studiums widmete er seinen Zofinger-Kommilitonen ein formvollendetes Sonett, das noch ganz das (echt empfundene) Pathos des vaterländisch geschwellten 19. Jahrhunderts atmet. Es wurde im «Zofinger-Centralblatt» veröffentlicht und lautet wie folgt:

Wohlauf, mein Freund, wir wollen jubelnd singen,
Was in des Herzens stiller Tiefe ruht.
Was unsre Brust durchstürmt mit heisser Glut,
Wenn hellen Klangs die schäumenden Gläser klingen!

Für *Vaterlandes* Grösse lasst uns ringen,
Ihm freudig weihen unser Glut und Blut,
Und unserm frohen, freien Jugendmut
Leih' edle *Freundschaft* schimmernde Adlerschwingen!

Der *Wahrheit* gelte stetig unser Streben,
Die unsern Geist von lastender Kett' befreit
Und höhere Bahnen weist dem Erdenleben!

Dies Wort, mein Bruder, sei dein Weggeleit;
Ihm folg' hochfliegenden Sinnes treu ergeben;
Dann wirst ein Held du in des Daseins Streit.

Hochzeits-Stiggli, 1910

Im Jahre 1910 schrieb Oeri «Der überwältigte Fabius Cunctator oder das Weib als Bestie, Engel und Mensch, Bürgerliches Schau(er)spiel in 2 Akten».

Es ist dies ein vergnügliches, leichtgewichtiges Hochzeits-«Stiggli», wie sie in Basel gang und gäbe waren, voll Situations- und Sprachkomik. Der baseldeutsche Text liegt in einer Schreibmaschinen-Abschrift vor.

Im ersten Akt muss sich der immer noch ledige Gymnasiallehrer Fabius mit einem erbosten Elternpaar herumschlagen, ehe ihn «Freund X» aufsucht und mit ihm über das Wesen der Frau disputiert.

Der zweite Akt spielt im Sprechzimmer des Arztes Rudolf Oeri-Sarasin (1849-1917), im Haus der Braut. Hier bläst Fabius einsam Trübsal. Eine Frauensperson namens «Es» tritt ein und versucht ihn aufzuheitern, geht dann fort und lässt dabei eine Rose fallen. Da wird Fabius unversehens von einem zuvor verborgenen Zigeunerpaar bedrängt, überwältigt und mit einem Messer bedroht. In diesem Moment erscheint als rettender Engel ein junges Mädchen namens Susanne und lässt sich – happy end! – von Fabius umarmen, indes die Zigeuner entweichen.

Diese, mit skurrilen Einfällen gespickte Posse wurde an der Hochzeit von Rudolf Oeris Tochter Susanne (1889-1968) mit Dr. Eduard Preiswerk, Lehrer am Gymnasium auf Burg, dargeboten. Rudolf Oeri war ein Onkel und dessen Tochter Susanne eine Cousine Alberts.

Ein Traum, 1916

Einen völlig anderen Charakter hat der viel spätere, 14 Druckseiten umfassende Essay «Ein Traum», der im XVI. Band der schweizerischen Halbmonatsschrift «Wissen und Leben», Zürich 1916, erschien. Der Erste Weltkrieg ist zu dieser Zeit in vollem Gang; der Stellungskrieg im Westen verlangt von beiden Kriegsparteien ungeheure Opfer; noch haben die USA nicht ins Geschehen eingegriffen, und der Ausgang des Völkerringens ist völlig ungewiss.

Oeri kleidet nun seine Sicht der Dinge unter dem Pseudonym Orgetorix in die Fiktion eines Traumes: Er liest am 1. August 1924 – also genau zehn Jahre nach Kriegsausbruch – drei verschiedene Zeitungsartikel über die Resultate des mörderischen Krieges, einen deutschen, einen französischen und einen ganz kurzen schweizerischen.

Der Artikel aus dem (fiktiven) «Deutschen Herold» preist vor allem die verschiedenen deutschen Annexionen, die daraus erwachsene grosse Steuerkraft und das Arrangement mit der katholischen Kirche, das «manchen protestantischen Seufzer gekostet» habe. Zuletzt beschwört er die Vision eines vereinigten Europa, das – natürlich unter der Ägide Deutschlands – das *Arbitrium mundi* (Weltschiedsrichteramt) zurückgewänne, allerdings erst nach der noch zu erwartenden gewaltigen Auseinandersetzung zwischen Amerika und den südostasiatischen Staaten… «Und es wird am deutschen Wesen einmal noch die Welt genesen.»

Der Kommentar in der «France libre» prüft hingegen «in nüchterner Ruhe», «welche Früchte die heroische Blütezeit» Frankreich gebracht hat, und hebt vor allem die Schwächung des englischen Empires hervor samt dessen Bedrohung durch Russland in Indien und durch die russische Industrialisierung. Deutschland existiere «heute als Konglomerat von ungefähr hundert Kleinstaaten, die den Ententemächten alljährlich mit grosser Pünktlichkeit ihren Tribut zahlen». Anderseits erhole «sich Deutschland wegen der leidigen Militärfreiheit... wirtschaftlich merkwürdig rasch». Und es werde sich «aus ehemaligen Bestandteilen des deutschen Reiches und Österreichs rasch ein germanischer Gesamtstaat zusammenfügen».

Der Schweizer Kommentar im «Berner Käserfreund» kleidet seinen Zehnjahresrückblick in ein Gleichnis: Hans verspricht dem Heiri einen Fünfliber, wenn er die zufällig soeben erschienene Kröte fresse. Heiri verschlingt sie. Und Heiri verspricht dem Hans seinerseits einen Fünfliber, wenn dieser sie fresse. Hans frisst sie. So haben beide je einen Fünfliber vom andern zugute und eine Kröte im Bauch. Heiri, ein echter Grübler, wirft nachdenklich die Frage auf: «Warum hei mer eigetlich die Chrotte gfrässe?»

In diesem Essay verbinden sich aufs schönste Oeris politischgeschichtliche Klarsicht mit blühender Phantasie und mit der Kunst der Satire.

D Helgegant, 1921

Wiederum in den «dramatischen» Bereich gehört der einaktige baseldeutsche Schwank «D Helgegant» (=Bilderauktion), der 1921 zusammen mit dem Einakter «Der Wahltag» von Tobias Christ im Selbstverlag des «Quodlibet» erschienen ist. Als Autor zeichnet Felix Sauerleu, welches Pseudonym Oeri in der Regel dann verwendet, wenn er der heiteren Muse huldigt.

Dieses Stück fällt in jene für die Basler Dialektpoesie so fruchtbare Zeit der frühen 1920-er Jahre, als einige tiefotende Mundartstücke von Carl Albrecht Bernoulli (z.B. «Der Stellvertreter», 1920), Fritz Liebrich («Masken», 1920), Dominik Müller [Dr. Paul Schmitz] (z.B. «S pfupft», 1919), Hermann Schneider (z.B.

«Dr Bammert», 1924) sogar im Stadttheater aufgeführt wurden. Daneben entstanden zahlreiche leichtergewichtige Theaterstücklein, z.B. von Abraham Glettyse [Wilhelm Christ-Iselin] und vor allem von Moritz Ruckhaeberle (z.B. «Dr goldig Lychtsinn», 1924) u.a.m. Durch solche Produktivität mag Oeri angeregt worden sein, ein «Stiggli» aus seinem Erfahrungsbereich beizusteuern.

Wie wir im Kapitel «Der Kunstfreund» sehen werden, wirkte er aktiv in der Basler Kunstpolitik mit und kannte daher den damaligen Kunstbetrieb mit allen seinen Licht- und Schattenseiten; so lag es nahe, den Schwank in diesem thematischen Umfeld anzusiedeln.

Handlung: An einer Kunstauktion wollen ein sehr konventionell-konservativer Kunstsammler und ein zeitgenössischer Maler (dieser im Auftrag einer nicht genannt sein wollenden Dame) aus bestimmten triftigen Gründen ein und dasselbe Auktionsobjekt ersteigern, das von einem seinerzeit Hungers gestorbenen Maler stammt. Zuletzt obsiegt der Kunstsammler. Die beiden Konkurrenten geraten anschliessend in Streit, und die Handgreiflichkeiten enden mit der restlosen Zerstörung des Bildes.

Die ganze Posse lebt von der Situationskomik, den Seitenhieben auf ein recht primitives Kunstverständnis und den träfen Mundartformulierungen. Besonders hübsch ist der Gantrufer (Auktionator) durch seine mit hochdeutschen Floskeln durchsetzte Sprache charakterisiert, etwa mitten im spannenden Auktionsverlauf so: «Das Bild beginnt sich sym wahre Wert z nöchere, s het en aber no nid erreicht.»

Das Stücklein, von dem wir nicht wissen, ob es je öffentlich aufgeführt wurde, zeigt durchaus, dass Oeri fähig gewesen wäre, auch grössere Theaterstücke zu schreiben. Aber das wollte er gar nicht; für ihn waren solche Fingerübungen wohl eher ein amüsanter Zeitvertreib, bei dem seiner Phantasie weit weniger enge Grenzen gesetzt waren als in der politischen Journalistik.

Besuch im Basler Rathaus, 1922

Im Jahr darauf (1922) schrieb er ein «Stiggli» für den liberalen Parteitag vom 6. Dezember, betitelt mit «Besuch im Basler Rathaus». Es ist in Oeris schöner Handschrift auf uns gekommen. – Wir skizzieren seinen Ablauf:

Der «rote Narr», der ausschliesslich russisch spricht, begehrt Einlass ins Basler Rathaus, wo gerade eine Grossratssitzung im Gange ist. Vor dem Torgitter werweissen der aus dem Stehschlaf soeben erwachte Ratsweibel und ein Polizist, was nun zu tun sei. Schliesslich halten sie es für das Beste, den Grossratspräsidenten zu holen. Dieser glaubt so viel zu verstehen, dass der «rote Narr» zu seinen Gesinnungsfreunden, den Kommunisten, im Grossen Rat gelangen wolle. Aber bevor er die Erlaubnis dazu gibt, will er sämtliche Fraktionspräsidenten fragen, ob sie den fremden Besucher überhaupt empfangen möchten. Diese erscheinen nach und nach und werden dem «roten Narren» vorgestellt. Nun ergreift einer nach dem andern in klassischem Grossratsdeutsch das Wort, so z.B. Dr. Peter Schwarz von der Bürgerpartei, der meint: «Wir haben schon genug rote Narren im Grossen Rat.» Worauf der Sozi Hugo Lugo vom Präsidenten einen Ordnungsruf verlangt. Und so geht es weiter, mit Anträgen, Eventualanträgen und Subeventualanträgen, bis der (leicht dämlich gezeichnete) Präsident nicht mehr drauskommt und zudem ein Handgemenge zwischen Kommunist Blutschwitzer und Sozialist Hugo Lugo entsteht und sie sich wechselseitig mit «Schofseggel», «Stinggseggel», «Hueresseggel» usw. titulieren. Endlich lässt der nun völlig konfus gewordene Präsident über alle Anträge abstimmen und fasst die Ergebnisse völlig unzulänglich zusammen. In diesem Moment erst kommt der verspätete liberale Fraktionspräsident Dr. Eigetlig-Eigetlig herzu, wird kurz über den Sachverhalt aufgeklärt und meint, «dass ich es eigentlich seltsam finde, über einen

Antrag auf Zulassung dieses Herrn abzustimmen, wenn man eigentlich gar nicht weiss, ob er die Zulassung eigentlich selber wünscht.» Der Kommunist Blutschwitzer darauf: «Wenn nur schon der Genosse Welti aus Moskau zurück wäre! Der kann jetzt russisch!» – Beim Wort «Welti» zieht der «rote Narr» aus seinem mitgeführten grossen Sack das abgeschnittene Haupt Weltis. Alle sind zunächst entsetzt. Danach aber stecken sie kurzerhand den «roten Narren» in den Sack und lassen ihn durch Neudörfler Marktfrauen auf einem Gemüsewagen wegführen, nachdem sie auch noch Weltis Kopf als «es Chöpfli Salat» in den gleichen Sack praktiziert haben.

Die recht handfeste Komödie ist kräftig angereichert mit politischen Anspielungen und vielsagenden Wortwitzen. Dabei lässt Oeri auch die eigene Partei nicht ungeschoren und zeichnet eine prächtige Karikatur des liberalen Fraktionspräsidenten, der ständig «eigetlig» sagt und darum auch «Eigetlig-Eigetlig» heisst – dieser Name noch als zusätzliche Anspielung auf die im «Daig» mehrfach vorkommenden Burckhardt-Burckhardt.

Leider erfahren wir nicht, wo das «Stiggli» aufgeführt wurde und welchen Erfolg es hatte, da ausgerechnet in jenen Tagen wegen eines Druckerstreiks in Basel keine Zeitungen erschienen, die uns darüber hätten informieren können.

Festspiel, 1923

Das soeben vorgestellte «Stiggli» «Der Besuch im Basler Rathaus» und das sogleich vorzustellende Festspiel entstanden in einer lokalpolitisch äusserst kritischen Zeit. Der Generalstreik war zwar vorbei, aber die Kluft zwischen bürgerlichem und linkem Lager war keineswegs überbrückt, ja eher noch tiefer geworden. Mokierte sich Oeri im «Besuch im Basler Rathaus» gleichsam als Spassmacher über die verfahrene Situation, tritt er im Festspiel als ernster Mahner auf. Dessen vollständiger Titel aber lautet: «Wettstein und Riehen. Festspiel zur Vierjahrhundertfeier der Vereinigung von Riehen und Basel».

Auch wenn dieses Werk äusserlich noch in der Festspieltradition des 19. Jahrhunderts steht, so distanziert es sich von dieser dadurch, dass es in Mundart abgefasst ist, und vor allem dadurch, dass es überschwängliche Glorifizierung des Gemeinwesens und schwülstiges Pathos meidet, dafür aber ebenso nüchtern wie eindringlich zu Menschlichkeit, Besonnenheit und Toleranz aufruft. Dass dabei der grosse Bürgermeister idealisiert wird, stört kaum, da er als Symbol- und Integrationsfigur verstanden werden soll.

Das erste Bild spielt 1626, zum Zeitpunkt, da Wettstein als Basler Landvogt nach Riehen kommt, von der Bevölkerung mehr oder weniger mit Skepsis erwartet. Er bringt zugleich aus der Stadt eine der Hexerei verdächtige Riehener Frau mit, die nun aber zum grossen Verdruss des Volkes nicht verbrannt wird, weil weder Beweise noch (trotz Folter) ein Geständnis vorliegen. Wettstein erklärt ruhig den Sachverhalt und wendet sich scharf gegen die abergläubischen Vorurteile des Landvolks.

Das zweite Bild evoziert auf recht anschauliche Weise die fatalen Auswirkungen des Dreissigjährigen Krieges auf die Eidgenossenschaft, die Stadt Basel und insbesondere die rechtsrheinischen Dörfer Riehen und Bettingen. Dem wackeren Befehlshaber der städtischen Truppen, Oberstwachtmeister Grasser, der soeben ein paar von den Kaiserlichen entführte Riehener mit einem kühnen Handstreich aus dem kaiserlichen Rheinfelden herausgeholt hat, verbietet Wettstein, den Schweden, die auf St. Chrischona übel hausen, auf den Pelz zu rücken: «Der Schwyzerbode ka nid bis z End verteidiget werde, wenn en nid *alli* Schwyzer verteidige... Mir bruuchen en eidgenössischi Wehrornig, e Defensionale, wo macht, dass us der Standes- e Landesverteidigung wird!» – Danach geht die Handlung ins Surrealistische über, indem von der Chrischona her die heilige Chrischona und ihre Jungfrauen nach Riehen hinabziehen, von der Bevölkerung herzlich willkommen geheissen und zum Bleiben aufgefordert werden. Vor dem Schlussgesang verwandeln sie sich in heutige Diakonissen.

Das dritte Bild zeigt Wettstein, der inzwischen längst Bürgermeister geworden ist, wie er versucht, die Riehener Bauern mit überzeugenden Argumenten davon abzuhalten, sich am grossen schweizerischen Bauernkrieg von 1653 zu beteiligen. Herren und Untertanen müssten gegen die Bedrohung von aussen zusammenstehen. «Und wenn s ganz Baselbiet vo der Stadt abfallt, d Riechemer blibe Basel trei.»

Das ganze Spiel zeichnet sich aus durch geschickte dramatische Anlage, spannenden Handlungsverlauf und lebendige Dialoge mit fein differenzierenden Dialektpartien. – Die Vertonung der eingestreuten Lieder und die übrigen musikalischen Kompositionen besorgte meisterhaft der Schöpfer von «Le Laudi», Hermann Suter (1870-1926); bis heute lebendig und äusserst populär geblieben ist der berühmte «Wettsteinmarsch», der freilich erst nach den Festspielaufführungen von Suter selbst für Trommler und Pfeifer umgeschrieben wurde.

Das Festspiel fand enormen Anklang; alle sechs Aufführungen (im grossen Mustermessesaal) vom 23. Juni bis zum 1. Juli 1923 waren ausverkauft.

Hans Trampers Flucht vor der Langeweile, 1924

Oeris erste Zeitungstätigkeit als literarischer Redaktor hat, als er das Lokal- und später das Inlandressort übernahm, ihre Nachwirkung nicht verloren. Mit der gleichen Kompetenz, mit der er einst Bücher und Autoren rezensierend beurteilte, beurteilte er später auch politische Vorgänge sowie deren Verursacher und Träger, seine Kommentare oft mit leiser Ironie und frappanten Formulierungen würzend. Dass es ihn daneben gelegentlich gelüstete, der Phantasie, der Fabulierfreude und der Satire einmal völlig freien Lauf zu lassen, ist durchaus begreiflich. Diesem Drang hat er fastgar hemmungsfrei nachgegeben in der Erzählung «Hans Trampers Flucht vor der Langeweile», die zwischen dem 9. November und dem 21. Dezember 1924 fortsetzungsweise im Sonntagsblatt der «Basler Nachrichten» erschien; sie würde gegen hundert normale Buchseiten füllen. Auch dieses Werk ist wiederum mit dem Pseudonym Felix Sauerleu signiert. Wir fassen seinen Inhalt kurz zusammen:

Der kaum vierzigjährige Hans Tramper ist ausgebildeter Jurist und seit drei Jahren Abteilungsvorsteher im «Departement des Unnötigen» seines Heimatkantons Boppeligau (= Basel-Stadt). «Sein Amt bot nicht die geringste Aussicht, weder auf Avancement noch auf Absetzung.» Es «war bodenlos langweilig». Um der schrecklichen Langeweile zu entkommen, beschliesst er, sich in die Narrenfreiheit der Geisteskranken zu flüchten. («Er dachte auch an Heirat und dachte an Selbstmord.»)

Sein erster Narrenstreich besteht darin, dass er im Eisenbahnzug von «Zäntriken» (= Zürich), wo er sich mit psychiatrischer Literatur eingedeckt hat, nach «Boppeln» (= Basel) ein norddeutsches Ehepaar dermassen vergelstert und zum Streit reizt, dass der Ehemann nach der Ankunft in Boppeln stracks ins Irrenhaus gebracht wird. – Wenig später stört Tramper von der Publikumstribüne aus eine langweilige Grossratssitzung mit Zwischenrufen und wird schliesslich seinerseits in die Irrenanstalt verfrachtet. Es kommt dann so weit, dass er zwar wieder in die Freiheit entlassen, aber für ein volles Jahr vom Staatsdienst freigestellt wird.

Er fährt erneut nach Zäntrikon und gerät dort in den zwölfköpfigen Kreis der «Andersdenkenden». Unter diesen Andersdenkenden bzw. Sporenpetern befindet sich ein anscheinend spiessiger und biederer Normalbürger namens Heimliger *(nomen est omen!)*, der sich die Schrullen der Andersdenkenden insofern zunutze macht, als er deren Individualinteressen je nach Sachlage gegen angemessenes Honorar vertritt. Davon lebt er gut mit Frau und Kind in einem netten Einfamilienhaus. Er macht Tramper gegenüber die so wahre Feststellung: «Jeder Mensch hat in seinem Hirn irgendein andersdenkerisches Plätzchen… Das bisschen Andersdenkerei ist der wärmende Sonnenschein in ihrem frostigen Dasein.»

Einer der Andersdenkenden ist beispielsweise Professor Sandoz, der sich auf die Propagierung der «Kleinlateinschrift» fokussiert hat, das heisst, er kämpft vehement für die Einführung der Kleinschreibung und für die ausschliessliche Verwendung der Antiqua anstatt der Fraktur als Druckschrift. Ein weiterer Andersdenkender vertritt den «Verein zur Abschaffung der Aprilscherze», wieder ein anderer den «Verein zur Vermeidung von Unfällen durch weggeworfene Bananenschalen» usw.

Zwecks besserer Durchsetzung ihrer Anliegen möchten die Andersdenkenden eine zentralistische Organisation schaffen (was natürlich eine *Contradictio in adjecto* ist). Sie wählen, weil keiner dem andern den Vorsitz gönnt, den von Heimliger protegierten Tramper zum Einberufer und Vorsitzenden einer geplanten Monstreversammlung, zu der sämtliche Weltverbesserer, Spinner und Erfinder als ebenfalls Andersdenkende eingeladen werden sollen. Tramper bittet um Bedenkzeit und spaziert reiflich überlegend durch Zäntrikons Gassen; «und da unterlag der wehrlose Boppeler der Hypnose dieser herrlichen Stadt mit den grossen Herzen und grossen Mäulern und ihrer absoluten Freiheit von jeglicher Selbstironie».

Tramper nimmt das Amt an. Doch die einberufene Versammlung wird zum grossen Fiasko, weil alle die verkannten Genies, die sich eingefunden haben, gar nicht unter einen Hut zu bringen sind. – Danach kehrt Tramper nach Boppeln zurück und wird durch eine merkwürdige, aber plausibel dargestellte Verkettung von Umständen und Zufällen Regierungsrat – und gleich darauf auch Ehemann, indem er die Tochter jenes Kleinlateinschrift-Professors heiratet, das schon leise angesäuerte Fräulein Sandoz. – Damit ist er der Langeweile gründlich und endgültig enthoben...

Unsere Zusammenfassung gibt freilich nur einen matten Begriff von den vielen komisch-originellen Einfällen des Verfassers, von der fröhlich karikierenden Charakterisierung einzelner Personen und Gruppen oder von der satirischen Bosheit, die sowohl auf unsere kleinkarierten politischen Verhältnisse als auch auf bestimmte (heute leider nicht mehr identifizierbare) Persönlichkeiten zielt. Der Ablauf des Geschehens erinnert ein bisschen an die Schelmenromane der Barock- und Aufklärungszeit, wenigstens was die schier unbändige Fabulierlust des Autors betrifft. Der innere Gehalt aber zeigt eine entfernte Verwandtschaft zu des Erasmus «Lob der Torheit» und zu Sebastian Brants «Narrenschiff».

Es scheint, dass Oeri beim Beginn der Niederschrift kein detailliertes Konzept des ganzen Romänchens besass, sondern noch während des fortsetzungsweisen Erscheinens ständig neue Einzelheiten erfand und dadurch die Handlung in die Länge zog. Eine unbedeutende Äusserlichkeit könnte diesen Sachverhalt bestätigen: Am Ende der drittletzten Fortsetzung steht: «Schluss folgt.» Doch der Schluss erfolgt erst eine Fortsetzung später als angekündigt. Offenbar fiel es Oeri schwer, den so schön gesponnenen Faden loszulassen.

Die unemietigi Gosche, 1926

1926 brachte das «Quodlibet» eine «Hebel-Gabe» (auf das 100. Todesjahr des alemannischen Dichters) heraus. Auch Albert Oeri beteiligte sich, und zwar mit einem kleinen baseldeutschen Feuilleton, betitelt «Die unemietigi Gosche», ebenfalls unter dem nom de guerre Felix Sauerleu. Es schildert ein an sich unbedeutendes Erlebnis aus der Zeit von Oeris Völkerbundstätigkeit.

Der Autor sitzt in einem Genfer Strassencafé, lauscht den vorzüglichen Darbietungen von arbeitslosen Berufsmusikern in gut baslerischer Ambivalenz: einerseits mit Genuss wegen der Qualität, anderseits mit Trauer über das harte Los der armen Musikanten. Zu den mithörenden Passanten auf der Strasse gesellt sich eine arme Frau mit einem Kinderwagen, auf dem ein Kindersärglein liegt: «Das isch nimme trurig, das isch ganz grässlig gsi.» – Völlig ungerührt hingegen bleibt sein nächster Tischnachbar, der ihm von Anfang an wegen seiner «unemietige Gosche» (hier in der Bedeutung Gesicht) höchst unsympathisch gewesen ist. Er sah irgendwie aus «wien e gschträälte Haifisch». Und erst noch leert er bei seinem Aufbruch den Aschenbecher über die Hose des Erzählers und hilft ihm beim Wegwischen der Zigarrenasche. Im Hotel alsdann bemerkt der Erzähler das Fehlen seiner Brieftasche samt Pass und verdächtigt natürlich jenen Mann als Dieb. Nach seiner Rückkehr nach Basel stellt sich heraus, dass die Brieftasche im Koffer bei der schmutzigen Wäsche liegt. – Eine völlig alltägliche Episode, aber stimmungsvoll und nüanciert gestaltet, zudem in einem untadeligen Baseldeutsch.

Die Reiseberichte

Streng genommen sind Oeris Reiseberichte (aus Griechenland und Amerika) ebenfalls dem literarischen Schaffen zuzuordnen. Wir verzichten jedoch auf eine besondere Analyse, da die Leser anhand des Kapitels «Reiseberichte» einen guten Begriff von Oeris Fähigkeit gewinnen, Erlebtes, Gesehenes und Gedachtes mit dem Wissen des Historikers und Humanisten zu verbinden und es dank hoher Formulierungskunst lebendig und anschaulich zu vermitteln.

Rudolf Suter

Der Kunstfreund

Wie andere Städte hat auch Basel durch den im Zusammenhang mit der Reformation (1529) erlittenen Bildersturm viele Kunstgegenstände verloren. Aber: Schon wenig später kam es zu einem Mäzenatentum, das sich mit dem jeder anderen Stadt messen konnte. Zwar ist die Geschichte dieses Mäzenatentums noch nicht geschrieben, doch lässt sich mit Gewissheit sagen, dass es durch die Jahrhunderte immer wieder Persönlichkeiten oder Familien gegeben hat, die sich als Kunstsammler hervorgetan haben und die ihr Kulturgut der Öffentlichkeit zugänglich gemacht haben, sei es als Leihgabe oder als Geschenk. Man denke beispielsweise an das Geschlecht der Amerbach im 16. Jahrhundert oder an Maja Sacher oder das Ehepaar Beyeler im 20. Jahrhundert.[1]

Albert Oeri gehört nicht zu Basels Kunstsammlern, aber er hat sich auf andere Weise um die bildende Kunst verdient gemacht: Bereits in früher Jugend ist er Werken der bildenden Kunst begegnet. Man denke etwa an die Fassade seines Geburtshauses, die vom Renaissancekünstler Tobias Stimmer bemalt worden war. In ganz besonderem Masse werden dem jungen Oeri die Augen für die Kunst von seinem Grossonkel Jacob Burckhardt geöffnet worden sein.[2] Zwar ist erst aus dem Göttinger Jahr (1896) ein Dokument, ein Brief, erhalten, in dem Albert seinen Grossonkel darüber informiert, welche Museen er gesehen und welche Maler er kennengelernt hat. In jener Zeit wurde er auch mit Bildern von Arnold Böcklin (1827-1901) vertraut. Man weiss dies dank einem Aufsatz aus dem Jahre 1911, in dem er seinen inzwischen verstorbenen Grossonkel in Schutz nimmt vor den Anfeindungen eines deutschen Autors. Dieser – er hiess Ferdinand Runkel – hatte gehässige Urteile von Böcklins Frau über Jacob Burckhardt publiziert. Oeri rechnet gründlich mit dem Kritikaster ab. Wir zitieren den Schluss: «Man lese die wissenschaftliche Böcklinliteratur und man wird den Versuch, aus des Malers Vaterstadt ein Schilda zu machen und dem Siegfried Böcklin den grimmigen Hagen Burckhardt gegenüberzustellen, mit grosser Vorsicht aufnehmen.»[3] Oeri hatte übrigens 1927, anlässlich des 100. Geburtstags des Künstlers, die Eröffnungsrede zur grossen Gedenkausstellung in der Basler Kunsthalle gehalten.

Die wichtigste Äusserung Oeris zum Thema Kunst datiert aus dem Jahr 1914 und ist in den «Süddeutschen Monatsheften» unter dem Titel «Die schweizerische Demokratie und die Kunst»[4] zu finden. Er beginnt mit einem Zitat des deutschen Historikers Heinrich von Treitschke. Der damals hoch geschätzte Historiker hatte behauptet, eine Förderung der Kunst und der Wissenschaft könne man in einer modernen Demokratie, wozu er auch die Schweiz zählte, nicht erwarten. Oeri entgegnete: Die Schweizer seien nicht weniger empfänglich für Kunst als Bürger der grossen Monarchien, aber «nicht der Schweizer ist der Sünder, den Treitschkes Tadel mit Recht trifft, sondern der schweizerische Staat ... vor allem der Bund». Ihm fehle der Respekt vor der Freiheit des geistigen Schaffens. Mit zwei Beispielen belegt Oeri seine Behauptung: Die Kunstabteilung der Schweizerischen Landesausstellung in Bern – sie fand im gleichen Sommer, 1914, statt – sei «ein verfehltes Experiment». Sie gebe einen Durchschnittseindruck und nicht eine Konzentration des Besten. Und am schweizerischen Parlamentsgebäude sehe man die Folgen des «Dreinregierens» der Politiker. Der Bundespalast in Bern sei «in einem charakter- und phantasieverlassenen Klassizismus gebaut worden». Und – «das Gemisch von Geschwollenheit und Halbbatzigkeiten in seinem Innern spottet jeder Beschreibung». Das Problem besteht nach Oeri darin, dass, anders als in der Religion, in der Kunst nur eine kleine Minderheit Sinn für das freie Walten habe. Das könne aber geändert werden, wenn man in der Schule «Aufklärungsarbeit» leiste.

Wie auf politischer Ebene trat Albert auch auf kulturellem Gebiet in die Fussstapfen seines Vaters: 1910 wurde er Mitglied des «Basler Kunstvereins» und übernahm schon bald nach seinem Eintritt, 1911, das Präsidium der Kommission für die Skulpturenhalle.⁵ Von 1918 bis 1931 war er Präsident des Kunstvereins. Den Zweck dieses Vereins, der schon 1839 gegründet worden war, definierte Oeri selbst in den Statuten vom 3. Juli 1923: «Sein Zweck ist es, den Sinn für bildende Kunst in Basel anzuregen und zu verbreiten, die Interessen der schweizerischen Kunst zu fördern sowie freundschaftliche Beziehungen zu Künstlern und Kunstfreunden zu unterhalten.»

Albert Oeri, Präsident des Basler Kunstvereins, mit Gästen. Von l. n. r.: Galeriedirektor Stork, Karsruhe; Ministerialrat Schwoerer vom badischen Kultusministerium; der badische Kultusminister Hellpach; Oberbürgermeister Finter von Karlsruhe; Albert Oeri; Generaldirektor Justi von der Berliner Nationalgalerie, 1924.

Es ist freilich kulturgeschichtlich bedeutsam, dass der «Kunstverein» schon einen Vorläufer hatte: die 1812 gegründete «Basler Künstlergesellschaft». Sie löste sich im Dezember 1839 auf. Aber schon 1842 kam es zur Neugründung. Dieser ältere Verein bestand ausschliesslich aus Künstlern; der jüngere sollte auch Kunstfreunde vereinigen. Den oben erwähnten Zweck des Kunstvereins versuchte dieser mit verschiedenen Tätigkeiten zu erreichen. Er kaufte Bilder von lebenden Basler Künstlern und verloste sie unter seinen Mitgliedern. Ferner organisierte er jedes Jahr eine oder mehrere Ausstellungen zeitgenössischer Kunst und besoldete einen vollamtlich tätigen Konservator, der die Auswahl der Bilder treffen und in den Katalogen und Jahresberichten Bildbetrachtungen zu schreiben hatte. 1864 fusionierten die «Basler Künstlergesellschaft» und der «Kunstverein». Im Jahr 1872 bezog der «Kunstverein» ein eigenes Haus: die Kunsthalle am Steinenberg. Die Mittel für den Bau und die Finanzierung des Betriebs hatte man auf originelle Weise zusammengebracht: Der Präsident der 1842 neu gegründeten BKG, Ratsherr Johann Jakob Imhof, hatte die Idee, die Gelder für den von der Künstlergesellschaft lange gewünschten Kunsthalle-Bau durch die Gründung von Fähre-Betrieben über den Rhein zu beschaffen. Obwohl das Billett anfänglich nur 5 Rappen kostete, warfen die drei Fähren einen jährlichen Gewinn von mehreren tausend Franken ab.

Zwei Ereignisse während der Präsidialzeit Oeris sind hervorzuheben. Im Bericht über das Jahr 1927 schrieb er, es sei eines der wichtigsten seit der Gründung des Kunstvereins gewesen. Es war nämlich gelungen, mit dem Staat Verträge abzuschliessen, welche die Raumnot des Vereins behoben, ohne – und dies hob Oeri heraus – die Freiheit zu verlieren, wie es bei anderen kulturellen Institutionen, dem Stadttheater oder der Orchestergesellschaft, der Fall gewesen sei. «Wir freuen uns dessen, nicht aus doktrinärer Angst vor dem Staat, der in Basel soviel Verständnis und guten Willen für die Pflege der Künste gezeigt hat, sondern weil wir finden, auf dem Arbeitsgebiet des Kunstvereins sollte die private Kunstfreundschaft leisten, was nur irgend möglich ist.»

Vier Jahre später, im Juli 1931, war es allerdings mit der völligen Unabhängigkeit des Kunstvereins zu Ende. Die steigenden Unkosten für die temporären Ausstellungen zwangen, den Staat um Hilfe zu bitten, und am 25. Juni 1932 bewilligte der Grosse

Rat des Kantons Basel-Stadt eine jährliche Subvention von 30'000 Franken. Ob dieser «Verlust der Freiheit» oder die vermehrte politische Arbeit Oeri veranlasst hat, das Präsidium des Kunstvereins abzugeben, ist nicht auszumachen. Die Basler Künstlerschaft dankte Oeri für seinen Einsatz zu Gunsten der Gegenwartskunst auf typisch baslerische Weise. Einer von ihnen pinselte auf eine Fasnachtslaterne den Vers «Oeri sei Gott in der Höhe».

Neben diesem privaten Verein, der in seinen besten Zeiten etwa eintausend Mitglieder zählte, wurde im Jahre 1919 eine neue Institution geschaffen: der Kunstkredit. Dies war die Antwort des Staates auf einen Hilferuf der Sektion Basel der Schweizerischen Maler, Bildhauer und Architekten (GSMBA).[6] Da das Kunstinteresse der Bevölkerung – so hiess es im Bittbrief – sich mehr den alten Werken zuwende, sei es Aufgabe des Staates, in die Lücke zu treten, das heisst die lebenden Künstler zu unterstützen. Der Staat half. Die Regierung rief eine Kommission von sechs bis acht Mitgliedern ins Leben, setzte im Finanzplan eine jährliche Summe von 30'000 Franken ein und schrieb die ersten Wettbewerbe aus. Die Vorschläge der Künstler wurden von der Kommission geprüft und dann die definitiven Ausführungsaufträge erteilt.

In der ersten, im November 1919 vom Regierungsrat gewählten Kunstkredit-Kommission sass auch Albert Oeri, und zwar als Vizepräsident. Ein Bild der Kunstkredit-Kommission von Kunstmaler Jean-Jacques Lüscher (1884-1955) aus dem Jahr 1930 zeigt ihn als «Mittelpunkt einer lebhaften Debatte». Dr. Edwin Strub, Sekretär der Kommission und Kollege Oeris an der «National-Zeitung», hat ihm in der Festschrift viel Lob gespendet, weil er sich immer für das Neue oder Ungewöhnliche eingesetzt habe, und zwar nicht nur in der Kommission, sondern öffentlich in der Zeitung. Ein Beispiel: Die Diskussion um die Plastik «Die Ruhende» von Jakob Probst (1880-1969), die heute vor dem Bernoullianum ein fast unbeachtetes Dasein führt, begann mit einem gepfefferten

Jean-Jacques Lüscher (1884-1955), Die Kunstkredit-Kommission, 1930
(sitzend v. l. n. r.) Dr. E. Strub, Regierungsrat Dr. F. Hauser, Dr. A. Oeri, N. Stoecklin,
Prof. W. Barth, J. J. Lüscher (stehend v. l. n. r.) Prof. O. Fischer, Prof. J. Wackernagel,
Dr. R. Riggenbach, Kantonsbaumeister Th. Hünerwadel, N. Donzé, H. Von der Mühll.

Leserbrief in den «Basler Nachrichten». Die Kritiker bezeichneten nicht nur die Plastik von Probst als monströses Machwerk, sondern griffen die Kunstkredit-Kommission an, weil sie den guten Geschmack des Volkes verderbe. Oeri verteidigte schon einen Tag später in einem längeren Artikel das kritisierte Werk und die Kommission.[7] Zwar gesteht er, dass er selbst zunächst mit der Plastik von Probst Mühe gehabt habe, aber dann – wie immer in solchen Fällen – ein Rezept angewendet habe, nämlich «ein Viertelstündchen stille zu sein und das Werk auf sich wirken zu lassen». Man werde sich zwar fünf Minuten weiter ärgern, aber nachher gingen einem die Augen auf und schliesslich erkenne man ein grosses und gutes Kunstwerk. Freilich könnte ein erfahrener Demagoge dem staatlichen Kunstkredit ein Ende setzen, aber das wäre nicht anders als eine Wiederholung des bedauernswerten Bildersturms zu Beginn der Reformation. Dann hätte man wieder jenes «kunstverständige Basel», das Böcklin an der Hinterfassade der Kunsthalle plastisch verewigt habe. Mit grosser Sachkenntnis, aber auch einer guten Portion Sarkasmus hat Oeri immer die Sache des staatlichen Kunstkredits verfochten, bis er nach der Wahl in den Nationalrat seinen Sitz in der Kommission aufgegeben hat.

René Teuteberg

Der Lokalpolitiker

Beginn der Laufbahn, 1902-1908

Die Laufbahn Albert Oeris als liberaler Politiker seiner Vaterstadt begann im Februar 1901 in der Redaktionsstube der «Allgemeinen Schweizer Zeitung» (ASZ), dem 1875 gegründeten Organ der alten Basler Oberschicht, das seit den 1890er-Jahren mit dem Theologen Otto Zellweger als Redaktor eine religiössoziale Färbung angenommen hatte. Die erste politische Erfahrung des 26-jährigen Neulings im Zeitungswesen war der Ausgang der Wahlen im April 1902: Die liberal-konservative Gruppe, als Partei noch nicht organisiert, von links durch die Sozialisten, von rechts durch die Freisinnigen bedrängt, verlor 9 von ihren bisherigen Grossratsmandaten und fiel auf 35 Sitze zurück, während die Sozialdemokraten 10 Sitze gewannen und zudem mit Eugen Wullschleger zum ersten Mal einen «roten» Regierungsrat stellen konnten. Es war eine glückliche Fügung, dass sich in dieser prekären Situation Gelegenheit bot, eine bereits bestehende Zeitung, die «Basler Nachrichten», zu erwerben und zum Presseorgan der zu gründenden Liberalen Partei auszugestalten. Paul Speiser und einige seiner «liberalen Freunde» taten sich mit Otto Zellweger und dessen Freunden aus dem Kreis der ASZ zum Verwaltungsrat der «Basler Nachrichten» zusammen.

Vordringliche Aufgabe dieses neues Zeitungsteams war der Kampf für die Einführung des Proporzes und die Formung der in den Quartiervereinen verzettelten Kräfte der Liberalkonservativen zur organisierten politischen Partei mit einer klaren Zielsetzung. Für beides setzte sich Oeri, der in die Redaktion der «Basler Nachrichten» aufgenommen worden war, mit voller Kraft ein. Mit Paul Speiser gehörte er dem Initiativkomitee für den Proporz an und bemühte sich, in der Zeitung als Redner in den Quartiervereinen den Widerstand vieler Stimmbürger, für die der Begriff «Partei» immer noch mit der Vorstellung von «Parteiung», das heisst Gezänk und Spaltung, verbunden war, zu brechen und ihnen sowohl die Parteigründung als auch das Proporzwahlrecht als politische Notwendigkeiten schmackhaft zu machen.

Am 15.Februar 1905, zehn Tage vor der Abstimmung über den Proporz, berichteten die «Basler Nachrichten» über die endlich erfolgte Gründung der liberal-konservativen Partei in Basel. Die Leitung lag in den Händen eines Zentralvorstandes von 11 Personen, unter ihnen Albert Oeri, der das Amt eines Aktuars versah.[1]

Bei den ersten Wahlen nach Proporz, 1905, setzte sich, wenn auch mit verminderter Stärke, die Abwärtsbewegung fort, die nun das Schicksal der Liberalen in den kommenden Jahrzehnten werden sollte. 1908, als Oeri gewählt wurde, betrug die Zahl der liberalen Grossräte noch 28; bei seinem Ausscheiden als 73-jähriger im Jahre 1948 waren es noch 15.

Oeri, der sich während vier Jahrzehnten, von 1908 bis 1948, ununterbrochen zur Verfügung stellte und jedesmal gewählt wurde – meist mit Spitzenresultaten – war kein «Erfolgspolitiker», dem es um die Erringung oder Behauptung einer Machtposition ging, vielmehr repräsentierte er den Politiker «aus Überzeugung». Nicht absolute Mehrheit, «Majorität», sondern das, «wozu wir berechtigt sind», war das Ziel seiner Politik, die den Gegner nicht vernichten will, sondern diesem das Recht der Existenz zugesteht.[2] Gelegenheit, Umfang und Inhalt dessen, was «berechtigt" war, auszuprobieren, ergab sich nach dem «Streiksommer» im Herbst 1905, als die Liberalen ihre Stellungnahme zu den Arbeitsniederlegungen der vergangenen Monate diskutierten.

Das Recht der wirtschaftlich Schwächeren, der Arbeiter, auf Organisation zur Durchsetzung «berechtigter» Forderungen war unbestritten und wurde «auf dem Standpunkt der Gleichberechtigung» anerkannt, durfte aber nicht durch Druck erzwungen werden. Wortführer bei diesen Diskussionen waren Paul Speiser und Otto Zellweger.[3] Als Präsident des Quartiervereins Steinen nahm Oeri im September 1907 Stellung zur Abstimmung über den «Streikparagraphen» und sprach im November über die «Aufgaben der Liberalen Partei».[4] Damit hatte er sich als Kandidat für die Grossratswahlen qualifiziert und wurde im Mai 1908 mit 26 weiteren Parteimitgliedern als einer der wenigen «Neuen» gewählt. Es war beinahe ein Zufall, dass er schon im gleichen Jahr mit einer heiklen Aufgabe betraut wurde, die mehr als politische Erfahrung, nämlich Menschenkenntnis und Fingerspitzengefühl erforderte, ihn aber dennoch mitten in die akuten Parteiquerelen hineinführte.

Untersuchung im Polizeidepartement – «Äffäre M. und H.», 1908/9

Zur Untersuchung von Unregelmässigkeiten im Polizeidepartement, die den Polizeihauptmann M. und einen ihm unterstellten Polizeileutnant H. betrafen, ernannte der Grosse Rat, entgegen dem Antrag des Justizdirektors, Regierungsrat Carl Christoph Burckhardt, der die Sache den Gerichten überweisen wollte, eine wie üblich aus Vertretern der Parteien zusammengesetzte Spezialkommission. Der Bericht dieser Kommission wurde nicht von ihrem Präsidenten, einem erfahrenen Politiker, dem Sozialdemokraten Josef Knoerr, sondern von einem der jüngsten Mitglieder des Rates, Albert Oeri, verfasst. Seine Untersuchung belastete den Polizeichef M., der während Jahren die liederliche Amtsführung eines Polizisten geduldet hatte, und, was schwerer ins Gewicht fiel, die Verstösse seines Untergebenen in einem

Rapport durch falsche Angaben gedeckt und verwischt hatte. Der Mannschaft war dieser Sachverhalt bekannt, die Autorität des Chefs daher untergraben; es herrschten im Polizeikorps chaotische Zustände, die nun durch die grossrätliche Kommission aufzudecken und zu beheben waren. Knoerr übertrug diese Aufgabe vier Mitgliedern der Kommission: Albert Oeri als Vorsitzendem, E. Feigenwinter, A. Jeggli und W. Sänger. Verfasser des Berichtes und Referent im Grossen Rat war Oeri.[5]

Auf Grund seiner Arbeit, die in vielen «Abhörungen» bestand, kam Oeri zu dem Schluss, «dass ein Teil der Schuld an fatalen Verhältnissen ... höheren Stellen zufällt», weil dem langjährigen Beamten im Staatsdienst, M., wegen mangelnder Kontrolle «sein System zu leicht gemacht» wurde. Der Vorwurf der «Mitschuld höherer Stellen» betraf Regierungsrat Richard Zutt, der auf Strafanzeige gegen H. verzichtet und ihn im Amt belassen hatte, auch als er das Departement an Regierungsrat Heinrich David abgab, der seinerseits auch nichts unternahm, so dass sich der Schlendrian über Jahre fortgesetzt hatte.

Als der von Oeri unterzeichnete Bericht vom Grossen Rat an die Exekutive überwiesen und vom Regierungsrat am 2. Dezember 1908 besprochen wurde, griff der konservative Regierungspräsident C. Ch. Burckhardt, Vorsteher des Justizdepartementes, ein. Obwohl fünf seiner Kollegen seinen Antrag, gegen M. gerichtlich vorzugehen, abgelehnt hatten, reichte er am folgenden Tag gegen M. wegen Urkundenfälschung und Begünstigung Strafklage ein. Das Verfahren wurde nach einigen Tagen mangels Beweisen eingestellt, doch erhob die Überweisungsbehörde Anklage wegen Amtsmissbrauchs, nicht nur gegen M., sondern auch gegen dessen Vorgesetzte, die freisinnigen Regierungsräte Zutt und David. Doch auch diese Anklage verlief im Sand.[6]

Erst jetzt, nachdem die Affäre mit der vorzeitigen Pensionierung des Vorgesetzten M. und der gerichtlichen Verurteilung des

Untergebenen H. ein Ende gefunden hatte, brach bei den Freisinnigen der Zorn gegen den unbeliebten Vorsteher des Justizdepartementes und dessen unerbittliches Rechtsdenken mit Heftigkeit los. Nicht nur in der «Basler Nationalzeitung», auch in Berner und Zürcher Blättern wurde die pikante Nachricht verbreitet, in Basel habe ein konservativer Regierungsrat zwei seiner Kollegen strafrechtlich verfolgt und sich somit als «Denunziant» erwiesen.

Zur Verteidigung Burckhardts, der es verschmähte, sich zu seiner Rechtfertigung auf die Ebene einer Zeitungspolemik zu begeben, reichte der Liberale Ernst Koechlin am 9. April 1909 eine Interpellation ein, die zur Folge hatte, dass die M./H.-Affäre im Ratsplenum in zwei Sitzungen nochmals ausführlich zur Sprache kam. In langen Reden schilderten David und Burckhardt je ihre Sicht der Vorgänge, wobei der letztere, von Oeri unterstützt, darlegen konnte, dass er nur gegen M., nicht aber gegen seine Regierungskollegen Klage erhoben habe. Zum Vorwurf unkollegialen Verhaltens hielt er aber an seiner Auffassung fest: ein Mehrheitsbeschluss könne ein einzelnes Mitglied der Regierung nicht von einer gesetzlichen Pflicht entbinden.[7]

War es dieses Bekenntnis eines unbeugsamen Hüters des Rechts oder die Verpflichtung, dass er als Katholik die Rolle des «Zünglein an der Waage» zu übernehmen habe, was Ernst Feigenwinter veranlasste zu verlangen, dass alle Karten auf den Tisch gelegt würden, das heisst, dass die Diskussion fortgesetzt werde? Er beantragte, die Reden der drei betroffenen Regierungsräte Zutt, David und Burckhardt für eine nächste Sitzung allen Grossräten im Druck vorzulegen. So wurde am 9. und am 11. Mai nochmals debattiert. Gegen Oeris Bericht war nichts einzuwenden, es sei denn ein Vorwurf von Zutt, den Oeri gelassen parierte, indem er zurückfragte: «Naivität? Taktlosigkeit? ... Bitte konkret ...», er habe «ein gutes Gedächtnis, ein gutes Notizbuch und ein gutes Gewissen». Wenn die Kommission einen Fehler begangen habe, sei es, dass sie in Missachtung des Spruchs «Greif niemals in ein Wespennest...» eben doch zu fest zugegriffen habe, und das Kunststück, «einen Pelz zu waschen, ohne ihn nass zu machen», sei ihr eben nicht geglückt.

Am Schluss der stundenlangen Diskussion sprach Josef Knoerr als Kommissionspräsident Oeri seine Anerkennung aus: «Er hat richtig untersucht und herausgefunden, dass die Beschwerden einen Grund hatten.» Auch Regierungsrat Burckhardt wurde auf Antrag von Otto Zellweger und seinen «politischen Freunden» mit 71 gegen 42 Stimmen das Vertrauen ausgesprochen.[8]

Es war Oeri gelungen, ohne sich der Parteilichkeit schuldig zu machen und ohne jemanden zu verletzen, die Schwächen einer unter der Verantwortung der Freisinnigen stehenden Verwaltung aufzudecken und die auf seiner eigenen Seite stehende höchste «Stelle», den Regierungspräsidenten, von einer schweren Anschuldigung zu befreien. Die Übernahme von Verantwortung als höchste Pflicht eines Politikers galt nach Oeris Auffassung nicht nur gegenüber dem wirtschaftlich Schwächeren, sondern auch gegenüber dem «Schwachen im Geist», dem Menschen mit labilem Charakter. Der Griff in «Wespennester» ist nicht populär, muss aber nötigenfalls zum Wohl der Allgemeinheit getan werden.

So hat sich Oeri mit seinem hohen Anspruch und seinem Gerechtigkeitssinn schon zu Beginn seiner Laufbahn die Achtung seiner Ratskollegen erworben.

Soziales Engagement, 1910-1916

Durch seine Untersuchungsarbeit hatte der junge Oeri einen Einblick in den Alltag und die Mentalität einer anderen Schicht der Gesellschaft gewonnen als derjenigen, in welcher er selbst lebte. Es finden sich in den Jahren vor dem Ersten Weltkrieg Anzeichen, dass er bereit war, sich als Politiker für die Linderung von Nöten wie Armut und Arbeitslosigkeit einzusetzen. An Beratungen über die Möglichkeit gesetzlicher Regelung der Arbeitslosenfürsorge hatte er aktiven Anteil, indem sein Antrag, zwei Entwürfe für eine staatliche Arbeitslosenkasse und die Unterstützung privater Kassen in ein einziges Gesetz zusammenzufassen, angenommen wurde.[9]

Am 7. März 1912 stimmte er dem Antrag der Regierung zu, den Staatsbeitrag an den Arbeiterbund von Fr. 400.– auf Fr. 800.– zu erhöhen. Auch bei Abstimmungen über Begnadigungsgesuche von Frauen, die meist wegen Abtreibung verurteilt waren und die stets unter Namensaufruf erfolgten, findet man Oeri mehrmals bei den frauenfreundlichen Grossräten. Das wird besonders deutlich im Fall von M. L., am 13. Juli 1911, wo er im Gegensatz zu einer grossen Mehrheit, unter der sich die meisten seiner «politischen Freunde» befanden, für Begnadigung stimmte.[10]

Weniger grosszügig zeigte er sich bei der Beratung des Lehrerbesoldungsgesetzes am 16. April 1914, als er dem damals schon führenden jungen Sozialdemokraten Fritz Hauser zum ersten Mal entgegentrat. Seit 1911 Grossrat und im Kleinbasler Inselschulhaus als Lehrer tätig, stand Hauser vor dem Abschluss seines Studiums der Nationalökonomie und beantragte nun die Aufnahme eines Passus, der es ermöglichen sollte, «zur Gewinnung ausgezeichneter Lehrkräfte eine höhere als die dem Dienstalter entsprechende Besoldung» zu bewilligen. Man darf wohl annehmen, dass der Antragsteller bei diesem Vorschlag auch an sich selbst dachte. Die genannte Fassung des Gesetzes wurde, wenn auch gegen die Stimme des damaligen Chefs des Erziehungsdepartementes, der sich Oeri und seine Freunde anschlossen, angenommen.[11]

Bei Kriegsausbruch wurden die Massnahmen der Regierung vom Grossen Rat anfangs Oktober 1914 widerspruchslos gutgeheissen, und Regierungsrat Eugen Wullschleger zeigte sich erfreut über die «grosse Steuerfreudigkeit» in Basel. Im Dezember 1915 wurde ein Kredit für Notstandsarbeiten noch bewilligt; ein Vorschlag zur Verteilung von Milch an Schulkinder stiess jedoch auf Widerstand der meisten Liberalen, wobei Oeri die Ausnahme bildete, indem er mit den Freisinnigen und den Sozialdemokraten für die Überweisung stimmte. Im folgenden Kriegsjahr 1916 steigerten sich Teuerung und Lebensmittelknappheit, so dass die Sozialdemokraten eine eigene Notstandskommission bildeten, die sich mit der Lebensmittelversorgung und der Festsetzung von Mindestlöhnen befasste. Hauser setzte sich ein für eine Subvention der Preise für Brot und Milch und verlangte durch einen Anzug im grossen Rat Mietzinszuschüsse sowie eine erweiterte Berechtigung auf Unterstützung, während Friedrich Schneider diese parlamentarischen Vorstösse nicht genügten und er deshalb versuchte, durch einen «Aktionsplan» die von der Not Betroffenen selbst zum Handeln zu bringen.[12]

Der Protest gegen die Teuerung war überall von einem starken kriegsfeindlichen und antimilitaristischen Impetus getragen. Während am 25. August Hermann Grimm in Zürich limitierte Höchstpreise für Lebensmittel forderte, ertönten in der Bahnhofstrasse Rufe, wie: «Nieder mit dem Militarismus».[13] Wie in andern Städten war auch in Basel für den 3. September 1916, einen Sonntag, von Jungsozialisten eine Teuerungsdemonstration geplant, als der Bundesrat durch ein Kreisschreiben die Kantone anwies, Versammlungen dieser Art zu verbieten.[14] Dass sich Basel dieser Weisung fügte und die für den 3. September erteilte Bewilligung zurückzog, geschah wohl auf den Druck von General Ulrich Wille, der an einem der letzten Augusttage, wie die «Basler Nachrichten» meldeten, «das Basler Rathaus besuchte», tatsächlich

aber an der Sitzung des Regierungsrates anwesend war.[15] Der
«Rote Sonntag» 1916 verlief, nach Presseberichten, in Basel, Bern,
Zürich und Genf ruhig, die Demonstranten versammelten sich
zwar, aber ohne Aufsehen zu erregen. Der Basler Arbeitersekretär
Fritz Schneider trat in Zürich als Redner auf. Zu den üblichen
Protesten wurde als neues Thema das Demonstrationsverbot aufgegriffen. Nach bürgerlicher Berichterstattung war die Militärpräsenz in Basel von harmloser, ja geradezu spiessbürgerlicher
Natur: Nachdem die Soldaten, sinnigerweise bei St. Jakob, exerziert hatten, zogen sie nach der Schützenmatte, um abends «mit
Musik und Trommelklang» in ihre Quartiere zurückzukehren.[16]
So liessen sich Schneider und die Seinen nicht davon abhalten,
zwei Wochen später auf dem Marktplatz eine Kundgebung zu veranstalten, an der sich auch der Arbeiterbund beteiligte.

Es ist nicht anzunehmen, dass Oeri mit diesen Aktivitäten der
Sozialdemokraten einverstanden war, wir wissen auch nicht, wie
er über General Willes «Besuch im Rathaus» dachte. Vielleicht
darf man aus seinem Stimmverhalten während der folgenden
Monate den Schluss ziehen, dass sich sein Bewusstsein als Politiker des Bürgertums festigte und dass er die Handlungsweise der
Sozialdemokraten immer deutlicher ablehnte. Am 30. November
verweigerte er mit einigen Liberalen die Zustimmung zu einem
Anzug, der die Unterstützung von «notleidenden Liegenschaftsbesitzern» vorsah,[17] kleinen Leuten, die günstigen Wohnraum
anboten und in finanzielle Schwierigkeiten geraten waren. Als
einziger unter den Liberalen bekannte er sich aber zur Gleichstellung der Frauen, indem er im Dezember den Anzug Franz Weltis
unterstützte.[18] Als aber in der ersten Ratssitzung nach dem
«Linksrutsch» vom April 1917 (die Zahl der Sitze der SP war von
43 auf 59 emporgeschnellt) Welti sogleich einen neuen Vorstoss
für das Frauenstimmrecht einbrachte, ist Oeris Name bei den
Unterzeichnenden nicht zu finden.[19] Kurz darauf stimmte er mit

den Liberalen gegen Schneiders Antrag auf Verweigerung der Kredite an den Gewerbeverband und den Arbeiterbund, derselben Kredite also, deren Erhöhung er 1912 noch befürwortet hatte.[20]

Nachdem verschiedene Versuche zur Erreichung von Mindestlöhnen gescheitert waren, stand der Arbeiterbund ganz unter dem Einfluss Schneiders und seiner Taktik der Massenaktionen. «Proletarier, helft euch selbst» und «Schluss mit der Almosenpolitik» lauteten jetzt die Parolen, mit denen der Klassenkampf eine neue, schärfere Form annahm. Weder Regierung noch militärische Autoritäten vermochten den grossen Demonstrationsstreik vom 30. August 1917 zu verhindern.[21]

Wie sich nun, da die Bürgerlichen immer mehr in Bedrängnis gerieten, die Blockbildung anbahnte, was es Oeri unmöglich machte, anders als mit seiner Partei zu stimmen, wird deutlich bei den Beratungen über ein Gesetz zur Errichtung eines staatlichen Lebensmittelamtes, an dem er in der vom Grossen Rat bestellten Kommission mitarbeitete.

Staatliches Lebensmittelamt, Kriegsfürsorge, 1917-1920

Als Vorsteher des Sanitätsdepartements plante Regierungsrat Friedrich Aemmer die Schaffung einer Kantonalen Amtsstelle, die – seinem Departement unterstellt – die gerechte Verteilung der Grundnahrungsmittel gewährleisten sollte. Ein entsprechender Gesetzesentwurf lag im Juni 1917 dem Grossen Rat vor.[22] In der Eintretensdebatte kritisierte der junge Nationalökonom Fritz Hauser die «autokratische» Tendenz des Entwurfs und forderte die Unterstellung des Lebensmittelamtes unter das Departement des Innern, das unter sozialdemokratischer Leitung stand.[23] Damit schürte er den Protest der Freisinnigen, die sich dagegen wehrten, dass die Lebensmittelfürsorge, die bisher durch das Departement Aemmers geleistet worden war, nun verlegt werden sollte, sahen sie doch darin mit Recht einen Angriff auf die Amtsführung ihres Regierungsrates Aemmer.

In der Sitzung vom 12. Juli 1917 antwortete Oeri auf die Kritik, die vor ihm Friedrich Schneider in der Diskussion an der bisherigen Lebensmittelfürsorge geäussert hatte. Er gab zu, dass auch die Bürgerlichen Grund zu Beanstandungen hätten, und glaubte zu wissen, dass in der Bevölkerung «grosse Erbitterung» herrsche. Die Frage der Übertragung an ein anderes Departement hielt er für unwichtig, die Probleme der Lebensmittelfürsoge müssten «ohne Rücksichten auf Parteiinteressen» gelöst werden. Dem Arbeitersekretär, der stets im Namen des «arbeitenden Volkes» argumentierte, hielt er entgegen, dass auch die bürgerlichen Grossräte «eine arbeitende und konsumierende Bevölkerung» verträten. Die Kommission für das Lebensmittelamt müsse aus allen Schichten der Bevölkerung zusammengesetzt werden und es müssten ihr auch Frauen angehören. Er stellte Antrag auf Rückweisung der Vorlage an die Regierung mit dem Auftrag, im Herbst auf Grund der jetzt geäusserten Kritik einen neuen Bericht vorzulegen. Nun kam Fritz Hauser zu Wort, der sich zur Überweisung des vorliegenden Gesetzesentwurfs an eine Grossratskommission bereit erklärte unter der Bedingung, dass die von ihm formulierte Konzeption als «Motivierung» berücksichtigt werde, nämlich: Selbständigkeit des Lebensmittelamtes, bestimmende und nicht nur beratende Funktion der beigegebenen Kommission sowie Eingehen auf die Bedürfnisse der konsumierenden Bevölkerung. Der katholische Grossrat Dr. Emil Peter wies diesen Vorbehalt als «ein Element des Misstrauens» gegenüber der Regierung zurück und wurde unterstützt durch Oeri, der die Motivierung als «mit unsern parlamentarischen Sitten» unvereinbar tadelte und sich hinter Regierungsrat Aemmer stellte, dem das

Volk vor wenigen Wochen durch die Stimmabgabe sein Vertrauen ausgesprochen habe.

Die Abstimmung über den motivierten Anzug Hausers und den Antrag Dr. Peters auf einfache Überweisung ergab mit 54 zu 53 Stimmen ein hauchdünnes Mehr für den sozialdemokratischen Vorschlag. Die beiden Blöcke der vier bürgerlichen und der sozialdemokratischen Parteien standen einander fast geschlossen gegenüber: zwei Katholiken, Rudolf Niederhauser und Max Zgraggen, hatten für die SP gestimmt.[24]

Die vom Büro des Grossen Rates zusammengestellte Kommission zur Abfassung des Gesetzes über ein staatliches Lebensmittelamt bestand aus 6 Bürgerlichen, den Liberalen Oeri und Ernst Müry, den Freisinnigen Victor Emil Scherer und Heinrich Jetzler, dem Katholiken Othmar Kully, dem Bürgerparteiler Emil Peter, und aus 5 Sozialdemokraten, Emil Angst als Präsident, Fritz Hauser, Friedrich Schneider, Martin Meister und Walter Strub. Sie legte ihren Bericht, der von E. Angst verfasst war, dem Grossen Rat am 11. Oktober 1917 vor. Man war übereingekommen, den Entwurf zur Schaffung eines Lebensmittelamtes auszuweiten zu einem Gesetz über die Kriegsfürsorge im Kanton Basel-Stadt.[25]

Die Erkenntnis, dass die Kriegsfürsorge, die sich in eine Vielzahl von Sachgebieten aufsplitterte, nicht von einer einzelnen Amtsstelle bewältigt werden könne, führte dazu, die Bildung eines Kriegsfürsorgerates, bestehend aus 12 vom Grossen Rat zu wählenden Mitgliedern, darunter drei Frauen, vorzusehen. Obwohl in den wesentlichen Punkten der Aufgabenverteilung und der Organisation Einigkeit erreicht wurde, verzichteten die Sozialdemokraten nicht auf einen Minderheitsbericht, in dem sie ihre Klagen über die bisherige Politik, den Mangel der Behörden an sozialem Verständnis wiederholten und mit der Forderung nach «durchgreifender Änderung... auch in persönlicher Beziehung» immer noch Regierungsrat Aemmer im Visier hatten.

Bei der Besprechung im Grossen Rat äusserten zwei Liberale ihre Bedenken: Paul Ronus nannte das Gesetz eine «Kompro-Missgeburt», und Wilhelm Sarasin verlangte eine zweite Lesung.[26] Oeri trat seinen Parteikollegen entgegen, indem er darauf drängte, das Gesetz noch vor den Wahlen am 27./28. Oktober durchzubringen. So wurde entschieden und das Gesetz mit grosser Mehrheit angenommen. In der folgenden Sitzung wurde der Kriegsfürsorgerat gewählt: E. Müry, E. Peter, V.E. Scherer, Oskar Schär, Kaspar Späny sowie die Damen Mathilde Bieder-Iselin, Fräulein Clara Thiersch vom Bürgerblock; E. Angst, F. Hauser, F. Schneider, Walter Gredinger und Rosa Münch-Siebenmann von den Sozialdemokraten.[27] Frau Münch und Frau Bieder waren Gattinnen von Grossräten.

Trotz seiner grundsätzlichen Ablehnung der Sozialpolitik, wie sie von deren Protagonisten Hauser und Schneider betrieben wurde, darf man Albert Oeri Verständnis und Offenheit für die alltäglichen Nöte, mit denen in der Kriegs- und Nachkriegszeit vor allem die Frauen konfrontiert waren, nicht absprechen. Bei seinen Stellungnahmen hatte er stets konkrete Situationen im Auge und er bemühte sich, die Anliegen und Bedürfnisse bestimmter Personengruppen in seine Entscheidungen einzubeziehen. So setzte er sich ein für eine elfköpfige Familie, die wegen «Hamsterns», das heisst unerlaubter Lagerung von Lebensmitteln, verurteilt worden war. Seine Anfrage im Grossen Rat, was unter einer «den normalen Bedarf übersteigenden Menge von Lebensmitteln» zu verstehen sei, wie der Bundesratsbeschluss lautete, gegen den die betreffende Familie verstossen hatte, löste eine Diskussion aus, aus der sich ergab, wie problematisch Vorschriften waren, die direkt in die Führung eines Haushalts eingriffen.[28]

Im Winter 1919/1920 war der Preis der Milch ein Politikum, mit dem sich besonders der Sozialdemokrat Alfred Glatz beschäftigte. Er hatte die Gewährung eines Kredits zur Verbilligung der

Milch erreicht und diskutierte im Rat mit Oeri über die Höhe dieses Betrags pro Liter. Es ging dabei um 3 oder 6 Rappen. Ein Antrag von Schneider, der mehrmals versuchte, den Milchkonsum zu verstaatlichen, fand damals so wenig Gnade wie später seine Anträge zur «Verstaatlichung» des Lebensmittelhandels überhaupt.[29]

Arbeitszeitgesetz, 1919/20

Zusammen mit den andern bürgerlichen Parteien beteiligte sich Oeri auch an der Ausarbeitung eines Gesetzes über die Arbeitszeit. Der Weg dieses Gesetzes, das schliesslich nach einer Volksabstimmung am 22. Juli 1920 in Kraft trat, war mühsam; einander gegenüber standen die von den Sozialdemokraten lancierte Initiative, welche u.a. die Forderung des Achtstundentags enthielt, und zwei bürgerliche Anzüge, die nicht die tägliche, sondern die wöchentliche Arbeitszeit festsetzen wollten: die 48 Stundenwoche mit freiem Nachmittag. Beides wurde am 17. April 1919 an eine Grossratskommission überwiesen. Der erste Anzug der Bürgerlichen war von Oeri, Wilhelm Vischer und 13 andern unterschrieben, der zweite war ein formulierter Gesetzesvorschlag des Freisinnigen V. E. Scherer. Der Rat entschied sich für den Antrag der bürgerlichen Mehrheit, nämlich den Entwurf Scherers (Ratschlag 2233).

Die Verschiedenheit dieser Stellungnahmen erschwerte die Beratungen, und es kam so weit, dass Schneider schliesslich Antrag auf Rückweisung stellte.[30] Hier griff nun Oeri ein mit dem Vorschlag, die Vorlage nochmals an eine Kommission zu überweisen mit dem Auftrag, das in den Eingaben der Arbeiterschaft enthaltene Material zu einer zweiten Lesung zu verarbeiten. Dies wurde beschlossen, worauf Schneider seinen Verzicht auf weitere

Mitarbeit erklärte. Die von ihm angeregte Initiative (Achtstundentag) wurde in der Volksabstimmung vom 26. Februar 1920 angenommen, was aber nicht hinderte, dass die Beratungen über den Entwurf von Scherer fortgesetzt wurden und das so entstandene Gesetz vom Rat am 8. April 1920 gutgeheissen wurde.

Ein zweites Mal musste nun das Volk befragt werden, und in einer zweiten Volksabstimmung, am 22. Juli 1920, wurde Schneiders Initiative, der Achtstundentag, verworfen. Damit trat das vom Rat am 8. April abgesegnete «bürgerliche» Arbeitszeitgesetz in Kraft, das den Arbeitern, die den Achtstundentag bevorzugten, nicht gefiel und das in mancher Hinsicht für sie ungünstiger war.[31]

Bürgerliche Arbeitsgemeinschaft, 1920/21

Vor den Wahlen im Frühjahr 1920 waren die bürgerlichen Parteien auf einen «sozialdemokratischen Ansturm» gefasst. Sie bildeten innerhalb des Nationalen Blocks eine Arbeitsgemeinschaft, zu deren Präsident Albert Oeri ernannt wurde.[32] Während die bürgerliche Mehrheit in der Exekutive erhalten blieb, erlangten die Linksparteien im Grossen Rat 63 Mandate. Um ihre Position auszubauen, verlangten sie schon in der Eröffnungssitzung am 14. Mai durch eine Änderung des Wahlgesetzes das Proporzsystem für die Regierungsratswahl und anschliessend die Neuwahl der Exekutive. Diesem Ansinnen gegenüber nahm sich der Antrag des Liberalen Wilhelm Vischer, einen einzigen Wahlkreis zu schaffen – ein System, das die Bürgerlichen begünstigt hätte – bescheiden aus. Sein Vorschlag wurde mit 64 zu 63 Stimmen abgelehnt.

Zwei Anträge der Linken, zum Teil vom Kommunisten Fritz Wieser vorgebracht, die verschiedene Geschäfte betrafen, den

Gaspreis und die Finanzierung des Stadttheaters, wurden dagegen in derselben Sitzung, entgegen den Empfehlungen des Regierungsrates, angenommen. Wie sehr die Bürgerlichen in die Defensive gedrängt waren, zeigte sich auch bei den Wahlen in die Kommissionen, besonders auffällig etwa bei der Zusammensetzung des Kriegsfürsorgerates: die drei 1917 gewählten Frauen wurden beibehalten, und ausser Rosa Münch sassen jetzt sieben Sozialdemokraten und ein Grütlianer neben den beiden bürgerlichen Frauen Bieder und Thiersch. Die Bürgerlichen waren somit «nur mit zwei Frauen» vertreten, was nach damaliger Anschauung eine grosse Schwäche bedeutete. In der zweiten Sitzung am 27. Mai versuchte Oskar Schär unter Mitwirkung von Oeri, den Nationalratssitz des bürgerlichen Regierungsrates Rudolf Miescher durch eine Gesetzesänderung zu retten, was aber nicht gelang. Oeri, der seine Ernennung in die Wahlprüfungskommission knapp verfehlt hatte, stellte den Antrag, die Wahl der Prüfungskommission für 1919 dem Büro zu übertragen, und wünschte, dass die Akten für die Validierung der Grossratswahlen den Grossräten während zwei Wochen zur Verfügung stehen sollten.[33] So versuchten die Unterlegenen mit wahltaktischen Vorstössen und sachlichen Vorlagen, sich ihrer Haut zu wehren und dem Ansturm der andern Seite stand zu halten.

Die intensive parlamentarische Tätigkeit der Bürgerlichen Arbeitsgemeinschaft innerhalb des Nationalen Blocks soll nun an zwei Beispielen gezeigt werden: an den Beratungen über die Staatshilfe an das Stadttheater, wo die Bürgerlichen mit ihren Vorschlägen scheiterten, und am langwierigen Weg des Steuergesetzes von 1921, das vom Rat angenommen, in der Volksabstimmung aber verworfen wurde, was als Erfolg der bürgerlichen Auffassung gelten kann.

Am 20. Mai 1920 bekämpfte Albert Oeri namens der Liberalen Partei den Vorschlag des Sozialdemokraten Ludwig Baumeister, der für das Theater unter Ausschluss des Referendums einen Kredit von Fr. 500'000.– verlangte.[34] Die Bürgerliche Arbeitsgemeinschaft arbeitete für die Sitzung vom 8. Juli einen Anzug aus, der sich auf Fr. 300'000.– beschränkte und eine zur Hälfte vom Regierungsrat zu ernennende Theaterkommission vorsah. Diesem von Oeri vertretenen bürgerlichen Anzug, welcher die Zustimmung der bürgerlichen Regierungsmehrheit hatte, stand ein sozialistischer gegenüber, eingebracht von Fritz Wieser, der die Verstaatlichung des Theaters und für die laufende Spielzeit monatliche Zuschüsse verlangte. Von Regierungsrat Friedrich Schneider als Sprecher der Minderheit der Exekutive wurde Wieser, zum Teil unter Missachtung parlamentarischer Regeln, temperamentvoll unterstützt. Sein Anzug wurde mit 58 zu 56 Stimmen an die Regierung überwiesen.[35] Einige Wochen später kam es nochmals zu einer hitzigen Diskussion. Schneider empfahl namens des Regierungsrates einen Grossratsbeschluss, der dem Theater monatliche Betriebszuschüsse von Fr. 40'000.– gewährten sollte. Dies wurde trotz dem von Oeri vorgebrachten Gegenantrag mit grosser Mehrheit bewilligt.[36] Auch im folgenden Sommer, als erneut über die Kreditgewährung Beschluss gefasst werden musste, unterlag Oeri mit seinem Antrag gegenüber demjenigen Schneiders, der den Theaterbetrieb bis zur Spielzeit 1923/24 finanziell absichern sollte.[37]

Bei den Bürgerlichen hatten hier wohl Sparsamkeit und Vorsicht über das Kulturbewusstsein die Oberhand gewonnen, während auf der Seite der Linken das unmittelbare Überleben und die Erhaltung von Arbeitsplätzen massgebend waren.

Auch die knappe Annahme des Steuergesetzes durch den Grossen Rat am 10. März 1921 (59 zu 57) erfolgte gegen die Anträge der Bürgerlichen. Noch vor der Volksabstimmung (in der am 23. April das Gesetz verworfen wurde) hatte Oeri namens der Bürgerlichen Arbeitsgemeinschaft und gegen den Antrag des

Sozialdemokraten Hugo Baumgartner einen Anzug eingereicht, in dem er verlangte, «dass auch im Fall der Verwerfung des neuen Steuergesetzes sämtliche Erleichterungen, die es für die untern Steuerklassen, die kinderreichen Familien und die Genossenschaften bringt, mit sofortiger Wirkung in Kraft gesetzt werden können». Es unterschrieben diesen Anzug die Fraktionen der Bürger- und Gewerbepartei, der Katholiken, der Liberalen und der Radikaldemokraten sowie Vertreter der Evangelischen Volkspartei.[38]

Das von der Regierung vorgelegte «Gesetz über Steuerzuschläge und Gewährung von Steuererleichterungen und Steueramnestie» wurde als Ratschlag 2384 im Juni 1921 in zwei Sitzungen im Rat besprochen, wobei sich eine noch zu schildernde «wilde Szene» zwischen einem liberalen und einem sozialistischen Grossrat abspielte. Trotz einer von den Sozialdemokraten verlangten zweiten Lesung wurde das Gesetz, das die wirtschaftlich Schwachen begünstigte, schliesslich in der von der Regierung vorgeschlagenen Fassung am 7. Juli 1921 mit 64 zu 61 Stimmen angenommen.

Arbeitslosenunterstützung, Krisenhilfe, 1922

In der im März 1922 eingesetzten Kommission zur Beratung der Arbeitslosenunterstützung und Krisenhilfe setzte sich die sozialistische Mehrheit dafür ein, dass, unabhängig von allfälligen Beiträgen aus «Bern», die Hilfe auf alle, auch nicht arbeitslose Hilfsbedürftige ausgedehnt werde. Die bürgerliche Minderheit verhielt sich zögerlich, wollte den Kreis der Unterstützungsberechtigten einschränken und die kantonalen Beiträge zudem von den Beiträgen des Bundes abhängig machen. Am 14. September beklagten sich die Kommunisten Emil Schwarzenbach und Fritz Wieser über die «Verschleppungstaktik» der Basler kantonalen Behörden, die den im Sommer vom Bund erlassenen Stopp der eidgenössischen Beiträge an die Arbeitslosen zum Vorwand nahmen, um die Unterstützungsbeschlüsse hinauszuschieben.[39] Schwarzenbach sprach von «passiver Resistenz» des Regierungsrates, in dem mit Schneider und Hauser immerhin zwei aktive Kämpfer für das Wohl der notleidenden Bevölkerung sassen. Schneider, der als Vorsteher des Departementes des Innern zuständig war, mag die Antwort nicht leicht gefallen sein. Er zeigte Bereitschaft für eine Reise nach Bern, um das Placet der Bundesbehörden zu erhalten, und die Bürgerlichen erklärten sich willens, die Unterstützungsberechtigten mit der Formel: «Kantonseinwohner, die infolge der Wirtschaftskrise hilfsbedürftig geworden sind» zu definieren.

Arbeitslose vor der Arbeitslosenkasse am Nadelberg, 1922.

Im Verlauf der ersten Lesung, wobei nach der Fassung der Mehrheit die Einsetzung einer staatlichen Krisenhilfskommission vorgesehen war, kam es zu einem Duell zwischen Gustav Wenk, der die Berichterstattung der «Basler Nachrichten» kritisierte und dabei offenbar einige nicht ganz parlamentfähige Ausdrücke verwendete, und Oeri, der sich für seine Kollegen wehrte und die anstössigen Wendungen zurückwies, was ihm, wohl nicht ganz zu Unrecht, von Seiten Wenks die Bemerkung eintrug, er, Oeri, sei eben der «Knigge des Grossen Rates». Natürlich liess Oeri sich nicht beirren, und wie schon in andern Fällen, war ihm auch jetzt eine zügige Beendigung des laufenden Geschäfts ein Anliegen. Er beantragte, gegen den Willen des Präsidenten, für die zweite Lesung eine ausserordentliche Sitzung.[40] Diese fand bereits am 5. Oktober statt, und zu diesem Zeitpunkt hatte Schwarzenbach es fertig gebracht, aus Bern die erfreuliche Nachricht zu bringen, dem Kanton Basel-Stadt stehe es frei, die Krisenhilfe nach eigenem Gutdünken durchzuführen. Durch seine persönliche Vorsprache im Eidgenössischen Volkswirtschaftsdepartement hatte er diese Zusicherung erreicht.[41]

So wurde das Gesetz (2473), wiederum auf Antrag von Oeri, genehmigt und gleichzeitig auf Vorschlag von Hugo Baumgartner die Grösse der zu wählenden Krisenhilfskommission festgesetzt. Es gab Vorschläge für 8, 10 oder 14 Mitglieder, wobei im ersten Fall zwei, im zweiten Fall drei und im dritten Fall sogar vier Frauen vorgeschlagen wurden. Diese letzte von Oeri vorgebrachte Variante veranlasste einen Ratsherrn zu der witzig gemeinten Bemerkung, vier Frauen seien zuviel, die meisten Grossräte hätten schon an einer genug... Das schallende Gelächter der Männerversammlung nach diesem «Bonmot» darf man wohl als ein willkommenes Zeichen wohltuender Entspannung deuten. Auf Oeris Vorschlag wurde der Krisenrat aus 10 Mitgliedern gebildet, drei davon waren Frauen: Martha Leupold-Senn (bürgerlich) und die

Gattinnen zweier sozialistischer Grossräte: Rosa Münch-Siebenmann und Marie Dübi-Baumann. Die «Sozialarbeiterin» Tabitha Schaffner hatte keine Chance: sie erhielt eine einzige Stimme.[42]

Tumulte im Grossen Rat, 1923

In der Folge kam es aber im Rat noch mehrmals zu Zusammenstössen und tumultuarischen Szenen, weil die Kommunisten immer wieder darauf hinwiesen, dass die Praxis der Unterstützung nicht der vom Rat beschlossenen Krisenhilfe entspreche und dass viele Kategorien von Arbeitslosen von den Hilfeleistungen ausgeschlossen seien. Von wenig Sinn für die Wirklichkeit und schon gar nicht für soziales Verständnis zeugt es, wenn ein liberaler Grossrat, während vor dem Rathaus demonstriert wurde, erklärte, nicht unterstützungsberechtigt seien diejenigen, deren Notlage «Nicht ... infolge der Wirtschaftskrise» bestehe. Als Friedrich Schneider sich bereit erklärte (er sprach im Namen seiner eigenen Partei, der Kommunisten und der Arbeiterunion), in seiner Interpellation, welche die Winterzulage für *«alle»* Arbeitslosen verlangte, das Wort «alle» durch *«den»* (Arbeitslosen) zu ersetzen, wurde ihm das von bürgerlicher Seite aus formal-juristischen Gründen verwehrt und ihm auch das Recht abgesprochen, im Namen des Arbeiterbundes einen Anzug einzureichen. Bei dem von einem liberalen Juristen vorgebrachten Einwand, den die Linke oft zu hören bekam: es gehe ihnen, den Sozialisten und Kommunisten, nicht um die Anliegen der Arbeitslosen, sondern darum, «politische Geschäfte» zu machen, platzte Fritz Wieser der Kragen: «Gemeine Verleumdung»... «Ordnungsrufe, Zwischenrufe, Unruhe, der Präsident droht die Sitzung aufzuheben» – so wird die Szene in den «Basler Nachrichten» geschildert. Nach dem offiziellen Protokoll war der liberale «Angreifer» von Wieser mit dem Zuruf «Lügner» bedacht worden, was ihm, Wieser, nun einen Ordnungsruf einbrachte. Nach diesem Tumult war die Reihe an den Liberalen: Eduard Wenk argumentierte ruhig und sachlich, ohne auf die gefallenen Gehässigkeiten einzugehen. Es sei für ihn ohne Bedeutung, ob politische Zwecke verfolgt würden oder nicht, es gehe einzig um die Zulagen für den Winter, und diese seien nach seiner Meinung weiterhin zu gewähren. Hierauf verlangte Oeri den Schluss der Diskussion, was wiederum am Reglement, das dafür eine Zweidrittelmehrheit forderte, scheiterte. Schliesslich wurde der abgeänderte Anzug von Schneider an die Regierung überwiesen, wobei Oeri mit der Rechten, der Minorität, dagegen, also gegen die Ausrichtung der Zulagen stimmte.[43]

Einige Monate später entstand wieder eine heftige persönliche Auseinandersetzung, bei der es diesmal ein bürgerlicher Regierungsrat war (Rudolf Niederhauser), der die Geduld verlor und gegenüber Wieser, der trotz mehrfachen Mahnungen nicht aufhörte zu reden, den Ausdruck «Lausbub» gebrauchte, was wiederum einen Ordnungsruf zur Folge hatte. Wieser wurde in der folgenden Sitzung durch die SP, die sich gegen «die Beleidigung eines Vertreters der Minderheit» zur Wehr setzte, verteidigt, der Ordnungsruf wurde aber nicht zurückgenommen.[44] In diesem, wie in einem früheren Fall, der vielleicht noch krasser, aber auch komisch ist, möchte man von «Flegeljahren der Demokratie» sprechen:

Ein Liberaler und ein Sozialdemokrat lieferten sich im Zusammenhang mit dem Steuergesetz ein Duell, in dem auf die erste Anschuldigung: «Herr B., Si sinn e Hanswurscht», repliziert wurde: «Und Sii sinn en Esel».

Der erste der Duellanten versetzte darauf dem andern ein Ohrfeige, worauf dieser aufsprang: «Du Schnuderbueb, i schloo Der dr Zwicker in d Schnure». So der Wortlaut des Protokolls über die Untersuchung dieses Vorfalls vom 23. Juni 1921 durch das Büro des Grossen Rates.[45]

Die Wahlen von 1923 brachten den Bürgerlichen eine knappe Mehrheit zurück, während die Linke durch die Trennung der Kommunisten von den Sozialdemokraten geschwächt war. Die Eröffnungssitzung vom 11. Mai 1923 begann mit einem Zwischenfall. Ein Ereignis der internationalen Politik, die Ermordung eines russischen Diplomaten auf der Konferenz (zur Lösung der «türkischen Frage») in Lausanne, rief in der Schweiz eine Reaktion der Kommunisten hervor, die in Basel heftig war. Noch vor der Tagesordnung gelang es E. Schwarzenbach, im Rat das Wort zu einer Protesterklärung zu ergreifen. Ihm schloss sich der Sozialdemokrat H. Baumgartner mit einer in noch schärferen Tönen gehaltenen Rede an. Beide waren sich einig in ihren Anklagen gegen den bürgerlich-kapitalistischen Staat, der die Gewalttat gegen einen Vertreter Sowjetrusslands hatte geschehen lassen, und nahmen die Gelegenheit wahr, die Arbeiter zum Kampf gegen die «Reaktion», den verhassten bürgerlichen Staat, aufzufordern. In ihrem äusserlichen Verhalten zeigten sie nicht dieselbe Einigkeit: während Schwarzenbach die kummunistische Fraktion aufforderte, als Zeichen des Protestes den Ratssaal zu verlassen, verharrten die Sozialdemokraten auf ihren Sitzen und nahmen die Tagesordnung an. Diese begann mit den üblichen Wahlgeschäften, wobei Oeri Mitglied der Wahlprüfungskommission wurde und darauf als Sprecher der vier Parteien die Antwort der Bürgerlichen auf die Angriffe Schwarzenbachs erteilte. Dass er seine Rede mit einem Zitat aus Juvenal ausstattete: «*Quis tulerit Gracchos de seditione querentes?*» (Wer erträgt die Gracchen, wenn sie über den Aufruhr klagen?), ist für den Stil seines Politisierens charakteristisch, nicht nur wegen seiner Beschlagenheit in Zitaten, sondern auch, weil er eben nicht auf den Gegner losging, um ihn zu «vernichten», sondern sich durch seine Überlegenheit von ihm distanzierte.[46]

Gleichberechtigung der Frauen, 1920, 1926

Die Mitwirkung von Frauen in den politischen Entscheidungsprozessen, ihre Gleichstellung bei der Ausübung der politischen Rechte des Stimmens und Wählens war ein Grundanliegen des Liberalismus, wie Oeri ihn verstand. Er nahm für sich die Freiheit in Anspruch, in dieser Sache eine von seinen Parteifreunden abweichende Meinung zu vertreten und sogar mit der Gegenpartei, den «Linken», zu stimmen. So unterstützte er schon in den frühen Jahren seiner Amtszeit, 1916 und 1917, die Anzüge Franz Weltis für die mit einer Verfassungsänderung zu vollziehende Einführung des Frauenstimmrechts[47] und setzte sich, wie wir wissen, wiederholt für die Mitarbeit von Frauen in grossrätlichen Kommissionen ein.

Bevor im Herbst 1919 die Linksparteien, im Anschluss an ihre vom Landesstreik übernommene Forderung des Frauenstimmrechts, einen entsprechenden Vorstoss unternahmen, wurde aus Anlass der Revision des Strafgesetzes im Sommer 1919 in einer Nachtsitzung des Rates ausführlich über die Paragraphen, welche Abtreibung und «Konkubinat» betrafen, debattiert. In diesen beiden Fällen stimmte Oeri bürgerlich-konservativ. Das Zusammenleben unverheirateter Paare wollte er, im Gegensatz zu vielen, auch Bürgerlichen, unter Strafe stellen, und den Antrag auf straflose Abtreibung, mit dem Welti sich in einer stundenlangen Rede für die Rechte schwangerer Frauen einsetzte, lehnte er ab.[48]

Er unterstützte aber die von den «Linken» angeregte Volksabstimmung, bei der im Februar 1920 das Frauenstimmrecht trotz der Empfehlung durch den Grossen Rat erneut abgelehnt wurde.

Es trat nun eine mehrjährige Pause ein bis zu der von den Kommunisten angeregten Initiative im Herbst 1926. Bevor es zu einer neuerlichen Volksabstimmung (mit wiederholter Verwerfung) kam, ergriff Oeri aber zweimal die Gelegenheit, auf sein

Dauer-Anliegen, die Verwirklichung der Frauenrechte, aufmerksam zu machen: bei der Besetzung einer Kaderstelle im Schulwesen und bei der Beratung über das Beamtengesetz.

Im Frühjahr 1926 war die Leitung der Frauenarbeitsschule neu zu besetzen. Schon die Ausschreibung der Stelle setzte die zuständige Kommission in Verlegenheit: Es lagen vier Eingaben von Frauenorganisationen vor, die den nicht abwegigen Wunsch äusserten, der Nachfolger des zurücktretenden Direktors möge eine Nachfolgerin bzw. eine Direktorin sein. Dieser Wunsch leuchtete einigen Mitgliedern der Wahlbehörde ein, während andere rechtliche Bedenken erhoben, weil das Gesetz für die Organisation der Frauenarbeitsschule vom 13. November 1919 für die Leitung der Schule nur die männliche Form, einen Direktor oder einen Vorsteher, nannte. Nur an einer Stelle war von einer Vorsteherin die Rede. Bei dieser Unklarheit beschloss die Inspektion, die Stellenausschreibung dem «Herrn Departementsvorsteher» zur Genehmigung vorzulegen.[49] Dies war Regierungsrat Hauser, zugleich Präsident des Erziehungsrats, der diese Frage am 1. Februar diskutierte. Mindestens zwei Mitglieder sprachen sich dafür aus, das Gesetz erlaube die Interpretation zu Gunsten einer weiblichen Person. Doch wurde der Text der Ausschreibung unverändert an die Inspektion zurückgeschickt und die Frage, «ob auch eine Frau als Direktor gemeint sein könne» offen gelassen, das heisst, der Ball wurde wieder der Inspektion zugespielt. Für diese standen in der Sitzung vom 2. März nach Sichtung der zahlreichen Anmeldungen nur ein Bewerber und eine Bewerberin zur Auswahl: Dr. Max Fluri, Grossrat und Lehrer, der bereits an der Frauenarbeitsschule unterrichtete und von der Lehrerschaft unterstützt wurde, und die Nationalökonomin Dr. Dora Schmidt, als Baslerin eine der ersten Hochschulabsolventinnen, die damals als Assistentin beim Internationalen Arbeitsamt in Bern am Anfang einer Karriere stand, die sie bald als anerkannte Kapazität ins Bundesamt für Gewerbe und Arbeit und während des Zweiten Weltkriegs ins Eidgenössische Ernährungsamt führen sollte, wo sie durch ihre Veröffentlichungen zur Lage der Kriegswirtschaft in der ganzen Schweiz bekannt und besonders von Frauen hoch geschätzt wurde.

Mit drei zu zwei Stimmen schlug die Inspektion Dora Schmidt zur Wahl vor und leitete den Entscheid an den Erziehungsrat weiter. Hier begann nun das «Seilziehen», denn einerseits stand die rechtliche Grundlage, der Gesetzestext von 1919, anderseits die Qualifizierung bzw. Überqualifizierung von Dora Schmidt zur Diskussion. Hauser sprach sich deutlich dafür aus, dass man mit Fluri als Lehrer und Grossrat «sicher gehe», was so zu verstehen ist, dass die andere Wahl ein Risiko bedeute, während nicht nur Franz Welti und Alfred Glatz, sondern auch der Theologieprofessor Eberhard Vischer und Regierungsrat Adolf Im Hof Dora Schmidt als «besser qualifiziert» unbedingt den Vorzug gaben. Mit fünf zu vier Stimmen wurde sie zum zweiten Mal gewählt, dieses Mal unter Vorbehalt der Bestätigung durch die Regierung.[50] Doch diese letzte Hürde zur Ernennung einer Direktorin wurde nicht genommen. In seiner nächsten Sitzung, am 16. April, bekam der Erziehungsrat zu hören, die Regierung habe «aus formellen und materiellen Gründen» die Wahl von Dora Schmidt nicht bestätigt und das Geschäft an die Inspektion zurückgewiesen. Dies geschah mit der Begründung, die Wahl einer Frau sei nach dem Gesetz über die Frauenarbeitsschule von 1919 unzulässig.[51]

So stand die arme Wahlbehörde vor einem Scherbenhaufen, und da niemand Lust hatte, das ganze Wahlprocedere nochmals aufzurollen, und zudem die Zeit drängte, fasste sie «einstimmig» den Beschluss, den Kandidaten, Dr. Fluri, vorzuschlagen.[52] Nochmals versuchten Vischer und Glatz im Erziehungsrat die Genehmigung zu verhindern; der Antrag Vischers auf Rückweisung an die Inspektion wurde aber bei vier zu vier Stimmen durch

Stichentscheid des Präsidenten Hauser abgelehnt. Welti beantragte geheime Abstimmung, und so wurde mit vier zu drei Stimmen der zweite Vorschlag der Inspektion bestätigt, und Dr. Max Fluri trat am 1. Juni sein Amt an.[53]

Es folgte das Nachspiel im Grossen Rat. Mit einer Interpellation verlangte Albert Oeri Auskunft über diese Wahlgeschichte. Die Antwort von Hauser, der die Sache Schritt für Schritt darlegte, befriedigte den Interpellanten keineswegs. In seinem Schlusswort warf er der Regierung vor, sie hätte schon bei der Ausschreibung eingreifen und für die Korrektur des Gesetzestextes, in dem die «weibliche Erwähnung» irrtümlicherweise fehlte, sorgen sollen. «Durch den Fehler der Regierung ist die Wahl einer Frau verunmöglicht worden.» Nach seiner Art greift Oeri Hauser nicht direkt an, er kritisiert nur, dass dieser darauf beharre, «es sei alles recht gelaufen», während Oeri zu seiner Überzeugung steht, es wäre anders gegangen, wenn es sich «nicht um eine Frau, sondern um einen Mann, der politische Faktoren und Fraktionen hinter sich hat», gehandelt hätte.[54]

Wenige Wochen später tauchte bei der Beratung über das Beamtengesetz erneut die leidige Frage der Stellung der Frauen im Staatsdienst auf. Erschreckend rückständig zeigte sich die Kommission unter Vorsitz des Freisinnigen Oskar Schär, indem sie Schweizer Bürgerinnen kurzerhand den Ausländern gleichstellen und ihren Status als Beamte nur auf besonderen Beschluss und ausnahmsweise zulassen wollte. Die Regierung war fortschrittlicher: Sie wollte die bisher gesetzten Schranken fallen lassen und fand mit ihrem Vorschlag im Rat die Unterstützung des Kommunisten Albert Belmont: «... es sei die Frau dem männlichen Bewerber in vollem Umfang gleichzustellen». Oeri, der sich selbstverständlich für diese Fassung des Gesetzes aussprach, wies aber auf die Praxis der Besoldung hin, wobei das eine Mal das Prinzip «gleiche Arbeit, gleicher Lohn», das andere Mal aber dasjenige des «Soziallohnes» angewendet werde, jedoch immer so, dass es zu Ungunsten der Frauen ausfalle: Die Forderung der Lehrerinnen nach gleichem Lohn wird als «unsozial» abgelehnt, eine Fraueneingabe für Familienzulagen mit dem Hinweis auf das andere Prinzip der Gleichheit von Arbeit und Lohn aber ebenfalls zurückgewiesen.

In der Abstimmung wurde die Gleichheit von Mann und Frau nach dem Antrag der Regierung gutgeheissen.[55]

Schulgesetz und «Rotes Treffen», 1927, 1929

Am 9. Juni 1927 lag dem Grossen Rat ein Ratschlag (2817) zu einem neuen Schulgesetz vor, das eine vier Jahre zuvor gewählte Kommission, der Oeri angehörte, vorbereitet und an die Regierung überwiesen hatte.[56] Die wichtigste Neuerung des Entwurfs, der von Regierungsrat Hauser gebilligt wurde, betraf den Aufbau der Mittelstufe: In Abweichung von der bestehenden Organisation war vorgesehen, an die vier Primarklassen eine Realschule anzuschliessen, deren beide ersten Klassen von allen Kindern, auch den künftigen Gymnasiasten, zu absolvieren wären. Die achtjährige Schulzeit war damit für alle gesichert, das Gymnasium wurde jedoch um zwei Jahre verkürzt. Dieses Modell, das vom Kommissionspräsidenten, dem Freisinnigen O. Schär, aber auch vom sozialdemokratischen Erziehungsdirektor Hauser sowie der gesamten Linken vertreten wurde, war für Oeri unakzeptabel. Denn es zerstörte das von Paul Speiser 1880 geschaffene Schulsystem, das auf die besondere Situation des Stadtkantons Basel zugeschnitten war und sich von den Organisationsformen der Schulen anderer Kantone in der Schweiz («Kantonsschulen») unterschied. Als Basler fühlte sich Oeri zudem auch in seinem Bildungsbewusstsein betroffen, der Tradition des klassischen

Humanismus. Er forderte für alle, auch die neu zu gründenden Gymnasialtypen eine «einheitliche und geschlossene» Ausbildung von 8 Jahren in einer gleichen, von einem bestimmten Geist geprägten Atmosphäre. Der von ihm verfasste Minderheitsbericht zum Ratschlag der ersten Lesung warnt vor den Gefahren der verkürzten Maturitätsschulen. «Überbürdung» wäre die Folge, besonders für die Mädchen; «rücksichtslose Einpaukerei auf Kosten der Erziehungsarbeit». In eindringlichen Worten versucht er darzulegen, wie «unsozial» die Kürzung der Gymnasialzeit wäre: Sie benachteilige vor allem diejenigen, die sich private Hilfe nicht leisten könnten, nämlich die Kinder der wenig Bemittelten, die jetzt vermehrt nach höherer Bildung strebten. Für sie würde infolge der Überforderung das Schulleben zur Qual: «erbarmungslos aber wird das Kind des Armen ... in die Schulmaschine genommen», während die Begüterten durch Privatstunden nachhelfen könnten.[57]

Nach der Ablehnung seines Minderheitsantrags gab Oeri aber nicht auf. Im Verlauf der weiteren Beratungen für eine zweite Lesung gelang es ihm, die Mehrheit der Kommission für sich zu gewinnen.[58] So waren bei der neuerlichen Behandlung des Schulgesetzes im März 1929 die Rollen vertauscht: Der Präsident, der sich unentwegt für ein sechsjähriges Realgymnasium einsetzte, blieb in der Minderheit, während Oeri die Mehrheit der Kommission hinter sich hatte.[59] Es war Professor Emil Dürr, der im Namen der Liberalen Partei den Rat vom fortschrittlichen Geist des neuen Gesetzes überzeugen konnte, eines Gesetzes, das mit der Schaffung neuer gymnasialer Typen, der Transparenz des Systems – erleichterter Übertritt in eine andere Schule – demokratisch und sozial ausgerichtet war. Das wurde auch von Regierungsrat Hauser anerkannt. Im Anschluss an Dürrs Votum erklärten die vier bürgerlichen Parteien ihre Zustimmung für Oeris Fassung der betreffenden Paragraphen, ebenso die Sozialisten

Eugen Wullschleger und Hauser, der von einem «ehrlichen Waffenstillstand» sprach. Selbst die äusserste Linke sah sich zur Annahme genötigt: Wieser gab zu, dass er keine bessere Lösung wüsste, und Martin Stohler räumte ein, die allgemeine Mittelschule, wie sie ihm und seinen Gesinnungsgenossen vorschwebe, sei in der Praxis nicht realisierbar.

Am 21. März fügte es der Zufall, dass die Detailberatung durch einen unerwarteten Tumult innerhalb des Rates gestört wurde. Die endgültige Annahme des Schulgesetzes erfolgte daher erst am 4. April 1929. Sie dürfte Oeri, der während sechs Jahren gegen eine starke Übermacht gekämpft hatte, mit Genugtuung erfüllt haben.

Wie kam es zu jenem Streit, der mit dem Schulgesetz gar nichts zu tun hatte, sondern mit dem Verhältnis der «verfeindeten Brüder», der Sozialdemokraten und der Kommunisten, zusammenhing?

Die Sitzung vom 21. März 1929 begann, wie vorgesehen, mit der Beratung des Schulgesetzes. Es lagen aber zwei Interpellationen vor über das sogenannte «Rote Treffen», eine antifaschistische Demonstration, die, weil von der Tessiner Regierung verboten, vom Tessin nach Basel verlegt worden war.[60] Hier hatte die Regierung auf ein Verbot verzichtet, es lag aber ein bundesrätliches Veto in der Luft, und die beiden Interpellanten, Wieser und Schneider, wollten wissen, wie sich die Basler Regierung verhalte. Die Zeit war schon fortgeschritten, Regierungsrat Im Hof, der die Interpellation beantworten sollte, noch nicht anwesend, als Wieser, seit einem Jahr Ratspräsident, die Schulgesetzberatung unterbrach und nach den Interpellationen fragte. Als Regierungspräsident Hauser antwortete, Im Hof werde in einer halben Stunde eintreffen, verlor Wieser die Geduld: «Das ist Sabotage», worauf auch Hauser heftig replizierte... Wieser entzog ihm das Wort,

Marino Bodenmann mischte sich ein: «Der Regierungspräsident ist ein Lümmel.» Damit war der Tumult ausgebrochen. Vom Liberalen Felix Lüssy wurde nun Schluss der Sitzung beantragt, Schneider verlangte aber, der Präsident müsse Bodenmann einen Ordnungsruf erteilen. Wieser weigerte sich, der Rat genehmigte aber mit Zweidrittelmehrheit den Ordnungsruf. Nun stellte Oeri den Antrag: wegen des Ausdrucks «Sabotage» gegenüber der Regierung von Seiten des Ratspräsidenten sei diesem durch den Statthalter ein Ordnungsruf zu erteilen. Auch das wurde vom Rat gutgeheissen, und so erhielten die beiden Kommunisten Bodenmann mit 97 und Ratspräsident Wieser mit 74 Stimmen je einen Ordnungsruf. Unterdessen war Regierungsrat Im Hof im Ratssaal erschienen und nahm nun «unter lautloser Aufmerksamkeit» die Beantwortung der Interpellation vor. Er bestätigte das Truppenaufgebot, das die Regierung nun in Abweichung von ihrer bisherigen Haltung erbeten hatte, und liess keinen Zweifel darüber, dass die Demonstration nicht stattfinden dürfe.

Es ist nicht übertrieben zu sagen, dass Basel am Wochenende, das auf diese turbulente Ratssitzung folgte, einer belagerten Stadt glich. Alle Zufahrtswege waren besetzt und kontrolliert, Anreisende, die am «Roten Treffen» teilnehmen wollten, wurden zurückspediert oder verhaftet, Bahnhof, Hauptpost, selbst die Radiostation besetzt, der «Vorwärts» beschlagnahmt, bereits verfertigte Druckplatten zertrümmert.

Wachsamkeit gegenüber Faschismus und Kommunismus, 1928

Nach dem Bericht des Kommandanten der eidgenössischen Truppen hatte das «Rote Treffen», das eine Sache der Kommunistischen Partei der Schweiz war, «nicht stattgefunden». Das Militär habe «in Verbindung mit den Massnahmen der Polizei das Unternehmen im Keime erstickt». – So war die Szene im Grossen Rat vom 21. März der Auftakt gewesen zu einer Machtentfaltung des Staates, der, wie sich Im Hof in seiner Beantwortung der beiden Interpellationen ausdrückte, dazu verpflichtet war, dass den Befehlen der Behörden notfalls «mit der gesetzlichen Zwangsgewalt Nachachtung verschafft werde».

Die Heftigkeit der Emotionen, die bei dieser Angelegenheit zum Ausbruch kamen, erklärt sich vielleicht aus der heiklen Situation, in der sich die KPS damals befand: in der Auseinandersetzung mit der Zentrale in Moskau, die keine «Abweichung» duldete. Dies bekam Wieser zu spüren, der in der Zeit, da er in Basel den Grossen Rat präsidierte, zugleich eine der höchsten Stufen in der Hierarchie der Kommunistischen Internationale errungen und es gewagt hatte, mit einem Schreiben direkt an «Moskau» zu gelangen. Damit war sein Sturz, der Ausschluss aus der Partei, bereits eingeleitet.

In zahlreichen parlamentarischen Vorstössen setzten sich die Kommunisten damals immer wieder für ihre im faschistischen Italien verfolgten Genossen ein. Welti interpellierte mehrmals für den zu Kerker verurteilten Basler Karl Hofmaier. Im April 1928 protestierte Bodenmann gegen die Ermordung von Gaston Sozzi in einem Gefängnis von Perugia, und im September beantragte Wieser eine ausserordentliche Sitzung des Rates wegen der «Affäre Rossi», dem Schicksal eines ehemaligen Freundes Mussolinis, der von Spitzeln entführt und an Italien ausgeliefert worden war. Auch Ereignisse in Basel selbst kamen im Rate zur Sprache. Die angeblich von Faschisten veranstaltete Festivität «Natale di Roma» am 22. April 1928 wurde zwar von der Regierung als «Fahnenweihe» bagatellisiert, hatte aber eine gegnerische Demonstration der Kommunisten hervorgerufen, die allerdings friedlich verlief. Tumult und Gewalttätigkeiten entstanden dagegen am

10./11. November, bekannt als «Café Spitz-Krawall», zu welchem Wieser und Oeri gleichzeitig interpellierten, der erste, um sich über das scharfe Vorgehen der Polizei zu beklagen, der zweite, um gegen den «kommunistischen Strassenterror» zu protestieren. Nach Ansicht der Regierung hatte im Café Spitz eine Feier italienischer Kriegsveteranen stattgefunden, bei der Bodenmann als Redner aufgetreten war und unbeteiligte Bewohner aus dem Kleinbasel angelockt hatte. Es kam zu «Ausschreitungen», und die Polizei nahm Verhaftungen vor.

Oeri nahm den Vorfall sehr ernst und erklärte, das Publikum müsse lernen, dass «nächtliche Radauszenen» angesichts der «bestehenden ernsthaften Revolutionsdrohung» nicht als harmlos anzusehen seien. «Die bürgerliche Presse steht nicht auf der Seite des Faszismus; sie sagt deutlich, was in Italien vorgeht, aber sie knüpft daran keine Beleidigungen für einen Nachbarstaat.» Mit ihrer Gewalttätigkeit würden die Kommunisten selbst zu «Schrittmachern des Faszismus».[61]

Die Wachsamkeit Oeris gegenüber antidemokratischen Strömungen, die in diesen Jahren die Schweiz von links und rechts umfluteten, sein Misstrauen gegen Tendenzen, die zunächst harmlos erschienen und in ihrer Gefährlichkeit nicht ohne weiteres zu erkennen waren, lässt sich gut nachweisen am Beispiel seiner Intervention gegen den Arbeiterkinderverband, dessen Tätigkeit gezielt gegen die bürgerliche Gesellschaft gerichtet war und dem, wie Oeri erfahren hatte, in einigen Schulhäusern Lokale zur Verfügung standen.[62] Seine Anfrage, ob dies stimme, wurde mit einem klaren «Nein» beantwortet. Hauser war nicht gewillt, seine Zeit an eine derartige Kleinigkeit zu verschwenden, und erklärte, die Benützung der Schulräume in der schulfreien Zeit sei geregelt, die zuständigen Stellen hätten ihre Bewilligung gegeben, da keine schulfeindliche Propaganda zu befürchten gewesen sei. Er sicherte aber eine Untersuchung und nachfolgenden Bericht zu. Davon zeigte sich Oeri befriedigt, nicht aber von den vorherigen Erklärungen. Abgesehen davon, was er über den Arbeiterkinderverband schon wusste – er kannte einen Aufruf, in dem die Kinder aufgefordert wurden, sich gegen Strafen zur Wehr zu setzen und dem Religionsunterricht fern zu bleiben – wurde ihm während der Sitzung ein Dokument zugespielt, aus dem eindeutig hervorging, dass im Arbeiterkinderverband die Kinder der Kommunisten in Basel zusammengefasst waren zu einer «Schulzelle», die den klaren Auftrag hatte, den bürgerlichen Staat, wo immer es möglich war, zu bekämpfen. Im Zusammenhang mit der Schulgesetzdiskussion stiess diese Interpellation Oeris auf ein gewisses Interesse, eine Diskussion wurde aber abgelehnt.

Auseinandersetzungen mit Friedrich Schneider, 1931/32

Bei einer weiteren Interpellation aus diesen Jahren hatte Oeri relativ leichtes Spiel mit seinem Gegner Fritz Schneider, denn es ging um die Besetzung der Lehrstühle für Geschichte. Emil Dürr, seit 1925 o. Professor und Mitglied der liberalen Grossratsfraktion, war in der von Schneider redigierten Arbeiterzeitung angegriffen und als «Faschist» bezeichnet worden. Am 8. Oktober 1931 interpellierten gleichzeitig Schneider, indem er gegen Dürr als einen «gehässigen Feind der Sozialdemokratie» polemisierte, und Oeri, der als Verteidiger Dürrs Auskunft verlangte über eine Indiskretion aus dem Regierungsrat, durch welche der «Arbeiter-Zeitung» das Material für den Angriff gegen Dürr geliefert worden war.

Bei den Repliken der Interpellanten verlegte sich Schneider darauf, eine kürzlich erschienene Schrift von Dürr zu kritisieren, in welcher ein geschichtlicher Überblick über die Entwicklung der schweizerischen Parteien und ihrer Zielsetzungen gegeben wird. Weil er die Schrift als gegen den Sozialismus gerichtet verstand, hielt er sich für berechtigt, «die wissenschaftliche Qualität von Professor Dürr anzuzweifeln». Darauf antwortete Oeri mit gelassener Ironie: man wisse nun, «dass Schneider als historischer Materialist ... alles besser verstehe als Professor Dürr». Schneider musste sich sagen lassen und es einstecken, dass er Dürrs historische Darstellung überhaupt nicht verstanden hatte.

In der anschliessenden Diskussion stiess man auf die grundsätzliche Frage, ob sich ein Historiker als Wissenschaftler in die Tagespolitik einmischen dürfe. Hauser sprach sich deutlich dagegen aus, während hingegen Ernst Thalmann und auch Oeri den weltfremden «gelehrten Stubenhocker» ablehnten. Oeri ergriff die Gelegenheit, um an Hauser, der Universitätsangelegenheiten mit Parteipolitik vermenge, einige Hiebe auszuteilen. Der von ihm vereidigte Professor Dürr erhielt dagegen grosses Lob von Seiten des Bürgerparteilers Walter Wellauer, der seine Zustimmung zu der von Schneider kritisierten Schrift Dürrs mit den Worten bekräftigte, dass hier einer «auf dem rechten Boden der Schweiz stehe».[63]

Nach der Abfuhr seiner Einmischung in Angelegenheiten der Universität ging Schneider zu einem Angriff gegen die Liberalen auf dem Gebiet der Staatsfinanzen über. Der Grosse Rat hatte im September 1931, auf Antrag der Liberalen mit Ausschluss des Referendums, eine Staatsanleihe von 35 Millionen bewilligt. Infolge eines internationalen Börsensturzes veränderten sich die vertraglichen Bedingungen, und die Banken zogen, gestützt auf eine Klausel, die sie berechtigte, ihre Offerte einer günstigen Anleihe an den Kanton zurück. Diesen Vorfall benützte die «Arbeiter-Zeitung», – im Vorfeld der Nationalratswahlen – zu einer Attacke gegen die Liberalen mit der Behauptung, «die Partei des Kapitals» habe die Anleihe verhindert und den Staat dadurch geschädigt.

Regierungsrat Friedrich Schneider am Rednerpult.

Oeri interpellierte gegen die «in der sozialdemokratischen Presse zu Wahlzwecken missdeuteten Anleihensverhandlungen» und stellte in der Begründung den Rückzug der Banken als einen normalen «den Usancen auf dem Geldmarkt» entsprechenden Vorgang dar. Die Anschuldigungen an die Adresse der Liberalen nannte er eine «grandiose Räubergeschichte», wenn nicht eine «Wahllüge», und bat um Auskunft über die weiteren Verhandlungen der Regierung mit den Banken. In einer Gegeninterpellation fragte Schneider nach dem Grund des Rückzugs der Banken und verlangte, wie Oeri, Auskunft über den jetzigen Stand der Verhandlungen. Zudem stellte er fest, dass die Mitgliedschaft beim Bankrat der Kantonalbank mit der Tätigkeit als privater Bankier oder Verwaltungsrat unvereinbar sei. Dieser Hinweis auf eine Interessenkollision schien dem Regierungsrat berechtigt, Niederhauser versicherte aber in seiner Antwort, im vorliegenden Fall habe sich ausser dem Interpellanten selbst, also Schneider, niemand eingemischt, und bestätigte, dass Verhandlungen um eine neue, für den Kanton nicht ungünstige Offerte im Gang seien.[64]

Dass Oeri mit Schneider in einer Sachfrage auch übereinstimmen konnte, zeigte sich bei einer Debatte über die Mietpreise. Im Februar 1932 wurden wegen eines starken Anstiegs der Mieten drei Anzüge eingereicht: Schneider setzte sich im Sinne der Sozialdemokraten für eine Senkung ein, wollte dabei aber die «kleinen Hausbesitzer» schützen und schlug die Schaffung einer staatlichen Amtsstelle für Mieterschutz vor.[65] Die Idee einer paritätischen Kommission von Mietern, Vermietern und Vertretern des Staates, die für «gesunde Mietverhältnisse» zu sorgen hätte, wurde auch vom Katholiken Gustav Schwartz vorgebracht, während Bodenmann, ohne gross zu differenzieren, radikal die Senkung der Mietpreise verlangte. Von Seiten der Bürgerpartei, die im Namen der Hausbesitzer sprach, wurden alle diese Vorschläge als «politisches Spiel vor den Wahlen» abgelehnt. In überlegender Weise nahm Oeri zu diesen kontroversen Voten Stellung: er lobte die «grosse Baulust» des Mittelstandes, dem man in Basel die relativ günstigen Mietpreise verdanke, und wandte sich dagegen, dass Bauherren von Miethäusern oft unbesehen als «Mietzinswucherer» beschimpfte würden. Er sprach sich für die Überweisung der beiden Anzüge von Schneider und Schwartz aus, was denn auch angenommen wurde.[66]

Widerstand gegen die neue deutsche Ideologie, 1933 ff.

Wenn die Sozialisten und die Kommunisten die Ersten waren, die öffentlich gegen Hitler und den Nationalsozialismus Protest erhoben, so geschah das, weil ihre Gesinnungsgenossen in Deutschland zu den ersten Opfern der neuen Gewaltherrschaft gehörten. Man kann es nicht genug bedauern, dass ihre Proteste, die ja, wie sich in der Folge zeigte, berechtigt waren, in einer Form erhoben wurden, die sie fast immer ins Unrecht setzte, sei es im Parlament durch beleidigende, nicht tolerierbare Ausdrücke, sei es auf der Strasse durch Verstösse gegen behördliche Anordnungen und Anstoss erregendes Rowdytum. Es war freilich nicht sehr taktvoll, wenn Regierungsrat Ludwig bei seinem Antrag für einen Kredit zu einem neuen Gebäude für die Polizeiverwaltung in Basel auf einen entsprechenden Bau in Berlin hinwies, in dem möglicherweise Freunde der Basler Kommunisten gefangen sassen. Für Bodenmann war dies der Anlass zu einer Schimpfrede auf die deutsche Regierung, die er als «Fälscher, Brandstifter, Arbeitermörder» titulierte. Er wurde, weil er sich nicht unterbrechen liess, mit Polizeigewalt aus dem Rathaus entfernt, worauf auch die übrigen Kommunisten den Saal verliessen.[67]

Als einige Wochen später am Badischen Bahnhof die Hakenkreuzfahne flatterte, kam es zu Protestkundgebungen nicht nur am Ort selbst, sondern auch auf der Claramatte, wo sich eine grosse Menschenmenge einfand. Der rücksichtslose, ja brutale Einsatz der Polizei, deren Knüppel auch Unbeteiligte und selbst Frauen trafen, gab Anlass zu Interpellationen, die in einer Sondersitzung des Rates behandelt werden mussten. Ludwig präzisierte die Haltung der Regierungsmehrheit: das Hakenkreuz sei nicht mehr Parteiemblem, sondern nationales Hoheitszeichen eines befreundeten Staates und dürfe zudem als privates Eigentum nicht angegriffen werden.[68]

Bewaffneter Einsatz gegen Demonstranten.

Der Widerstand gegen diese behördliche Erklärung war um so heftiger, als jetzt zwischen Kommunisten und Sozialisten Einigkeit herrschte und sich die beiden sozialistischen Regierungsräte durch eine Erklärung von ihren bürgerlichen Kollegen distanzierten. Der Protest richtete sich gegen den «Polizeisadismus» des verhassten Polizeiinspektors Victor Müller, aber auch gegen den letztlich verantwortlichen Chef des Polizeidepartementes, Regierungsrat Ludwig, dessen Absetzung verlangt wurde. Der drohende Zuruf Schneiders «... wenn Sie heute Abend ins Volkshaus kommen...» vermochte diesen allerdings nicht zu erschüttern; er sagte zu und begab sich am selben Abend in die angesagte Versammlung der Linken, wo es ihm nach dem Bericht der «Basler Nachrichten» gelang, die gegen ihn gerichteten Wogen des Volkszornes zu glätten.[69]

Selbstverständlich war Oeri, der täglich von Riehen in die Stadt fuhr, über diese Vorgänge genau im Bild. So wenig wie am Badischen Bahnhof gefiel ihm das Hakenkreuz am Bahnhof Riehen, und er war dem Täter, der die Fahne herunterriss und dafür wegen Eigentumsbeschädigung bestraft wurde, insgeheim vielleicht dankbar.[70] Was ihn in der Nähe der Grenze auch selbst betraf, waren Zwischenfälle im Tram, das damals noch über die Grenze nach Lörrach fuhr. Personal und Passagiere beklagten sich über Schikanen von deutschen Beamten in Uniform. Wenn im Grossen Rat vorgebracht, so wurden solche Klagen abgewendet mit der Versicherung, es sei der Regierung in Basel daran gelegen, mit den deutschen Behörden in gutem Einvernehmen zu bleiben.[71]

Eine Festivität in der Mustermesse, als «Sommerfest der Deutschen Kolonie» angezeigt, wurde von Schneider als politische Propaganda der Nazis demaskiert und im Rat beanstandet. In diesem wie in späteren Fällen empörten sich die Linken, dass man den Deutschen dieselben Lokalitäten bewillige, die man ihnen – den Linken – früher verweigert habe. Wiederum stützte sich die äusserst zahme Antwort des Regierungsrates auf bundesrätliche Weisungen: das Bestehen von Gruppen der deutschen Nazipartei in Basel und deren Mitgliedschaft bilde «noch keine mit den schweizerischen Interessen unvereinbare Tätigkeit».[72]

Die Proteste der linken Parteien waren Ausdruck ihrer Opposition gegen den bürgerlichen Staat, dem sie unentwegt Sympathie für Faschismus und Nationalsozialismus vorwarfen. Es war Im Hof und Ludwig nicht leicht gemacht, auf die aggressiven Interpellationen zu antworten. Auch wenn sich Oeri als Journalist und Nationalrat als Gegner der totalitären Staaten bekannte, so unterstützte er in seiner Vaterstadt die mehrheitlich bürgerliche Regierung, in der die am stärksten exponierten Magistraten Im Hof und Ludwig zu seinen politischen Freunden zählten.

Es mutet seltsam an, dass Oeris Aktivität im ersten Jahr der nationalsozialistischen Machtergreifung ausgerechnet einem Detail von scheinbar geringer Bedeutung galt: dem Nachspiel einer weltanschaulichen Debatte um das Schulgesetz von 1929, einem Streit um das Schulgebet, das von Hauser durch eine Verordnung verboten worden war. Dagegen erhob sich ein unerwartet heftiger Widerstand, der von der Evangelischen Volkspartei ausging. Mit einigen Liberalen setzte sich auch Oeri für die Freiheit des Lehrers ein, den Unterricht mit einem Gebet oder mit Gesang beginnen zu lassen. Er stützte sich dabei auf die im Gesetz von 1929 verankerten «Rechte der Eltern» und fand deswegen in der Bevölkerung breite Zustimmung; das strikte Verbot liess sich nicht durchsetzen.[73] Hausers Vorstoss in Richtung der völlig neutralen, religionslosen Staatsschulen wurde abgewehrt zu Gunsten einer Schule, die dem Lehrer nach echt liberalen Grundsätzen die Freiheit zum Bekenntnis einer Weltanschauung liess, zum Zeitpunkt, da das Thema: «Schule und Nationalsozialismus» virulent wurde.

Unter dem Titel «Nationalsozialistische Propoganda in der Schule» reichte Ständerat Ernst Thalmann im Herbst 1933 eine Interpellation ein, die zu einer dreitägigen Debatte führte, an der sich auch Oeri beteiligte. Ein Lehrer, der aus seiner «judengegnerischen» Haltung kein Hehl machte, war von Hauser zur Rede gestellt und verwarnt worden. Gravierender war wohl der Fall des Seminardirektors, der vor der vorgesetzten Kommission erklärt hatte: «Die Wendung in Deutschland zur Betonung kultureller Werte des Nationalen und Geistigen begrüsse er vom Standpunkt der Erziehung aus.» Mit dieser Erklärung gab sich Hauser nicht zufrieden und machte deutlich, dass er rücksichtslos vorgehen und die Entlassung des Betreffenden durchsetzen werde, wenn dieser seine Haltung nicht ändere. In der Diskussion gab Oeri ein längeres Votum ab, in dem er seine bei jeder Gelegenheit vorgebrachte Ansicht über den idealen Lehrer wiederholte. Schüler dürften, ja sollten merken, welche Weltanschauung hinter der Persönlichkeit ihres Lehrers stecke, dass dieser aber seine geistige Überlegenheit als Erwachsener nicht missbrauchen dürfe.[74] Anschliessend an die Parlamentsdebatte veranstalteten die Liberalen eine Parteiversammlung zum Thema «Schule und Politik», an der Oeri das einleitende Referat hielt. In seinem Sinn sprachen sich Emil Dürr und Paul Burckhardt für das Recht des Lehrers auf seine persönliche Weltsicht aus: für Dürr war dies das «vaterländische Bekenntnis», und Paul Burckhardt prägte den bedenkenswerten Satz: «Jedes Bekenntnis wirkt erzieherisch.»[75]

Der «Fall Hauser», Frühjahr 1935

Wenige Wochen vor den Wahlen, welche die Jahre des «Roten Basel» einleiteten, lag dem Rat ein Bericht vor über Unkorrektheiten der Rechnungsführung im Erziehungsdepartement, die 1933 bei der Überprüfung der Staatsfinanzen entdeckt worden waren. Die «Basler Nachrichten» brachten als erste Meldung auf der Frontseite: «Der Grosse Rat befasst sich mit dem Regierungsbericht über den Fall Hauser. Nationalrat Oeri als Sprecher der Liberalen erklärt, dass auf Grund der vorliegenden und von Dr. Hauser nicht bestrittenen Tatsachen dessen weiteres Verbleiben im Regierungsrat unmöglich sei.» In der Beilage wurde die Diskussion über diesen «Fall Hauser» ausführlich wiedergegeben. Dass Hauser nicht mehr «tragbar» sei, wurde von den Freisinnigen und den Katholiken bekräftigt, die «Neue Volks-Partei» empfahl einen freiwilligen Rücktritt. Die Verteidigung Hausers durch seine Parteigenossen nahm sich sehr schwach aus. Alle Redner waren sich einig, es sei vom Grossen Rat eine Untersuchungskommission einzusetzen. Das sehr differenzierte Votum Oeris lautete anders: Da Hauser nichts bestritten habe, sei es nicht die Sache des Grossen Rates zu untersuchen, sondern bloss Stellung zu nehmen zu dem bereits vorliegenden Bericht. Als Vorsteher des Erziehungsdepartements und Regierungsrat sei Hauser allerdings unmöglich geworden, stellt Oeri fest, indem er im Hinblick auf dessen Leistungen sein Bedauern ausdrückt: Es sei ihm schwer gefallen, «Hauser so aburteilen zu müssen».[76]

Trotzdem wurde nun wie üblich eine «Kommission zur Untersuchung der Rechnungsführung des Erziehungsdepartements» zusammengestellt. Präsident war der Liberale Felix Iselin, der, wie es auf der ersten Seite des Berichts heisst, wegen «Behinderung durch Landesabwesenheit» als Mitglied und Präsident ersetzt wurde durch Albert Oeri. So kam es, dass Oeri, der im Gegensatz zu den andern bürgerlichen Parteien keine Kommission verlangt hatte, zu deren Präsident erhoben wurde und den Bericht abzufassen hatte.

Der Bericht beginnt mit der Feststellung, dass die «Erhebungen» der Kommission «im wesentlichen die Darlegungen des Regierungsberichts» bestätigten. «In einigen Einzelheiten sind wir zu einer milderen Auffassung gelangt ... Anderes hat wieder schärfere Konturen angenommen.» Es bleibe aber der Gesamteindruck einer «nicht zu verantwortenden Unordnung» in der Rechnungsführung.

Hauser verfügte ohne Budgetkontrolle über einen «Unterstützungsfonds» und ein Sparheft der Kantonalbank, zu dem er allein Zugang hatte und für dessen Verwendung viele Belege fehlten oder nicht stimmten. Bei zwei Autokäufen für das Erziehungsdepartement sei das «Budgetrecht der oberen Instanzen durch gröbliche Täuschungen verletzt worden», stellt Oeris Bericht fest und folgert: «Man fragt sich, wie weit die allfällige Einsicht in das unordentliche Geschäftsgebaren des Chefs seine Untergebenen zu mehr oder weniger selbständigen Unkorrektheiten ermutigt hat.» Vernimmt man aus diesen Worten nicht die Stimme des jungen Oeri, der zwei Jahrzehnte zuvor als Neuling die Affäre M. und H. zu untersuchen hatte und dem dank dieser Erfahrung die Bedeutung der Verantwortlichkeit eines Vorgesetzten gegenüber seinen Untergebenen als Grundprinzip politischen Handelns klar geworden war?

Die Schlussfolgerung von Oeris Bericht fällt um Einiges strenger aus als der Regierungsbericht, der «deliktische Handlungen» ausschliesst: «Wir glauben... dass über die Frage der Mitverantwortlichkeit von Beamten nur eine gerichtliche Untersuchung volle Klarheit bringen kann.» Es sei Sache der Justizbehörden zu entscheiden, ob eine solche Untersuchung stattfinden müsse. Am 15. März 1935 wurde dieser zweite Bericht zur «Affäre Hauser» im Rat besprochen und mit einem leicht verschärfenden Zusatz versehen. Damit hatte die Sache ihr Bewenden und, wie wir wissen, wurde Hauser zehn Tage später mit einem glänzenden Resultat vom Volk in seinem Amt als Regierungsrat bestätigt.[77]

Universitätsgesetz, 1935-1937

Die Arbeit als Präsident der Kommission zur Beratung des Universitätsgesetzes dürfte für Oeri, auch wenn sie sehr intensiv war, zu den angenehmeren gehört haben. Sie fiel in die erste Zeit der «roten» Regierung, deren vordringlichste Aufgabe die Sanierung der Staatsfinanzen war. Die Beratungen über das Universitätsgesetz, das längstens fällig war, konnten sich sozusagen im Schatten dieser im Mittelpunkt des politischen Interesses stehenden Auseinandersetzungen ungestört abwickeln.

Am 6. Juni 1935 bestellte der Rat die wie üblich vom Büro nach Stärke der Parteien gemischte Kommission, die den vom Erziehungsdepartement ausgearbeiteten Ratschlag und Gesetzesentwurf zu begutachten hatte.[78] Unter ihrem Präsidenten Albert Oeri erledigte sie ihre Aufgabe speditiv: Vom 22. Oktober bis zum 18. Dezember fand jede Woche eine Sitzung statt, an der jeweils auch Regierungsrat Hauser anwesend war. Er war von Oeri eingeladen worden und beteiligte sich aktiv an den Beratungen, so dass von einer wirklichen Zusammenarbeit gesprochen werden kann, obwohl es noch kein Jahr her war, seit Oeri über Hauser zu Gericht gesessen hatte.

Die wichtigste Sachfrage, deren Lösung dem engagierten Einsatz von Oeri zu verdanken ist, war die Stellung der Theologischen Fakultät. In einer ausführlichen Eingabe legte Dr. Ernst Haenssler, Lehrer an der Mädchenrealschule, die Gründe dar, die ihn, von hohem philosophietheoretischem Standpunkt aus veranlassten, die Loslösung der (protestantischen) Theologie aus dem Lehrangebot der Universität zu verlangen. Seine Argumentation mündet in eine Diagnose der geistigen Situation der Zeit, die uns heute seltsam anmutet: In der von aussen heranziehenden politischen Gefahr durch staatlichen Totalitarismus sieht er dieselbe Bedrohung für die menschliche Freiheit wie in der Enge konfessionellen Denkens. «Zu den konfessionellen Gewalten ... die ihre schwere Hand auf die Universität legen ... kommen ... die brutalen Vergewaltigungen durch politische Mächte.» In der heutigen «trostlosen europäischen Situation» sei ein «Befreiungsprozess», das heisst die Befreiung des Religionsstudiums von konfessionellen Einflüssen der «humanistischen Tradition (Basels) würdiger und angemessener als das starre Festhalten an einer unhaltbar gewordenen Form». Der Hinweis auf Deutschland, wo, wie er zu wissen glaubte, Theologische Fakultäten als «positives Christentum» dem Nationalsozialismus verpflichtet würden, untermauerte die Argumentation.

Der Dekan der Theologischen
Fakultät der Universität Basel,
Professor Dr. Ernst Staehelin,
um 1935.

Diese Eingabe eines ernsten und besorgten Denkers war für Oeri wichtig, und gerne willfahrte er dessen Wunsch nach einer persönlichen Aussprache im Schoss der Kommission. Dazu lud er gleichzeitig auch den Rektor der Universität – glücklicherweise war es der Philosoph und Lehrer der Pädagogik, Paul Häberlin – und den Dekan der Theologischen Fakultät, Ernst Staehelin, ein. So kam es, dass in der Sitzung vom 21. November in einem kleinen Kreis von Politikern eine interessante weltanschauliche Diskussion geführt wurde. Staehelin drückte sich sehr vorsichtig aus, und sein Votum war alles andere als missionarisch, während sich Häberlin für die Theologie als die eine Wurzel der Universität (neben der Philosophie) wehrte. Er widersprach auch der düsteren Zeitdiagnose Haensslers.

In der folgenden Sitzung, am 26. November, stellte Alfred Glatz den Antrag, die Theologische Fakultät aufzulösen, sie durch eine «religionswissenschaftliche» zu ersetzen und die Ausbildung der protestantischen Pfarrer ganz der Kirche zu überlassen. Am «reinen Intellektualismus», der extrem rationalistischen Auffassung Haensslers wurde Kritik geübt, auch von Seiten der Katholiken. Der als «Freidenker» bekannte Ernst Thalmann lobte zwar Haensslers Logik und Konsequenz: «aber man darf nicht die abstrakte Logik allein sprechen lassen.» Mit 10 zu 3 Stimmen lehnte die Kommission den Antrag von Glatz ab, was diese natürlich nicht hinderte, in der Grossratsverhandlung vom 12. November, bei der ersten Lesung des Gesetzesentwurfs, seine Forderung zu wiederholen. In der Abstimmung, die unter Namensaufruf durchgeführt wurde, unterlag der Antrag auf Aufhebung der Theologischen Fakultät mit 70 zu 44 Stimmen. Die «abstrakte Logik» hatte sich nicht durchsetzen können, und die Theologie blieb der Universität als Wissenschaft erhalten.

Nach einigen kleinen Änderungen wurde das Universitätsgesetz in der von der Kommission vorgelegten Form am 14. Januar 1937 vom Rat mit grosser Mehrheit angenommen.

Proteste im «roten Basel» gegen den Nationalsozialismus, 1935-1939

Im Zeichen ihres Erfolgs feierten die Linksparteien am 7. April 1935 im Volkshaus den Ausgang der Wahlen. Endlich war es gelungen, mit den zwei neuen Regierungsräten Fritz Brechbühl und Fritz Ebi auch in der Exekutive die Mehrheit zu erringen. Waren es die rücksichtslosen Polizeieinsätze bei Demonstrationen der letzten Monate, war es die zögerliche Haltung der bürgerlichen Regierungsmehrheit gegenüber Willkür und Arroganz deutscher Amtsstellen in Grenznähe, was auch im Bürgertum Unmut und Ärger zunehmen und den Wunsch nach Änderung wachsen liess? Bei der Neuverteilung der Departemente musste Carl Ludwig das Polizeidepartament abgeben an Fritz Brechbühl, der nun das Polizeiwesen in «bürgerfreundlichem» Sinn neu aufbaute. Gegen die Neuverteilung – Ludwig übernahm das Finanzdepartement – wurde allerdings von bürgerlicher Seite sogleich interpelliert, doch war der Sprecher der vier Parteien nicht Oeri, sondern Hans Kramer, Präsident der «Neuen Volkspartei» (früher Bürger- und Gewerbepartei).

Die zweite Interpellation in der ersten Sitzung des neuen Grossen Rats galt der neuerlichen Überlassung der Mustermesse für die 1. Mai-Feier der Deutschen Kolonie. Der Interpellant, der Kommunist Robert Krebs, sprach im Namen der Arbeiter, denen durch Ratsbeschluss der 1. Mai als Feiertag zu Gunsten des «bürgerlichen» 1. August soeben entzogen worden war. Den Gründen, die Regierungsrat Im Hof für die Erteilung der Bewilligung an die Deutschen anführte: «natürliche Verpflichtungen des Gastlandes ... völkerrechtliche Verträge ... absolute Legalität...» hielt Krebs entgegen, die Polizei sei eben noch immer gewillt, «provokatorisch faszistische Versammlungen zu schützen, während sie antifaszistische Emigranten verfolgt». Die deutsche Feier fand tatsächlich am 1. Mai in der Muba statt, worauf es jetzt Ludwig war, der die Zweit-Interpellation von Krebs beantworten und zugeben musste, es sei dort «gegen die liberalistische Auslandspresse» und deren Kritik am gegenwärtigen Deutschland polemisiert worden.[79]

Das Jahr 1936 brachte einige weitere «Fälle», bei denen sich die Versuche der deutsch-nationalen Infiltration in Basel erkennen lassen. An den Bemühungen Hausers, den an der Universität lehrenden Professor Werner Gerlach, welcher dem Nationalsozialismus nahestand, zum Rücktritt zu bewegen, war Oeri, der am Universitätsgesetz arbeitete, so wenig beteiligt wie an den erwähnten Interpellationen von Krebs. Obwohl es sich um einen anerkannten Wissenschaftler, der schwer zu ersetzen war, handelte, war es wiederum ein Kommunist, Werner Meili, der hartnäckig die Regierung zum Handeln aufforderte.[80] Oeris Aufmerksamkeit galt in diesen ersten Jahren des «roten Basel» der Abwehr der Linken.

Im Juni 1936 sorgte eine Einladung der Universität Heidelberg zur Feier ihres 550-jährigen Bestehens für einige Aufregung. Die Regenz hatte die Einladung bereits angenommen, als der Erziehungsrat die Entsendung einer Delegation aus Basel ablehnte, in der Erkenntnis, dass damit eine propagandistische Absicht des «Neuen Deutschland» verbunden war. Am Tag vor dem Entscheid des Regierungsrates, der nun das letzte Wort hatte, drückte Oeri in den «Basler Nachrichten» den Wunsch aus, «die sozialistischen Räte möchten den Mut haben, dem kommunistischen Druck stand zu halten».[81] Oeri war der Ansicht, dass die Universität mit der Annahme der Einladung ihre Unabhängigkeit von der Politik bezeugen könne. Den Rückzug der bereits gegebenen Zusage, hinter dem, wie er wissen musste, Hauser steckte, bezeichnete er als «schmähliche Kapitulation der sozialdemokratischen Regierung vor den Kommunisten».[82]

Einen Monat nach dieser «Kulturblamage», wie Oeri die Kontroverse um die Einladung nach Heidelberg bezeichnet hatte, meldeten die «Basler Nachrichten» einen gewalttätigen Zwischenfall: Die Polizei hatte eingegriffen, weil zwischen einer Gruppe junger Leute, «Mitglieder der marxistischen Partei, vorwiegend aber Kommunisten», und den Nationalsozialisten im «Braunen Haus» an der Leonhardsstrasse eine «Keilerei» entstanden war. Die Ruhestörer wurden zum Abzug gezwungen, während «droben im Versammlungslokal ... das nachgerade langweilig werdende Geschimpfe gegen das internationale Judentum, das Grosskapital, die Freimaurer und die roten Bonzen seinen Fortgang» nahm. Es scheint, als ob für den Berichterstatter das «Geschimpfe» der Nazis (es sausten immerhin «Gummiknüttel und Stahlruten» der S.S., was als «Sport-Sektion» verstanden wurde, durch die Luft), etwa den gleichen Stellenwert gehabt habe wie das lästige Treiben der «linken» Ruhestörer, an die man sich längst hatte gewöhnen müssen.[83]

Am Tag nach diesem Bericht brachten die gleichen «Basler Nachrichten» aber in grosser Aufmachung ein Dokument, das über die Haltung des Blattes gegenüber Hitler-Deutschland keinen Zweifel mehr liess. Es handelt sich um eine der Protestschriften der Evangelischen Kirche in Deutschland gegen die Verfolgung der Kirche und ihrer Angehörigen, wie sie seit der «Barmer Erklärung» vom März 1934 und der beginnenden Verfolgung von Geistlichen mehrmals verfasst worden waren. Die «Protestschrift der Deutschen Evangelischen Kirche an Reichskanzler Hitler» war an Pfingsten 1936 von Führern der «Bekennenden Kirche» entworfen worden und sollte Hitler direkt überreicht werden. Unter den von der Redaktion in der «Basler Nachrichten» hervorgehobenen Stellen sei hier die folgende erwähnt: «Wenn Blut, Rasse, Volkstum und Ehre den Rang von Ewigkeitswerten erhalten, so wird der evangelische Christ durch das erste Gebot gezwungen, diese Bewertung abzulehnen. Wenn der arische Mensch verherrlicht wird, so bezeugt Gottes Wort die Sündhaftigkeit aller Menschen. Wenn dem Christen im Rahmen der nationalsozialistischen Weltanschauung ein Antisemitismus aufgedrängt wird, der zum Judenhass verpflichtet, so steht für ihn dagegen das christliche Gebot der Nächstenliebe.»[84]

Zweiter Weltkrieg: «Giftgasaffäre» – Tod Hausers – Nichtwahl Friedrich Schneiders als Grossratspräsident, 1939-1941

Die erste Ratssitzung nach Kriegsausbruch wurde eingeleitet durch Ansprachen des Regierungspräsidenten Adolf Im Hof und des Ratspräsidenten Emil Arnold.[85] Beide nahmen Bezug auf die

Situation, dankten den Soldaten und lobten die Gesinnung der Bevölkerung. Der Sozialdemokrat Arnold hatte sich schon bei Antritt seines Präsidiums im Mai 1939 zur Landesverteidigung, «hinter der das ganze Volk steht», bekannt.

In den Maitagen 1940, zur Zeit der ernstlichen Gefährdung Basels, als viele Menschen die Stadt verliessen, dankte der neugewählte Ratspräsident Eugen Dietschi, der in der Armee einen hohen Rang bekleidete, seinem Vorgänger Arnold für sein «gut eidgenössisches Verhalten» und bezeichnete seine eigene Wahl zum Präsidenten als eine «Ehrung der Armee». Von den Wehrmännern würden Opfer gefordert, doch «der Soldat wird durchhalten». Carl Ludwig, der Präsident der Exekutive, kam an zweiter Stelle zu Wort und bat um Zustimmung zum Ratschlag, der für die Regierung Vollmachten verlangte. Sämtliche Parteien bezeugten ihr Einverständnis, wobei Oeri als Sprecher der Liberalen die Zustimmung «eine Sache des Vertrauens» nannte, da eine genaue Umschreibung der Kompetenzen nicht möglich sei. Ein Antrag der Sozialdemokraten auf zeitliche Beschränkung der Vollmachten wurde abgelehnt.[86]

Wachhäuschen auf der Rheinbrücke, 1941.

Auf Anfrage des deutschen Generalkonsulats in Bern hatte Professor Rudolf Staehelin, Leiter der medizinischen Universitätsklinik, zu Beginn des Krieges auf Grund von Untersuchungen an deutschen Soldaten, die in Polen kämpften, eine Expertise über die Anwendung von Giftgas erstellt. Dieses «Gutachten eines Neutralen» wurde, wie es scheint, von deutscher Seite als Anklage gegen die Kriegsführung Englands propagandistisch missbraucht und erregte deswegen Aufsehen.

Am 9. November 1939 wurden im Grossen Rat in Basel zwei Interpellationen eingereicht: Der Sozialdemokrat Ernst Weber wollte wissen, ob die Untersuchung an deutschen Soldaten in Polen mit der schweizerischen Neutralität vereinbar sei, und Albert Oeri fragte nach dem Stand der Kenntnis und der Haltung der Regierung in dieser Angelegenheit. In seiner Antwort erklärte der Vorsteher des Erziehungsdepartements, weder er selbst noch die Regierung noch die Universität hätten von einem Auftrag an Professor Staehelin etwas gewusst. Staehelin habe sich einzig mit Spitaldirektor Gottfried Moser verständigt, der sich seinerseits auf die Aussage eines Beamten des Politischen Departements in Bern berief, welcher die Reise nach Polen als Privatsache bezeichnet habe. Dies sei zudem durch ein Schreiben von Bundesrat Motta an Staehelin bestätigt worden.

Hauser war aber anderer Meinung: Er erkannte politisch-propagandistische Absicht der Anfrage aus Deutschland an den Wissenschaftler eines neutralen Landes und rügte in einem Brief an Staehelin, dass dieser sich ohne die Erlaubnis seines direkten Vorgesetzten, des Vorstehers des Erziehungsdepartements, auf eine solche Reise begeben habe. Es war wohl dieser nach Hausers Art recht scharfe Brief, der Oeri zu seiner Intervention veranlasst hatte. Von Hausers Antwort nicht befriedigt, zeigte er den grundsätzlichen Aspekt des Vorfalls auf: Aussagen von Fachleuten aus neutralen Ländern seien im Interesse der Wahrheit notwendig, selbst wenn die Gefahr propagandistischen Missbrauchs bestehe. «Es ist wichtig, dass Kriegführende ... die Kontrolle durch unabhängige Sachverständige fürchten müssen...» Dadurch könne «vielleicht ein allzu krasses Ausarten der Kriegsführungsmethoden vermieden werden».[87]

Ausser auf den ethischen Aspekt der Kriegführung ging Oeri auch auf den Gegensatz der Meinungen der Behörden in Basel und Bern ein: Rüge und Verbot in Basel, Erklärung «unanfechtbaren» privaten Verhaltens durch Bundesrat Motta. In diesem Kompetenzkonflikt stand Oeri auf der Seite des Bundes. Die Autorität des Bundes sei der kantonalen Autorität übergeordnet. Diese Ansicht Oeris war für Hauser nicht akzeptierbar, er erblickte darin eine Spitze gegen seine eigene Amtsgewalt: «Es kann hier keine Kompetenzkonflikte geben; ein Angestellter hat sich seinen Vorgesetzten zu fügen.» Als im Dienste des Kantons Basel-Stadt Stehender habe Staehelin dessen Weisungen und nicht die eidgenössischen zu befolgen.[88]

Am 26. März 1941 musste man in Basel die Nachricht vom plötzlichen Tod von Regierungsrat Fritz Hauser entgegennehmen. Er war in Ausübung seines Mandats als Nationalrat während der Session in Bern verschieden. Dem Nachruf in den «Basler Nachrichten» fügte Oeri eine kurze persönliche Notiz bei, die feines Verständnis für Hausers menschliche und charakterliche Eigenart zeigte: er sei «autoritär, aber wohlwollend ... ein glänzender Administrator» gewesen, trotz der «Unregelmässigkeiten», die angesichts der bleibenden Leistungen vergessen würden. In der Rolle eines «bon prince» habe er zuweilen «vergessen, dass wir nicht mehr im Zeitalter des aufgeklärten Despotismus leben». Der kleine überschaubare Stadtstaat Basel sei für den Politiker Hauser das ideale Tätigkeitsfeld gewesen.[89]

Frühjahr 1941 – der Nationalsozialismus auf der Höhe seiner Macht in Europa – die Zeit war ernst und die Stimmen zu Hausers Tod klangen versöhnlich. Die Amtsperiode 1938/41 wird als «ruhig und verträglich» bezeichnet, es gab keine tumultuarischen Szenen mehr, das Regieren war – was das Politische betraf – leichter geworden.[90] Und doch sollte sich schon bald zeigen, wie anfällig und brüchig die viel zitierte «Einigkeit» der Parteien war. Was sich in der ersten Sitzung des neugewählten Rates am 8. Mai 1941 zutrug, ist kein Ruhmesblatt in der Geschichte dieser ehrwürdigen Behörde.[91]

Nach langjährig geübter Tradition sollte auf den dem einen Lager angehörigen Präsidenten turnusgemäss der die Gegenseite vertretende Statthalter nachfolgen, in diesem Fall also auf den abtretenden Bürgerlichen dessen sozialdemokratischer Statthalter Friedrich Schneider. Es war nicht Oeri, sondern der Liberale Bernhard Sarasin, der zu Beginn der Sitzung namens der fünf bürgerlichen Parteien eine Erklärung verlas: Sie seien bereit, das Präsidium eines Sozialdemokraten anzunehmen, könnten aber der Person Friedrich Schneider nicht zustimmen. Darauf erwiderte E. Herzog als Sprecher der genannten Partei, keines ihrer Mitglieder würde eine Wahl annehmen, und bekräftigte diesen Beschluss durch sein eigenes Verhalten: Mit 65 Stimmen zum Präsidenten gewählt, bezeichnete er die Nichtwahl Schneiders als «einen Schlag ins Gesicht» seiner Partei und lehnte die Wahl ab. So musste ein zweiter Wahlgang stattfinden, aus dem mit 66 Stimmen der von Bernhard Sarasin vorgeschlagene Liberale Gottlieb Hanhart hervorging. Schneider, der 57 Stimmen auf sich vereinigt hatte, erhielt darauf das Wort und wandte sich an die Ratsmitglieder mit dem lapidaren Satz: «Sie haben soeben einen Akt des Unrechts und der Unklugheit begangen.» Er demaskierte das Pathos der hohlen Worte: Die Politik erbringe jeden Tag den

Beweis, «dass wir nicht ein einig Volk von Brüdern sind». Die Arbeiterschaft sei nicht gleichberechtigt. «Sie (er meint die bürgerlichen Ratsherren) betrachten sich noch immer als die Herren und die Arbeiter als Ihre Knechte.» In der Erklärung des «Herrn Bankier Sarasin» habe jegliche Begründung für die Ablehnung seiner Person gefehlt. Mit Stolz sprach er von seiner schweizerischen Abstammung: «Ich bin nicht erst in der dritten, zweiten oder gar ersten Generation Eidgenosse wie viele von ihnen. Meine Vorfahren lebten im Seeland, als Nidau, Brügg und Biel bischöflich-baslerisch waren. Sie waren Berner und damit Eidgenossen, lange bevor Basel in den eidgenössischen Bund aufgenommen wurde. Ich habe es nicht nötig, mein Schweizertum zur Schau zu stellen. Es ist für mich eine Selbstverständlichkeit. Mein Bekenntnis zum marxistischen Sozialismus und damit zum Menschentum stand nie im Gegensatz zu ihm.»

Was Oeri betrifft, so sei nochmals darauf hingewiesen, dass nicht er es war, der den für Schneider verletzenden Antrag gestellt hatte. Durch vielfältige Arbeit im Plenum und in Kommissionen, wenn auch fast immer in gegensätzlichen Positionen, hatten sie einander kennengelernt. Das Geschäft, für das sie sich beide aus persönlicher Überzeugung, meist im Widerspruch zu den jeweiligen Parolen ihrer gegensätzlichen Parteien, während bald dreissig Jahren unentwegt einsetzten, war das Frauenstimmrecht. Als Schneider nach Kriegsende am 17. Mai 1945 turnusgemäss zum Ratspräsidenten gewählt wurde, benutzte er seine Antrittsrede zu einem Plädoyer für die Demokratie, die erst vollständig sei, wenn Frauen und Männer die gleichen politischen Rechte hätten. In sein Präsidialjahr fiel der 70. Geburtstag Oeris. So wenig wie dieser beim Tod Hausers, musste sich Schneider bei Oeris Jubiläum Gewalt antun, um den amtsältesten Ratskollegen, der seit 37 Jahren ununterbrochen dem Rat angehörte, zu würdigen.[92]

Nachkriegszeit: letzte Beiträge Oeris im Grossen Rat, 1945-1948

Mehr als um die Aufnahme von Flüchtlingen kümmerte sich der Rat in der ersten Nachkriegszeit um die Ausweisung unerwünschter Ausländer und auch von Schweizern, die sich «landesfeindlich» betätigt hatten. Am 13. September 1945 waren drei Interpellationen angemeldet, von den beiden Sozialdemokraten Wullschleger und Stohler sowie von Oerri. Wullschleger sprach von «Säuberungen», während Oeri die Frage nach den «rechtlichen Voraussetzungen für Ausweisung von nationalsozialistischen und faschistischen Ausländern» stellte. Die ausführliche Antwort von Regierungsrat Brechbühl gibt ein differenziertes Bild der Verhältnisse in Basel, wo sich ein breites Spektrum von «landesfeindlicher» Betätigung erkennen lässt, das von Spitzelei bis zu «Verbreitung defaitistischer Stimmung» ... «Beschimpfung unserer demokratischen Einrichtungen» oder, vielleicht noch harmloser, zu «Siegesgeschrei, wenn der Nationalsozialismus eine Schlacht gewonnen oder ein fremdes Volk unterjocht hatte», reichte. Der Lohnhof war in der Zeit unmittelbar nach dem Krieg überfüllt mit Ausländern und Schweizern, die sich «in der Stunde der Gefahr» so und ähnlich verhalten hatten.[93]

Am 14. Februar 1946 stand als «motivierte Tagesordnung» eine Erklärung zur Diskussion, welche Massnahmen gegen die Unterzeichner der berühmten «Eingabe 200» vom 15. November 1940 verlangte. Sie wurde von allen Fraktionen gutgeheissen, Oeris Name steht aber auf der Seite der kleinen Minderheit der Ablehnenden (83 Ja zu 19 Nein).[94]

Noch einmal in diesem Jahr, am 7. März, stimmte Oeri «nein» zu einem Anzug, der Lohnauszahlung an Feiertagen verlangte, gegenüber einer grossen Mehrheit, die für Annahme war. Am 24. April 1946 hingegen nahm er mit einer knappen Mehrheit den Vorschlag der Kommission für den Teuerungsausgleich an.[95]

Der letzte Einsatz Oeris galt nicht einem politischen Geschäft, sondern einem Werk der Kunst. Er erkundigte sich mit einer Interpellation, warum im Programm des Kunstkredits der Auftrag an den Maler Alfred Heinrich Pellegrini für ein Porträt des Architekten Hans Bernoulli gestrichen worden sei. Die Antwort von Regierungsrat Carl Peter, es könne ein Wiedererwägungsgesuch an die Regierung gestellt werden, befriedigte ihn nicht, und er erklärte, der Verzicht auf das Porträt des «bekannten und bedeutenden Basler Architekten» sei ein «Schildbürgerstreich».[96]

In der Sitzung vom 8. April 1948 stimmte er einem Antrag von Eugen Dietschi zu, der die Gewährung eines Kredits für Notwohnungen auf eine spätere Sitzung vertagen wollte, und enthielt sich der Stimme zu einem Antrag der Rechnungskommission. Die letzte Sitzung, an der er teilnahm, war eine gekürzte, am 15. April, um 11 Uhr, wurde abgebrochen, und der Rat begab sich an die Mustermesse. So wird Oeri sich in gelockertem Rahmen von seinen Ratskollegen verabschiedet haben, denn an der letzten Tagung des «alten» Rates, am 29. April, nahm er nicht mehr teil, und am 13. Mai figurierte seine Abbitte auf der Traktandenliste: «… wird von dieser Abbitte unter Würdigung der vom Zurücktretenden im Interesse des Staatswesens ausgeübten Tätigkeit unter bester Verdankung der geleisteten Dienste Kenntnis genommen.» Die übliche Formel war für Oeri leicht erweitert worden. Am 10. Juni 1946 nahm als Nachfolger der Jurist Dr. Hans Staehelin den freigewordenen Platz Albert Oeris ein.[97]

Dorothea Roth

Der eidgenössische Politiker

Es ist nicht erstaunlich, dass der Weg eines Politikers vom Format eines Albert Oeri nicht nur ins Basler Rathaus am Marktplatz, sondern auch ins Bundeshaus am Bundesplatz in Bern führen musste. Man kann sich allerdings fragen, warum dies verhältnismässig spät geschehen ist. Albert Oeri war 56 Jahre alt, als er zum ersten Mal den Sitzungssaal des Nationalrats betrat. Auf der Tribüne hatte er als Journalist schon vorher gesessen. Auf der Wählerliste des Nationalrates stand sein Name bereits im Oktober 1928. Aber damals wurde nicht er, sondern der Basler Regierungsrat Rudolf Miescher (1880-1945) gewählt. Als Miescher wegen seiner Wahl zum Korpskommandanten zurücktrat, rückte Oeri nach. In der Sommersession 1931 wurde er, wie es im Bundesblatt heisst, «in Pflicht genommen».[1]

Am 1. November 1949 stellte er aus gesundheitlichen Gründen sein Amt zur Verfügung.[2]

Er ist also 18 1/2 Jahre Mitglied des schweizerischen Parlaments gewesen, und dies in einer Zeit, die durch Wirtschaftskrise und Krieg geprägt war wie keine andere. Was er vorbrachte, ist im «Amtlichen stenographischen Bulletin der Bundesversammlung» festgehalten.[3] Freilich nicht alles. Aus politisch durchsichtigen Motiven ist einmal das Protokoll nicht gedruckt worden.[4] Dafür entschädigt die Berichterstattung in der Tageszeitung.

In den Basler Nationalratswahlen von 1931 bis 1947 erhielt Oeri jeweils am meisten Stimmen auf der Liste der Liberalen. Einmal – es war 1943 – schaffte es auch ein zweiter Liberaler, der Riehener Nicolas Jaquet, sonst gehörte Oeri als einziger Deutschschweizer der liberalen Fraktion an. Seine Parteikollegen stammten alle aus dem Welschland. Übrigens blieb die liberale Fraktion mit ihren sechs bis acht Mitgliedern immer eine der kleinsten im Nationalrat.

Oeri hat nicht oft das Wort verlangt; wenn er es aber ergriff, hörten ihm die Vertreter aller Parteien aufmerksam zu. Man bemerkt dies aus den Voten der Parteigegner; sie zitieren in ihren Voten oft Formulierungen von Oeri. Den Respekt vor seiner Ansicht verweigern ihm auch die Sozialisten, die härtesten Gegner, nicht.

Um seine politische Gesinnung kennen zu lernen, sehen wir zwei Reden genauer an: jene vom 25. September 1931 und jene, die er als Alterspräsident bei der Eröffnung der neuen Session am 1. Dezember 1947 hielt.[5]

In seinem etwa halbstündigen Votum im Jahre 1931 setzt er sich mit zwei sozialistischen Gegnern auseinander. Der eine, Nationalrat Tschumi, hatte vom Bundesrat Hilfe für die notleidenden Holzbesitzer verlangt. Die extrem niederen Preise im Ausland seien der Ruin der Schweizer Wirtschaft. Der Bund müsse mit Einfuhrquoten und Zöllen die Not lindern. In dieselbe Kerbe hieb der profilierteste Gegner Oeris, Robert Grimm (1881-1958). Nach ihm hatte die Privatwirtschaft das Unglück verursacht. Hier setzte Oeri mit seiner Kritik ein. «Unwahr ist, dass die freie Wirtschaft ... *ad absurdum* geführt wurde. Wie soll man das überhaupt nennen, was *ad absurdum* geführt wurde? Staatssozialismus vielleicht? Dieses System, das uns dahin gebracht hat, wo wir heute stehen, das ist Staatssozialismus, gemildert durch Planlosigkeit. Und von den Herren Sozialisten, denen zur Freude wir dieses System gestartet haben, haben wir bisher des Teufels Dank.»[6] Die Rede Oeris löste eine heftige Diskussion aus. Ein Nationalrat nannte sie «ein Programm der äussersten Rechten, eine Wirtschaftspolitik, die jetzt im Landesmuseum deponiert werden könnte».[7] Formale Kritik an Oeris Rede übte ein anderer Redner: «Ich möchte Herrn Oeri gratulieren zu der ungemein schlauen Art, wie er dazu gekommen ist, nun doch zu dieser Interpellation zu reden.»[8] Nationalrat Tschumi, der das Postulat eingereicht hatte, meinte ironisch: «Herr Dr. Oeri hat in einer liebenswürdigen Plauderei über Gewerbefreiheit, über die Unmöglichkeit der Auswanderung, über Staatssozialismus und vieles andere gesprochen, aber über mein Postulat – dieses stand nur auf der Traktandenliste – hat er gar nichts gesagt.»[9] So ablehnend auch manche Räte gegen Oeris Wirtschaftsthesen waren, eines gestehen sie aber alle ein, nämlich dass besonders dank Oeri «diese Herbstsession in ihrer Substanz und ihrer ökonomischen und politischen Haltung sich wirklich von allen früheren Sessionen unterschieden» habe.[10]

Alterspräsident Dr. Albert Oeri verlässt den Sitz des Nationalratspräsidenten, um ihn seinem Kollegen von der liberalen Fraktion, Nationalrat Picot, zu übergeben, 2. Dezember 1947.

Achtzehn Jahre später sprach Oeri – dem Stil der Alterspräsidentenrede angepasst – über den schweizerischen Parlamentarismus. Mit Vergnügen stellt er fest, dass der Nationalrat seit hundert Jahren existiere und dabei immer stabil gewesen sei. Unabdingbar sei aber der feste Wille der Parlamentarier, der Regierung, also dem Bundesrat, Verständnis für seine Rolle entgegenzubringen. Heiter definiert er ein Hauptübel des Rates: die Lust zu reden und dabei immer das Gleiche zu sagen. «Wirkliche Rede und Gegenrede, ein lebhaftes Gefecht zwischen Regierungsvertretern und Ratsmitgliedern wie im Ausland gibt es in der Schweiz nicht. Darum steht das schweizerische Parlament im Rufe, das langweiligste Parlament der Welt zu sein. Die neuen Ratsmitglieder sollten jetzt etwas mehr Leben in die Bude bringen; ... wer etwas Neues weiss, soll dafür eintreten.»[11] Die entscheidende Voraussetzung für das Fortleben der Demokratie sieht er darin, dass die Diskussionen im Parlament für das Volk «draussen» interessant bleiben. So konservativ Oeri in der ersten Rede im Jahre 1931 gewesen ist, so aufgeschlossen für Neues zeigt sich 1947 der alte Oeri.

Als Mitglied des Nationalrats nahm Oeri zu allen wichtigeren Traktanden Stellung. Was ihn dabei über alle Ratskollegen emporhob, war seine Kenntnis, ja enge Vertrautheit mit der schweizerischen Aussenpolitik. Er hat – wie Edgar Bonjour sagt – «den introvertierten Eidgenossen»[12] die Augen geöffnet für die Beziehung zu und die Bindungen an die andern Länder. Was hat ihn dafür qualifiziert? Gewiss zunächst sein Studium an den philosophischen Fakultäten von Basel, Göttingen und Berlin. Dabei hatte er sich ein geschichtliches Wissen von der Antike bis zur Gegenwart angeeignet, welches längst zum Dozieren an einer Universität genügt hätte. Dann auch sein Beruf; er habe sich, sagt er in seinem Lebenslauf, seit 1910 als Journalist auf die Aussenpolitik konzentriert.[13] Sie sei seine unglückliche Liebe gewesen. Als während des Ersten Weltkrieges die Frage auftauchte, wie Kriege verhindert, strittige Ansichten besprochen und friedlich gelöst werden könnten – als der «Völkerbund» Gestalt annahm – hat Oeri schriftlich und oratorisch Stellung genommen. Im Schosse der «Helvetischen Gesellschaft» begann 1917 jene Diskussion, die zum Dauerbrenner des 20. Jahrhunderts der Schweizer Politik wurde: Soll die kleine Schweiz einer Organisation, in der die Grossmächte den Ton angeben, beitreten und ihre bisherige Neutralitätspolitik aufgeben? Oeri hat schon früh, als sich die Entwicklung abzuzeichnen begann, energisch Stellung bezogen, als Gegner des Beitritts. Man muss betonen: nicht der Gedanke einer internationalen Organisation, die für Frieden sorgen wollte, war für Oeri nicht nachvollziehbar. Die Organisation «Völkerbund» war zunächst eine Organisation der Siegermächte, ein Bestandteil des Versailler Friedensvertrages. Von dieser Völkergemeinschaft erwartete Oeri nicht die friedliche Lösung der Probleme, die der Erste Weltkrieg zurückgelassen hatte. Als aber in der Volksabstimmung am 16. Mai 1920 das Schweizervolk den Beitritt mit 416'870 Ja-Stimmen gegen 323'710 Nein-Stimmen beschlossen hatte, setzte sich Oeri für eine konstruktive Mitarbeit der Schweiz ein. Vom ersten Tag an verfolgte er als Berichterstatter der «Basler Nachrichten» die Verhandlungen der in Genf tagenden Generalversammlung. Durch seine Wahl in den Nationalrat wurde er 1934 Mitglied der dreiköpfigen Schweizer Delegation. Von der Tätigkeit Oeris in den Generalversammlungen des Völkerbunds gibt ein welscher Kollege folgendes Bild: «Oeri kennt die Dossiers aller europäischen- und auch aussereuropäischen Probleme; er lässt sich nicht wie andere durch eine oberflächliche Sicht der Verhandlungen führen; er sieht das Wesentliche; er hat die Augen und Ohren offen und hält, den Bleistift in der Hand, alles fest. Er ist eine Enzyklopädie des Völkerbunds.»[14] Und sein Deutschschweizer Kollege Walter Stucki (1888-1963) schrieb: «In allen Fragen der Aussenpolitik im Allgemeinen und der internationalen organisierten Zusammenarbeit im Besondern hat sich Oeri eine führende Stellung nicht nur in unserm Lande, sondern weit über seine Grenzen hinaus erworben.»[15] Es wäre freilich falsch, wenn man Albert Oeri nur zu einer kleinen Elite von aussenpolitischen Spezialisten zählen würde. In einer nationalrätlichen Diskussion über die Rolle der Aussenpolitik sagte er: «Im Kleinstaat soll und darf nicht die Aussenpolitik das Primat haben. Der Kleinstaat muss vor alles andere seine Innenpolitik stellen. Mit der Demokratie wäre es aus, wenn die Aussenpolitik das Primat hätte und wenn deshalb die Innenpolitik je nachdem demokratisch oder undemokratisch ausgerichtet werden müsste.»[16]

Der klassische Oeri-Text zur Aussenpolitik der Schweiz ist nun jene Rede, die er am 23. Januar 1936 im Nationalrat gehalten hat.[17] Die Schweiz war wegen des italienisch-abessinischen Krieges in eine problematische Situation geraten. Mussolini hatte am 3. Oktober 1935 den Krieg gegen Abessinien begonnen. Der Völkerbund beschloss die Ächtung Italiens. Da eine militärische Intervention nicht in Frage kam, beschloss der Völkerbundsrat wirtschaftliche Sanktionen. Ein Waffenembargo und eine Beschränkung des Handels mit Italien sollten den Angreifer auf die Knie zwingen. In dieser heiklen Lage beschloss der Bundesrat aber nur ein Teil-Verbot der schweizerischen Ausfuhr nach Italien, ein Waffenembargo gegen den Angreifer und den angegriffenen Staat und betonte die enge Verbindung der Südschweiz mit dem italienischen Nachbarn. Oeri hatte als Berichterstatter im Nationalrat die schwierige Aufgabe, diese komplexe, umstrittene Haltung des Bundesrats zu erklären und den Nationalrat zur Zustimmung zu der bundesrätlichen Haltung zu bewegen. Er suchte nach den Gründen, welche die besondere Haltung der Schweiz in internationalen Konflikten rechtfertigten. Dabei geht er zurück bis ins Jahr 1815, erklärt das Haager Friedensabkommen von 1909, zitiert die besonderen Bedingungen, die der Schweiz 1920 gewährt worden sind. Schliesslich widerspricht er den Befürwortern eines Austritts der Schweiz aus dem Völkerbund mit dem Bekenntnis: «Wir bleiben im Völkerbund, weil wir von der Erfüllung unserer Mitgliedspflichten Positives erwarten.»[18]

Nach der Eroberung Abessiniens und der Proklamation des «Imperio Italiano» durch Mussolini war für die Schweiz die leidige Sanktionsfrage erledigt. Zurück blieben jedoch in der Schweizer Bevölkerung «Enttäuschung und Ernüchterung». Damals wurde Oeri gebeten, zur Kopfklärung der Basler Lehrerschaft einen Aufsatz zu schreiben. Er erschien im «Basler Schulblatt» No. 2, 1937 und gehört zu den besten Äusserungen Oeris zum Thema Völkerbund. Er meint, trotz dem Scheitern der Völkerbundspolitik solle noch «ein Stück Wissen» um den Völkerbund in den Schulsack jedes jungen Schweizers gesteckt werden. Solches Wissen gehöre zur geistigen Landesverteidigung. Er habe nämlich nach jedem Völkerbundsvortrag den Eindruck, das so nüchtern scheinende Volk habe eine «wahre Sehnsucht nach einem Wolkenriss am politischen Himmel, aus dem ein paar Strahlen des Ideals auf das dunkle Gelände fallen können.» Man sieht, Oeri hat dem Volk schweizerische Aussenpolitik nicht nur in trockener Prosa vermittelt.

Nach diesem Artikel verschwindet das Thema Völkerbund aus den Publikationen Oeris. Das Problem Nazideutschland und dessen Aktivitäten in der Schweiz wird wichtiger. Nur im Tagesbericht vom 31. Juli 1940 ist noch einmal vom Völkerbund die Rede, unter dem nichtssagenden Titel: «Zur Demission des Joseph Avenol». In der späteren Sammlung der O.-Tagesberichte formuliert Oeri deutlich: «Der Völkerbund legt sich schlafen.» Noch einmal sagt er, was er vom Völkerbund gehalten hat. «Der Schreiber dieser Zeilen war nie blindgläubig in bezug auf den Versailler Völkerbund ... die Völkerbundsidee bedeutet die logische Krönung jeden Strebens nach einer weltumfassenden Friedensordnung.»[19]

Es dauerte vier Jahre, bis das Wort «globale Friedensordnung» in den Schriften Oeris wieder auftauchte. Im Tagesbericht vom 11. Oktober 1944 reflektiert er über die Konferenz der vier Grossmächte im Landhaus Dumbarton Oaks bei Washington mit dem etwas spöttischen Titel «Die Eicheln von Dumbarton.» In der späteren Ausgabe der Tagesberichte titelt er etwas sachlicher «Das erste UNO-Projekt.»[20]

Die Leidensgeschichte der aussenpolitischen ständigen Kommission

In der «Geschichte der schweizerischen Neutralität» von Edgar Bonjour beginnt der dritte Band so: «Durch die Bundesverfassung werden in der Ordnung der auswärtigen Angelegenheiten die Kompetenzen zwischen Bundesversammlung und Bundesrat nicht präzis ausgeschieden.»[21] Es ist klar; dass eine solche Situation gelegentlich zur Frage führte, wer in der Aussenpolitik das letzte Wort habe. In den ersten 150 Jahren des Bundesstaates lag das Problem einige Male auf dem Tisch des Parlaments, verschwand aber immer wieder, ohne die Politiker allzu stark erregt zu haben. Das änderte sich jedoch, als der Konflikt zwischen Italien und Abessinien und die damit verbundene Sanktionenfrage die Schweizer Politiker aller Parteien beschäftigte. Der starke Mann, der die Schweiz in den Völkerbundsversammlungen vertrat, hiess Giuseppe Motta.

Die Politiker, die dessen Verhandlungstaktik gegenüber der Diktatur im Süden verärgerte, sassen auf der linken Seite des schweizerischen Parlaments. Deren Wortführer Robert Grimm stellte am 23. Januar 1936 den Antrag: «Der Nationalrat, in Abänderung des Artikels 50 seines Reglements, beschliesst die Einsetzung einer ständigen Kommission, die zur Aufgabe hat, die der Bundesversammlung vom Bundesrat unterbreiteten Vorlagen und Beschlussentwürfe über die auswärtige Politik der Schweiz vorzubereiten, und die ausserordentlicherweise vom Bundesrat

Eröffnungssitzung der 5. Völkerbundsversammlung 1924, die mit der Wahl von Bundesrat Giuseppe Motta zum Präsidenten schloss.

zur Entgegennahme von Mitteilungen über seine diplomatische Tätigkeit einberufen werden kann.»[22] Oeri unterstützte den sozialdemokratischen Antrag im Rat kräftig. Dies erstaunt zunächst. Wenn man aber sein Votum im Parlament und – etwas später – seinen Aufsatz «Zum Kompetenz-Problem in der auswärtigen Politik»[23] liest, versteht man seine harsche Kritik am eidgenössischen Parlamentarismus. Das Problem einer ständigen aussenpolitischen Kommission habe seine Geschichte, und es sei eine «Leidensgeschichte», meint Oeri.

Erst in den 20er Jahren des 20. Jahrhunderts habe der Bundesrat den Anspruch erhoben, alleiniger Herr der äusseren Politik zu sein. Durch diesen Anspruch aber könne man das Parlament aus jedem Bezirk der Machtausübung «hinausbugsieren.» Bundesrat Motta selbst habe im Ständerat den Wunsch ausgesprochen, auf die Schaffung einer ständigen Kommission zu verzichten; der Ständerat habe ihm zugestimmt und damit habe er «das jüngste Kind des Nationalrats» schon in der Wiege sterilisiert.[24]

Für die Idee, nur gelegentlich eine Kommission für die Besprechung aussenpolitischer Probleme zu bilden, hat Oeri nur spöttische Worte übrig. Die Mitglieder in ihrer stets wechselnden Zusammensetzung hätten sehr geringe Kenntnisse der aussenpolitischen Probleme. Der stete Wechsel der Mitglieder verlange immer neue Belehrung, so dass Herr Motta immer wieder neu «Christenlehre» unterrichten müsse. Fragt man nach dem Sinn von Oeris Aktion, so findet man die Antwort am Schluss des zitierten Aufsatzes: «Ich weiss wohl: es ist undankbar, einem Parlament gegenüber der antiparlamentarischen Ermannung zu predigen. Aber, wer es riskiert, darf sich doch wohl sagen, dass er nicht nur die eigene Kammer verteidigt, sondern das ganze Schweizerhaus. Es ist bei den Angriffen ja doch nicht zu verkennen: Das Parlament schlägt man, und den Staat meint man... die verantwortlichen Staatsorgane sollten sich gegenseitig stützen. Das kommt nicht zustande dadurch, dass das eine das andere unterwirft, oder dadurch, dass sich das eine dem andern unterwirft, sondern dadurch dass beide ihre verfassungsmässige Pflicht mutig erfüllen... denn in der Demokratie muss auch die auswärtige Politik Volkssache sein und, weil Volkssache, auch Parlamentsache.»[25]

Albert Oeri und das Flüchtlingsproblem

Kein politisches Problem hat während des Zweiten Weltkriegs – und noch lange nachher – die öffentliche Meinung so erregt wie das Flüchtlingsproblem. Die anderen lebenswichtigen Fragen: Ernährung des Volkes, Beschäftigung der Arbeiter, Versorgung mit Rohstoffen, die teilweise Fortzahlung des Lohnes der mobilisierten Arbeiter und Angestellten – dies alles war vor Kriegsbeginn durchdacht und von klugen Bundesräten und Chefbeamten guten Lösungen zugeführt worden. Man hatte die Lehren aus den Erfahrungen des Ersten Weltkriegs gezogen und man war einigermassen vorbereitet.

Anders stand es mit dem Flüchtlingsproblem. Zwar hatte die Schweiz schon im 19. Jahrhundert oft politische Flüchtlinge an ihren Grenze gesehen und sie, da ihre Zahl nicht gross war, für längere Zeit oder für immer aufgenommen. (Die rechtlichen Fragen sind mit den Artikeln 69 und 70 der Bundesverfassung von 1874 einigermassen geregelt worden.)

Das änderte sich radikal, als nach der Machtergreifung des Faschismus in Italien und besonders des Nationalsozialismus in Deutschland die Flüchtlingsfrage 1933 ganz neue Dimensionen bekam. In der sogenannten «Kristallnacht» vom 8./9. November 1938 zeigte sich zum ersten Mal, wozu ein aufgehetztes Volk fähig war. Jetzt waren die Juden nicht nur, wie bisher, in ihrer beruflichen Existenz gefährdet, sondern in Lebensgefahr. Die Massenflucht begann. Was dann an der Schweizer Landesgrenze geschehen ist, haben viele Journalisten, aber auch Historiker schonungslos beschrieben. Wir nennen hier die drei wichtigsten Publikationen:

Im Juni 1954 erteilte der Bundesrat alt Regierungsrat Professor Dr. Carl Ludwig in Basel den Auftrag, «die Öffentlichkeit durch eine objektive, möglichst umfassende Darstellung über die Politik zu unterrichten, welche die schweizerischen Behörden in der Flüchtlingsfrage seit dem Jahr 1933 befolgt haben». Der Wert des 1957 erschienenen «Ludwigberichts» besteht in der Fülle der Zahlen und in der Genauigkeit, mit welcher die Gesetze und behördlichen Anweisungen wiedergegeben sind.

Das Buch von Alfred Häsler «Das Boot ist voll. Die Schweiz und die Flüchtlinge 1933-1945» (Zürich 1967) zeichnet sich durch seine realistische Schilderung der menschlichen Schicksale aus. Es enthält die Aussagen verfolgter, abgewiesener, aber auch gastlich aufgenommener Juden. Es lässt auch die hart kritisierten Behördenmitglieder Eduard von Steiger und Heinrich Rothmund zu Worte kommen. Die Verfilmung von Markus Imhoof hat das Häsler-Buch populär gemacht.

Das umfangreichste Buch zum Thema «Flüchtlinge» wurde 1999 wiederum im Auftrag des Bundesrates von der sogenannten Bergier-Kommission (Prof. Jean-François Bergier, em. Professor der Geschichte an der ETH) verfasst: «Die Schweiz und die Flüchtlinge zur Zeit des Nationalsozialismus». Die Kommission sollte noch einmal die «klärungsbedürftigen» Probleme eingehend erörtern.

Die erste gründliche öffentliche Diskussion über die Flüchtlingsfrage fand am 22./23. September 1942 im Nationalrat statt. Wenn man aber wissen will, was damals gesagt wurde, und zum amtlichen Protokoll greift, erlebt man eine herbe Enttäuschung. Von der ganzen Debatte ist kein Wort publiziert. Erstaunlicherweise findet man aber alle Reden in den Zeitungen abgedruckt. In den «Basler Nachrichten» wird das Votum, das Oeri abgegeben hat, umfangreich wiedergegeben. Er kritisierte das schwankende Verhalten des Bundesrates in der Flüchtlingsfrage seit 1939, dann kommt er zur diskutierten Frage: Wie viele Flüchtlinge können wir zur Zeit in der Schweiz aufnehmen? Sind es zu viele? Wir zitieren, was Oeri gesagt hat:

Nein, es sind nicht zu viele, wir können mit gutem Gewissen noch mehr einlassen! Aber die staatsmännischen Bedenken des bundesrätlichen Redners, seine Rechnung, dass wir bei einem Tagesdurchschnitt von sechzig auf eine jährliche Gesamtzahl von 22'000 kommen? Solche Besorgnisse dürfen nicht bagatellisiert werden. Aber es handelt sich dabei um Zukunftsmöglichkeiten, nicht um Gewissheiten. Müssen wir grausam sein in der Gegenwart um einer unsicheren Zukunftsgefahr willen? Grausam «auf Vorrat hin»? Müssen wir Mitmenschen, die sich, um Erbarmen flehend, an uns wenden, ins grausamste Elend und in den Tod stossen, weil es uns vielleicht später auch schlecht gehen kann? Einstweilen geht es uns ja noch unverdient gut, wie allen Bettagspredigten und auch den Bundesratsreden zu entnehmen ist. Und darum können wir ohne Angst vor Hunger und

Arbeitslosigkeit noch viele Flüchtlinge aufnehmen. Bundesrat von Steiger hat in Zürich vor der Jungen Kirche das eindrucksvolle Bild von einem Rettungsboot gebraucht, dessen Befehlshaber um Hilfe schreiende Menschen abweisen muss, damit es nicht überfüllt werde und sinke. Unser Rettungsboot ist noch nicht überfüllt, nicht einmal gefüllt. So lange es noch nicht gefüllt ist, wollen wir aufnehmen, was Platz hat. Sonst versündigen wir uns! Gewiss, der schreckliche Moment kann kommen, wo die Mannschaft des Rettungsbootes mit den Rudern auf die sich anklammernden Hände dreinschlagen muss. Aber er ist noch nicht gekommen, und will's Gott, kommt er nie. Also handeln wir nicht, als ob er schon da wäre! Mögen wir nie vor die Wahl gestellt werden, ob wir die Pflicht der Selbsterhaltung oder die Pflicht der Nächstenliebe verletzen wollen! Gerade, weil der Christ weiss, wie furchtbar ein solcher Widerstreit der Pflichten ist, betet er im Vaterunser: «Führe uns nicht in Versuchung». Der Redner schliesst mit warmer Zustimmung zu Bundesrat Steigers Appell an die Opferwilligkeit der Freunde der Flüchtlingssache. Er meint damit aber nicht die offizielle Enquete bei den Kantonsregierungen, wie viele Flüchtlinge sie noch aufzunehmen bereit seien. Da wird eine Antwort schäbiger lauten als die andere, aus lauter Angst, man nehme in seiner Generosität den Schwesterkantonen zu viel Lasten ab. Gemeint ist vielmehr der Appell an die Herzen und an den Geldbeutel unseres Volkes. Der wird nicht vergebens sein! [26]

Drei Jahre später verfasste alt Bundespräsident E. von Steiger ein Geleitwort für die «Festschrift Albert Oeri» aus Anlass des 70. Geburtstags. Er anerkannte: «Sie sind als Politiker ein wertvoller Mahner gewesen.»

Albert Oeri und das Frauenstimmrecht

Neben den zahlreichen Persönlichkeiten, die in der «Festschrift Albert Oeri» an den Jubilaren Dankesworte gerichtet haben, befindet sich eine Frau: Elisabeth Zellweger (1884-1957), eine Pionierin der Frauenbewegung in der Schweiz. Sie stellte 1945 in einem Beitrag fest, dass die Schweiz bald «der einzige schwarze Fleck auf der europäischen Landkarte» sei, der kein Frauenstimm- und Wahlrecht kenne. Warum das so sei, erklärt sie mit den damals verbreiteten Schlagworten: Die Frau gehört ins Haus; die Frau kann nicht logisch denken. Dann aber zitiert sie einen Oeri-Vers, nämlich: «Was recht ist und dem Schweizervolke frommt;/ 's braucht manchmal lange Zeit, jedoch es kommt.»[27] E. Zellweger dankt Oeri für sein unentwegtes Eintreten für das Frauenstimmrecht: «Sein Name wird zu denjenigen gehören, die immer als Helfer und Förderer des Frauenstimmrechts genannt werden, wenn der Kampf um dieses Recht einmal Geschichte sein wird.»

In einem seiner Amerika-Briefe von 1919 (vgl. S. 436) kommt Oeri auch auf das Frauenstimmrecht zu sprechen: Bei den Angelsachsen habe die Frau immer eine hohe Stellung besessen. Dies sei schon unter der Herrschaft Königin Elisabeth I. so gewesen. Darum hätten einzelne Staaten der Union bereits im 17. und 18. Jahrhundert der Frau «Sitz und Stimme» in der Legislatur gewährt. Oeri hatte 1919 dem Hauptquartier der amerikanischen Frauenbewegung in New York einen Besuch abgestattet.[28]

Noch zweimal hat Albert Oeri kräftig für das Frauenstimmrecht geworben: 1931 mit einem Aufsatz «Ein Plädoyer» (vgl. S. 349) und 1945 mit einem Votum im Nationalrat. Damals verlangte er eine Frauen-Konsultation, das heisst eine Abstimmung unter Frauen, um deren Meinung zu erfahren.[29]

Dass Oeri nicht zu den Politikern gehörte, die sich um das Frauenstimmrecht kümmerten, weil es gerade modern geworden war, bewies er durch das Bekenntnis, er habe 40 Jahre die Entwicklung verfolgt und dabei gemerkt, dass sich durch die Einführung noch kein Staat «zu Tode demokratisiert» habe. Der Vorkämpfer Oeri hat die Einführung des Frauenstimmrechts auf nationaler Ebene nicht mehr erlebt. Erst im Februar 1971 sagten 621'000 Männer ja und 323'000 nein zum Frauenstimmrecht.

Die ausserparlamentarische Tätigkeit Albert Oeris während des Zweiten Weltkriegs

Fast in jedem Buch, das die Geschichte der Schweiz in dieser Zeitspanne beschreibt, findet man den Namen «Albert Oeri». In den «O.-Tagesberichten» hat man zwei- bis dreimal wöchentlich seine Stimme vernommen. Darum ist er als «weltgeschichtlicher Betrachter» in der Schweiz und im Ausland bekannt geworden. Man hat ihm dafür in der «Festschrift» im Jahre 1945 Dank gesagt. Die Nachkriegsliteratur hat nach und nach auch einen Oeri gezeigt, der auch im Hintergrund gewirkt hat.

Zu den geheimnisumwitterten Organisationen in der Schweiz während des Zweiten Weltkrieges gehört die «Aktion nationaler Widerstand». Sie sei in «Vergessenheit und Anonymität» versunken, meint 35 Jahre später einer der Gründer dieser Aktion.[30] Nur wenige Dutzend Politiker und Offiziere verpflichteten sich im Spätsommer 1940 schriftlich, jedem Angriff auf die Unabhängigkeit der Schweiz zu widerstehen und die defaitistische Haltung der Behörden zu bekämpfen. Ein Mitgliederverzeichnis oder Gesprächsprotokolle hinterliess die «Aktion» nicht. Die Idee, ein Dreierkomitee als Kern der Widerstandsaktion zu gründen, sei – so Ernst Schenk – von Albert Oeri ausgegangen. Ob Oeri weiterhin an der Geheimorganisation beteiligt war, ist nicht eindeutig festzustellen. Vielleicht ist er an der Formulierung der eidesstattlichen Erklärung der Mitglieder, die folgenden Wortlaut hatte, beteiligt gewesen: «Ich bin entschlossen und bereit, ohne jeden Vorbehalt unter Einsatz von allem und jedem zu kämpfen: für Freiheit und Unabhängigkeit der schweizerischen Eidgenossenschaft; gegen jeden Defaitisten, stehe er, wo er wolle, für die Freiheit der Person, des Gewissens und der Gemeinschaft auf föderativer Grundlage; für Volksherrschaft und persönliche Verantwortung; für die Sicherung von Arbeit und Brot für jeden Eidgenossen.»

Ein Dokument, das Oeris unnachgiebige Haltung beweist, fand den Weg ans Tageslicht. Es ist der Brief, den er am 24. Juli 1940 an den Bundesrat richtete.[31] Es heisst darin, der Bundesrat müsse aufhören, die Schweizer Presse ans Gängelband zu nehmen, um damit das Wohlwollen Deutschlands zu erkaufen. Oeri verweist auf die sogenannte Aktion Trump, als ein «gebietender Herr in der deutschen Gesandtschaft» die Absetzung der Chefredaktoren der «Neuen Zürcher Zeitung», der «Basler Nachrichten» und des «Bund» verlangte.

Da neben diesem Mahnruf so viel über die Möglichkeit und den Willen des Schweizer Volkes, sich erfolgreich zu verteidigen, gesagt wird, sei der Brief hier in seinem vollständigen Wortlaut abgedruckt:

An den Bundesrat der Schweizerischen Eidgenossenschaft.

Hochgeehrter Herr Präsident
Hochgeehrte Herren Bundesräte,

Wie Sie, meine Herren, weiss ich, dass unser Land gegenwärtig einem schweren Druck Deutschlands ausgesetzt ist. Persönliche Eindrücke, die ich letzte Woche in Bern gewonnen habe, und weitere Informationen, die mir seither zugekommen sind, haben mich nun unsicher gemacht in Bezug auf die Frage, ob der Bundesrat diesem Druck die nötige Festigkeit entgegensetzt, und veranlassen mich zu folgenden Darlegungen. Wenn deren Voraussetzung unrichtig sein sollte, so bin ich der Erste, der sich von Herzen darüber freuen wird und Sie um Verzeihung für seinen Kleinglauben bittet.

Die Vorstellung, dass man die Schweiz durch einigen Druck für jedes Nachgeben bis zum Verzicht auf ihre staatliche Unabhängigkeit gefügig machen könne, ist in Deutschland nicht von ungefähr entstanden. Zum guten Teil ist die Unterdrückung der öffentlichen Meinung durch unsere eigenen zivilen und militärischen Behörden daran schuld. Die Presse wagt kaum mehr ein kräftiges Schweizerwort zu drucken. Das nötige Gegengewicht gegen die Äusserungen von Hasenfüssen ist aus ihren Spalten nahezu verschwunden. Im Volke sind die bedenklichsten Anschauungen über den Grad unseres Abwehrverzichtes entstanden und dürfen nicht mit dem nötigen Nachdruck und der nötigen Offenheit korrigiert werden. Erfreulicherweise scheinen dies die Militärstellen gemerkt zu haben. Daher der wohltuende Erlass der Abteilung für Presse und Funkspruch vom 17. Juli gegen den Defaitismus! Es sollte nur nicht bei dieser negativen Warnung bleiben. Die Presse hat jetzt positive Injektionen sehr nötig. Daran lassen es die für ihre heutige Schwäche verantwortlichen Stellen immer noch fehlen.

Parallel mit der Unterdrückung der Pressefreiheit geht die nahezu völlige Ausschaltung der parlamentarischen Äusserungen. Der Bundesrat bestrebt sich, wie die Radiorede vom 25. Juni zeigt, diese Tatsache dem Volk als wünschenswerte Unterdrückung gehaltloser und arbeitsstörender Schwätzerei mundgerecht zu machen. Wenn ein Parlamentarier auf diese Tendenz hinweist, so riskiert er die Antwort: «Qui s'excuse s'accuse.» Es ist aber eben doch so, dass das Volk sich die Möglichkeit abgeschnitten sieht, durch seine parlamentarischen Vertreter oder durch die Presse Kontakt mit seiner Regierung zu bekommen. Dadurch ist eine Stimmung entstanden, von der der Bundesrat keine Ahnung zu haben scheint, die aber lebensgefährlich für unser Land ist.

Das Ausland beginnt, die Schweiz für fallreif zu halten. Man ist in Deutschland, wie ich durch sehr gute und ganz frische Informationen weiss, überzeugt, dass nur noch wenige Druckverstärkungen gegen uns nötig seien, um uns über den Haufen zu werfen. Diese Druckverstärkungen sind, wie Sie besser als ich wissen, im Gange. Auf dem Gebiet der Wirtschaft versucht man, uns durch die Aussicht auf massenhafte Arbeitslosigkeit und Hungersnot zu ängstigen. Militärisch versucht man, uns durch den gegenwärtigen Aufmarsch an unserer West- und Nordgrenze einzuschüchtern.

Ebenso sicher aber weiss ich, dass kein massgebender Faktor in Deutschland gegenwärtig daran denkt, den schweizerischen Apfel vom Baume zu reissen, wenn er nicht von selbst herunterfällt. Ces messieurs ont d'autres chats à fouetter, solange England nicht besiegt ist. Diese Besiegung kann kommen. Aber sie wird, wenn die Engländer nicht plötzlich schlapp werden, durch Menschenverluste erkauft werden müssen, die der Armee grösste Sparsamkeit mit jedem Soldatenleben empfehlen. Die Schweiz wird darum militärisch nur angegriffen werden, wenn mit einem Minimum von Verlusten zu rechnen ist, à la Einmarsch nach Österreich. Auch die deutsche Wirtschaft kann keine Verheerung des schweizerischen Industriepotentials wünschen. Sie weiss, dass wir uns, wenn die Niederwerfung Englands gelingt, der wirtschaftlichen Kontinentalhegemonie Deutschlands werden einfügen müssen. An dieser Einfügung hat sie ein um so dringenderes Interesse, als das deutsche Industriepotential durch die britische Fliegerwaffe schwer beschädigt ist. Aber nicht das geringste Interesse hat sie daran, das schweizerische Industriepotential, mit dem sie für ihre Zwecke bestimmt rechnet, durch die deutsche Fliegerei kaputt schlagen zu lassen. Zu diesen militärischen und wirtschaftlichen Erwägungen kommen innen- und aussenpolitische. Die Stimmung in Süddeutschland würde durch eine blutige Unterdrückung der Schweiz ganz verhängnisvoll irritiert. Und die Armee, in der jeder Offizier auf die Abrechnung mit Sowjetrussland brennt –

auch darüber habe ich gute Informationen – würde es nicht verstehen, dass vorher noch geschwind der sowjetfeindliche Staat par excellence, der konsequent jede diplomatische Verbindung mit Moskau abgelehnt hat, vergewaltigt werden müsse. Die antischweizerische Stimmung in der Armee wird gegenwärtig nur ganz künstlich und oberflächlich geschürt durch verlogene Geschichten von den schweizerischen Flugzeugen, die deutsche Flieger über französisches Gebiet bis nach Colmar verfolgt hätten. Die zu gewärtigenden Schwierigkeiten mit Italien erwähne ich nur nebenbei, da ich darüber keine Informationen besitze, sondern nur Vermutungen hege, die irrig sein können. Beachtenswert ist immerhin, dass auch auf dem Balkan die deutsch-italienische Solidarität einstweilen als praktisches Ergebnis die sorgfältige Vermeidung bewaffneter Auseinandersetzungen hat.

Alle die erwähnten Hemmungen gegen eine ernsthafte Bedrohung der Schweiz können in Deutschland natürlich überwunden werden, wenn man dort die Überzeugung hat, dass unser Land gratis und franco ohne ernsthaften Widerstand zu gewinnen sei. Darum bedaure ich so sehr das offenbare Versagen unserer Diplomatie, die am Entstehen dieser Überzeugung mitschuldig ist, sei es durch eigene Zaghaftigkeit, sei es infolge mangelnder Instruktion.

Es hätte selbstverständlich keinen Wert, dem Ausland eine Abwehrbereitschaft der Schweiz vortäuschen zu wollen, wenn diese nicht wirklich vorhanden wäre oder gleich in den ersten Tagen zusammenbrechen müsste. So steht es aber nicht, hochgeehrte Herren! Der beste Teil des Schweizervolkes und der Armee wird sich wehren, auch wenn die politische Leitung versagen sollte und die Verteidigung unserer Freiheit gegen den Bundesrat erzwungen werden müsste. Ich hoffe dies bestimmt nicht. Aber im Volk und unter Offizieren und Soldaten spricht man von der Möglichkeit, dass der patriotische Ungehorsam notwendig werden könnte.

Mit der Erwähnung dieser Möglichkeit komme ich auf unsere Presseverhältnisse zurück und erwähne den für mich sehr heiklen

Punkt, dass die Entfernung der Chefredakteure der Zeitungen «Bund», «Neue Zürcher Zeitung» und «Basler Nachrichten» vom gebietenden Herrn in der Deutschen Gesandtschaft verlangt wird. Setzt er dies durch, so wird im ganzen Lande der Eindruck, dass der Bundesrat nicht mehr Herr im eigenen Hause sei, katastrophöse Ausmasse annehmen. Ich weiss, dass ich durch diese Behauptung das Risiko der Beschuldigung auf mich nehme, pro domo zu plädieren. Ich habe aber demgegenüber ein reines Gewissen. Mein persönliches Schicksal ist mir ganz gleichgültig. Ich bin fünfundsechzig Jahre alt, habe ein glückliches Leben hinter mir und erhebe nicht den geringsten Anspruch darauf, dass es mir in meinen alten Tagen besser gehe als unzähligen braven Leuten, die durch die Weltereignisse unter die Räder geraten sind. Auch bin ich ein gläubiger Christ und schon darum nicht ängstlich für meine Person. Aber deswegen kann ich Ihnen doch nicht verschweigen, was ich sachlich als gefährlich für unsere Volksstimmung ansehen muss.

*Mit ausgezeichneter Hochachtung
Ihr sehr ergebener A. Oeri.*

Albert Oeri war kein Volkstribun, kein Mann, der bei jeder Gelegenheit ausserhalb der Ratssäle in Basel und Bern das Wort ergriff. Aber wenn ihn eine Institution um einen Vortrag zu einem bestimmten Thema bat, zögerte er nicht, seinen Beitrag zu leisten. Wie sehr er sich bemühte, seinen Vortrag jeweils den Zuhörern anzupassen, zeigt etwa die Ansprache am St. Jakob-Schwingfest vom 6. August 1944. Er heisst die Innerschweizer im Basler Dialekt willkommen, schildert Szenen aus der Schlacht vom 26. August 1444 und rühmt den «Geist des Bruders Klaus». Dann zieht er die Parallele zur Gegenwart und zitiert den General, der gesagt habe, «... jeder Fussbreit Schweizerboden wird verteidigt werden».[3]

Das politische Credo

Albert Oeri hat kein seitenstarkes Buch hinterlassen, wenn wir die «O.-Tagesberichte», die im folgenden Kapitel besprochen werden, ausschliessen. Dafür veröffentlichte er im Jahr 1933 ein Buch mit elf Aufsätzen aus der Zeit zwischen 1924 und 1933 unter dem Titel «Alte Front». Schon dieser Titel war Bekenntnis, denn 1933 blühten die neuen «Fronten», die den siegreichen Nationalsozialismus in Deutschland zum Vorbild nehmen. Oeri wollte mit dem Titel – wie er selbst sagt – seine liberalkonservative Überzeugung bekennen. Es geht um die Politik im demokratischen Staat; diese ist auch ein Erziehungsproblem. Darum passt er die Behandlung jedes Themas dem Hörer an. Er macht dies so ausgezeichnet, dass man ohne Kenntnis des Redners nicht weiss, ob man einen Volksschullehrer, einen Hochschuldozenten, einen Festredner oder einen Feldprediger reden hört.

Den elf Aufsätzen stellt er eine 1905 in den «Basler Nachrichten» erschienene «Confession» voran, einen Gedankenartikel für Friedrich Schiller. Diese «Confession» des 30-jährigen Oeri überrascht den Leser. Da wird 100 Jahre nach Schillers Tod keine Lobeshymne angestimmt! Oeri behauptet, der Dichter der Freiheit finde bei dem Philister dieser Zeit kein Gehör mehr, weil dieser nicht nach «Freiheit», sondern nach «Sicherheit» rufe. Aber – meint Oeri – man werde vielleicht wieder froh sein, an der Hand Schillers zu den Freiheitsidealen der revolutionären Zeit zurückgeleitet zu werden.

Der darauf folgende Artikel ist ebenfalls einem deutschen Schriftsteller, dem Kulturphilosophen Oswald Spengler, gewidmet. Dieser wurde am Anfang des 20. Jahrhunderts ebenso viel gelesen wie hundert Jahre vorher Friedrich Schiller. Aber ein «grosser und guter Mensch» wie Schiller war er im Urteil Oeris nicht. Das Hauptwerk «Untergang des Abendlandes» (1918) hat damals viele Politiker erschreckt, schien er doch mit seiner Prognose vom Untergang des Abendlandes Recht zu bekommen. An die Stelle der parlamentarischen Demokratie – wie sie in Deutschland bestand – werde die Plutokratie treten und den Weg in einen neuen «Cäsarismus» vorbereiten. Hier widerspricht Oeri: Die deutsche Republik sei keine echte Demokratie; man habe «den Bau des Hauses mit dem Dach» begonnen. Ein Staat, in dem eine Parlamentsmehrheit jede Regierung stürzen kann, habe keinen Bestand. So weit stimmt Oeri mit Spengler überein. Aber Spengler kenne die direkte Demokratie schlecht. Es gebe sie – in der Schweiz dank Referendum und Initiative! Und sie werde gelernt – nach Gottfried Keller im «Stübchen der Frau Regula Amrein». Die Volksabstimmungen seien in der echten Demokratie nötig; sie seien der Jungbrunnen der Demokratie.

Im dritten Artikel wird das Thema «Antidemokratische Anfechtungen» noch heftiger diskutiert. Männer wie Mussolini – er ist seit zwei Jahren in Italien am Ruder – und Lenin haben in ihren Ländern die Demokratie schon zerstört. Auch in Deutschland ist sie bedroht; sie wird täglich strapaziert! Das grösste Verhängnis: Demokratie wird mit «Versailles», dem schmachvollen Friedensvertrag, gleichgesetzt. In der Schweiz sieht die politische Karte ganz anders aus. Demokratie ist eine Sache des Selbsterhaltungstriebs, ohne den bei uns kein staatliches Leben möglich ist. Im Schweizer Bauerntum ist die Demokratie tief verankert; man denke an die «Landsgemeinden». Auch hier empfiehlt Oeri die Lektüre eines Schriftstellers: Pestalozzi habe in «Lienhart und Gertrud» gezeigt, dass die Schweiz ihre «eigenen Demokratenköpfe» besässe. Freilich forderte die Demokratie persönlichen Einsatz des Bürgers.

Im vierten Aufsatz greift Oeri einen schweizerischen «Dauerbrenner» auf: Wo ist der richtige Standort der Schweiz in der internationalen Völkerwelt? Die Antwort ist sehr differenziert! Der Internationalismus ist an sich nichts Gutes und nichts Schlechtes; er existiert einfach, weil die Menschen sich seit Urzeiten zu grösseren Gebilden zusammengeschlossen haben. Nur für «Schwachköpfe ist die staatliche Gleichmacherei» ein Ideal. Sie endet in der kulturellen Gleichmacherei, in einer langweiligen Industriekultur. Das Problem – so Oeri – heisst nicht Nationalismus oder Internationalismus, sondern «Mischung von beiden Elementen». Und eine solche ist vorhanden – im Völkerbund. Dieser sei wirklich «das Ei des Kolumbus». Aber im Konfliktfall werde sich die Masse der Volksgenossen gewiss für das nationale Interesse und gegen den Völkerbund entscheiden. – Die Geschichte ist genau so abgelaufen, wie sie Oeri damals, 1926, analysiert hat.

Alle Artikel in der «Alten Front» sind hervorragende Reflexionen. Müsste man einen an die Spitze stellen, so wäre es der fünfte; Oeris Antwort auf die Frage: «Was soll und kann die Kirche für den Frieden tun?» Hier verlässt er den politischen Boden und wendet sich der Religion zu. (Man erinnert sich an die Gedanken über die Religion in den «Weltgeschichtlichen Betrachtungen» Jacob Burckhardts in jenem Band, den der Vater von Albert und er selbst [1930] innerhalb der Gesamtedition von Burckhardts Werken herausgebracht haben.) In der Politik ist der Versuch, ewigen Frieden zu stiften, immer wieder unternommen worden; in jüngster Zeit durch den Völkerbund. Aber daneben gibt es die nichtstaatliche antimilitaristische Bewegung, die sich auf die Bergpredigt stützt. «Du sollst nicht...». Die Bergpredigt ist allerdings kein Antimilitaristenbrevier, denn Jesus hat seinen Jüngern «nicht die absolute Passivität gegenüber dem Verbrechen, sondern die Vermeidung unfruchtbaren Zankes wegen persönlicher Beleidigung» vorgeschrieben. Es folgt eine ausführliche Darlegung der Militärdienstverweigerung aus religiösen Gründen, die den Militär- durch Zivildienst ersetzen will. «Der Zivildienst ist vom Militärdienst himmelweit verschieden; der Soldat hat die Pflicht, sein Leben zu opfern, der Zivildienstler bekommt höchstens wunde Füsse.»[33] Die Kirche muss dem Staat lassen, was des Staates ist, aber sie kann die christliche Brüderlichkeit schaffen und damit viel für den Frieden tun.

Der sechste Artikel gilt einem typisch schweizerischen Thema. Oeri nimmt Stellung zur Frage, die viele bürgerlich gesinnte Politiker bewegt: Soll aus den vier bürgerlichen Parteien eine Einheitspartei geschmiedet werden? Nach den Erfahrungen in Basel ist die Schweiz für eine Einheitspartei nicht reif. «Wir werden in der Schweiz noch lange mit der Parteienvielfalt» zu rechnen haben. Das ist erträglich, wenn die Politiker nicht die schwerste Sünde begehen, die es gibt: verantwortungsscheu zu sein. Mit der Tugend der Verantwortungsbereitschaft werden die Politiker, ob mit oder ohne Einheitspartei, eine gute Politik treiben.

Der siebte Text gibt den Vortrag «Besonderheiten unseres öffentlichen Lebens» wieder, den Oeri vor einer Rotary-Konferenz in Basel gehalten hatte. Er ist nichts weniger als eine Staatskunde-Lektion, die Oeri auch in einem Gymnasium hätte halten können. Der erfahrene Politiker hat hier aus seiner reichen Erfahrung geschöpft und dabei «sein Vergnügen» gehabt. Zunächst stellt er fest, dass es seit 1918 in der Welt viele Republiken gibt: Sie sind wie Pilze aus dem Boden geschossen. Aber die schweizerisch-demokratische Staatsform unterscheidet sich von allen andern durch ihr föderalistisches System. Darum wird der Kanton zum «Lehrplätz» für den Politiker, der später im Bund tätig sein will. –

Der Nachteil, den diese Staatsform dem Volk bringt, ist eine ziemlich komplizierte Verwaltungsorganisation, die aber aufgewogen wird durch die Konstanz der Staatsleitung. Es gibt keine Regierungskrise, wenn ein Regierungsrat bzw. Bundesrat seine Politik nicht durchsetzen kann. Auch das Parlament oder irgendeine darin vertretene Partei kann ein Gesetz durchbringen, ohne das Volk zu fragen. Oeri charakterisiert diese typisch schweizerische Staatsform so: «Die Furcht vor dem Re-ferendum ist der Weisheit Anfang.» Er schliesst einmal mehr mit dem ihm so bedeutsam gewordenen Zitat: «*Dei providentia Helvetia regitur.*»

Der achte Artikel «Ein Plädoyer» ist auf Seite 349 im vollen Wortlaut abgedruckt, um an Oeris Einsatz für das Frauenstimmrecht, den er lebenslang geleistet hat, zu erinnern und seine Begründung aus erster Quelle zu erfahren.

Der neunte Beitrag – es ist der längste und anspruchsvollste – trägt den Titel «Erschüttert» und beschreibt die damalige politische und ökonomische Situation. Der Börsenkrach in New York im Herbst 1929 hatte eine Wirtschaftskrise ausgelöst. Es gab Millionen von Arbeitslosen, und in der Politik triumphierten die Diktatoren. – Oeri zitiert Jacob Burckhardt, der die weltgeschichtliche Krise prophezeit habe, und stellt fest: «Jetzt ist sie da.» Das klassische Wirtschaftssystem, der Liberalismus, hat sich nicht mit dem politischen Liberalismus vereinen können. Seine Wohlfahrtsvorschriften zwangen die Wirtschaft, den Staat um Hilfe zu rufen, und dieser zerstörte durch seine Zölle den freien Welthandel. Der Erste Weltkrieg brachte den vollkommenen Ruin der Wirtschaft, und mit den Friedensverträgen und ihren verheerenden Reparationszahlungen wurden auch die Währungen zerstört. Überproduktion und mangelnde Kaufkraft der Besiegten führten zwangsläufig zum Höhepunkt der Weltwirtschaftskrise, zum

«Kampf aller gegen alle». Was tun in dieser Krisensituation?, fragt Oeri und gibt die Antwort: «Zurück zur freien Wirtschaft!» Aber diese muss auch neue Pflichten übernehmen – vor allem die soziale Schuldigkeit gegenüber dem Arbeitnehmer. Zum Schluss fragt er: «Wird die gegenwärtige europäische Menschheit imstande sein, den intellektuellen und moralischen Anforderungen zu genügen?» – «Ja», antwortet er: «Im persönlichen Kontakt (mit der Jugend!), stellt sich doch immer wieder der Glaube an unsere unverwüstliche europäische Rasse her.»[34]

Die drei letzten Artikel der «Alten Front», die in kurzen Abständen von März bis Juli 1933 erschienen sind, haben etwas Gemeinsames: Man erinnert sich bei der Lektüre an eine Episode der Schweizergeschichte des 14. Jahrhunderts. Als der österreichische Herzog Leopold im November 1315 in die Landschaft Schwyz einbrechen wollte, rüsteten sich die Eidgenossen zur Abwehr, aber offenbar nicht am rechten Ort. Darum habe sie ein befreundeter Ritter gewarnt: «Hütet euch am Morgarten!» Die Schwyzer änderten das Verteidigungsdispositiv und retteten das Land «am Morgarten». Ähnliches tat Oeri im Frühsommer 1933. Der alte Feind, der Sowjetimperialismus, stand nicht mehr drohend an der Grenze. Dafür bildete jetzt Deutschland die grosse Gefahr mit dem Nationalsozialismus. Wie stark ist diese Gefahr? Sind wir immun gegen die antidemokratische Bewegung? Sind wir reif für die «antidemokratische Falle»? Das sind die Themen, die Oeri grundgescheit beantwortet hat! – Immer, wenn es den Deutschen schlecht gehe, riefen sie nach einem Helfer. Früher war es Gott, jetzt, in den Zeiten des Unglaubens, ist es ein Führer, der Übermensch, der alle Probleme lösen soll. Die Ursache dieses Hilferufs liegt in der weit verbreiteten Verantwortungsscheu. «Es gibt in der Politik keine schwerere Sünde als die Verantwortungsscheu und keine grössere Tugend als die Verantwortungsbereitschaft.»[35]

Unsere Demokratie bietet den Reformbeflissenen alle Möglichkeiten der Korrektur; wir müssen nicht resignieren, sondern durchhalten. Denn nie wäre es so falsch, die schweizerisch-demokratische Staatsform zu verändern als jetzt! Das wäre eine Katastrophe. Jetzt gelte die Devise: Durchhalten. Dann schliesst Oeri mit der Bitte um Frieden: *«Domine, conserva nos in pace!»*

René Teuteberg

Der Journalist und Kommentator

Vom «Zeitungsschangi» zum Chefredaktor mit
internationaler Leserschaft – die «Basler Nachrichten»
und ihre Entwicklung in der Presselandschaft

Es gibt eine Fotografie von Albert Oeri aus den Jahren seiner
beruflichen Tätigkeit, die ihn an seinem Arbeitsplatz sitzend zeigt,
wohl einen Korrekturabzug lesend vor einer Pultlampe, davor
Aktenkörbchen und Stapel von Zeitungen. Diese Aufnahme
weist ihn als gehöriges Mitglied der Zunft der Journalisten aus;
noch heute, sechzig bis achtzig Jahre später, sehen acht von zehn
Büros und Arbeitsplätzen von Journalisten ähnlich aus; daran hat
auch die elektronische Datenverarbeitung nicht viel geändert.
Der praktisch jederzeit mögliche Rückgriff auf Informationsmaterial gehört zu den unabdingbaren Voraussetzungen dieses
Berufes. Und der Beruf gehört zweifellos zu den umstrittensten
Tätigkeiten, die ein Mensch verrichten kann, dennoch übt er auf
viele eine grosse Anziehungskraft aus.

Chefredaktor Albert
Oeri im Redaktionsbüro
der «Basler Nachrichten»

Manche Menschen begegnen Journalisten mit unverhohle-
nem Misstrauen, andere mit grosser Neugier, wieder andere betrachten sie als halbwegs verkrachte Existenzen und treten ihnen

gelegentlich mit leiser Verachtung entgegen. Otto von Bismarck-Schönhausen, der Kanzler des Deutschen Kaiserreichs, bezeichnete Journalisten als Menschen, die ihren Beruf verfehlt haben. Es gab auch herbe Kritiken wie: «Wenn man die schauerlichen Verirrungen ins Auge fasst, die in Europa bereits durch die Presse erzeugt worden sind, und nach den Fortschritten, die das Übel von einem Tag zum andern macht, auf die Zukunft schliesst, dann kann man leicht voraussehen, wie die Könige sehr bald dahin kommen werden, es zu bereuen, dass sie dieser fürchterlichen Kunst den Eingang in ihre Staaten geöffnet haben. Wollte Gott, die Mehrzahl unserer Schriftsteller wäre untätig geblieben. Es würde besser stehen um Zucht und gute Sitte, besser um die Ruhe und den Frieden der Gesellschaft» – diesen markigen Worten werden sich wohl nicht wenige Zeitgenossen des eben begonnenen dritten Jahrtausends im Grossen und Ganzen anschliessen und dieses Urteil auch auf die elektronischen Medien ausdehnen. Die Sätze des obigen Zitats sind alt, sie wurden um 1750 von Jean-Jacques Rousseau niedergeschrieben.[1] Die Reibung zwischen einem behäbig dahinfliessenden Leben und der Vermittlung von Nachrichten über Ereignisse in Politik, Wirtschaft, Wissenschaft und ihre Interpretation manifestierte sich also nicht erst im 18. und den folgenden Jahrhunderten. Vielmehr entstand die Reibung bereits im fünfzehnten Jahrhundert mit der Erfindung des Buchdrucks mit beweglichen Metall-Lettern durch Johannes Gutenberg, und schon Renaissance und Humanismus pflegten eine Frühform von Journalistik: Erasmus von Rotterdam bat einen Briefempfänger, seine Briefe aufzubewahren und – das war wohl das Entscheidende – zirkulieren zu lassen. Im fünfzehnten Jahrhundert spielte Stefano Infessura in Rom die Rolle einer Art von Vorläufer moderner Skandaljournalisten. Der amerikanische Kulturhistoriker und Philosoph Will Durant schrieb über ihn, der «eine lästerliche Feder» gehabt habe: «Er verfasste einen *Diario della Città di Roma,* eine auf Familiendokumenten und persönlichen Beobachtungen fussende Chronik der Stadt im fünfzehnten Jahrhundert. Er war ein begeisterter Republikaner, der die Päpste als Despoten betrachtete, und ein Anhänger der *Colonna.* Man darf den Anekdoten, die er über die Lasterhaftigkeit der Päpste zu erzählen weiss und die an keiner anderen Stelle bestätigt sind, keinen Glauben schenken.»[2]

«Zeitungen jedoch sind mehr als Informations- und Meinungsträger, sie sind Zeugnisse auch ihrer eigenen Geschichte. Und so ist nicht zuletzt der Zeitungsmacher zu gedenken, die dem erregendsten Geschäft, das sich denken lässt, verschrieben sind. Grosse Namen wären hier zu nennen», erklärte der Direktor des Internationalen Zeitungsmuseums in Aachen, Herbert Lepper.[3] Zu diesen grossen Namen zählen unter anderen Gotthold Ephraim Lessing, Theodor Fontane, Mark Twain, Karl Kraus, Kurt Tucholsky und Winston Spencer Churchill.

Die Abgrenzung zwischen Journalist und Schriftsteller ist nicht immer klar auszumachen. Damit ist auch angedeutet, dass im Journalismus alles vorkommt, von Menschen staatsmännischen und künstlerischen Formats bis hin zu den «zweifelhaften Figuren», die sich nicht scheuen, mit ihrer Schreibe Unheil anzurichten, wenn es nur dem eigenen Fortkommen dient.

Der «Gegengiftkoch»

Albert Oeri gehört in die Reihe der ganz grossen Namen im schweizerischen, aber auch im europäischen Journalismus. Er hat um die Zwiespältigkeit seiner Berufswahl gewusst, wenn er in einem Brief schrieb, er sei «nun glücklich Zeitungsschangi» geworden.[4] Der Begriff «Schangi» ist in den vergangenen Jahrzehnten in der baseldeutschen Umgangssprache eher ausser Gebrauch gekommen. Vorab bürgerliche, aber auch kleinbürgerliche Kreise bezeichneten früher mit diesem Begriff einen Mann, von dem sie nicht so recht wussten, woran sie mit ihm waren.

Durch seine hervorragende Arbeit liess Oeri den «Schangi» sehr bald in Vergessenheit geraten. «Gegner des Zeitungswesens sprechen manchmal von ‹Giftküchen›», schrieb er in seinem Rückblick unter dem Titel • «Vom eigenen Schaffen» in der Sonntagsausgabe der «Basler Nachrichten» vom 22./23. September 1945:

Ich habe mir alle Mühe gegeben, ein «Gegengiftkoch» zu werden und auch unter dem Zensurregime ein solcher zu bleiben; und meine Unbescheidenheit besteht darin, dass ich glaube, das sei mir einigermassen geraten.

Zur Erinnerung: 1901 trat Albert Oeri eine Stelle als Redaktor bei der «Allgemeinen Schweizer Zeitung» an. 1902 fusionierte dieses Blatt mit den «Basler Nachrichten», wo er von 1911 an die Inlandredaktion leitete. Und von 1925 bis 1949 war er Chef der Auslandredaktion. Bereits in den Anfängen seiner journalistischen Tätigkeit legte er das Fundament zu allen seinen Ämtern, in die er später gewählt oder berufen wurde. Er war ein liberaler Konservativer; das ist beileibe nicht zu verwechseln mit einem Reaktionär. Aus seiner weltanschaulichen Position heraus, die von christlichen Werten geprägt war, interpretierte er das politische Geschehen in der Welt. Dabei suchte er eine gebührende Distanz zu wahren und enthielt sich vorschneller Urteile. Erstes Ziel seiner journalistischen Arbeit war nicht eine moralische Wertung, sondern die Wiedergabe von Sachverhalten und ihren Zusammenhängen.

Dafür verfügte Albert Oeri neben einem unzweifelhaft grossen journalistischen Talent über ausgezeichnete Voraussetzungen. Er war wissenschaftlich gebildeter Historiker, und als Berichterstatter und damit gleichsam Beobachter an den Völkerbundsitzungen in den zwanziger Jahren gewann er einen hochaktuellen Überblick über das damalige Zeitgeschehen. Eine Wertung ergab sich aus seinem humanistischen Blickwinkel; er nahm die Menschen und die Welt, wie sie eben waren, und hing keinerlei Illusionen über deren Verbesserung nach, wobei er sich nicht scheute, Unrecht als solches aufzuzeigen und zu benennen. Den Auffassungen des historischen Materialismus, der Lehre der marxistischen Gesellschafts- und Geschichtstheorie: «Das Bewusstsein kann nie etwas anderes sein als das bewusste Sein, und das Sein der Menschen ist ihr wirklicher Lebensprozess»[5], konnte sich Oeri jedoch nicht anschliessen.

Dank seinem Rüstzeug gelangen ihm nun aber Zeitungsartikel, die ihn im Grunde als einen modernen Journalisten ausweisen und die noch heute, dem Berufskollegen einer späteren Journalisten-Generation, Bewunderung abnötigen. Zwingende Logik, wie sie sich aus seiner Weltsicht und Menschenkenntnis ergab, liess ihn zu Schlussfolgerungen kommen, deren Richtigkeit frappierend war und ist. Er informierte seine Leser, verschaffte ihnen dadurch die Übersicht über die jeweils aktuelle Situation in der europäischen und in der Weltpolitik, und er versäumte nicht, dort, wo es ihm angezeigt schien, auf Parallelen in historischen Ereignissen – auch in der Antike – hinzuweisen: Im Grunde ihres Wesens sind die Menschen immer gleich. «Ungeheuer ist viel, doch nichts ungeheuerer als der Mensch», heisst es in der Tragödie «Antigone» des griechischen Dichters Sophokles. Oeris Texte sind gelegentlich vom Kulturpessimismus seines berühmten Grossonkels Jacob Burckhardt deutlich beeinflusst.

Es sind seine kurzerhand am Anfang mit «O.» gekennzeichneten «Tagesberichte» gewesen, die auch ihn berühmt gemacht haben und die er als Chef der Auslandredaktion der «Basler Nachrichten» verfasst hat. Und da nötigt ein weiterer Umstand grosse Bewunderung ab: Unter Berücksichtigung der Dauer seiner beruflichen Tätigkeit und in Anbetracht der Tatsache, dass diese «Tagesberichte» – von Ausnahmen abgesehen – täglich erschienen sind, ergibt eine einfache Rechnung, dass ihre Zahl in die Tausende gegangen ist – eine ungeheure Fleissleistung, die nur dank breitem, gründlichem Wissen möglich war. Wenn der Satz «Genie ist Fleiss» zutrifft, dann war Albert Oeri schon von daher ein journalistisches Genie. In seinem Rückblick • «Vom eigenen Schaffen» schrieb er dazu:

Ich bin Leitartikler für auswärtige Politik geblieben und habe etliche Tausend Tagesberichte geschrieben, in friedlichen und in kriegerischen Zeiten. Etwa ein halbes Tausend davon habe ich während nasser Ferientage im August dieses Jahres [1945] zu einem bestimmten Zweck wieder durchgelesen. Diese Wiederkäuerei war kein reines Vergnügen. Wieviel Flugsand habe ich doch produziert, produzieren müssen, weil einen der Tag an das Tagesinteresse bindet! Also zum Beispiel: mindestens ein Jahr lang an das Problem, ob, wo und wann die europäische Kontinentalinvasion der Alliierten losgehen werde, oder mehrmals ein paar Monate lang die Frage, ob die jeweiligen Grossen Drei [Winston Churchill, Franklin D. Roosevelt, Josef Stalin] demnächst wieder zusammenkommen müssten, weil genug oder mehr als genug dringlicher und peinlicher Stoff sich angestaut habe. Dergleichen nimmt die verehrliche Leserschaft wunder und nimmt einen selbst auch wunder. Aber was bleibt davon an dauerndem Wert, wenn die Entscheidung einmal gefallen ist? Ein Schuster, der ein anständiges Paar Stiefel bestellt hat, mag von seiner Leistung besser befriedigt sein.

Das war wohl etwas gar bescheiden. Und er setzte diese Aussage in der Folge gleich mit dem Goethezitat «Nur die Lumpe sind bescheiden» in das richtige Verhältnis. Er bezeichnete sich in dieser Rückschau als «Leitartikler», aber er war mehr als das, denn nicht umsonst waren seine Artikel eben mit «Tagesbericht» und nicht etwa mit einem Titel zu einem Aspekt der Tagespolitik oder

der Erörterung einer Zeitfrage überschrieben, die nicht unmittelbar mit dem Tagesinteresse zusammenhängen musste. Wenn er sein Konzept «Tagesbericht» grundsätzlich beibehalten wollte, war er gezwungen, dem Gang der Ereignisse zu folgen. Nur so wurde er seinem selbstgewählten Anspruch gerecht, seine Leserschaft und Zeitgenossen ständig auf dem Laufenden zu halten und ihnen durch seine frappante Übersicht die persönliche Auseinandersetzung mit der Zeit, in der sie lebten, zu ermöglichen.

Doch von dieser sublimen Unterscheidung abgesehen: Leitartikel haben in der deutschschweizerischen Presse der Gegenwart – Ausnahmen bestätigen die Regel – an Bedeutung verloren. Dies mag – abgesehen von der Persönlichkeit Albert Oeris – mit ein Grund dafür sein, weshalb seit Jahrzehnten ein würdiger Nachfolger nicht auszumachen ist, wobei es im schweizerischen Journalismus um und nach Oeri durchaus markante Erscheinungen gegeben hat. In einer zum 70. Geburtstag Albert Oeris erschienenen «Festschrift» schrieb der Journalist und spätere Direktor der Allgemeinen Plakatgesellschaft, Ferdinand Kugler: «Der grösste deutsche Staatsmann der Zeit nach dem ersten Weltkrieg, Gustav Stresemann, hat sich selten einen O.-Artikel entgehen lassen; aber auch Radek, der gewandte sowjetrussische Publizist, hat sich jeweilen mit grösstem Interesse in die aussenpolitischen Betrachtungen von O. versenkt, auch wenn er wahrscheinlich nicht immer der gleichen Ansicht war...»[6]

Die Auseinandersetzung mit Albert Oeris Schaffen – Eine Fülle von Material und ihre Grundlagen

Es lässt sich mit einiger Sicherheit vermuten, worin der «bestimmte Zweck» bestand, den Oeri in seinem Rückblick erwähnt. Er stellte nämlich offensichtlich in jenem «nassen

August» des Jahres 1945 eine Anzahl seiner Tagesberichte für eine Buchpublikation zusammen, welche im Frühjahr 1946 erscheinen sollte. Im Vorwort erklärte er dazu:

In dem vorliegenden Bande habe ich eine Anzahl O.-«Tagesberichte» gesammelt, die ich während des Zweiten Weltkrieges für die «Basler Nachrichten» geschrieben habe. Diesen vorangestellt sind als Einleitung ein paar Tagesberichte aus den Vorkriegsjahren. Da es sich um eine Fülle von Material aus den Jahrgängen von 1932 bis 1945 handelt, war die Auswahl für mich schwierig.

Zur Publikation entschied er sich schliesslich für insgesamt hundert seiner Tagesberichte. Der Band wurde 1999 neu aufgelegt, und den Umschlag ziert die am Anfang erwähnte Fotografie von Lothar Jeck.[7] Diese Publikation bildet die wesentlichste Grundlage der vorliegenden journalistischen Auseinandersetzung mit dem Schaffen Albert Oeris.* Den Rahmen setzte er in seinem Vorwort gleich selbst:

Ich hoffe immerhin, dem politisch interessierten Leser einen Stoff zu bieten, der seine eigenen Erinnerungen auffrischt und ihn zum Nachdenken über einen bösen Zeitlauf anregt.

Ergänzt wird im vorliegenden Buch Albert Oeris eigene Auswahl durch «Tagesberichte» aus den zwanziger und dreissiger Jahren sowie durch «Tagesberichte» zum um sich greifenden Antisemitismus in Europa. Als nützliche und ergänzende Quelle für aufschlussreiche Zitate diente die Sammlung von «Tagesberichten» und Texten, die Julia Gauss 1977 ausgewählt, kommentiert und herausgegeben hat.[8]

Allerdings dürften inzwischen zahlreiche Zeitgenossen mit eigenen Erinnerungen zum Zweiten Weltkrieg verstorben sein, doch Albert Oeris Tagesberichte sind auch für spätere Generatio-

---

* Zu diesem Zweck werden Ausschnitte aus «Tagesberichten» der Auswahl Albert Oeris zitiert. Die Zitate ersetzen jedoch keineswegs die Lektüre der Originaltexte. Diese Ausschnitte sind neben dem Titel mit • besonders gekennzeichnet. Siehe auch Seiten 165 und 167.

nen wegen ihrer scharfsinnigen Beschreibungen und Analysen von hohem Interesse, insbesondere für Leute, die ihre Aufmerksamkeit zeitgeschichtlichen Belangen zuwenden. Oeri setzt Akzente, die nicht unbedingt dem gegenwärtigen und sehr aktuellen Trend der Aufarbeitung historischer Vorgänge rund um den Zweiten Weltkrieg entsprechen. Das schreckliche Ringen stellte eine gigantische Menschheitskatastrophe mit furchtbaren Verheerungen dar.*

Bei der Lektüre der Tagesberichte gilt es jedoch, sich stets vor Augen zu halten, dass Albert Oeri vieles von dem, was später über den Verlauf des Krieges durch die historische Forschung und die Bearbeitung von Dokumenten bekannt geworden ist – über den Zweiten Weltkrieg sollen über 100'000 Bücher [9] geschrieben worden sein – nicht wissen konnte, weil sich vor allem in den 1920er, -dreissiger und frühen -vierziger Jahren manches noch gar nicht ereignet hatte, was später berechtigtes Entsetzen hervorrief. Aber es entging Oeri keineswegs, dass sich da Übles anbahnte, und er wirkte wie ein Leuchtturm über der tosenden Brandung, mit dem Scheinwerferstrahl seiner scharfen Beobachtung die Vorgänge und Ereignisse hell beleuchtend.

Hinzu tritt ein weiterer Umstand, den es in Betracht zu ziehen gilt: Vor dem Zweiten Weltkrieg hatte Europa trotz seiner Krisen nach wie vor eine dominante Stellung in der Welt inne; noch bestand das britische Weltreich, und Frankreich, die Niederlande, Belgien, Portugal und Spanien verfügten noch immer ganz oder teilweise über ihre Kolonien. Das Feld, welches Albert Oeri in seiner Eigenschaft als Chef der Auslandredaktion der «Basler Nachrichten» vornehmlich bearbeitete, war daher Europa; er war wie andere der Auffassung, dass sich der Krieg von 1939 bis 1945 erst mit dem Überfall Japans auf den amerikanischen Marinestützpunkt Pearl Harbour auf der Hawaii-Insel Oahu zum Welt-

* Siehe dazu das Zitat aus Winston Churchills Erinnerungen «Der Zweite Weltkrieg» auf Seite 231.

krieg ausgeweitet hatte. Das erklärt, weshalb in der Auswahl seiner Tagesberichte die südliche Erdhälfte so gut wie nicht vorkommt. Bei dem Material, das vorliegt, lässt sich Albert Oeri beim Wort nehmen. Er äusserte sich dazu in entwaffnender Ehrlichkeit im Vorwort zu seiner «Tagesbericht»-Auswahl:

Natürlich habe ich nicht mit Vorliebe Artikel wiedergegeben, in denen ich mich verhauen habe. Aber ganz vermeiden liessen sich solche nicht. In den ausgewählten Texten habe ich nichts weggelassen und mit Ausnahme von offenbaren Druckfehlern nichts korrigiert.

Wie weit seine Leserschaft verbreitet war und was sie von seinen Tagesberichten hielt, belegt ein Zitat aus den Lebenserinnerungen des Chirurgen und nach verschiedenen Auslandaufenthalten in Basel als Medizinprofessor tätigen Rudolf Nissen: «In der Türkei las ich täglich von Basel; wir hielten die ‹Basler Nachrichten› für die unabhängigste Tageszeitung deutscher Sprache und wurden auf diese Weise, ohne es zu wollen, mit lokalen Ereignissen vertraut. Die Leitartikel von Albert Oeri ... waren imponierende Dokumente eines standfesten Demokraten bester Prägung.»[10] Und im Vorwort zu ihrem erwähnten Buch schrieb Julia Gauss, die obigen Ausführungen Ferdinand Kuglers bestätigend: «Über das Ziel, das hinter seinem beruflichen Tagewerk stand, pflegte Oeri keine Worte zu machen. Es versteht sich, dass er Einfluss gewinnen wollte, nicht nur in seiner Heimatstadt, auch nicht nur in der Schweiz. Vielmehr ging der Wirkungskreis seines damals führenden Blattes über die Grenzen hinaus und berührte, wie er wohl wusste, die entscheidenden Stellen in London, Paris und Berlin. Er suchte nach dem Kriegsende von 1918 wie manche Männer der geistigen Elite – Romain Rolland, Paul Valéry, Gonzague de Reynold, Ernest Bovet – an seinem Platz beizutragen zu einer europäischen Selbstbesinnung und Verständigung.»[11]

Über seine demokratische Gesinnung hinaus wahrte Oeri eine strikte Neutralität, was in den bangen Tagen vor, während und nach dem Zweiten Weltkrieg für einen Schweizer in seiner Stellung die einzig mögliche Haltung war. Die Neutralität, deren Entwicklung seit der Schlacht von Marignano im Jahre 1515 ein Lehrstück der Schweizer Geschichte darstellt, bildete damals ein indiskutables Fundament der schweizerischen Aussenpolitik. Vor allem im Hinblick auf den jahrhundertealten Zwist zwischen den beiden grossen Nachbarn Frankreich und Deutschland war die strikte Einhaltung der Neutralität für die Schweiz und – letztlich trotz aller vorgekommenen Verletzungen – für die anderen Kleinstaaten im Nordwesten Europas eine Frage des Überlebens. Höchst eindrucksvoll zeigt sich Oeris neutrale Haltung in seinen Arbeiten zu den Pariser Vorortverträgen (so bezeichnet, weil sie in Pariser Vororten abgeschlossen wurden, neben Versailles unter anderen in Saint-Germain-en-Laye und Neuilly-sur-Seine), die 1919/20 den Ersten Weltkrieg beendeten und von denen der Versailler Vertrag, unterzeichnet am 28. Juni 1919, der wichtigste war. Für unkritische Kommentatoren war es damals ein Leichtes, in eine weit verbreitete Verteufelung Deutschlands einzustimmen. Damit verbunden war die platte Zuweisung der Schuld am Ausbruch dieses Krieges. So stellten die Siegermächte, allen voran Frankreich, ein Auslieferungsbegehren für die nach ihrer Ansicht am Kriegsausbruch hauptsächlich Schuldigen. Am 11. Februar 1920 schrieb Albert Oeri dazu in seinem «Tagesbericht», gleichzeitig den historischen Hintergrund anfügend:

Ein Auslieferungsbegehren, auch wenn es 800 bis 900 Namen umfasst, sollte doch eigentlich ein juristisches Instrument sein. Aber die «Liste» macht den Eindruck eines Wirrsals, in dem sich zwei Systeme, das der Gruppierung nach Delinquenten und das der Gruppierung nach Delikten, bekämpfen. Ob und wie in Bezug auf die Verantwortungsverteilung eine leitende Idee gewaltet hat, ist ganz unklar. Es scheint fast, als ob die normale, auch in allen Ente-Armeen * geltende Rechtsanschauung, dass beim Militär der Befehl *des Vorgesetzten den Untergebenen deckt, von den Autoren der «Liste» nicht anerkannt werde. Sie machen – ganz abgesehen von Wilhelm II. – für dieselbe Sache Hindenburg, dessen Untergebenen Ludendorff, die Heeresgruppen- und Armeeführer, die Einheitskommandanten und dann erst noch einen Haufen von armen Unterteufeln verantwortlich, figurieren doch auf der Liste auch 12 Müller, 6 Schmidte, 6 Schultzen usw. ... Deutlich ist das Bestreben, dekorative Namen, deren Nennung den Deutschen im Innersten weh tun muss, auf die «Liste» zu bekommen ... Ganz besonders auf fürstliche Namen scheint man erpicht gewesen zu sein.*

Dr. Appens erzählt von den plündernden Deutschen: «Man hielt es nicht mehr der Mühe für wert, das Inventar irgend einer Fabrik vor der Ausräumung aufzuschreiben und die Preise festzusetzen. Lachend rief einer dem andern zu: ‹Der liebe Gott bezahlt alles!› Die Franzosen standen dabei. Ihnen blutete das Herz.» Nun, da der liebe Gott daran ist, «alles zu bezahlen», aber allerdings in einer damals nicht vorgesehenen Weise, zetern die Deutschen, wie wenn das Sühnebegehren die allerscheusslichste Schmach der Weltgeschichte wäre. Selbst Herren, deren Frauen heute noch gestohlene Valenciennes-Spitzen tragen, begreifen nicht, dass die Feinde die Sache nicht vertrauensvoll den deutschen Gerichten zur Regelung überlassen. Anderseits ist den Franzosen jedes Verständnis dafür verschlossen, dass sie als Geschädigte nicht zugleich die unparteiischsten Richter von der Welt für alle diese Fälle sind, und so wälzen sich bereits im ersten Monat des sogenannten Friedens von beiden Seiten turmhohe Wogen des fanatischen Völkerhasses gegeneinander.

Die Geschichte der beiden Völker hat mit einem Ereignis angefangen, das ins gleiche Kapitel gehört. Gegen Karl den Grossen hatte sich der Hauptstamm seiner deutschen Untertanen, die Sachsen, empört.

*Entente: Bezeichnung für das Verhalten engen Einverständnisses in politischen Fragen zwischen Staaten; im Ersten Weltkrieg Bezeichnung für die Kriegsgegner vorab des Deutschen Reiches und Österreich-Ungarns.

Er schlug sie und erreichte, dass sich ihm ihrer 4500 mutig und freiwillig ... stellten. Sie hofften auf Begnadigung und Versöhnung. Aber sie hatten nach damaliger Anschauung le crime le plus horrible que l'on puisse concevoir [das denkbar schrecklichste Verbrechen] begangen, sie hatten ihr Taufgelübde gebrochen, und darum liess Karl alle 4'500 ohne Ausnahme bei Verden an der Aller abschlachten in maiorem Dei gloriam. Seither haben die Deutschen die Franken, deren König Karl der Grosse war, nicht mehr als deutsche Landsleute, sondern als «Franzosen» und als Erbfeinde angesehen, und die beiden Völker haben sich ein Dutzend Jahrhunderte hindurch bekämpft und gehasst. Damit dieser Hass niemals erlösche, bereiten nun die Franzosen ein neues Fest der Gerechtigkeit vor. Es wird an Wirkung nicht einbüssen durch den Unterschied, dass es im Gegensatz zum Blutbad von 782 nach Friedensschluss vollzogen wird und dass die Opfer sich nicht stellen wollen, sondern von den Deutschen selbst durch eine achthundertfache Menschenjagd beigebracht werden müssen.

Zu diesem Text ist noch einmal Julia Gauss zu zitieren: «Von Anfang an bemühte er (Oeri) sich um eine neutrale Haltung. Trotz seiner Universitätssemester in Göttingen und Berlin besass er – wie schon sein Grossonkel Jacob Burckhardt – keinerlei Glauben an das Wilhelminische Reich. Im Gegenteil, er begann im Lauf der Kriegsjahre zu fürchten, dass ein deutscher Sieg zu einer Gefahr für Europa werde.»[12] Der «Tagesbericht» vom 11. Februar 1920 ist deshalb ein Beispiel unter anderen für Oeris strikt neutrale Haltung; seine Darlegungen sind in keiner Weise von persönlichen Auffassungen gefärbt. Und im Weiteren zeigt sich auch hier sein souveräner Umgang mit dem journalistischen Handwerk; dabei kurzerhand vom Streben nach «Wahrheit» auszugehen, kann problematisch sein; «Wahrheit» ist letztlich ein philosophischer Begriff. So lässt sich etwa festhalten:

1. Oeri hält sich an die vorliegenden Fakten.
2. Er beschreibt die sich daraus ergebenden Sachverhalte.
3. Er schildert und analysiert die in einem Kräftespiel von Parteien entstandene Situation und zieht psychologische Befindlichkeiten in Betracht.
4. Er misst die Forderungen einer Kriegspartei an geltenden Normen zeitgenössischer Rechsauffassungen.
5. Er weist auf historische Parallelen und damit auf Ursachen einer Entwicklung hin.

Es ist einem Journalisten nicht grundsätzlich verwehrt, Partei zu ergreifen – nur muss er das von vornherein klarmachen. Aber der wissenschaftlich gebildete Historiker und in der internationalen Politik bewanderte Journalist Oeri ergreift in seinen Tagesberichten nicht Partei, oder wenn, in seiner humanistischen Grundhaltung ausschliesslich für die Sache des Friedens, der «Sorge um Europa», und die demokratische Freiheit. Nur mit kühlem Verstand lässt sich einer so bedeutenden Sache dienen. Das verleiht der Neutralität einen oft unterschätzten, besonderen Akzent; die Haltung Albert Oeris bildet dafür ein besonderes Beispiel: Er beschreibt, «was ist», nicht, was «sein müsste». So scheute er sich nicht, im Verlauf der auch für die Schweiz delikaten ersten Monate des Zweiten Weltkrieges eine Äusserung Winston Churchills kritisch zu beleuchten, der zu jenem Zeitpunkt noch britischer Marineminister war. Am 23. Januar 1940 starb in der Schweiz Bundesrat Giuseppe Motta, in seiner Eigenschaft als Vorsteher des Eidgenössischen Politischen Departements schweizerischer Aussenminister. Unter dem Titel • »An der Bahre eines guten Neutralen», schrieb Albert Oeri einleitend in seinem gleichentags erschienenen «Tagesbericht»:

Diese Wintertage des Hangens und Bangens um die kommenden Kriegsereignisse sind auch für die Neutralen eine böse Zeit. Kaum sind die serienweisen diplomatischen und publizistischen Angriffe von deutscher Seite gegen sie verklungen, so hat der britische Marineminister Winston Churchill seine fatale Rede gehalten, die zwar nicht die Handhabung der Neutralität in den verschiedenen Ländern im einzelnen kritisierte, aber, was noch schlimmer ist, das moralische Recht auf Neutralität als solches in Zweifel zog. Uns Schweizer treffen diese Anfechtungen in einem besonders schmerzlichen Augenblick. Wir stehen an der Bahre von Bundesrat Motta, eines Staatsmannes, der sich durch sein jahrzehntelanges nationales und internationales Wirken den Ehrentitel eines Neutralissimus verdient hat.

Oeri ergriff schon wenige Tages später die Gelegenheit, noch einmal auf die Frage der Neutralität zurückzukommen. Mit
• «Zwei Reden» war der «Tagesbericht» vom 1. Februar 1940 überschrieben. Er behandelte ein rhetorisches Gefecht zwischen dem deutschen Reichskanzler Adolf Hitler und dem britischen Premierminister Neville Chamberlain; das Redeuell steht im vorliegenden Zusammenhang nicht im Vordergrund, sondern einige Sätze Chamberlains über die neutralen Staaten. Der Tagesbericht schloss folgendermassen:

Der britische Premierminister ist kein Landkartenkommunist, sondern ein simpler bürgerlicher Wirtschafter. Darum rechnet er nicht mit einer allgemeinen Neuverteilung der Güter dieser Erde, also mit dem endlosen Krieg aller gegen alle, sondern nur mit einer besseren und freieren Neuordnung der wirtschaftlichen Beziehungen von Land zu Land über die ganz Erde hin. ... Und noch auf eine andere Bemerkung Chamberlains sei besonders hingewiesen. Er hat das gute Recht der Neutralen, vom Kriege fernzubleiben, ausdrücklich betont. Man wird ihm in allen neutralen Ländern für diese sanfte Korrektur, die er seinem Kollegen von der Admiralität angedeihen liess, dankbar sein.

Hinsichtlich der Neutralität war Albert Oeri kompromisslos. Julia Gauss berichtet in ihrem Buch, dass er in seinem Freimut so weit ging, sogar Bundesrat Motta, dem er ja hohe Anerkennung für seine aussenpolitische Arbeit zollte, in einem Privatbrief wegen einseitiger Parteinahme für Italien zu tadeln.[13]

Schreiben, «was ist»: So einfach und vielleicht banal eine solche Forderung klingt, so anspruchsvoll ist sie umzusetzen. Machthaber jedwelcher Couleur und Diktatoren, aber auch Menschen in verschiedenen einflussreichen politischen, wirtschaftlichen und kulturellen Funktionen schätzen Journalisten nicht, die dieser Forderung nachleben. Es ist sie, welche journalistische Tätigkeit mitunter zu einem gefährlichen Beruf werden lässt. Wohl wird in totalitären Staaten den Verfassern engagierter Kritik und leidenschaftlicher Anklagen schnell das Handwerk gelegt, doch nicht minder wenden sie sich gegen Journalisten, die in ihrer Arbeit Tatsachen und Sachverhalten gerecht werden. Das ist Aufklärung der Öffentlichkeit und Anregung zu persönlicher Reflexion politischer Vorgänge, und Diktatoren dulden gerade derlei nicht. Im nationalsozialistischen Deutschland erwies sich das in geradezu beispielhafter Folgerichtigkeit: Oeris Zeitung, die «Basler Nachrichten», wurde in Deutschland im Juli 1935 verboten. Der Tagesbericht vom 4. Juli 1935 war mit • «Volksaufklärung in Deutschland» überschrieben. Der erste Abschnitt lautete so:

Dr. Joseph Goebbels, Reichsminister für Volksaufklärung und Propaganda, hat, wie unsere Leser wissen, die «Basler Nachrichten» in Deutschland verboten. – Dieses Verbot tritt an die Stelle des bisherigen Systems der Beanstandung einzelner Informationen und redaktioneller Äusserungen und dementsprechend der Konfiskation einzelner Nummern. Dass es in Aussicht genommen sei, wussten wir schon seit einiger Zeit. Wir standen sowohl in Bezug auf diese wie schon auf die früheren Schwierigkeiten in stetem Kontakt mit dem Politischen Departement in Bern. Dieses wussten wir mit uns einig in der Auffassung, dass das Bestreben, die deutsche Empfindlichkeit zu schonen, zwar gerechtfertigt sei, aber seine Grenze finden müsse in der

Pflicht eines Schweizerblattes, seine Leser über wichtige Vorgänge im Ausland gewissenhaft zu unterrichten, auch wenn deren Besprechung einer fremden Regierung nicht immer angenehm sein kann. Ein Besuch in Berlin hat uns dann letzte Woche noch vollends belehrt, dass es sich um einen grundsätzlichen Systemwechsel gegenüber der in deutscher Sprache erscheinenden Auslandpresse handelt und nicht mehr um den bisherigen Kleinkrieg wegen einzelner Ärgernisse. Dr. Goebbels ist alleiniger Herr im deutschen Gesinnungstreibhaus und erträgt es nicht mehr, dass ein Fensterchen offen steht.

Dr. Joseph Goebbels, Reichsminister für Volksaufklärung und Propaganda.

Albert Oeri verzichtete, wie auch diesem Text zu entnehmen ist, auf jede Polemik oder Ausfälligkeit gegenüber dem Dritten Reich.* Abgesehen davon, dass solches nicht in Oeris Art lag, hätte es nämlich die Wirkung seiner Tagesberichte vermindert.

*Allgemeine Bezeichnung für das nationalsozialistische Deutschland, abgeleitet aus der Geschichtsphilosophie, kurz 1. Heiliges Römisches Reich, 2. Bismarck-Reich, 3. Deutsches Reich aus dem Geist der «Rassenseele».

Polemik und Ausfälligkeiten können leicht als unseriös oder lächerlich diffamiert werden, nicht aber nüchterne, sprachlich gut formulierte Zeitungsartikel, denen an Deutlichkeit nichts abgeht.

In den Tagesberichten griff Albert Oeri gelegentlich zu Sarkasmus, dieser ins Extreme gesteigerten Form der Ironie, um in souveräner Kürze eine Entwicklung oder eine Situation zu verdeutlichen. Er setzte Ironie und Sarkasmus als Stilmittel sehr elegant und zielsicher ein, was seinen Artikeln eine unverwechselbare Eigenheit verlieh. Oeris Sarkasmus war Ausdruck seines Kulturpessimismus, was sich auch im oben zitierten «Tagesbericht» vom 11. Februar 1920 zum damaligen französischen Auslieferungsbegehren erweist: Die Abschlachtung der Sachsen «zum grösseren Ruhme Gottes» im frühen Mittelalter und das vergleichbare «Fest der Gerechtigkeit» im 20. Jahrhundert – Oeris sublime Kenntnis menschlicher Abgründe und die daraus resultierende skeptische Distanz zu grossen Gerechtigkeitsauftritten registrierte hier den Zungenschlag des selbstgerechten Pathos der Ankläger, die selbst alle Ursache gehabt hätten, über ihre Geschichtsbücher zu gehen.

Das wirft sofort die Frage nach Albert Oeris Objektivität auf, die in einem gewissen Zusammenhang mit der häufigen, vornehmlich von Politikern erhobenen und bei Journalisten aus guten Gründen unbeliebten Forderung nach «Ausgewogenheit» steht. Journalisten der politischen Linken vertreten mit Entschiedenheit die Auffassung, Objektivität sei in der Publizistik – und nicht nur dort – schlechthin unmöglich, weil Autoren jedwelcher politischen Haltung ihre Texte aus der Sicht ihrer Erlebensweise und ihrer persönlichen Anschauungen heraus verfassten. Letztlich leitet sich diese Auffassung ab aus der marxistischen These vom «Sein, welches das Bewusstsein bestimmt». Sie lässt sich nicht durchwegs bestreiten; es ist oben schon mit dem Hinweis auf den Umgang mit dem Begriff «Wahrheit» versucht worden, auf diese vielschichtige Problematik des Journalismus hinzuweisen.

Eine Definition des Begriffs «Objektivität» im Grossen Meyer-Lexikon lautet: «Objektivität, eine Ereignissen, Aussagen oder Haltungen zuschreibbare Eigenschaft, die vor allem ihre Unabhängigkeit von individuellen Umständen, historischen Zufälligkeiten, beteiligten Personen und anderem ausdrücken soll. Objektivität kann daher als Sachgemässheit oder Gegenstandsorientiertheit bestimmt werden. Das ‹objektive Urteil› im Sinn einer sachlichen und wertneutralen, von jedem Gutwilligen nachvollziehbare Aussage gilt traditionell als Idealbeispiel einer wissenschaftlichen Aussage.» Nun war Albert Oeris politische Haltung klar bürgerlich ausgerichtet. Als Journalist aber schrieb er in erster Linie aus der Sicht seiner wissenschaftlichen Ausbildung als Historiker, was ihn davor bewahrte, bürgerliche Scheuklappen anzulegen, und so reicht seine Arbeit über bürgerliche Auffassungen hinaus; in diesem Sinn ist ihm für seine Arbeit Objektivität zuzugestehen.

Die Warte, von der aus Oeri den Gang der Ereignisse beobachtet, schildert und beurteilt, erscheint in knapper Form in dennoch deutlichen Umrissen durch das folgende Zitat aus dem «Tagesbericht» vom 17. März 1945, «Friedensführer», also einige Wochen vor der Kapitulation Deutschlands und dem Ende des Zweiten Weltkrieges in der westlichen Hemisphäre:

Die Alliierten können einem kapitulationsbereiten Gegner ja nicht einmal mehr das minimalste Minimum in Aussicht stellen, die Rettung seiner Volksmassen vor dem Hungertode ... Aus London [wird] die dort sich verstärkende Meinung registriert, dass ... möglicherweise bereits im Lauf der nächsten Monate die Entscheidung fallen werde, und beigefügt: «Das Magische dieses Begriffs macht zumindest im Augenblick jedes Abwägen der späteren Folgen und Probleme unwirklich.» «Magisch» ist ein feines Wort. Wir selbst halten das

Weltgeschehen aber noch immer nicht für magisch, sondern für unerbittlich folgerichtig.

Die Pressefreiheit bildete für Albert Oeri als Journalist mit einer hohen Berufsauffassung eines der wesentlichen Grundrechte in einem liberalen Staat. Infolgedessen erzeugte die Pressezensur, wie sie während des Zweiten Weltkrieges in der Schweiz eingeführt worden war, bei ihm ein ausgesprochenes Missvergnügen. Die Pressezensur war während der Jahre des Zweiten Weltkriegs Teil der Bedingungen, unter denen er seine Aufgabe wahrzunehmen suchte. In einem nach Kriegsende in der ersten Beilage der Samstag/Sonntagausgabe vom 2./3. Juni 1945 veröffentlichten «Tagesbericht» mit dem Titel •«Eine Reminiszenz» nahm er vom «Maulkorb» Abschied und schloss unter anderem:

Man konnte noch so ziemlich schreiben, was man wollte, aber allerdings sehr oft nicht, wie man es gerne gewollt hätte. Gut, dass der Spuk nun vorüber ist! ...

Technische und redaktionelle Voraussetzungen im Pressewesen zur Zeit Albert Oeris – Verbreitung und Vertrieb der «Basler Nachrichten»

Die gesamte grafische Industrie, die unter anderem ja Zeitungen und Zeitschriften herstellt, ist in ihrem technischen Stand am Beginn des dritten Jahrtausends mit der grafischen Branche vor sechzig, siebzig Jahren nicht zu vergleichen; dazwischen liegen Welten. Dieser Wirtschaftszweig wurde von einem Strukturwandel durchgerüttelt, der seinesgleichen sucht. Er wurde hauptsächlich verursacht durch die Informatik und die sprunghafte Entwicklung in der Drucktechnik. Wurden vor einigen Jahrzehnten die Zeitungen, vorab die Tages- und Wochenpresse, noch auf Rotationsmaschinen des herkömmlichen Buchdruckverfahrens gedruckt, so sind Maschinen dieser Bauart aus den Hallen verschwunden und durch hochleistungsfähige Offsetdruck-Rotationen ersetzt worden, mit denen sich geradezu unglaubliche Durchlaufgeschwindigkeiten erreichen und so hohe Auflagen in kurzer Zeit herausbringen lassen. Offsetdruck-Maschinen müssen wesentlich weniger Gewicht bewegen, weil bei diesem Verfahren die bisherigen schweren, aus einer Bleilegierung in Zylinderform gegossenen Druckformen entfallen und durch die Aluminiumplatten ersetzt sind. Demzufolge ist in den grossen Druckereien kein Blei mehr anzutreffen; schon gar keine Handsetzerei mehr. 1976 wurde die Produktion von Bleisetzmaschinen eingestellt. Die elektronische Texterfassung über Bildschirmterminals verursachte durch die damit verbundene Reduktion und Beschleunigung der Arbeitsgänge diese grundlegende Umstrukturierung der Zeitungsherstellung. Infolgedessen verschwanden ganze Berufsgruppen.

Um die journalistische Arbeit Albert Oeris zu würdigen, müssen auch die Voraussetzungen, unter denen er sie ausübte, in Betracht gezogen werden, und wer das tut, wird sich der ungeheuren Entwicklung auf zahlreichen Gebieten bewusst, welche die Menschheit allein schon in den vergangenen siebzig Jahren durchlaufen hat. Das Radio, oder der Rundfunk, wie es in den dreissiger Jahren vor allem in Deutschland bezeichnet wurde, war seinen Kinderschuhen gerade erst entwachsen; der Empfang erfolgte über Lang-, Mittel- oder Kurzwellen, Ultrakurzwellen-Empfang kam erst ab 1950 auf, und ungefähr zu diesem Zeitpunkt wurden in den Radioapparaten die Röhren durch Transistoren ersetzt, was erst die Herstellung von kleinen, tragbaren und auch für Journalisten sehr praktischen Geräten ermöglichte. Das Telefonnetz stand in seinen Anfängen, private Anschlüsse waren in den dreissiger und vierziger Jahren noch nicht allgemein verbreitet, sondern hauptsächlich in Haushalten von Personen mit einem gewissen Wohlstand (sichere Arbeitsstellen!) anzutreffen.

Es gab noch keine Tonbandgeräte für den allgemeinen Gebrauch. Obschon in Deutschland schon 1935 Fernsehsendungen regelmässig ausgestrahlt wurden, gelangte dieses neue Medium erst einige Jahre nach dem Zweiten Weltkrieg zu seiner grossen Bedeutung. Kurz sei auch auf die Entwicklung im Bereich des Verkehrs hingewiesen: Transatlantikflüge wurden erst nach dem Zweiten Weltkrieg – und dann zunächst noch mit Zwischenlandungen im irischen Shannon oder in Gander auf Neufundland – möglich, und das Automobil nahm einen in seinen Anfängen kaum vorhersehbaren Aufschwung, was Probleme mit sich brachte, die Albert Oeri weitgehend unbekannt waren. Das alles hat sozialpolitische Auswirkungen gehabt, medienpolitisch im Pressegewerbe, insbesondere die «elektronische Revolution». Albert Oeri schrieb seine Manuskripte von Hand, in einer klaren, gut leserlichen Schrift; derlei ist heute – abgesehen vielleicht von ersten Textentwürfen – undenkbar geworden.

Im Jahre 1928 fand vom Mai bis Oktober in Köln die «Pressa», eine «Internationale Presseausstellung», statt. Neben anderen Persönlichkeiten der Schweizer Presse war auch Albert Oeri dort anzutreffen. Ferdinand Kugler erinnerte sich: «An jener ‹Pressa›, das heisst vielmehr beim Abschied in Bonn, war es, wo Dr. Oeri eine jener unvergesslichen Reden hielt: Es war die ihm eigene Mischung von umfassendem Wissen, menschlichem Einfühlen – dazu ein kleiner Schuss Basler Esprit (oder vielleicht auch Bosheit) –, die auf unsere ausländischen Kollegen den stärksten Eindruck machte.»[14] Ein Aufsatz, der dem «Offiziellen Pressa-Katalog der schweizerischen Abteilung» vorangestellt war, trug den Titel «Charakterzüge der schweizerischen Presse»; der Autor Dr. Karl Weber, Redaktor der «Basler Nachrichten», war Privatdozent für Journalistik an der Universität Zürich.[15] Weber führte unter anderem aus: «Die Schweiz stellt sich in ihrem Pressa-Raum als das ‹zeitungsreichste Land› vor. Sie zählt 3'880'230 Einwohner (1928) und besitzt 406 Blätter, die, mit strengem Mass gemessen, unter den Begriff ‹politische Zeitungen› fallen. Auf 9'557 Einwohner kommt ein politisches Blatt. Sehr wahrscheinlich ist auch das Netz der Gesamtheit aller periodischen Publikationen, also der Zeitungen und Zeitschriften (3'137 an der Zahl) in der Schweiz dichter als in den andern Staaten ... Nicht die Freude an einer Rekordziffer veranlasst die schweizerische Pressa-Abteilung zu dieser Feststellung. Es wird nur eine Tatsache mitgeteilt, die wegleitend ist zum Verständnis der Besonderheiten des schweizerischen Zeitungswesens. Die Vielheit geht auf Kosten der Ausdehnung des einzelnen Blattes, das zu einer relativ kleinen Auflage verurteilt ist.»

Dieser kleine Rückblick vertieft das Verständnis für den Journalisten Oeri und seine Bedeutung, besonders im Hinblick auf die folgenden entscheidenden Feststellungen Karl Webers: «Eine besondere Aufgabe der schweizerischen Presse ist es darum, aufklärender oder beeinflussender Vermittler zwischen Volk und Behörde zu sein, eine Aufgabe, die die Zeitungen fortwährend in Atem hält und sie zu politischen Bekenntnissen in grossen und kleinen Fragen zwingt. Das hat zur Folge, dass der überwiegende Teil der Zeitungen Parteipresse ist.»

Dem ist beizufügen, dass bei den politischen Aufgaben und Funktionen, die den einzelnen Zeitungen zugewiesen wurden, das rein verlegerische Geschäft nicht im Vordergrund stand. Es wäre eine eigene Untersuchung wert, wie sich die wirtschaftliche Lage der verschiedenen Blätter in der Epoche vor und noch nach dem Zweiten Weltkrieg gestaltete. Dazu erklärte Karl Weber: «Es steckt viel Idealismus in dem Bemühen vieler Verleger, dem Publikum eine Zeitung zur Verfügung zu stellen; denn oft ist die Existenz eines politischen Organs nur möglich in Verbindung mit einem allgemeinen Druckereigeschäft, das die Ausgabenüberschüsse der Zeitungsabteilung zu tragen vermag.»

Zur Zeit der «Pressa», also 1928, gab es in Basel folgende als «politische Zeitungen» bezeichnete Blätter: «Basler Anzeiger und Basler Zeitung», «Basler Arbeiter-Zeitung», «Basler Nachrichten», «Basler Volksblatt», «Basler Vorwärts», «Die Rundschau, Basler Bürgerzeitung», «National-Zeitung». Im Jahre 1931 erschien ferner erstmals die «Basler Woche», die als kommentierende Wochenzeitung lokale Bedeutung erlangte. Von diesen Publikation besteht heute keine mehr. Ende 1976 fusionierten die «Basler Nachrichten» und die «National-Zeitung» zur heutigen «Basler Zeitung», die gegenwärtig eine Auflage von rund 110'000 Exemplaren aufweist, eine Zahl, die sieben der erwähnten Blätter nie auch nur annähernd erreichten, am ehesten die «National-Zeitung» in den frühen siebziger Jahren.

Das hatte seine Gründe: Andernorts, zunächst vor allem in den angelsächsischen Ländern, galt die Herausgabe einer Zeitung in der Regel als Geschäft wie ein anderes auch. In Verbindung mit der ständigen Verbesserung der Nachrichtenübermittlung bildete sich im zweiten Drittel des 19. Jahrhunderts, zuerst in den Vereinigten Staaten, dann in Frankreich und in Grossbritannien, die Massenpresse aus, und Massenauflagen begünstigten die Entstehung von Pressekonzernen. 1928 konnte Karl Weber im «Presse-Katalog» noch schreiben: «Nicht mitgemacht hat die schweizerische Presse die Konzentrations- oder Vertrustungsbewegung und den Übergang zur Informations- oder reinen Geschäftspresse; die Zugeständnisse an diesen Zeitungstypus sind nur vereinzelt.»

In den vergangenen drei Jahrzehnten hat indessen die Konzentrationsbewegung auch die Schweiz erreicht. Es gibt gegenwärtig in der Schweiz – von der SRG idée suisse, der Schweizerischen Radio- und Fernsehgesellschaft, abgesehen – vier grosse Medienkonzerne, drei davon sind in Zürich beheimatet, nämlich Ringier, Tamedia und NZZ, hinzu kommt in Lausanne/Genève Edipresse; die Berner Espace Media Groupe sowie die Basler Mediengruppe sind von regionaler, kaum mehr von nationaler Bedeutung. Der später auch in der Schweiz sich abzeichnende Umschwung zur Geschäftspresse wurde mit der Etablierung einer Boulevard-Zeitung, des «Blick», im Jahre 1959 durch den Ringier-Verlag endgültig eingeleitet.

Die heutige Zeit lässt sich also mit jener, in der Albert Oeri schrieb, nicht vergleichen. Die wichtigste Konkurrentin auf dem Platz Basel, die «National-Zeitung», erschien täglich zweimal und zur Zeit der «Pressa», also 1928, mit einer Auflage von 34'000 Exemplaren, wogegen Albert Oeris «Basler Nachrichten» – sie erschienen damals einmal täglich – in der Schweiz die Auflage von 20'000 Exemplaren nicht überschritten; in jenen Jahren lag sie eher darunter. Schon bald nach der nationalsozialistischen Machtübernahme wurden in Deutschland die Schweizer Zeitungen stufenweise verboten; die «Basler Nachrichten» waren zunächst von einer gänzlichen Sperre noch nicht betroffen. Zu jenem Zeitpunkt hatte das Blatt dann mehr als 20'000 Abonnenten und regelmässige Käufer in Deutschland, nicht zuletzt aus den Kreisen der entstehenden Bekenntniskirche.[16] Eine höchst aufschlussreiche Information über die Verbreitung der «Basler Nachrichten» in Deutschland ist im Buch «Hitler, der Westen und die Schweiz» von Walther Hofer und Herbert R. Reginbogin enthalten:

«Nach einer Information des schweizerischen Generalkonsuls in Köln soll das liberale Basler Blatt im September 1934 die fast unglaubliche Zahl von 80'000 verkauften Exemplaren erreicht haben! Damit hatte der Absatz in Deutschland ein Mehrfaches desjenigen in der Schweiz erreicht. Die schweizerische Verkehrszentrale schrieb in einem Brief vom 12. Juni 1935 an Bundesrat Motta, das Schweizer Blatt werde von der deutschen Leserschaft auf Tage hinaus vorbestellt, und ein einziges Exemplar mache oft die Runde bei zwanzig und mehr Lesern. Daraus dürfe man schliessen, dass mehrere 100'000 deutsche Leser das Blatt zu Gesicht bekämen – eine Leserzahl, die grösser sein dürfte als diejenige irgendeiner grossen deutschen Zeitung.»[17]

1935 war es dann auch soweit: Der Vertrieb der «Basler Nachrichten» wurde verboten.* Dies alles unterstreicht das journalistische Gewicht, über welches die «Basler Nachrichten» zu jener Zeit international verfügten.** Sie wiesen damit insgesamt eine höhere Auflage aus als die «National-Zeitung». Bemerkenswert ist ein Inserat der «Basler Nachrichten» im Schweizer «Pressa»-Katalog; die nebenstehende Abbildung gibt den Wortlaut wieder.

Auch wenn schon damals Bescheidenheit nicht das höchste Ziel der Werbung bilden konnte, lässt sich aus dieser selbstbewussten Anzeige die Bedeutung der Zeitung ablesen, die wohl hauptsächlich – wenn auch gewiss nicht ausschliesslich – Albert Oeris «Tagesberichten» zuzuschreiben war. Die Bezeichnung «Intelligenzblatt» kam übrigens in der Mitte des 19. Jahrhunderts auf und sollte darauf hinweisen, dass eine Redaktion bestrebt war, ihren Lesern nicht nur Inserate und Bekanntmachungen, sondern auch diskussionsreifen Stoff zu vermitteln.

Die Redaktion der «Basler Nachrichten» bestand 1943, als Oeri deren Chefredaktor war, aus acht Mitarbeitern – gemessen an be-

---

* siehe Seite 177.
** siehe dazu auch das Zitat aus der Arbeit von Julia Gauss auf Seite 171.

Inserat der «Basler Nachrichten» im Pressa-Katalog anlässlich der Internationalen Presseausstellung in Köln, 1928.

deutenden ausländischen Blättern von damals und an modernen Verhältnissen ein zahlenmässig höchst bescheidener Stab. Heutige grosse Zeitungen beschäftigen das Zehnfache an Redaktoren; mitunter sind in wichtigen Ressorts, etwa dem Lokal-, dem Ausland-, dem Inland- oder dem Wirtschaftsteil, allein schon acht Redaktoren tätig. Hinzu kommen Mitarbeiter mit Verträgen unterschiedlicher Ausgestaltung. Die ungeheure Ausbreitung des wirtschaftlichen, politischen und kulturellen Lebens und die damit in vielerlei Hinsicht gestiegenen Ansprüche der Leserschaft machen einen solchen Personalaufwand erforderlich. Infolgedessen haben die Zeitungen auch an Umfang erheblich zugenommen.

Peter Dürrenmatt, der Nachfolger Albert Oeris im Amt eines Chefredaktors, trat 1943 in die Redaktion der «Basler Nachrichten» ein. In seinem Buch «Zeitwende – Stationen eines Lebens»[18]

Grosser Andrang vor den Zeitungs-Aushängekästen der
«Basler Nachrichten», 1930.

beschreibt er die Umstände und das Klima auf der Redaktion unter anderem folgendermassen: «Der Redaktionsstab... war patriarchalisch geführt und stellte eine nach aussen kaum sichtbare Hierarchie dar. Als Chefredaktor waltete, mit völlig undiskutabler Autorität, Nationalrat Dr. Albert Oeri. Er war gewissermassen eine Autorität an sich. Redaktionskonferenzen gab es nicht; Kurs und Gesicht des Blattes bestimmten die einzelnen Ressortchefs, aber nicht auf der Grundlage von Weisungen, sondern in einer Art gegebener Selbstverständlichkeit; sie waren einfach im Bilde über ihren Auftrag. Richtlinien über die redaktionelle Arbeit gab es nur in sprachlich-stilistischer Hinsicht.»

Zum ausstrahlenden Renommee der «Basler Nachrichten» findet sich in der erwähnten Festschrift zum 70. Geburtstag von Albert Oeri ein Beitrag des Kunsthistorikers Walter Überwasser mit dem Titel «Journalismus und Humanismus». Überwasser erinnerte sich: «Ich kannte schon als Gymnasiast einen Mitschüler, der als Sohn einer damals schon beginnenden Emigration mittags den Münsterberg über die Post zu den alten ‹Basler Nachrichten› hinabstürmte, um durch die Scheiben* die Kriegsereignisse und, was Oeri geschrieben hatte, zu lesen und zu Hause wiedererzählen zu können. Man fragte schon damals: ‹Was sagt Oeri dazu?› Ich habe später in ausländischen Hauptstädten Diplomaten genau so nach den ‹Basler Nachrichten› greifen sehen: ‹Was sagt Oeri dazu?› war die Frage.»[19]

Mit der Herausgabe eines «Fünf-Uhr-Morgenblattes» – dergleichen gab es in der Schweiz noch nirgends – gegen Ende des Zweiten Weltkrieges** bahnte sich für die «Basler Nachrichten» eine Wandlung an: Um den gestiegenen Ansprüchen einer jüngeren, neuen Leserschaft gerecht werden zu können, mussten die Aufwendungen für die Redaktion, die Herstellung und den Vertrieb von Zeitungen erhöht werden. Dieser Trend wurde nach dem Zweiten Weltkrieg, vor allem in den fünfziger Jahren, verstärkt spürbar, um so mehr, als es nun auch galt, der Konkurrenz durch das noch junge Fernsehen zu begegnen.

Was in den Jahren des Zweiten Weltkriegs und kurz danach hinsichtlich Auflagenhöhe und Leserschaft, vor allem von Tageszeitungen, noch angehen mochte, liess sich in den fünfziger Jahren nicht beibehalten. Damals begann eine neue Epoche, die sich nicht zuletzt in wirtschaftlichen Vorgängen niederschlug. Geschäftsleute hatten in den zwanziger und dreissiger Jahren damit begonnen, sich eingehend mit dem Phänomen des Marktes auseinanderzusetzen und dessen Voraussetzungen zu analysieren.[20] Der Begriff «Marktforschung» tauchte auf, und in den fünfziger Jahren ging ein ungeahnter Aufschwung der Werbung damit einher; dabei löste die Bezeichnung «Werbung» das plötzlich altertümelnd anmutende Wort «Reklame» ab. Grosse Unternehmen begannen zunehmend, die aufkommenden Werbeagenturen mit

---

* Gemeint sind die Scheiben eines Zeitungs-Aushängekastens.
** Von den Jahren des Ersten Weltkriegs an bis zum 31. Juli 1924 waren die «Basler Nachrichten» ebenfalls zweimal täglich erschienen. Aus Kostengründen wurde das einmalige Erscheinen eingeführt.

der Ausarbeitung von Kampagnen zu beauftragen. Aufgrund von Ergebnissen aus der Marktforschung erarbeiteten die Agenturen die Texte sowie die grafische Gestaltung der Inserate, fortan «Anzeigen» genannt, und sie brachten sie nicht mehr kurzerhand in den nächstliegenden Blättern unter, sondern sie begannen, die Anzeigen in Blättern zu veröffentlichen, bei denen sie wegen deren Verbreitung die grösstmögliche Wirkung voraussetzen konnten.

Damit wurde das Ende der bisherigen Parteiblatt-Kultur eingeläutet; dieses Ende wurde noch dadurch beschleunigt, dass sich weite Teile der Zeitungsleserschaft von den Parteiblättern abwandten. Die Zeitungen mussten nun zusehen, möglichst viele Leser zu gewinnen und hohe Auflagenzahlen zu erreichen, um für die Platzierung von Anzeigen attraktiv zu sein. Also galt es auch, journalistisch – vereinfacht ausgedrückt – eher «in die Breite» zu wirken als «in die Tiefe». Gesellschaftlich gesehen, schlug sich in dieser Entwicklung auch ein Generationenwechsel nieder. Gestandene Journalisten und Redaktoren, die gewöhnt waren, auf das Fundament einer treuen, sich vornehmlich aus Parteimitgliedern und Sympathisanten rekrutierenden Leserschaft bauen zu können, taten sich schwer mit dem Wind, der da zu wehen begann.

So geriet die konventionelle, als seriös bezeichnete Presse zunehmend unter den Einfluss des Boulevard-Journalismus. Sie musste sich gegen ihn behaupten, und sie übernahm von ihm manche Elemente in Stil, Schreibweise und Titelgestaltung, die sie indessen modifizierte. Um sich gegen die Konkurrenz abzugrenzen, begannen die konventionellen Zeitungen ebenfalls, besondere Berichte aufgrund eigener Abklärungen und teilweise exklusiver und auch vertraulicher Informationen zu veröffentlichen. Sie wurden fortan wie in der Boulevardpresse als «Geschichten» bezeichnet und längs der Leitlinie des «Wer?, Was?, Wo?, Wann?, Wie?» abgefasst. Der Recherchierjournalismus, früher vornehmlich in den angelsächsischen Ländern verbreitet, aber auch in den europäischen Massenblättern praktiziert, kam in der Schweizer Presselandschaft mehr und mehr auf.

Albert Oeri erlebte diese grundlegende Wandlung in der gedruckten Presse nicht mehr; er starb 1950. In seiner kulturpessimistischen Ausrichtung hätte er an diesem Gang der Dinge wohl kaum viel Freude gehabt. Dennoch ist er in der Einleitung vom Verfasser als «moderner Journalist» bezeichnet worden, denn was seine «Tagesberichte» auszeichnet, ist just eine griffige, direkte und klare Sprache, welche die Lust am Lesen weckt. Dazu ein Beispiel aus dem «Tagesbericht» vom 30. Januar 1941 mit dem Titel • «General Metaxas †».

Als der italienische Gesandte in Athen, Grazzi, am 28. Oktober 1940, morgens um 3 Uhr, den nahezu siebzigjährigen Ministerpräsidenten General Metaxas wecken liess und ihm das auf drei Stunden befristete Ultimatum überreichte, sah er sich nicht einem ‹schlaftrunkenen Greis, der sich nicht zu helfen weiss›, sondern einem wachen und ruhigen Manne gegenüber. Der las das Schriftstück mit Bedacht und machte dazu die schlichte Bemerkung: «Alors c'est la guerre».

Dieser Einstieg erfüllt absolut moderne Anforderungen an einen Zeitungstext – es ist eine «Geschichte». Verfehlt wäre nun allerdings der Schluss, Albert Oeri sei ein verhinderter Boulevard-Journalist gewesen! Oeri hat sehr wohl um die Problematik mancher Texte gewusst. So schrieb er im «Tagesbericht» des Abendblattes vom 19. April 1945 unter dem Titel • «Zum Schicksal der Deutschen» über ein Buch mit derselben Überschrift unter anderem:

Es ist ein durchaus deutsches oder, präziser gesagt, ‹gelehrtendeutsches› Buch mit all seinen Schrecken in Stil und Darstellungsweise. Aber es ist ein gescheites Buch...

Nachrichtenquellen, Herkunft von Informationen

Bei dem besonders nach modernen Ansprüchen bescheidenen Personalbestand waren die Redaktionen in der Zeit vor dem Zweiten Weltkrieg auf die Nachrichtenagenturen angewiesen – sie sind es heute noch. Älteste Nachrichtenagentur im modernen Sinn war seinerzeit die in das Jahr 1831 zurückgehende französische «Agence Havas». 1893 wurde von den Schweizer Zeitungen und Privatleuten die «Schweizerische Depeschenagentur AG» gegründet. Sie war in den Vorkriegsjahren Alleinkonzessionärin vieler internationaler Agenturen.[21]

Die Depeschen wurden telegraphisch oder per Fernschreiber übermittelt. Korrespondenten-Berichte wurden auch etwa telefonisch durchgegeben, was allerdings damals sehr teuer war; darüber hinaus liess oft die Qualität der Verbindung zu wünschen übrig. Die «Basler Nachrichten» verarbeiteten die Meldungen aus aller Welt in einem eigenen «Depeschenteil», die Informationen wurden sorgfältig redigiert. Selbstverständlich stellten die Korrespondenten ihrem Blatt auch Berichte per Post zu – der Begriff der Aktualität war weiter gefasst als später unter dem Einfluss der elektronischen Medien.

Albert Oeris wacher Geist und seine Tüchtigkeit brachten es mit sich, dass er in den 1920er Jahren als Berichterstatter den Völkerbundssitzungen beiwohnte und dadurch naturgegeben für weltpolitische Informationen sozusagen an der Quelle sass. Er wusste sehr wohl mit diesen Informationen umzugehen, sie nach ihrem Gehalt und ihren allenfalls versteckten Botschaften auszuwählen. In seinem Rückblick schrieb er dazu:

Vorweg muss ich leider feststellen, dass im allgemeinen das Wissen derjenigen Journalisten, die sich bei uns mit der Politik des Auslands zu befassen haben, beträchtlich überschätzt wird. So auch das meinige... Auch unsere normale Wissensquelle sind ja die Zeitungen. Als diese in der Kriegszeit gar zu unergiebig wurden, mussten wir uns Ersatz schaffen und wussten deshalb relativ und quantitativ ziemlich viel, wurden aber auch mehr angelogen als andere Leute. Und wenn wir ab und zu einmal überzeugt sein durften, besonders gute Informationen zu besitzen, waren sie oft nicht oder wenigstens nur indirekt für unsere Artikel verwertbar, weil man gerade die besten Quellen nicht verraten durfte und der skeptische Schweizer anonymen Zeugnissen nicht traut.

In einer Beziehung glaube ich doch etwas Rechtes geleistet zu haben, wenn es auch nicht sehr positiv aussehen mag. Ich meine das fast tägliche Kleingefecht gegen die Infektion unseres Leserpublikums mit fremdem Gedankengut, plumpem und feinem. Die Zeitungen sind keine chinesische Geistesmauer, wenigstens in demokratischen Landen nicht. Darum können sie den ausländischen Informationsstoff nicht einfach unterdrücken und können also auch nicht verhindern, dass dessen manchmal bis zu 99 Prozent propagandistischer Gehalt geschluckt und verdaut wird und schliesslich in den heimischen Blutkreislauf und ins Gehirn übergeht. Oft wird dieser gefährliche Prozess unterbrochen, weil sich in seinem Verlauf die fremden Propaganden gegenseitig kompensieren und dadurch entgiften. Aber bei weitem nicht immer. «Man hat Beispiele von Exempeln ...!» Also müssen wir uns redlich bemühen, erstens einmal den eigenen Kopf immun zu erhalten und zweitens in unseren Kommentaren den Lesern die nötigen Dosen immunisierender Stoffe zu verabreichen. Sonst werden – besonders in Kriegs- und Krisenzeiten – die einigermassen anfälligen unter diesen so breit- und weichgeklopft, dass es nicht mehr schön ist.

Im obigen Abschnitt manifestiert sich die besonders für die Menschen Europas belastende Atmosphäre der 1930er Jahre. Der sehr verworrenen und schwierigen Situation zwischen 1929 und dem Ausbruch des Zweiten Weltkrieges wird in zahlreichen späteren historischen Abhandlungen häufig zu wenig Rechnung getragen. Zu berücksichtigen ist, dass das nationalsozialistische Unheil in Deutschland erst 1933 seinen Anfang genommen hatte und bei allen berechtigten Befürchtungen noch niemand richtig ahnte, welches Ausmass es dereinst erreichen werde.

Anderseits aber scheint die Tatsache verdrängt oder in eine beruhigende Vergessenheit geraten zu sein, dass die Sowjetunion in jenen Jahren auch kein Ort des Lichtes und des Friedens war – sie war es nie, doch zu den Zeiten des Stalinismus erst recht nicht, wobei dieser Begriff nur mangelhaft an den Staatsterror und die Verbrechen erinnert, die unter diesem Regime begangen wurden. Im Westen sahen – und sehen! – zahlreiche Intellektuelle und Künstler grosszügig über diese Tatsache hinweg. Es ging auch hier darum zu schreiben, was «ist», beziehungsweise «war», und Albert Oeri verhielt sich gegenüber Informationen von beiden Seiten aus guten Gründen skeptisch. Diese Skepsis suchte er in seiner grundsätzlich humanistisch-liberalen Haltung den Lesern zu vermitteln.

Für seine Arbeit stützte sich Oeri auch auf ausländische Zeitungen. Im Nationalrat legte Oeri in der Sitzung vom 5. Dezember 1939 im Verlauf eines Votums zum Problem der Pressezensur dar, auf welche Publikationen er sich unter anderen stützte:

Sie haben gehört, wie man sich im Publikum über verschiedene Beschlagnahmen ausländischer Zeitungen geärgert hat. «Match», «Illustration», «Simplicissimus», «Berliner Illustrierte» wurden beschlagnahmt, die einen haben sich über die Beschlagnahme der einen geärgert, die andern über die Beschlagnahme der andern. Ein besonders schlimmer Fall ist derjenige des «Neuen Tagebuches». Das ist die beste und sachlich interessanteste Zeitschrift der deutschen Opposition; sie muss natürlich im Ausland erscheinen. Sie bringt ein überaus wichtiges, namentlich auf wirtschaftlichem Gebiet wichtiges Informationsmaterial, auch für die Schweizerpresse. Nicht dass man Artikel abdrucken will, aber man liest sie gern und mit grossem Nutzen; man hat deren Lektüre nötig. Das «Neue Tagebuch» kommt in den letzten Wochen einfach nicht mehr herein. Ich kriege es allerdings noch, weil ich es mir sorgfältig mit beschnittenen Rändern in einem Brief zustellen lasse. Als Abonnent kann ich es nicht mehr bekommen; es wird einfach abgefangen.[22]

Die dreissiger Jahre! Als Albert Oeri dieses Votum hielt, hatte der Zweite Weltkrieg bereits begonnen, zunächst in Europa. Und im Vorfeld hatte das Radio als allerdings mit Propaganda angereicherte Informationsquelle eine ungeheure Bedeutung erlangt. Die Nationalsozialisten machten sich dieses Medium zu Nutze. Die langen, mit Ausfällen gegen die Politiker anderer Länder durchsetzen Tiraden Adolf Hitlers wurden durch das Radio übertragen; solche Sendungen waren in der Schweiz gleichfalls zu empfangen, wenn auch in unterschiedlicher Qualität über Mittelwelle (oder dann über den in jener Zeit verbreiteten Drahtrundfunk). Nicht jeder Haushalt verfügte über einen Radioapparat, und so ergab es sich, dass sich in Mietshäusern die Menschen in jener Wohnung versammelten, wo ein solcher Apparat vorhanden war. Es war in der Regel nicht Zustimmung oder gar Sympathie, die sie diesen Reden lauschen liess, sondern eine tiefe Besorgnis um die nahe Zukunft. Beim Zuhören gab es rote Köpfe; in die bisweilen hitzigen Diskussionen mischten sich Angst und eine abgrundtiefe Furcht. Die Menschen rückten zusammen – wer solchen Zusammenkünften als Kind beiwohnen durfte, dem haben sie sich unvergesslich eingeprägt. In der warmen Jahreszeit ertönte die kreischende Stimme Hitlers aus allen offenen Fenstern. Es hat später nicht einmal im Kalten Krieg zwischen Ost und West Vergleichbares gegeben, sogar dann nicht, wenn sich die Dinge bedrohlich entwickelten.

Selbstverständlich nutzte Albert Oeri ebenfalls das Radio als Informationsquelle. In seinem «Tagesbericht» in der Samstag/Sonntag-Ausgabe vom 12./13. März 1938 hat er ein eindrückliches Stimmungsbild aus jenen Jahren hinterlassen und darüber hinaus ein Zeugnis seiner journalistischen Gewissenhaftigkeit und Arbeitsweise. Unter dem Titel • «Finis Austriae» berichtete er über die Annexion Österreichs durch das nationalsozialistische Deutschland. Der österreichische Bundeskanzler Kurt Schuschnigg hatte sich der Gewalt gebeugt. Oeri, der das Verhalten Schuschniggs kritisierte, führte unter anderem aus:

Aber allzu klobige Steine darf man nicht auf Schuschnigg werfen, der in seinem innerpolitischen Bereich von Verrätern umgeben war und im Ausland nicht die geringste Unterstützung fand. Die eigentlichen Verräter Österreichs sind die Siegermächte des [Ersten] Weltkriegs. Sie haben diesen Staat so zusammengeholzt, dass es ihm von Anfang an nicht nur an Territorium, sondern auch an Mut zum Leben gebrechen musste. Das Mittel, das einem Kleinstaat diesen Mut verleihen kann, die Schaffung eines Volksheeres, haben sie ihm verboten. Der wirtschaftliche Zusammenschluss des Donauraums als Ersatz für den politischen hat sie nie interessiert ... Er [Hitler] verschläft keine historische Stunde, sondern überlässt das Schlafen und Träumen den andern. Wovon träumen sie wohl? Von dem Weltkrieg, den sie einst gewonnen zu haben wähnten? Den haben sie nun durch die Entstehung Grossdeutschlands verloren!

Endgültig? Diese Frage heute beantworten zu wollen, wäre Vermessenheit. Aber es ist zu vermuten, dass die endgültige Beantwortung unendlich viel mehr deutsches Blut kosten wird, als geflossen wäre, wenn Schuschnigg seine österreichischen Truppen ihre vaterländische Pflicht hätte tun lassen. Er hat sein eigenes Wort «Bis hierher und nicht weiter!» Lügen gestraft. An dessen Stelle bleibt die Frage übrig: «Bis hierher und wie weiter?»

Obiges ist der zweite Tagesbericht, den wir für diese Nummer geschrieben haben. Der erste war betitelt «Der tapfere Schuschnigg» und musste natürlich, noch ehe er ganz geschrieben war, in den Papierkorb wandern. Als dann dieser zweite fertig war, drohte ihm das gleiche Schicksal; denn gegen 11 Uhr nachts kamen Meldungen über den Versuch des Bundespräsidenten Miklas, das sterbende Österreich noch einmal zu beleben. Also flugs dritter Tages- respektive Nachtbericht: «Der tapfere Miklas». Aber Telephon und Radio überzeugten uns bald, dass es beim «Finis Austriae» bleiben müsse.

Es folgte für uns eine seltsame Nacht quasi am Schlüsselloch der Weltgeschichte. Stundenlang warteten wir auf die immer wieder hinausgeschobene Rede des neuen Bundeskanzlers Seyss-Inquart, der noch vor Antritt seines Amtes den deutschen Reichskanzler um Entsendung von Truppen für die Bändigung Österreichs angefleht hatte. Statt der Stimme dieses Herrn produzierte der Wiener Sender immer wieder Schallplattenmusik...

Albert Oeri und mit ihm den «Basler Nachrichten» müssen jedoch noch andere Informationskanäle zur Verfügung gestanden haben. Das lässt sich dem ‹Tagesbericht› mit dem Titel • «Russenkrieg» im Morgenblatt von Montag, 23. Juni 1941, entnehmen:

Es ist jetzt ungefähr vier Monate her, seitdem wir den bestimmten Tip erhielten, schon Sonntag, den 25. Mai, werde der deutsch-russische Krieg beginnen. Die Quelle war nicht schlecht, aber wir sind gewöhnt, uns aller vorgeschriebenen Zurückhaltung zu befleissigen, und begnügten uns deshalb mit der folgenden vagen Andeutung am Schluss des Tagesberichtes vom 27. Februar: «Die gegenwärtige Diskretion der Sowjetpolitik spricht eher für als gegen das Bestehen russischer Ängste. Aber einstweilen glaubt Stalin, noch drei Monate Zeit zur neutralen Beobachtung der Frühlingskämpfe zu haben.» – Stalin bekam aber dann nicht nur drei, sondern fast vier Monate Zeit.

Es ist bekannt, dass der deutsche Journalist und Geheimagent Richard Sorge – eine der schillerndsten Gestalten der internationalen Spionage – den Russen frühzeitig Meldungen über den Termin des deutschen Angriffs auf die Sowjetunion und über den geplanten japanischen Überfall auf Pearl Harbor zuspielte, die jedoch vom sowjetischen Diktator Josef Stalin nicht beachtet wurden.[23] Nun ist kaum anzunehmen, dass Albert Oeri Beziehungen zu Richard Sorge unterhielt; vielmehr soll die Erwähnung dieses Mannes und seiner Tätigkeit die Zuverlässigkeit von Oeris Quelle belegen. Die Information über den Angriffstermin war nämlich zunächst richtig, doch der *«kriegsschöpferische Sonntag»* [Oeri] wurde von den Deutschen aus strategischen Gründen um vier Wochen hinausgeschoben. Wer oder welche Organisation es war, welche die «Basler Nachrichten» und Albert Oeri mit einer solch brisanten Nachricht belieferte, ist nicht bekannt, doch ist in diesem Zusammenhang – wenn auch hinsichtlich seriöser Arbeit wohl nicht ganz im Sinne Oeris – eine Vermutung naheliegend: Die Nachricht könnte von der sogenannten «Wiking-Linie» gestammt haben, die einen zentralen Teil des schweizerischen Spionagenetzes bildete und von Max Waibel, Major im Generalstab, aufgebaut worden war.[24] Es gab in Basel eine Aussenstelle mit dem Decknamen «Pfalz», die der spätere Strafgerichtspräsident und Hauptmann Emil Häberli in Zusammenarbeit mit seiner Frau Norina leitete. Die Häberlis wohnten in Bettingen und lebten dort ziemlich gefährlich, da sie mit Agenten der Alliierten, vorab britischen, zusammenarbeiteten.[25] Waibel war von der Berliner Kriegsakademie in den schweizerischen Aktivdienst eingerückt und hatte wertvolle persönliche Beziehungen zu wichtigen deutschen Kommandoträgern mitgebracht. So reichten die Fühler der «Wiking-Linie» bis in die deutsche Führungsspitze. Die Erwähnung dieser – zum Teil vermuteten – Zusammenhänge soll die gespannte Stimmung verdeutlichen, die in jenen Jahren in der Schweiz vorherrschte.

Versuch einer kritischen Würdigung – weitere Zitate aus «Tagesberichten»

Die folgende chronologische Auswahl von Zitaten aus «Tagesberichten» von Albert Oeri soll die bisherigen Darstellungen untermauern. Oeris Beurteilungen und Interpretationen ist hin und wieder das Attribut «prophetisch» zuerkannt worden, nicht ganz zu Recht, vielmehr war er ein scharfer Denker, der eine aus Sachverhalten entstandene Entwicklung konsequent zu Ende dachte. Zum besseren Verständnis sind, wo es sich als notwendig erwies, einige wenige Eckdaten und Erläuterungen zur Zeitgeschichte zwischen 1918 und 1945 als Fussnoten beigefügt.

28. Mai 1919: Tagesbericht*

Der Verlust von drei Vierteln der Erz- und einem Drittel Kohleproduktion und die Auslieferung beinahe der ganzen Handelsflotte sowie die Belastung der deutschen Werften während der nächsten Jahre mit Schiffsbauten für die Sieger, das alles liesse sich schliesslich vielleicht – wer kann es wissen? – ertragen, wenn dem Aussenhandel sonst einigermassen freies Spiel bliebe. Aber er ist schon dadurch an der Wurzel getroffen, dass Deutschland allen seinen Gegnern ohne Reziprozität die zollpolitische Meistbegünstigung zusichern muss. Diese Gegner sind bekanntlich: die Vereinigten Staaten, Grossbritannien, Frankreich, Italien, Japan, Belgien, Bolivien, Brasilien, China, Cuba, Ecuador, Griechenland, Guatemala, Haiti, Hedschas [heute Teil von Saudi-Arabien], Honduras, Liberia, Nicaragua, Panama, Peru, Polen, Portugal, Rumänien, Jugoslawien, Siam, Tschechoslowakien und Uruguay. Gegenüber diesem ganzen Komplex von 27 Staaten wird also Deutschland zollpolitisch absolut wehrlos.

---

* 1914-1918: Erster Weltkrieg, endete mit der Niederlage Deutschlands sowie der Donaumonarchie und der Verbündeten. 1919: Versailler Friedenskonferenz, 28. Juni Abschluss des Vertrages von Versailles.

Wir mögen das Vertragsprojekt, soweit es uns vorliegt, studieren, wie wir wollen, ... – so können wir uns immer noch nicht denken, wie Deutschland soll unterzeichnen können ohne den hässlichen Hintergedanken, den Vertrag bei der ersten besten Gelegenheit brechen zu wollen. Diese Art von Unterzeichnung wäre schlimmer als die Nichtunterzeichnung, denn sie würde Europa unter den Unstern der deutschen Revanchepolitik stellen.

25. Juni 1919: Tagesbericht

Am letzten Kriegssonntag hat der Schreiber dieser Zeilen im Flugzeug über Basel geschwebt. Unter sich, in unendlich weitem Umkreis, sah er drei Länder: Deutschland, Frankreich, Schweiz. Alle lagen im sommerlichen Sonnenglanz da und sahen aus dieser Perspektive aus, wie wenn sie zu gemeinsamem friedlichem Glück bestimmt wären. Aber diese Perspektive ist eine falsche Perspektive, eine Perspektive der verblendeten Neutralen. In Wirklichkeit trennt der Rhein im Norden Basels zwei Völker, die einander jetzt hassen und auf ewig weiterhassen sollen. Für den gegenwärtigen Hass zwischen Deutschen und Franzosen haben die bourbonischen, die napoleonischen Kriege und diejenigen von 1870/71 und 1914/18 gesorgt, und für seine Fortdauer wird der Friede von 1919 sorgen.

Die Schuldfrage für den Frieden von 1919 ist nicht weniger ernst als die für den Krieg von 1914 und wird vor dem Richterstuhl der Weltgeschichte mit nicht weniger Sorgfalt geprüft werden müssen. In Deutschland gilt vorläufig Clemenceau [damals französischer Ministerpräsident] als Hauptsündenbock. Aber wir können die mangelnde Anpassungsfähigkeit dieses Achtundsiebzigjährigen an fremde Ideen nicht schlimmer finden als Wilsons [damals Präsident der Vereinigten Staaten] Versagen im Kampfe für seine eigenen Ideen und müssen zudem daran erinnern, wie wenig Deutschland selbst getan hat, um seinen Gegnern das vernünftige Einlenken zu erleichtern.

Der Versailler Vertrag hat sicher einen Teil seiner Wurzeln auch in dieser deutschen Unbelehrbarkeit. ... Leid tragen wird ganz Europa, denn es ist so, wie laut der neuesten Nummer der Pariser Zeitschrift «L'Europe Nouvelle» in den politischen Salons von Paris geraunt wird: «Nos diplomates ont préparé avec soin une guerre juste et durable.»

16. Januar 1920: Zum Völkerbund (Berichterstattung)*

Es gibt in der Weltgeschichte Augenblicke, wo jede Zweideutigkeit oder auch nur Unklarheit beim Eingehen von Verträgen die Zukunft eines Staates vernichten kann. Der Beitritt der Schweiz zum Völkerbund kann und darf nur erfolgen, wenn hellstes Tageslicht über der internationalen Anerkennung ihrer immerwährenden politischen und militärischen Neutralität leuchtet. Entweder wird dieses Licht bei den kommenden Unterhandlungen – und nicht nur durch mündliche Zusicherungen – zu nimmer erlöschendem Leuchten gebracht, oder das Schweizervolk muss die vertragliche Festlegung der Völkerbundsmächte auf die Anerkennung der schweizerischen Neutralität als dahingefallen betrachten.

12. Dezember 1920: Tagesbericht

Mr. N. Wesley Rowell [Vertreter Kanadas im Völkerbund] polterte, ein anderer Ausdruck ist kaum am Platz: «Für uns, die wir ausserhalb Europas wohnen, ist die Lage so, dass wir nicht alle Jahre ein halbes Dutzend Konferenzen ... beschicken können ... So wird unser Einfluss nicht stark genug sein, und die europäischen Mächte werden diese Organisation nach ihrem Belieben dirigieren ... Sie sagen uns,

---

* 1920: Erste Versammlung des Völkerbunds am 20. Januar.

wir sollten Zutrauen zu Europa haben. Gewiss, wir haben es vielleicht. Aber ich kann nicht vergessen, dass es europäische Politik und europäischer Ehrgeiz war, der die Welt in Blut getaucht hat, und dass infolge dieser furchtbaren Ereignisse 50'000 Söhne Kanadas ihren letzten Schlaf unter dem Boden Frankreichs und Belgiens schlummern.»

Der Mann war in seiner Frische nicht ohne Reiz. Aber wenn Kanada so wenig... Weltsorgen hat, ist ein Weltbund nicht möglich, um so weniger, als Australien ganz ähnlich denkt. Diese fröhlichen Leute, die sich vor nichts fürchten als vor einigen Millionen Mitgliederbeitrag ... haben eben gar keine Ahnung, wie es heute um die Welt steht. Dass der Untergang Europas sie tangieren könnte, und dass schon aus Klugheit eine gewisse Solidarität am Platze wäre, ist ihnen unfasslich. Mr. Rowell kam uns etwa vor wie ein Matrose, der im obersten Mastkorb eines lecken Schiffes sitzt und von dort aus seinen Kameraden auf die Nase spuckt, die ihn zur Arbeit an den Pumpen auffordern. Das Wasser wird ihn ja erst erreichen, wenn die dort unten ertrunken sind. Geht Europa am Bolschewismus oder sonstigem Elend zugrunde, so wird das europäisierte Nordamerika ja wohl noch einige Zeit, mindestens ein halbes Jahr, weiterexistieren, ehe es auch an die Reihe kommt.

Nichts kann dem Beobachter der Genfer Ereignisse mehr weh tun, als wenn man mitansehen muss, wie der Völkerbund auch auf den Gebieten sabotiert wird, wo er aufbauen wollte.

20. Januar 1924: Tagesbericht*

Ihr erstes Zusammentreten [der Reparationsausschüsse] in Paris hat wie eine Weltsensation gewirkt. Das machte die Eröffnungsrede des

---

* 1924: August; Dawesplan, nach Charles Gates Daves, amerikanischer Finanzpolitiker. Der Plan regelte die Zahlungen der deutschen Reparationen, scheiterte 1928 und wurde durch den Youngplan ersetzt.

ersten amerikanischen Experten, General Dawes, mit ihrer herzerfrischenden Grobheit gegen Dünkel und Egoismus gewisser Entente-Funktionäre und gegen das widerliche Geschrei der nationalistisch-demagogischen Aasgeier. Dass er trotzdem nicht ein hemdärmliger Wildwestler, sondern ein diplomatisches Genie ist, bewies Dawes durch seine ausführliche Lobpreisung der interalliierten Solidarität. Sie kam so warm, so herzlich heraus, dass die Zuhörer ... die Pfefferkörner, ohne zu mucksen, herunterschlucken konnten ... Am besten hat uns an Dawes' Rede seine scharfe Verwahrung gegen alles Trölen [Verzögern] gefallen, der er noch besonderen Nachdruck verlieh durch seine Forderung, dass gleich am ersten Tag drei Sitzungen abgehalten werden sollten.

31. Oktober 1925: Tagesbericht

*D*ie internationale Justiz lernt sich nicht in ein paar Jahren. Bei der nationalen hat es auch eine lange Entwicklung gebraucht, bis sie sich daran gewöhnte, nicht nur die kleinen Diebe zu hängen. Der erste Richter, der auf Erden Recht sprach, hat sicher noch ganz naiv seine Sippe und seine Freunde bevorzugt, wenn sie vor seinen Stuhl treten mussten. Erst ganz allmählich ist die Macht der Präzedenzfälle so gross geworden, dass es einfach nicht mehr anging, zweierlei Recht anzuwenden. Ähnliches ist von der Entwicklung der Völkerbundsjustiz zu erwarten.

14. Januar 1932: • Briand zieht sich zurück*

*A*ristide Briand hat aufgehört, französicher Minister des Auswärtigen zu sein ... Auch wenn sein Ausscheiden aus der europäischen Politik nur zeitweilig ist und die Hoffnung auf einstige Reaktivierung nicht ganz ausschliesst, wird man sich tiefsten Bedauerns nicht erwehren können. Gemildert wird es freilich durch die Erwägung, dass der grosse Franzose schon seit längerer Zeit nicht mehr die Möglichkeit gehabt hat, seinen guten Willen in politisches Wirken umzusetzen.

Die Verständigung seines Landes mit Deutschland erstrebte er nicht aus hohen Menschheitsgefühlen heraus, sondern aus sehr erdennahem französischem bon sens; man möchte fast sagen: aus bretonischer Bauernklugheit. Aber er erstrebte sie aufrichtig. Die Deutschen als Volk ohne rednerische Kultur haben ihn mit ihrem Misstrauen, dass schöne Worte gerne als falsche Worte taxiert werden, manchmal Unrecht getan. Er ist viel zu gescheit, um von rhetorischer Umnebelung eines fremden Volkes dessen dauerhafte Versöhnung zu erhoffen. Und eine dauerhafte Versöhnung wollte er erreichen ... Jetzt verschwindet er. Aber die bittere Notwendigkeit, dass sich Deutschland und Frankreich verständigen, bleibt. Über kurz oder lang wird sie sich den beiden Völkern aufzwingen. Inzwischen können sie sich noch gründlich quälen.

---

*1925: Oktober, Locarno-Pakt. Die Hoffnungen auf einen dauernden Frieden gründeten sich in den zwanziger Jahren zunächst auf den Völkerbund. Nachdem dessen Bemühungen um Verstärkung seiner Mittel gescheitert waren, nahmen die Staatsmänner Aristide Briand, Austen Chamberlain und Gustav Stresemann die Friedensarbeit im engeren Kreis ihrer Grossmächte auf und hatten (Locarno-Konferenz) zuerst vielversprechende Erfolge. Aber schon zu Anfang der dreissiger Jahre brachen diese Hoffnungen zusammen, und ihre Träger verschwanden. Stresemann war schon am 3. Oktober 1929 gestorben, Briand folgte ihm am 3. März 1932 in den Tod, Austen Chamberlain am 16. März 1937.

10. Dezember 1932: Die Strasserkrise*

Hitler möchte der deutsche Mussolini werden, ist aber im Gegensatz zum italienischen Original-Mussolini nicht ein politisches und rhetorisches, sondern nur ein rhetorisches Genie. Wenn wir schreiben «nur», so meinen wir damit nicht, dass seine Beredsamkeit eine gering zu schätzende Gabe sei. Sie ist so glänzend entwickelt, dass sie ihn in einem andern Land mindestens in die dritte, vielleicht sogar in die zweite Garnitur des politischen Personals bringen würde. Im rhetorisch unbegabten deutschen Volk dagegen ist sie einfach ein Unikum. Ein grosser Staatsmann, der Hitler als seinen «Propheten» engagieren und durch ihn die Massen bearbeiten lassen könnte, wäre, wenn er wollte, bald der Diktator des Reichs. Nun steht aber Hitler nicht im Dienste eines solchen grossen Staatsmannes, sondern soll selbst einen solchen vorstellen. Das ist seine Tragik. Sie hindert ihn, starke politische Begabungen neben sich aufkommen zu lassen. Diktatoren wie Mussolini, Lenin, Kemal Pascha können sich das leisten. Ihre innerliche Sicherheit gestattet es ihnen. Adolf Hitler hat diese innerliche Sicherheit nicht. Der Fascismus macht den Führer-nachwuchs ohnehin schwierig, denn die Tugend, auf die er hauptsächlich Gewicht legen muss, ist die Disziplin, nicht die politische Genialität. Aber Köpfe ersten Ranges wie Mussolini verstehen es dennoch, die nötigen Talente neben sich zu dulden und zu verwenden. In der Umgebung Hitlers fehlt es an gescheiten und dennoch absolut disziplinierten Vollzugsorganen. Daher das Gezänk der Unterführer und Vorgänge wie die Strasserkrise... Was Hitler trotz allen politischen Defekten bisher so hoch kommen liess, ist das monarchische Empfinden eines grossen deutschen Volksteils, der ihn als Kaiser-Ersatz hinnahm.

*Gregor Strasser, Mitglied der Nationalsozialistischen Arbeiterpartei (NSDAP), 1928-1932 Reichsorganisationsleiter, geriet als Exponent des «sozialrevolutionären» Flügels der NSDAP in Gegensatz zu Hitler, wurde 1934 beim sogenannten «Röhm-Putsch» ermordet.

31. Januar 1933: • Das Kabinett Hitler

Das Duell in der Dunkelkammer, das die Führer der diversen deutschen Rechtsrichtungen letzter Tage mit langen Bratenmessern gegeneinander ausgefochten haben, ist zu Ende. Als das Licht angedreht wurde, lag General von Schleicher als Leiche da, und in Siegerpose stolzierte der neue Reichskanzler Adolf Hitler. Ein Ministerium Hitler bedeutet nach dem Ergebnis der letzten Reichtagswahlen an sich durchaus nichts Abnormes. Eine Mehrheitspartei existiert im Parlament nicht. Die Nationalsozialisten sind eine Minderheitspartei, aber weitaus die stärkste aller Minderheitsparteien. Also lag es nahe, ihnen die Führung einer aus verschiedenen Minderheitsgruppen gemischten Regierung zu übergeben.

Diese späte, aber vielleicht nicht allzu späte Unterwerfung unter die Gebote der politischen Bescheidenheit zeigt, dass der Beraterkreis Hitlers nicht nur aus geschwollenen Renommisten besteht, sondern auch Elemente enthält, die kühl rechnen können.

Das erste Kabinett Hitler. Sitzend v. l. n. r.: Hermann Göring, Adolf Hitler, Franz von Papen. Stehend v. r. n. l.: Alfred Hugenberg, Werner von Blomberg, Wilhelm Frick, Johann Ludwig Graf Schwerin von Krosigk.

Freilich: Bär bleibt Bär, auch wenn man ihm einen Ring durch die Nase zieht und ihn an der Leine führt. Seine Gefährlichkeit oder Ungefährlichkeit hängt nicht vom Ring und von der Leine, sondern von der Geschicklichkeit und Energie des Bärenführers und des sonstigen Wartepersonals ab. Bärenführer ist im vorliegenden Falle Herr von Papen.

Er in erster Linie hat des Widerspenstigen Zähmung zustande gebracht, an deren Möglichkeit bis zum letzten Augenblick niemand recht hatte glauben wollen, Hitler selbst am allerwenigsten. Als Vizekanzler und kommissarischer preussischer Ministerpräsident wird Herr von Papen nun dafür zu sorgen haben, dass sein Virtuosenstück kein böses Ende für das Reich nimmt.

3. März 1934: Die Offensive des Reichsbischofs

Die innerkirchliche protestantische Opposition ... steht vor der Wahl zwischen Unterwerfung und schwerer Massregelung. Reichsbischof Müller geht im Kampf für die Gleichschaltung der Kirche aufs Ganze. Er, der im Spätjahr 1933 deutlich von den Deutschen Christen abrückte, ... ist wieder in deren Reihen eingerückt und hat ihnen an der Berliner Massenversammlung ... versprochen, er werde zusammen mit ihnen nicht ruhen, bis auf den Kanzeln der Kirche nur noch Nationalsozialisten stünden und unter den Kanzeln nur noch Nationalsozialisten sässen ...

Der Kulturkampf wird also weiterhin Opfer unter der gegenwärtig amtierenden Geistlichkeit fordern. Vermehrte Absetzungen, vielleicht auch Verhaftungen werden folgen. Das ist aber nicht die Hauptsache. Viel wichtiger noch ist, was unternommen wird, um durch Regulierung des kirchlichen Nachwuchses die Zukunft des deutschen Protestantismus zu beeinflussen. Die Siebung beginnt bei den jüngsten Jahrgängen, bei den evangelischen Jugendorganisatio-

nen, die mit ihren 700'000 Mitgliedern Baldur von Schirachs Hitlerjugend unterworfen worden sind, und ist natürlich bei den Pfarramtskandidaten besonders scharf. Diese Pastorenfronde ist in ihrer staatsbürgerlichen Gesinnung hitlertreu bis auf die Knochen. Ihre übergrosse Mehrheit bekennt sich zum Dritten Reich nicht nur mit den Lippen, sondern mit dem ganzen Herzen.

Der Sieg des totalitären Staates über die protestantische Opposition ist nach rein politischer Berechnung um so wahrscheinlicher, als seine Leitung mit anerkennenswerter Klugheit es versteht, ihre kirchlichen Gegner isoliert zu schlagen. Sie nimmt zunächst einmal die protestantische Fronde vor. Die katholische kommt noch nicht an die Reihe. Man will in diesem Kulturkampf nicht an zwei Fronten zugleich fechten. Rom weiss das und unterlässt alles, was die staatliche Offensive nach seiner Richtung ablenken könnte. Vielleicht hofft es, das Hitlerreich werde an einem Kulturkampf genug bekommen ... und nachher keinen zweiten wagen. Darum ist der Vatikan überraschend schnell zum Abschluss des deutschen Konkordats bereit gewesen. Entgegen seiner historischen Tradition ... Das deutsche Konkordat kam ebenso früh, wie das französische spät kam. Ob es ebenso lange dauern wird?

12. Juni 1935: • Die abessinische Kriegsgefahr*

Die vehementen Reden des Duce [=Führer, Titel von Benito Mussolini] lassen darauf schliessen, dass ein italienisch-abessinischer Krieg fast sicher bevorsteht. Fast sicher! Für eine absolute Sicherheit möchten wir noch immer keine Hand ins Feuer legen.

*1935: Konferenz von Stresa: Frankreich, Grossbritannien und Italien vereinbarten ein gemeinsames Vorgehen gegen das Deutsche Reich, nachdem Adolf Hitler durch die Einführung der allgemeinen Wehrpflicht den Versailler Vertrag gebrochen hatte. Die sogenannte «Stresafront» zerfiel noch im gleichen Jahr infolge der die britischen und französischen Interessen gefährdenden Annexion Äthiopiens durch Italien.

Kann sich Abessinien noch in Sicherheit bringen? Man munkelt immer wieder von japanischem Schutz oder doch von japanischer Geld- und Materialhilfe, die ihm zugesichert sei. Für diese etwas abenteuerliche Behauptung fehlt uns jede Kontrollmöglichkeit. Dagegen ist es sicher nicht blosse Gespensterfurcht, die die Wutanfälle der italienische Presse gegen England ausgelöst hat. Den britischen Interessen liefe eine starke Position einer anderen Grossmacht im Speisungsgebiet des Nils direkt zuwider. Diesen Interessen dient es freilich auch, wenn sich Abessinien keiner allzu üppigen Unabhängigkeit erfreuen kann, sondern durch eine dauernde Furcht vor Italien gezwungen bleibt, sich allen nachdrücklichen Londoner Winken zu fügen. Aus dieser Interessenkombination ergibt sich eine wahrhaft klassische Vermittlerrolle Englands im italienisch-abessinischen Konflikt. Es muss versuchen, einen Vernichtungskrieg zu verhüten, der entweder zur unbeschränkten Herrschaft Italiens in Abessinien oder zum traurigen Ende der italienischen Kolonialträume führen würde. Und es betreibt diesen Verhütungsversuch offenbar so energisch, dass der Zorn Italiens durchaus begreiflich wird.

Die Mittelmeerstellung Englands ist durch den Weltkrieg eher gestärkt als geschwächt worden. Der geopolitische Zwang, der Italien 1915 an die Seite der Entente nötigte, ist 1935 noch mindestens so unentrinnbar wie damals. Auch weiss man in London genau so gut wie in Rom, dass Italien nicht um der schönen Augen Britannias oder Gallias willen dem Stresabund beigetreten ist, sondern weil sein höchsteigenes Interesse ihm die Fernhaltung des Deutschen Reichs aus der Zone der ehemaligen Donaumonarchie gebietet.

Man tut auch gut daran, die echte Tragik des italienischen Kolonialproblems im Auge zu behalten. Ein genialer Italiener hat zwar Amerika entdeckt. Aber in den Jahrhunderten, wo die europäischen Westvölker die fremden Kontinente eroberten und besiedelten, war Italien durch Fremdherrschaft gelähmt. Nur ein italienischer Staat, Venedig, war in der Lage, die Seefahrer- und Kolonisatorentalente des begabten Volkes anzuwenden. Aber seine Politik war in das östliche Mittelmeer gebannt. Es hat sich bei der Abwehr der Türken für das glücklichere Westeuropa geopfert. ... Undank ist der Welt Lohn. Europa versäumte 1919 bei der Verteilung der deutschen Kolonialbeute auch die letzte Gelegenheit, Italien ein seiner alten Verdienste und seiner neuen Grossmachtstellung würdiges Siedlungsgebiet zuzuweisen.

23. Dezember 1936: Deutschland und Spanien

Die drei Grossmächte Deutschland, Italien, Sowjetrussland verbindet, obwohl ihre Mannschaften miteinander kämpfen, ein gemeinsames Interesse: das moderne Kriegsmaterial einer lehrreichen Probe zu unterwerfen. Die Weltkriegserfahrungen reichen für den motorisierten Zukunftskrieg nicht mehr aus. Bei den Kämpfen in Abessinien war die moderne Ausrüstung zu einseitig auf der italienischen Seite konzentriert, als dass daraus für einen europäischen Krieg viel zu lernen gewesen wäre. Jetzt aber vollzieht sich eine sehr ernsthafte internationale Leistungskonkurrenz zwischen Flugzeugen, Tanks usw. der verschiedensten Marken. Sie dürfte lange genug gedauert und auch genug Blut gekostet haben, um die gewünschte Belehrung zu ergeben.

1./2. Oktober 1938: • Prag fügt sich

Die Tschechoslowakei hat gestern das Münchner Viermächteabkommen angenommen, so hart es für sie ist, und hat damit ihren Beitrag zur Erhaltung des europäischen Friedens geleistet. Je schwerer dieses Opfer war, desto mehr Dank verdient es. Man geht wohl nicht fehl in der Annahme, dass es der viel verlästerte Staatspräsident Benesch war, der den Ausschlag für den Entschluss der Prager Regierung gegeben hat.

Wenn dem so ist, wenn Benesch die Hauptlast der ungeheuren Verantwortung übernommen hat, wird sich bald die Frage stellen, ob er an der Spitze des unglücklichen Staates bleiben kann. Der Umfang des Unheils wird sich ja erst allmählich zeigen, wenn das wirtschaftliche Inventar gemacht wird, wenn die ungeheuren Militärausgaben bezahlt werden müssen, wenn es gilt, die Rechnungen der Vergangenheit in einem verknappten Zukunftsbudget unterzubringen. Ob dann die Westmächte die Verpflichtung spüren werden, der Tschechoslowakei, die sich ihnen gefügt hat, finanziell beizustehen?

Wie viel besser wäre Europa heute dran, wenn Eduard Beneschs Versuch gelungen, wenn die freiwillige Abrüstung zur Tatsache geworden wäre und die Versailler Abrüstungsdiktate dadurch für die besiegten Staaten ihren ehrenrührigen Stachel verloren hätten!

Statt dessen ist die Staatenwelt nun in das Zeitalter der «Dynamik» hineingeraten, von deren Wesen der Verlauf des deutsch-tschechoslowakischen Konflikts ein anschauliches Bild gibt. Je dynamischer eine Grossmacht sich gebärdet, desto mehr Chance hat sie, um der Friedenserhaltung willen einen guten Teil ihrer Forderungen durchzusetzen, Recht hin und Recht her – bis dann irgendwann einmal den anderen Grossmächten das Nachgeben verleidet und sie auch dynamisch werden. Dann haben wir wieder den grossen Krieg!

Der heutige Völkerbund ist dieser Entwicklung gegenüber ohnmächtig. Präsident Benesch, der ihn genauer als irgendein anderer Staatsmann kennt, weiss dies und hat ihm deshalb die Beschämung, auf einen Hilferuf nur mit Resolutionen antworten zu können, erspart, im Gegensatz zum Verhalten Chinas und Spaniens, die weniger Rücksicht auf das Genfer Schamgefühl genommen haben. Vielleicht regt sich das Schamgefühl aber doch wieder einmal, und zwar in den Hauptstädten der weiten Welt, wo viel mehr wirklich Verantwortliche sitzen als im Genfer Laboratorium ... Dauernd ist um eine Organisation der Friedenssicherung nicht herumzukommen, und auch andere Völkerbundsfunktionen sind nicht ewig entbehrlich.

14. November 1938: Die Judenverfolgung in Deutschland*

So wenig wie die Organe der öffentlichen Meinung der ganzen Kulturwelt kann die schweizerische Presse schweigen zu dem entsetzlichen Unrecht, das in diesen Tagen den deutschen Juden angetan wird. Auch ausserhalb Deutschlands hat kein rechtlich und vernünftig denkender Mensch das Attentat von Paris gebilligt. Überall bringt man ihm den gleichen Abscheu vor dem Individualterror entgegen, der auch die Erzberger-, Rathenau- und Dollfussmörder trifft, die nur in Deutschland als Volkshelden gefeiert wurden. Der Täter wird vor ein ordentliches Gericht in Frankreich kommen ... Zu welchem Urteil man auch über das Mass der Schuld des Attentäters gelangen mag, auf keinen Fall steht dazu in einem vernünftigen Verhältnis das, was jetzt in Deutschland als «Sühne» ausgegeben wird.

Die Niederbrennung der Synagogen, die Verheerung der jüdischen Geschäfte, die Vertreibung unzähliger Juden aus ihren Wohnsitzen, ihre Abschliessung von der Möglichkeit, das tägliche Brot zu verdienen – von den Umgekommenen schweigen wir, da wir keine kontrollierbaren Berichte haben – all dies ist einfach empörend. Und nicht weniger empörend ist die pedantische Rechtskomödie, die sich nun anschliesst: die Verhängung einer Solidarbusse von einer Milliarde Reichsmark über die gesamte deutsche Judenschaft, die doch sicher über das Attentat noch mehr entsetzt war als die Arier, die Beschlagnahmung der Versicherungsansprüche der Geschädigten zu Gunsten des Reichs, und so weiter und so weiter ...

Das Ausland hat die Versicherung, die Verwüstungen seien nicht das Produkt staatlichen Wollens, sondern spontane Äusserungen der entrüsteten Volksseele, zur Kenntnis genommen, versagt ihr aber den Glauben.

---

*1938: 9./10. November «Reichskristallnacht» in Deutschland, von Angehörigen der NSDAP durchgeführtes Pogrom.

26./27. August 1939: • Die Motive Stalins

Ein politisches Zusammenspannen Deutschlands und Englands ist nicht erst jetzt, sondern war auch in der Vorkriegszeit bis in den Juli 1914 hinein der Cauchemar Russlands.

Nun hinüber von 1914 zu 1939! Wieder dicke Luft zwischen Deutschland und England, wieder britisch-russische Allianzverhandlungen, wieder starke Hemmungen im Londoner Kabinett gegen deren Abschluss und wieder ein raffinierter russischer Coup, um Deutschland und England definitiv gegeneinander aufzuhetzen!... Durch einen genialen Rösselsprung stellt sich Stalin selbst an die Seite Hitlers und sucht dadurch zu erreichen, dass dieser endgültig mit England bricht. Hitler soll sich nun freuen, dass ihm «der grosse Wurf gelungen, eines Freundes Freund zu sein» [Zitat aus Schillers «Ode an die Freude»] und dann soll er in den Krieg gegen England hineintappen, der, wenn er zum Siege führt, seine Diktatur durch eine Militärdiktatur ersetzen wird und, wenn er verloren geht, die bolschewistische Diktatur über Deutschland bringt.

So ist zu erklären, weshalb Stalin das ideologische Opfer gebracht hat, das ja auch für ihn ungeheuer gross ist. Aber für seinen Entschluss mag auch der Blick auf Ostasien massgebend gewesen sein. Es würde uns nicht wundern, wenn spätere Enthüllungen zeigen sollten, dass bei seinem Bruch mit England auch dessen Weigerung in den Moskauer Generalstabsverhandlungen mitgewirkt hat, ihm die Unterstützung gegen Japan zu garantieren. England hat ... zwar alles Interesse daran, dass Japan in China nicht zu mächtig wird, aber keinerlei Interesse daran, dass dessen Macht durch die sowjetrussische ersetzt wird. Ob in der Mandschurei und in China die Japaner oder die Sowjetrussen Meister werden, ist für die angelsächsischen Mächte gehupft wie gesprungen. In beiden Fällen werden sie gründlich von den ostasiatischen Festlandsmärkten vertrieben werden.

1. September 1939: •Der Kriegsausbruch

Leider kann seit den heutigen Morgenstunden kein Zweifel mehr bestehen: der deutsch-polnische Krieg ist ausgebrochen. Reichskanzler Hitler hat ihn durch seinen Tagesbefehl an die Wehrmacht proklamiert, und die Wehrmacht hat dem Befehl durch die Eröffnung der Feindseligkeiten an der Grenze und durch ein Luftbombardement von Warschau Folge geleistet. Damit hat Hitler die Verantwortung nicht nur für den Krieg mit Polen, sondern auch für alles weitere übernommen.

Innerpolitisches aus Deutschland ist nicht zu vernehmen. Dagegen sei mit allem Nachdruck auf unser Privattelegramm aus Rom verwiesen, wonach man dort die Hoffnung auf eine friedensrettende Intervention Mussolinis nicht aufgegeben hat. Würde sie unterbleiben oder misslingen, so stände die Welt nicht nur vor der Katastrophe eines deutsch-polnischen, sondern eines europäischen Krieges oder sogar des Weltkrieges. Gott bewahre alle Länder davor, insonderheit unser liebes Schweizerland!

4. September 1939: Der grosse Krieg

Vor allem müssen wir unsern Lesern Abbitte leisten für allen Optimismus, den wir bis vor ganz kurzem an dieser Stelle noch vertreten haben. Der Ausbruch des grossen Krieges zwischen Deutschland und den Westmächten bereitet ihm ein böses Ende. Unser einziger Trost ist, dass es doch wohl keine Schande ist, an die Vernunft der europäischen Menschheit geglaubt zu haben.

Verantwortlich für die Katastrophe ist – nicht ganz allein, aber in erster Linie – Adolf Hitler, der Führer und Kanzler des Deutschen Reichs ... Wir wollen aber nicht sagen, dass Hitler diesen Krieg gewollt habe, diesen Krieg, bei dessen Beginn Deutschland allein steht gegen die Grossmächte England und Frankreich und gegen die Mittelmacht Polen. Er wollte nur den «kleinen», den polnischen Krieg, und setzte bestimmt voraus, dass die Westmächte trotz allen ihren Versprechungen und kategorischen Erklärungen den östlichen Bundesgenossen im entscheidenden Augenblick im Stich lassen und ohne Schwertstreich vor aller Welt eine jämmerliche Schwäche dokumentieren würden.

Unter dieser Voraussetzung hat Hitler schon im Herbst 1938 keineswegs den Kompromiss von München, sondern den Krieg – auch einen «kleinen» Krieg – gegen die alleinstehende Tschechoslowakei gewollt. Er ertrug es sehr schwer, dass Mussolini damals die Friedenserhaltung durchsetzte ... Der Eindruck ... aus der tschechoslowakischen Episode war: Die Westmächte werden, wenn's darauf ankommt, immer wieder kneifen. Das hat sich nun diesmal als Irrtum erwiesen.

25. Oktober 1939: • Ribbentrop über Vergangenheit, Gegenwart, Zukunft

Reichsaussenminister
Joachim von Ribbentrop.

Reichsaussenminister von Ribbentrop hat gestern in Danzig die mit Spannung erwartete aussenpolitische Rede gehalten.

Ein auffallend grosser Teil von Ribbentrops Ausführungen bezog sich auf die Vergangenheit, galt also der Kriegsschuldfrage ... Er weiss auch oder weiss, seine deutschen Zuhörer wenigstens glauben zu machen, Chamberlain [damals britischer Premierminister] habe den Münchner Frieden von

1938 aus lauter Tücke geschlossen, um Zeit für die Verbesserung der englischen Rüstung zu gewinnen, und der Kriegsausbruch von 1939 liege in der konsequenten Linie dieser Politik. Den grossen Bruch, der den Münchner Frieden vernichtet und Chamberlain umgestimmt hat, nämlich die Besetzung Prags im März 1939, erwähnte Ribbentrop mit keinem Sterbenswörtchen. Aber die merkwürdigste Enthüllung enthielt seine Behauptung, Hitler habe erst gegen Polen zugeschlagen, als polnisches Militär begonnen habe, ins Reichsgebiet einzufallen. Davon haben wohl auch die deutschen Hörer bis jetzt nichts gewusst. Aber es wird ihnen, wenn sie es glauben, zur seelischen Aufrichtung gereichen.

Von dem, was Ribbentrop über die Gegenwart sagte, interessiert wohl am meisten die Feststellung, in Europa seien stabile Verhältnisse geschaffen. Das ist in unseren furchtbaren Tagen bisher noch niemandem aufgefallen.

11./12. Mai 1940: • Dichtung und Wahrheit

*D*em deutschen Einbruch in die Niederlande gingen die üblichen Unschuldsbeteuerungen voraus ... Wer hat nun gelogen, und wer hat gerufen: «Haltet den Dieb», als er schon die Leiter für den Einbruch angestellt hatte? Die «britischen Pläne im Südosten Europas» haben sich als Dichtung erwiesen, die deutsche Angriffsabsicht gegen Holland als grausame Wahrheit. In ellenlangen Kundgebungen versuchen die verantwortlichen deutschen Stellen nun nachzuweisen, dass das Karnickel angefangen habe. Vergebliche Mühe! Alles, was gegen die Niederlande vorgebracht wird, beweist höchstens, dass das Karnickel nicht gar so dumm war, wie man es in Berlin gewünscht hätte, sondern sich auf derjenigen Flanke vorsah, auf der es jetzt tatsächlich angegriffen worden ist. Aber es beweist nicht im geringsten, dass von Holland und Belgien konkrete Angriffshandlungen ausgingen.*

25. Juni 1940: • Die Waffenstillstände abgeschlossen!

Heute früh, 35 Minuten nach Mitternacht mitteleuropäischer Zeit, sind die Waffenstillstände zwischen Deutschland und Frankreich auf der einen und zwischen Frankreich und Italien auf der andern Seite in Kraft getreten. Damit sind die Kriege zwischen den Nationen des europäischen Festlandes gestoppt. Der europäische Krieg aber geht weiter.

23. Oktober 1940: Die Lage der Juden

Das Unheil der Judenschaft hat bekanntlich in Deutschland begonnen. Von den 500'000 Juden, die bei der Machtübernahme des Nationalsozialismus im Reichsgebiet wohnten, sind keine 200'000 mehr übrig. Aber 400'000 Juden wohnen in den annektierten polnischen Gebieten und harren ihres Schicksals.

Vom Reich aus hat die Bedrängnis der Juden in alle von der deutschen Armee eroberten und besetzten Gebiete übergegriffen und noch weiter: Länder wie Ungarn und Jugoslawien fangen auch an, ihre Juden zu bedrücken, sei es, weil die Neigung dazu in ihren Völkern schon latent vorhanden war, sei es, weil sie in Deutschland gutes Wetter machen wollen. Italien ist längst ebenfalls judenfeindlich geworden. Der europäische Raum, in dem die Juden unbedrängt existieren können, wird enger und enger.

Und nun hat Ende letzter Woche auch in Frankreich die antijüdische Gesetzgebung mit Macht eingesetzt. Auch dort mag der Wunsch, der Siegermacht zu gefallen, beteiligt gewesen sein. Dazu kam die Angst vor «Verjudung», die auch Kreise ergriffen hat, die früher nicht antisemitisch gewesen waren.

Ob Amerika helfen könnte? Und, wenn ja, wird der Massenzustrom europäischer Juden dann schliesslich auch dort den Anti-

semitismus auflodern lassen? Wo sollen dann die Juden hingehen? Ans Ende der Welt? Oder sollen sie ins Meer marschieren wie einst ihre von Moses geführten Vorväter? Wir fürchten, dass vor ihnen die Wogen nicht zurückweichen würden wie damals die des Schilfmeers. Dass man an solche Dinge überhaupt denken muss, ist wahrlich keine Ehre für unser Zeitalter.

19./20. April 1941: • Jugoslawien besiegt

Gestern Mittag um zwölf Uhr ist die Kapitulation der gesamten jugoslawischen Wehrmacht in Kraft getreten. Knapp dreizehn Tage nach Kriegsbeginn hat eine ansehnliche und tapfere Armee die Waffen gestreckt.

Jugoslawien ist ein junger Staat ohne solides historisches Gefüge. Von den vierzehn Millionen seiner Gesamtbevölkerung stellt das Kernvolk, die Serben, nur etwa acht. Vier Millionen stellt der kroatische Landesteil, und der Rest verteilt sich auf Nationalitäten und Nationalitätensplitter von verschiedenster Herkunft und Vergangenheit. Kroatien ist ein besonders heikles Gebiet, nicht nur weil es konfessionell – als römisch-katholisch – und kulturell nach Westen neigt, sondern auch darum, weil es während der zwei Jahrzehnte der jugoslawischen Staatsexistenz zeitweise durch den Belgrader Zentralismus höchst ungeschickt traktiert worden ist; die bessere Einsicht kam wohl, aber sie kam reichlich spät.

24. Juni 1941: • Kreuzzug? Beutezug? Kriegszug?

Sofort nach dem Bruch der Achsenmächte* mit der Sowjetunion wird jetzt in der deutschen und in der italienischen Presse zugleich die Parole ausgegeben, der beginnende Russenkrieg sei ein Kreuzzug. Es *ist anzunehmen, dass eine Weltpropaganda mit dieser Kreuzzugsidee bevorsteht. In Wirklichkeit handelt es sich aber nicht um einen Kreuzzug in der üblichen Bedeutung eines ideologisch begründeten Krieges, sondern höchstens um einen «Hakenkreuzzug». Man hat Adolf Hitler, als er sich beim Kriegsausbruch vor zwei Jahren mit der Sowjetunion verständigte, zu Unrecht vorgeworfen, er gebe damit seine antibolschewistische Gesinnung preis. Ebenso falsch wie jener Vorwurf ist aber auch der heutige Versuch, eine militärische Offensive als antibolschewistische Gesinnungsoffensive zu drapieren. So wenig wie 1939 wird 1941 mit Weltanschauungen und auf Weltanschauungen geschossen.*

9. Dezember 1941: • Krieg überall!

«Gott ist allgegenwärtig», so lehrt die christliche Kirche. «Der Teufel ist allgegenwärtig», so könnte man ergänzend beifügen, wenigstens wenn man den Krieg und den Teufel identifizieren will, was für die geplagte Menschheit unserer Zeit ja wirklich nicht fern liegt. Aber, wie dem auch sei, jedenfalls ist durch den Überfall Japans auf die angelsächsischen Stützpunkte in Ostasien der europäische Krieg zu einer weltumspannenden Katastrophe geworden.

Mindestens in Amerika scheint man bestimmt damit gerechnet zu haben, dass Japan eine gewisse Vorbereitungsfrist zwischen dem Abbruch der Verhandlungen von Washington und den Kriegsbeginn legen werde. Entgegen all seinen Traditionen! Es hat 1904 den Krieg gegen Russland ohne Kriegserklärung mit dem Überfall auf die russische Flotte in Port Arthur begonnen. Es hat 1914 die nichtsahnenden Deutschen in Kiautschau überrumpelt und 1931 die Chinesen in der

---

*Achse Berlin – Rom, von Mussolini 1936 geprägte Bezeichnung für die enge Zusammenarbeit zwischen dem faschistischen Italien und dem nationalsozialistischen Deutschen Reich, durch den Dreimächtepakt 1940 zur Achse Berlin – Rom – Tokio erweitert.

Mandschurei. Wusste man dies in den Vereinigten Staaten nicht? Sicher hat man es gewusst! Dass man sich dennoch überfallen liess, kann nicht auf Unkenntnis der japanischen Gewohnheiten beruhen.

15. September 1943: • Das Chaos in Italien

*A*us der Leidensgeschichte Italiens sind zwei Daten festzuhalten: Am 25. Juli wurde Mussolini abgesetzt, am 3. September kapitulierte Marschall Badoglio, sein Nachfolger als Regierungschef, bedingungslos vor dem Oberkommandanten der Alliierten. Zwischen den beiden Daten hat das italienische Volk Schweres erlebt und erlitten, und seine Not ist noch nicht zu Ende.

Es hiesse aber die Geschichte fälschen, wenn man verschwiege, dass die Angelsachsen um jene Zeit herum in Italien nicht nur Hoffnungen erweckt, sondern auch Ängste erzeugt haben. Das geschah durch Churchills Unterhausrede vom 27. Juli, in der der britische Premier den Italienern eine Zwischenzeit in Aussicht stellte mit einem «Höchstmass von Stahl- und Eisenlawinen», «Kriegsschrecken nach allen Seiten» und «Braten in der eigenen Sauce.»

Diese Prophezeiung ist es nun, die in Erfüllung geht! Nur ist nicht Winston Churchill der Koch, der geschäftig in der italienischen Küche steht, den Bratspiess handhabt und mit der Kelle die Sauce über das Fleischstück träufelt, sondern das besorgen deutsche Marschälle mit Energie und Raffinement. Sie haben – um ohne Bild zu sprechen – die Frist zwischen dem Sturz Mussolinis und der Kapitulation Badoglios benützt, um von Italien zu besetzen, was irgend besetzt werden konnte. Sie haben den Alliierten das Odium zugeschoben, die wichtigsten italienischen Städte zu bombardieren.

Tragisch aber ist die heutige Lage für das unglückliche Italien. Es büsst schwer, nicht für seine Unfähigkeit, aus dem furchtbaren Chaos von 1943 einen gangbaren Ausweg zu finden, sondern dafür, dass es *im Jahre 1940 ohne Not und Zwang in den Krieg eintrat. Wer ihm für 1943 Vorwürfe machen wollte, müsste selber fähig sein zu sagen, wie sich Italien in diesen Tagen vor dem Verhängnis hätte retten können. So viel Phantasie haben wir leider nicht.*

7. Juni 1944 (Abendblatt): • Invasionsbeginn!

Die mit echter oder unechter Ungeduld erwartete Invasion Frankreichs hat in der Morgenfrühe des gestrigen Tages begonnen und ist in vollem Gange. Man ist nun also aus dem Gwunder über das «Wo und Wann». Die Antwort der Ereignisse auf die Frage «Wo?» lautet: an der Stelle, die man als «klassisch» bezeichnen könnte, weil sie unter den gegebenen Verhältnissen die natürlichste ist, dem Herzen Frankreichs am nächsten.

Die Antwort, die auf die Frage «Wann?» erfolgt ist, lautet: sofort nach der Einnahme von Rom. Ein dekorativerer, für die ganze Welt eindrucksvollerer Moment hätte nicht gewählt werden können. Der Glanz des erreichten Erfolgs bestrahlt den Beginn des grossen neuen Unternehmens. Es hätte auch anders kommen können. Welch scheussliches Vorzeichen wäre es gewesen, wenn am Vorabend der Invasion die Ewige Stadt in Trümmer und Asche gefallen wäre! Die moralische Depression wäre unvermeidlich gewesen, nicht nur für den katholischen Teil der alliierten Völker.

Manchmal fiel die Auswahl der Ausschnitte schwer, und ebenso schwer fielen die aus Gründen der vertretbaren Länge des Kapitels erforderlichen Auslassungen, weil viele Schilderungen und ihre Beurteilung sich auch im Nachhinein, sechzig, siebzig, achtzig Jahre später, auf eine verblüffende Weise als zutreffend erweisen, und Oeri ausserdem sehr dicht schrieb.

Natürlich sind anderseits nicht alle seine Berichte von gleicher Qualität – höchste Ansprüche lassen sich im journalistischen Tagesgeschäft nicht immer erfüllen, oft hängt das Gelingen eines Textes auch vom Ereignis und vom Thema ab. Oeri selbst schreibt in seiner Rückschau • «Vom eigenen Schaffen» über den «Flugsand», den er vielfach produziert habe und auch habe produzieren müssen, «weil einen der Tag an das Tagesinteresse bindet».

Gewiss, er war bei Weitem nicht der Einzige, der beispielsweise die grossen Tücken, um nicht zu sagen Dummheiten, des Versailler Vertrages erkannte,*[26] doch seiner Einschätzung und den Schlussfolgerungen ist das Prädikat «meisterlich» zuzuerkennen. Er sah den deutschen Revanchismus heraufziehen und klammerte sich gleichzeitig in seiner Sorge um Europa an jeden Hoffnungsschimmer, der sich im Völkerbund und an folgenden Konferenzen zeigte.

Die Haltung der Kirchen gegenüber dem nationalsozialistischen Dritten Reich war und ist immer wieder heftig umstritten. Der frühere katholische, in Fribourg lehrende Moraltheologe und spätere Professor für Sozialethik an der Universität Marburg, Stephan H. Pfürtner, schrieb als Angehöriger der Kriegsgeneration dazu: «Sie [die Kirchen] stellten keineswegs, wie einige Kirchentreue es heute wollen, ein geschlossenes Bollwerk des Widerstandes dar. Es ist nach meinen Erfahrungen zwar eine gründliche Verzerrung der historischen Tatsachen, die Kirchen pauschal der bewusst oder unbewusst betriebenen Kollaboration mit dem NS-Regime zu bezichtigen. Ebenso einseitig ist es jedoch zu übersehen, dass auch in ihnen die verschiedensten Geister den Versprechungen der Nationalsozialisten auf den Leim gegangen sind.»[27]

Im Weiteren ist Oeris Einschätzung der italienischen Kolonialpolitik und der abessinischen Kriegsgefahr ausserordentlich aufschlussreich, weil er wie immer die verschiedenen Interessen sorgfältig gegeneinander abwog. «Man bedenke immer, dass man

* Winston S. Churchill, «Die Torheiten der Sieger».

selber mitten drin steckt und nicht darüber schwebt», hat er einmal gesagt, und in der Tat: In diesem Tagesbericht zeigt sich, dass Albert Oeri ein Bürger seiner Zeit war. Noch bestanden 1935 die Kolonialreiche europäischer Staaten, und dass es keine dreissig Jahre mehr dauern würde, bis die althergebrachte Kolonialpolitik endgültig der Vergangenheit angehören würde, konnte damals nicht einmal er ahnen. So beklagte er um einer «historischen Gerechtigkeit» willen den Umstand, dass bei der «Verteilung der deutschen Kolonialbeute» im Jahre 1919 Italien unberücksichtigt blieb. Der «Tagesbericht» zur abessinischen Kriegsgefahr wurde, wie Albert Oeri selber berichtete, in einer Übersetzung dem äthiopischen Kaiser Haile Selassie I., dem «Negus» [König], unterbreitet, und der habe sich darüber «höllisch gefreut».[28]

Etwas merkwürdig dagegen berührt die Beurteilung Benito Mussolinis. Es mag sein, dass die klassische Bildung Albert Oeris seinen sonst so nüchternen Blick etwas verstellte. Sympathie für den Faschismus empfand Oeri nicht. Aber vielleicht dachte er an das republikanische Rom im Altertum, wo ein Diktator [Befehlshaber] als ausserordentlicher Magistrat zur Überwindung von Notstandssituationen ernannt werden konnte, und an Notstandssituationen herrschte auch in Italien zu Beginn der zwanziger Jahre kein Mangel. Diese Gedankenverbindung dürfte Mussolini durchaus entsprochen haben, träumte er doch von der Wiederherstellung des römischen Weltreiches. Oeri billigte ihm aussergewöhnliche politische Fähigkeiten zu, wie auch anderen Diktatoren, die er in einem Atemzug mit ihnen erwähnte, nämlich mit Lenin und dem Schöpfer der modernen Türkei, Mustafa Kemal Pascha, mit dem Beinamen «Atatürk». Hier erwies sich Albert Oeri auch als Realpolitiker: Er rechnete mit Mussolinis politischer Klugheit, den grossen Krieg sozusagen in letzter Minute zu verhindern. Fazit: Er hat ihn mit Sicherheit überschätzt und übersah anscheinend seinen Cäsarenwahn.

In den «Tagesberichten» zum Münchner Abkommen und zum Deutsch-Sowjetischen Nichtangriffspakt treten Albert Oeris profunde Kenntnisse der internationalen Politik und ihrer grossen Zusammenhänge in der Vorkriegszeit deutlich hervor; hier zeigen sich auch die reichen Erfahrungen, die er an den Völkerbundssitzungen und aus den dort sich ergebenden Kontakten gewinnen konnte.

In eine geradezu visionäre Fragestellung aber steigerte sich Oeri in seinem «Tagesbericht» vom 23. Oktober 1940 mit dem Titel «Die Lage der Juden». Hier stellte er – abgesehen von seiner tief menschlichen Anteilnahme – einmal mehr seine Fähigkeit zu scharfsinnigen Analysen unter Beweis: Nachdem er auf den überall um sich greifenden Antisemitismus hingewiesen hatte, konfrontierte er die westliche Welt mit seinen Festellungen, die in zwei entscheidenden Fragen gipfelten: «Wo sollen dann die Juden hingehen? Ans Ende der Welt?» – Die Antwort gab acht Jahre später die Geschichte, und sie lautete: Nach Israel. Und wieder einmal kann die Gegenwart nicht verstehen, wer die Vergangenheit nicht kennt.

Just dies zeigte im Zuge des Kriegsgeschehens eine weitere Analyse Albert Oeris, deren Richtigkeit sich im letzten Jahrzehnt des zwanzigsten Jahrhunderts manifestierte, nämlich die Erörterungen zum schwelenden Konflikt zwischen Serbien und Kroatien. Im Zusammenhang mit der deutschen Besetzung des damaligen Jugoslawien vermittelte Oeri seinen Lesern eine aufschlussreiche Information zu den Hintergründen des fragilen, später auseinandergebrochenen Staates.

Interessant schliesslich auch sein Hinweis zur alliierten Invasion von 1944 in Nordfrankreich, deren Datum er in Zusammenhang mit der Eroberung von Rom brachte – es kann sein, dass Oeri damit Recht hatte, doch wird dieser Zusammenhang – soweit sich dies feststellen lässt – sonst in keiner Darstellung jener dramatischen Ereignisse erwähnt. Der Einmarsch der Alliierten in Rom erfolgte am 4. Juni 1944, als Angriffstermin in der Normandie war ursprünglich der 5. Juni bestimmt. Voraussetzung für die Landung waren eine günstige Mondphase und Niedrigwasser. Mit einer ähnlich geeigneten Konstellation war erst wieder in 14 oder 28 Tagen zu rechnen. Die Offensive wurde aus witterungsbedingten Gründen um 24 Stunden auf den 6. Juni verschoben.[29] Wie auch immer: Oeris scharfsinnige Beurteilung entbehrte keineswegs der Logik.

Zukunftsweisend schliesslich war auch seine Überlegung im «Tagesbericht» vom 31. Oktober 1925, wonach sich die internationale Justiz nicht in ein paar Jahren lernen lässt. Eine solche Anmerkung straft jeden Hohn auf die beschränkte Handlungsfähigkeit internationaler Organisationen Lügen – der Weg zu einer internationalen Justiz, die Aggressionen von Staaten gegenüber anderen Staaten ahnden kann, ist lang, mühsam und dornig, doch auf die Dauer ist eine solche Justiz – Oeri lässt das mehrfach durchblicken – unverzichtbar, soll die Menschheit nicht wieder in grosse Katastrophen wie jene des Zweiten Weltkriegs gestürzt werden.

Albert Oeri feierte am 21. September 1945 seinen 70. Geburtstag. Sein in der vorliegenden Arbeit immer wieder erwähnter persönlicher Rückblick • «Vom eigenen Schaffen» erschien denn auch aus diesem Anlass. Danach sind – Irrtum vorbehalten – von ihm keinerlei journalistischen Beiträge mehr erschienen. Auch einen «Tagesbericht» zum Anbruch eines neuen Zeitalters mit dem Abwurf der Atombomben durch die amerikanische Luftwaffe auf die japanischen Städte Hiroshima und Nagasaki in der ersten Hälfte des Monats August 1945 sucht man vergeblich. Das ist auch nicht verwunderlich: Er weilte nämlich zu jener Zeit in den Ferien und las während «nasser Ferientage» ein «halbes Tausend» Tagesberichte durch. Einer der letzten «Tagesberichte» erschien in der Samstag/Sonntag-Ausgabe vom 4./5. August 1945 und behandelte unter dem Titel. «Das Ergebnis von Potsdam» die Dreierkonferenz. In diesem «Tagesbericht» hiess es unter anderem:

Ihr* erstrebter Friede soll dauerhaft werden. Dauerhaft auf lange Sicht kann eine Friedensregelung nur sein, wenn ihr Objekt, das geschlagene Volk, sich «bessert», und zur Besserung gehört die ehrliche Überzeugung, dass man nach Überwindung der ersten Schwierigkeiten ein nationales Leben leben kann, das wert ist, gelebt zu werden. Nach unserem Laienurteil wird sich diese Überzeugung nicht erreichen lassen, wenn das Potsdamer Programm durchgeführt wird. Es ermöglicht dem deutschen Volk für die nächste, aber auch für eine fernere Zukunft, kein lebenswertes Leben, sondern nur eine materielle und kulturelle Hungerexistenz.

Liess sich Albert Oeri bei der Abfassung dieses Textes von alten, schrecklichen Erfahrungen leiten? – War es die Resignation eines in ehrlicher Arbeit und Überzeugung alt gewordenen Mannes? – Es kam, wie wir heute wissen, zum Glück anders, als es Albert Oeri befürchtet hatte, doch ein beispielloser wirtschaftlicher Aufschwung war seit Hiroshima und Nagasaki begleitet von den dunklen Wolken der atomaren Bedrohung. Von seiner menschlichen Grundhaltung liess er sich trotz aller denkbaren düsteren Perspektiven nicht abbringen. So bereitete es ihm, wie seine Nachkommen versichern, eine grosse Genugtuung, in den letzten Jahren seines Lebens am weiterbreiteten «Schweizerischen Beobachter» mitzuarbeiten und so im Dienst breiter Volkskreise zu stehen.

Jedenfalls war Albert Oeri ein Journalist hohen Ranges. Sein Schaffen bildet einen wesentlichen Teil der Schweizer Geistes-

*Der Friede der Grossen Drei, damals Clement Attlee, Josef Stalin und Harry S. Truman.

und Literaturgeschichte und darf nicht der Vergessenheit anheimfallen.

Bolschewismus* oder Faschismus und Nationalsozialismus – zwischen Skylla und Charybdis

Das Bild von Skylla und Charybdis aus den Sagen des klassischen Altertums passt gut in eine Monographie über einen klassisch gebildeten Journalisten, wie Albert Oeri einer war. Von Skylla und Charybdis berichtet Odysseus auf seiner zehn Jahre dauernden Heimfahrt von den Kämpfen um Troja nach Ithaka mit dem Schiff, wobei er verschiedene Abenteuer und Widerwärtigkeiten zu bestehen hat.

Die Charybdis war ein täglich dreimal unter einem Fels hervorquellender mächtiger Strudel, der jedes Schiff verschlang, welches in seinen Rachen geriet. Aber gegenüber dem Felsen mit der Charybdis hauste in einer Höhle, schwarz wie die Nacht, das Ungeheuer Skylla. Es hatte zwölf unförmige Füsse und sechs Schlangenhälse, auf jedem grinste ein scheusslicher Kopf mit drei dichten Reihen von Zähnen, die sie fletschte, um ihre Opfer zu zermalmen. Noch nie war ein Schiff ohne Verlust an ihm vorübergekommen. Die Zauberin Kirke hatte Odysseus gewarnt, Skylla sei kein sterblicher Gegner, vielmehr ein unsterbliches Unheil; Tapferkeit vermöge nichts gegen sie, die einzige Rettung sei, ihr zu entfliehen.[30]

In den Sagenmotiven von Skylla und Charybdis haben altgriechische Kultur und Philosophie eine Grundsituation menschlicher Existenz versinnbildlicht, jenseits aller Ideologien. Und dieses Bild verdeutlicht ziemlich genau die Lage, vor die sich die westlichen Staaten, hauptsächlich die grossen europäischen Demo-

---

*Russisch, im kommunistischen Sprachgebrauch bis zu Stalins Tod im Jahre 1953 üblicher, seither seltener benutzter Sammelname für Theorie und Praxis des Sowjetkommunismus und der von ihm beeinflussten kommunistischen Parteien und sonstigen Organisationen des Weltkommunismus.

kratien, und vor allem auch die neutrale Schweiz, in den zwei Jahrzehnten nach dem Ersten Weltkrieg gestellt sahen. Sie pendelten politisch zwischen Rechts und Links, in der Furcht vor den Extremen sowohl des Bolschewismus als auch des Faschismus. Die Zukunft erscheint in jeder Epoche als ungewiss, doch die Zeit zwischen 1919 bis 1945 war für viele sogenannt «einfache Leute» und die von ihnen gewählten Politiker von grosser, beängstigender Unsicherheit bestimmt.

In den 1990er Jahren flammte die Diskussion um die Rolle der Schweiz im Zweiten Weltkrieg heftig auf. Die bisweilen leidenschaftlichen Debatten wurden ausgelöst durch die sich gelegentlich als diffus erweisende Haltung der Schweiz gegenüber dem nationalsozialistischen Deutschland, durch die damit verbundene Wirtschafts- und Flüchtlingspolitik und im Besonderen durch die Problematik der nachrichtenlosen, auf Schweizer Banken deponierten, hauptsächlich jüdischen Vermögen: Eine stolze, selbstbewusste Nation rieb sich verwundert und verärgert die Augen. Der glänzende Firnis auf einem hehren Bild trotzigen Widerstandes, welches sich insbesondere die Generation des militärischen Aktivdienstes von der Rolle der Schweiz im Zweiten Weltkrieg gemacht hatte, wurde rissig und blätterte zusehends ab, und auf dem Bild erschienen hässliche Flecken des Lavierens, das bisweilen bis zu einer Art vorauseilenden Gehorsams verkam. Und es kamen auch Kreise aus dem bürgerlichen Lager zum Vorschein, die klar mit dem Nationalsozialismus sympathisiert und sich von dessen frühen Erfolgen in der Bekämpfung der Arbeitslosigkeit und der auf Disziplin und Ordnung um jeden Preis ausgerichteten gesellschaftlichen Ordnung hatten blenden lassen. Im nationalsozialistischen Deutschland hatte die arbeitende Bevölkerung zu gehorchen, und sie wurde drastisch zur Pflichterfüllung angehalten. Dass dies auch der Auffassung einiger Schweizer Industrieller – und Offiziere! – entsprach und sie darin eine höchst erwünschte Alternative zum Zusammenschluss der Arbeiterschaft in Gewerkschaften erblickten, lässt sich leicht nachvollziehen. In ihren bewundernden Blicken auf Deutschland übersahen sie indessen einen wesentlichen Umstand, den der einstige britische Premierminister Winston Chuchill in seiner Geschichte des Zweiten Weltkriegs so beschrieb: «Während der Gefreite Hitler sich in München der deutschen Offizierskaste nützlich machte, indem er Soldaten und Arbeiter zu wildem Hass gegen Juden und Kommunisten aufhetzte, denen er die Schuld an Deutschlands Niederlage zuschob, bescherte ein anderer Abenteurer, Benito Mussolini, Italien ein neues Regierungssystem, das ihn selbst zu diktatorischer Macht gelangen liess, während er vorgab, das italienische Volk vor dem Kommunismus zu retten. Wie der Fascismus [auf diese Schreibweise wird weiter unten zurückzukommen sein] eine Folge des Kommunismus war, so entwickelte sich der Nationalsozialismus aus dem Fascismus.» An anderer Stelle schrieb er: «... während jedoch die Reichswehr die geordnete Struktur des Kaiserreichs repräsentierte und den feudalen, adligen, landbesitzenden und wohlhabenden Klassen der deutschen Gesellschaft Obdach bot, war die SA [Sturmabteilung der Nationalsozialisten] in hohem Mass eine revolutionäre Bewegung geworden, die durch die Unzufriedenheit aufgebrachter oder verbitterter Anführer und die Verzweiflung ruinierter Existenzen angefacht wurde. Zwischen ihr und den von ihr verschrieenen Bolschewiki bestand kein grösserer Unterschied als zwischen Nord- und Südpol.»[31]

Dass diese Beurteilung von einem konservativen Politiker stammt, mindert ihre Bedeutung nicht herab. Nach dem Zusammenbruch der Sowjetunion und der darauffolgenden politischen Wende im kommunistisch beherrschten Osteuropa gewährte der russische Germanist Lew Kopelew 1992 einem Mitarbeiter der «Basler Zeitung» ein Interview, in welchem er unter anderem erklärte: «Der Stalinismus/Leninismus hat den Faschismus nicht nur besiegt, er war auch an seinem Entstehen beteiligt. Das waren feindliche Brüder, die sich gegenseitig ergänzten. Das geschah bewusst und unbewusst ... Stalinismus und Faschismus rechtfertigen sich nicht gegenseitig, aber sie waren aufeinander bezogen.»[32]

Im Zusammenhang mit dem Thema dieses Buches lassen sich die damaligen komplexen Verhältnisse nur in groben Zügen umreissen, doch im Hinblick auf die folgenden Darstellungen ist ein solcher grober Umriss unabdingbar. Nur so lässt sich die Arbeit Albert Oeris gänzlich würdigen.

Illusionen von Rechts und Links

Die politische Auseinandersetzung in der Schweiz zu solchen Fragen folgte und folgt bis heute dem Argumentations-Muster zwischen «Links» und «Rechts». Die schweizerische Linke tritt entschieden für die Aufarbeitung zeitgeschichtlicher Vorgänge ein, die Rechte befürwortet diese Aufarbeitung ebenfalls, aber unter einem anderen, eben bürgerlichen Blickwinkel, ganz rechts stehende Politiker stehen ihr skeptisch bis ablehnend gegenüber, eifrig bemüht, das Bild der Haltung trotzigen Widerstandes in der militärisch abgesicherten Neutralität nach Möglichkeit zu bewahren. Dieses Bild aber lässt sich trotz aller Bemühungen in dieser Richtung nicht unbeschadet in die Zukunft retten.

Wieder sei auf Winston Churchill verwiesen – er musste es schliesslich wissen: «Im Zweiten Weltkrieg aber sollte nun alles Bindende zwischen den Menschen zugrunde gehen. Unter der Herrschaft Hitlers, von der sich das ganze Volk unterjochen liess, begingen die Deutschen Verbrechen, die an Ausmass und Verworfenheit auch in den düstersten Zeiten der Menschheitsgeschichte nicht ihresgleichen finden. Die Massenvernichtung von sechs oder sieben Millionen Männern, Frauen und Kindern durch systematisches Vorgehen in den deutschen Konzentrationslagern übertrifft an Grauenhaftigkeit die kurzerhand vollzogenen Schlächtereien des Dschingis-Khan und reduziert sie, im Verhältnis, auf ein zwerghaftes Ausmass. Absichtliche Ausrottung ganzer Bevölkerungen wurde im Krieg im Osten sowohl von Deutschland wie von Russland geplant und ausgeführt. Nachdem die Deutschen einmal das verabscheuungswürdige Bombardieren offener Städte aus der Luft begonnen hatten, übten die Alliierten mit ihrer ständig zunehmenden Schlagkraft zwanzigfache Vergeltung und erreichten den Höhepunkt mit den Atombomben, die Hiroshima und Nagasaki auslöschten.

Wir haben endlich ein Bild von materiellem Ruin und moralischer Verwüstung hinter uns gelassen, wie es niemals die Phantasie früherer Jahrhunderte verdüstert hatte.»[33]

Auch wenn hier der Standpunkt Grossbritanniens als einer der siegreichen Kriegsparteien zum Ausdruck kommt, so verdeutlicht dieses Zitat unmissverständlich das totale Desaster des Zweiten Weltkrieges. Und wer nun in Anbetracht eines solchen Desasters annimmt, dass die Schweiz, insbesondere als Teil der europäischen Welt und damit praktisch inmitten des Geschehens, durch die Beteuerung von Unabhängigkeit und von bewaffneter Neutralität mit fleckenloser weisser Weste daraus hervorgegangen sei, nährt eine fatale Illusion. Diese Illusion pflegen einerseits stolze Patrioten der Aktivdienstgeneration, anderseits aber pflegen auch Angehörige nachgeborener Generationen eine Illusion, indem sie aufgrund neuerer historischer Forschungen meinen, mit dem moralischen Zeigefinger auf die Weltkriegsgeneration zeigen zu können im guten Glauben, dass die Schweiz gelegentlich dem nationalsozialistischen Deutschland hätte die Stirn bieten und tapferer auftreten sollen. Das ist heute leichter gesagt, denn damals getan!

Die Haltung der Schweiz damals entsprach eben dem Gegenteil: Sie duckte sich, sie ging Kompromisse ein, sie wies hilfesuchende Flüchtlinge, vielfach Juden, an der Grenze ab. Es gab – Gott sei's geklagt – auch in der Schweiz einen latenten Antisemitismus und einen mehr oder weniger offenen, theologisch begründeten Antijudaismus (was nicht dasselbe ist wie der auf trübem Rassismus begründete Antisemitismus, in letzter Konsequenz jedoch auf dasselbe hinaus läuft) christlicher Kreise, und die damaligen Behörden zeigten sich willens, deutschen Wünschen zu entsprechen, wohl nicht zuletzt auch in der von Oeri im Falle anderer Länder registrierten Meinung, «in Deutschland gutes Wetter machen zu wollen» (vgl. S. 218). Das ist – um es gelinde auszudrücken – nicht eben grossartig, es entspricht nicht der vielbeschworenen humanistischen Tradition der Schweiz, und die verantwortlichen Behörden ahnten und wussten später sicher auch, welches Schicksal den an der Grenze abgewiesenen jüdischen Flüchtlingen bevorstand. Daraus zu folgern, sie hätten die Nationalsozialisten aktiv in ihrem verbrecherischen Ziel unterstützt, das Judentum gesamthaft zu vernichten, geht trotz allem zu weit. Vielmehr verschlossen sie die Augen vor den höchst unangenehmen Tatsachen – aus den Augen, aus dem Sinn; es ging eben in erster Linie darum, die Schweiz, wenn immer möglich, aus allen herauszuhalten!

Im Verlauf der entstandenen Diskussion um die Rolle der Schweiz im Zweiten Weltkrieg und in der Vorkriegszeit lastet die Linke nun die Verantwortung für diese oft zwiespältig erscheinende Politik in Zwischentönen den bürgerlichen Parteien an, die damals die Regierungsverantwortung trugen. Diesen und dem mit ihnen verbundenen Bürgertum sei es vor allem auch darum gegangen, den Sozialismus zu bekämpfen. Die Auseinandersetzungen über historische Arbeiten aus den 1990er Jahren erwecken oft den Eindruck, als seien sie eben aus dieser Optik abgefasst worden. Und Vertreter der Linken äussern unmissverständlich, dass sie, vor allem die Sozialdemokraten, damals «die einzige antifaschistische Kraft» gewesen seien.

Misstrauen und bürgerliche Ängste gegenüber dem Sozialismus

Dass die Sozialdemokraten eine wesentliche antifaschistische Kraft darstellten, ist unbestritten, dass sie «die einzige» waren, stimmt jedoch nicht. Eine ebenso entschiedene antifaschistische Kraft stellte im Gesamten unter anderen nämlich die Schweizer Presse dar, die sich oft genug gemassregelt sah. Der Schluss ist zulässig, dass die zahlreichen, hauptsächlich bürgerlichen Leser der «Basler Nachrichten», der «Neuen Zürcher Zeitung» und des «Bund» mit dem nationalsozialistischen Deutschland gar nichts am Hut hatten. Diese drei Zeitungen waren mit den Namen bekannter Redaktoren verbunden, alle entschiedene Gegner des Nationalsozialismus, neben Albert Oeri waren es Willy Bretscher und Ernst Schürch, um nur die drei neben vielen anderen zu nennen. Diese Tatsache straft denn auch die bisweilen herumgebotene Behauptung Lügen, wonach es für Deutschland gar nicht mehr erforderlich war, die Schweiz zu besetzen, weil sie sich schon «von selbst» angepasst habe.

Die Leserschaft der drei erwähnten Zeitungen und weiterer Blätter, unter ihr Gewerbetreibende, Handwerker, Kleinunternehmer und Bauern, wollte aber auch keinen sonstigen, wie immer gearteten Sozialismus, was letztlich ihr gutes demokratisches Recht war. In den Diskussionen um diesen Umstand glaubt man einen gewissen Vorwurf herauszuhören, weil sich das Bürgertum in der Zwischenkriegszeit einem so hehren Ziel wie dem Sozialismus widersetzte. Doch da gab es Erinnerungen, die

Bedenken und auch Ängste weckten: Da war die Oktoberrevolution von 1917 in Russland, die das Land in ein politisches und wirtschaftliches Chaos gestürzt hatte, und da war der im Jahre 1918 in der Schweiz ausgerufene Generalstreik, der als direkte Folge der russischen Ereignisse betrachtet wurde. Die Bürgerlichen und die sozialistische Arbeiterschaft fanden den Weg zum Verhandeln nicht, weil sie einander nicht trauten. So gewann in der damaligen Linken die revolutionäre Richtung die Oberhand; sie setzte sich zu einem Zeitpunkt durch, da die Revolution in Deutschland unmittelbar bevorstand. Diese begann am 9. November 1918 mit der Proklamation der Republik in Berlin (Dolchstosslegende*).[34]

In seiner «Schweizer Geschichte» schrieb Peter Dürrenmatt: «Einzelne Führer der schweizerischen Arbeiterbewegung [spürten] ihrerseits, dass sie mit der alten dogmatischen Einstellung nicht weiterkamen. Schon in den zwanziger Jahren spalteten sich die Kommunisten von der Sozialdemokratie ab. Aber es bedurfte noch über ein Jahrzehnt, bis sich diese selbst vom klassischen klassenkämpferischen Sozialismus lossagte und in die Mitarbeit an der Bundespolitik hineinwuchs, nachdem dies auf dem Gebiet der kantonalen Politik zum Teil bereits der Fall geworden war.»[35] Der Basler Historiker René Teuteberg vermerkte in der von ihm verfassten «Basler Geschichte» unter anderem: «Keine Basler Partei weist in ihrer Geschichte von 1900 bis 1980 solche Höhe- und Tiefpunkte auf wie die sozialdemokratische Partei Basel-Stadt; keine focht so heftige innere Kämpfe aus, keine erlebte so schmerzhafte Amputationen wie sie.»[36]

Es gab also für Bürgerliche triftige Gründe, gegen den Sozialismus zu sein, wobei sie sicherlich ihre Ablehnung wenig diffe-

---

* Dolchstosslegende: eine seit dem Herbst 1918 in Deutschland sich ausbreitende These, dass seinerzeit für den Kriegsausgang nicht das militärische Kräfteverhältnis an der Front, sondern das Versagen der Heimat – «Dolchstoss in den Rücken der siegreichen Truppen» – verantwortlich gewesen sei.

renzierten – sie waren und blieben misstrauisch. So dauerte es bis 1943, bis mit Ernst Nobs der erste Sozialdemokrat in den Bundesrat gewählt wurde. Die seinerzeitigen Forderungen des Oltner Aktionskomitees* waren zu einem guten Teil nur zu berechtigt und sind inzwischen im Grossen und Ganzen erfüllt. Aber die aussenpolitische Entwicklung war kaum dazu angetan, sich in der Zwischenkriegszeit mit sozialistischen Ideen anzufreunden. Albert Oeri schrieb im «Tagesbericht» vom 1. Januar 1921:

Der Kommunismus hat ja zum Glück einen furchtbaren Feind: das kommunistische Sowjetrussland. Es ist nicht gelungen, der westeuropäischen Arbeiterschaft die Zustände in jener Hölle auf Erden dauernd zu verheimlichen. Darum belehren sie jetzt echte Fanatiker und bezahlte russische Agenten dahin, jene Hölle sei keine richtige Hölle, sondern nur ein zeitlich begrenztes Fegefeuer. Einige Menschheitsgenerationen müssten zwar, einschliesslich der Arbeiterschaft, unter den Übergangszuständen härter leiden als unter dem verpönten kapitalistischen System, aber ihren Nachkommen sei dann der Himmel auf Erden sicher. Die westeuropäischen Arbeiter des 20. Jahrhunderts sind aber so materialistisch erzogen, dass sich ihre Mehrheit kaum entschliessen wird, zugunsten der Enkel oder Urenkel zu verhungern und zu vertieren.

In Sowjetrussland hatte Josef Stalin seine Mitbewerber verdrängt, zuerst Lew Trotzki, dann Grigorij J. Sinowjew und Lew. B. Kamenjew. Einen Augenblick lang drohten dem einflussreichen Generalsekretär der Kommunistischen Partei die Zügel zu entgleiten. Als die Sowjetunion an der Wende vom ersten zum zweiten Fünfjahresplan 1932 wieder von einer katastrophalen Hungersnot heimgesucht wurde, erklärte er seinen Rücktritt, den das

---

*Am 4. Februar 1918 zunächst als Kommission des Gewerkschaftsbundes und der sozialdemokratischen Partei gegründet, später unter dem Namen «Oltner Aktionskomitee» in die Geschichte eingegangen. Die ursprünglich im Juli 1918 dem Bundesrat unterbreiteten Forderungen zeigten noch kein revolutionäres Wollen.

Politbüro jedoch nicht entgegennahm. Stalin revidierte die bolschewistische Ideologie des Marxismus-Leninismus mit der Zielsetzung, den «Sozialismus in einem Land» – dem eigenen – aufzubauen. In den folgenden Jahren veranlasste der Generalsekretär blutige Säuberungen, bei denen das Leben seiner Kritiker und potentiellen Widersacher sowie Millionen unschuldiger Menschen ausgelöscht wurde. Eine neue Verfassung machte 1936 den Diktator zum unumschränkten Herrscher der Sowjetunion.[37]

Kann es nun verwundern, dass die Idee des Sozialismus, der wohl zahlreiche Gutgläubige nachhingen, in Verruf geriet und manche Forderungen von vornherein indiskutabel schienen? – Die bürgerliche Gesellschaft, vor allem in Europa und im Besonderen auch in der Schweiz, sah sich von einem revolutionären Strudel, der Charybdis vergleichbar, bedroht. Und so erwartete sie von ihren Politikern und Behörden, in der Schweiz vom Bundesrat, dass sie die Staatsschiffe wie weiland Odysseus seine Barke vor dem Strudel bewahrten:

«Ich denke, Zeus hilft uns aus dieser Not», erzählte Odysseus, «du aber, Steuermann, nimm alle deine Besinnung zusammen und lenke das Schiff durch Schaum und Brandung, so gut du kannst! Arbeite dich an den Fels hin, damit du nicht in den Strudel gerätst!» Und Odysseus fuhr fort: «Indessen waren wir mit dem Schiff ganz nahe an die Charybdis geraten; sie brauste wie ein Kessel über dem Feuer, und weisser Schaum flog empor, solange die Flut herausbrach; wenn sie dann die Woge wieder hinunterschluckte, senkte sich das trübe Wassergemisch ganz in die Tiefe, der Fels donnerte, und man konnte in einen Abgrund von schwarzem Schlamm hinuntersehen. Während unsere Blicke mit starrem Entsetzen an diesem Schauspiel hingen und wir unwillkürlich mit dem Schiff nach links auswichen, waren wir plötzlich der bisher nicht entdeckten Skylla zu nahe gekommen, und ihre Rachen hatten mit einem Zug sechs meiner tapfersten Genossen von Bord hinweggeschnappt; ich sah sie mit schwebenden Händen und Füssen zwischen den Zähnen des Ungeheuers hoch in die Lüfte gereckt; noch aus seinem Rachen heraus riefen sie mich hilfeflehend beim Namen, einen Augenblick später waren sie zermalmt. Soviel ich auf meiner Irrfahrt erduldet habe, jammervoller war niemals ein Anblick!»[38]

Starr den Blick auf den Schlamm der tosenden sowjetkommunistischen Charybdis gerichtet, geriet die westliche Welt in den Sog der braunen faschistischen Skylla, die mit ihrer ungeheuerlichen, furchterregenden Kriegsmaschinerie eine ebenso schreckliche Bedrohung darstellte. Was die schweizerische Politik angeht, war es diese Bedrohung, die vieles, was im Nachhinein zu Recht kritisiert wird, erklärbar, wenn auch nicht in jedem Fall entschuldbar macht.

Albert Oeris Sicht auf Sowjetrussland

Trotz alledem liess sich nun Albert Oeri nicht etwa dazu herbei, auf den deutschen Nationalsozialismus als wirkungsvolle Gegenkraft zum bedrohlichen Bolschewismus zu setzen. Solche Hoffnungen wurden in den westlichen Demokratien zu Beginn der dreissiger Jahre durchaus noch gehegt, so auch vom damaligen vatikanischen Kardinalstaatssekretär Eugenio Pacelli, der später mit dem Namen Pius XII. Papst wurde und sich vor allem aus religiösen Gründen gegen den atheistischen Bolschewismus (Gottlosen-Kommunismus) wandte. Dieser Sachverhalt erklärt unter anderem auch den frühzeitigen Abschluss des Konkordates der römisch-katholischen Kirche mit dem nationalsozialistischen Deutschland; über den Zeitpunkt dieses Abschlusses wunderte sich Albert Oeri in seinem «Tagesbericht» vom 3. März 1934 (vgl. S. 208). Pius XII. blieb in der Folge auch hinsichtlich seiner Haltung zur «Endlösung der Judenfrage»* äusserst umstritten, auch er tat das, was zu jener Zeit noch viele taten: Er blickte einfach weg.[39]

Dem Problem Sowjetrussland näherte sich Albert Oeri wie immer: nüchtern, sich an Fakten haltend und die Dinge beim

*1942: In Berlin fand die berüchtigte Wannseekonferenz zur Endlösung der Judenfrage statt.

Namen nennend. So schrieb er im «Tagesbericht» vom 22. Oktober 1927 zur sowjetischen Kollektiv- und Planwirtschaft:
In Russland haben die Festlichkeiten zur Feier des zehnjährigen Jubiläums der bolschewistischen Revolution begonnen ... Der Sowjetapparat ... muss das Rühmen und Beschenken an seinem Geburtstagsfest schon selber besorgen.

Man mag über den Sowjetstaat so viel Schlechtes sagen und denken wie man will, er hat eben jetzt doch zehn Jahre gelebt und dadurch eine Vitalität bewiesen, die ihm niemand von uns Westlern zugetraut hätte. Seine erfolgreiche Verteidigung gegen die innern und äussern Feinde wird die Weltgeschichte als eine der grandiosesten Leistungen menschlicher Intelligenz und Energie registrieren müssen. Im Oktober 1917 stand den führenden Bolschewiken als militärisches Machtmittel eine durch Niederlagen und Meuterei verlotterte Armee und als ziviler Rückhalt das Fabrikproletariat und das Hafengesindel einiger weniger Städte zur Verfügung, und auf dieser Basis haben sie einen Riesenstaat erobert und durchorganisiert, der den grössten Teil des vernichteten Zarenreichs umfasst.

Das Volk dieses Staatsgebildes haben die Sowjetmachthaber freilich nicht glücklich gemacht, nicht einmal in dem rein wirtschaftlichen Sinne, der ihren materiellen Glücksvorstellungen einzig entspricht. Das russische Volk ist miserabler dran als irgendeine andere, unter den Nöten der Nachkriegszeit leidende Nation. Das ist um so peinlicher, als ihm vor zehn Jahren der Himmel auf Erden versprochen wurde, wenn es die Autokraten, Aristokraten und Kapitalisten um Gut und Leben bringe. Es hat die gewünschten Räubereien und Mördereien begangen und ist ärmer denn zuvor.

Verschiedentlich äusserte sich Albert Oeri zur weiteren Politik Sowjetrusslands unter Josef Stalin, so im «Tagesbericht» vom 4. März 1943 mit dem Titel • «Das unlösbare Polenproblem»:
Zum Merkwürdigsten im diplomatischen Sektor der Zeitereignisse gehört der Streit, der sich um die künftige Grenze zwischen

Sowjetrussland und Polen erhoben hat. Zwischen der polnischen Exilregierung in London und Moskau tobt ein erbitterter Noten- und Pressekrieg. Und dabei steht beiden Parteien noch kein Quadratmeter des strittigen Bodens zur freien Verfügung! ... Die furchtbare Tragik für Polen liegt darin, dass in unserem herrlichen zwanzigsten Jahrhundert sich seine Gebietsverluste nicht wie im achtzehnten ohne oder doch mit erträglichen Blutverlusten vollziehen. Heutzutage wird die Nation nicht nur depossediert, sondern auch dezimiert. Darüber berichten nicht nur die erschütternden Angaben der Londoner Polenregierung über die deutschen Methoden, sondern auch das, was man im Dezember aus polnischer Quelle über das Schicksal der 1939 von den Russen nach Osten verschleppten Polen vernahm: von 1,87 Millionen Deportierten sind jetzt nur noch 0,37 Millionen auffindbar. Die anderen «hat der Mond gefressen», wie eine levantinische Redensart lautet. Heutzutage ist das «Auskämmen» missliebiger Völker Brauch, wie wenn deren Angehörige Läuse wären.

• «Tot oder scheintot?» lautete der Titel des «Tagesberichts» vom 25. Mai 1943, der wieder von Oeris Scharfsinn zeugt. Schon der Textausschnitt zeigt alle Vorzüge seines journalistischen Schaffens, auch die kräftige Prise Sarkasmus und ein Bezug zur Antike fehlen nicht:

Komintern, die 1919 unter sowjetrussischer Führung begründete III. Internationale, ist aufgelöst worden. Man wird sich schon so bestimmt ausdrücken dürfen, obwohl die offiziösen Moskauer Meldungen einstweilen nur Ausdrücke wie «Plan», «Vorschlag» oder «Empfehlung» verwenden. Es besteht ja kein Zweifel, dass Stalin die Auflösung wünscht, und da kann Komintern nur antworten: «Dein Wunsch ist mir Befehl!»

Um eine blosse Mogelei Stalins handelt es sich dabei nicht, sondern um einen sehr substantiellen Entschluss. Nur soll man diesen nicht überbewerten und etwa gar meinen, mit Komintern sei nun auch der Kommunismus tot. Komintern war nicht der Kommunis-

mus, sondern nur eine von dessen Existenz- und Wirkungsformen. Sie hatte ihre guten Jahre in der Zwischenkriegszeit und kann auf irgendeiner spätern Etappe der kommunistischen Weltaktion auch wieder einmal gute Jahre bekommen, nachdem sie fröhliche Urständ gefeiert haben wird.

Seit 1939 hatte sie weder fröhliche Jahre noch auch nur fröhliche Tage. Ihre ausländischen Vertreter standen in Moskau tatenlos herum. Stalin fand die armen Kerle zunächst unnütz, schliesslich sogar schädlich. Als die Sektion USA 1940 ihren Austritt nahm, gab er dazu seinen väterlichen Segen, weil sie wie in den meisten andern Ländern der Verbreitung des Kommunismus unter den organisierten Arbeitern schadete, solange man ihr «Abhängigkeit vom Ausland» vorwerfen konnte. Da Stalin selbst ein Propagandafachmann ersten Ranges ist, musste er sich auch mehr und mehr darüber ärgern, wie geschickt sein Konkurrent Goebbels die Angst vor Komintern auszunützen verstand, sowohl in den Achsenländern als auch in den Gebieten der Alliierten und der Neutralen (sic!). So legte Stalin also Komintern in den Eisschrank, und dort ist das einst so lebensfrohe Geschöpf nun jammervoll erfroren. Seine Apostel durften noch einmal zusammenkommen und das Sterbedokument unterzeichnen. A propos: es ist keine schweizerische Unterschrift dabei. Hat der Delegierte des schweizerischen Kommunismus die Unterzeichnung verweigert oder existiert in Moskau kein solcher mehr? Wie dem auch sei, die Schlusszeremonie muss melancholisch gewesen sein. In dumpfem Trauerchor, in den nur die Stimme der spanischen «Passionaria» Dolores Ibarurri eine höhere Note brachte, werden die Genossen das Lied angestimmt haben: «Wir hatten gebauet ein stattliches Haus»...

Und was wird Antikomintern machen, wenn es keinen Komintern-Bölimann mehr gibt? Eine gewisse Verlegenheit wird das schon geben, aber wir sind überzeugt, dass Herr Goebbels spielend mit ihr fertig wird. Für die angelsächsische Führung ist das Problem schon schwieriger. Man wird kaum darum herumkommen, einiges Ent-

zücken über die liebenswürdige Geste Stalins zur Schau zu tragen. Aber Churchill und Roosevelt [damals Präsident der Vereinigten Staaten] sind keine Kindsköpfe. Sie sind bisher trotz Komintern so weit mit Stalin zusammengegangen, als ihr Wille zu siegen es ihnen unumgänglich notwendig erscheinen liess, gerade wie Hitler von 1939 bis 1941. Dabei waren sie sich immer bewusst, dass Stalin nicht nur und nicht einmal in erster Linie der Exponent des modernen Marxismus ist, sondern namentlich auch der bewusste und energische Nachfolger aller grossen Zaren, der Erbe von deren Ansprüchen auf das halbe Europa und das halbe Asien. Auf dem Altar dieser Ansprüche hat er jetzt die arme Komintern geopfert wie weiland Agamemnon seine Tochter Iphigenie. Wie jener den trojanischen Krieg, so will er den heutigen Weltkrieg gewinnen, nicht für seine verehrten Verbündeten, sondern für sich und sein Sowjetrussland. Nach diesem Opfer wird er sicherlich kein bequemerer Bundesbruder sein, sondern seine territorialen Machtansprüche erst recht durchsetzen wollen.

Die «Grossen Drei»: Winston Churchill, Franklin D. Roosevelt, Josef Stalin. (v. r. n. l.)

Oeris Beurteilung der Lage und der Interessen Sowjetrusslands erwiesen sich nach dem Kriegsende 1945 als völlig richtig. Am 28. Juni 1943, also einen guten Monat später, schrieb er im «Tagesbericht» mit dem Titel • «Misstrauen und Solidarität»:

Eine russische Kundgebung zum zweiten Kriegsjahrestag hat den Verbündeten wieder in Erinnerung gerufen, dass sie nun mit einer europäischen Offensive an der Reihe seien, und zwar «unverzüglich»! Das nennen die Juristen, den Partner in aller Form «in Verzug setzen». Folgt er nicht unverzüglich, so wird ihm die Terminverpassung zu gegebener Zeit serviert werden.

Wann? Wahrscheinlich spätestens dann, wenn einmal die Zeit gekommen sein wird, für die Russland einen möglichst grossen Teil seiner Riesenarmee reservieren und darum nicht im Sommer 1943 als Kanonenfutter zur Verfügung stellen will. Das ist die Zeit des vorausgesetzten siegreichen Kriegsendes, die Zeit der grossen Beuteverteilung. Dann will sich Russland glimpflich oder unglimpflich den Löwenanteil sichern, nämlich nicht nur das Gebiet des alten Zarenreiches, einschliesslich aller Randstaaten, sondern darüber hinaus ein Glacis* nach Mitteleuropa hinein. Dem widerspricht die Versicherung Stalins nicht, er wolle gerne ein starkes Polen an seiner Seite haben. Das «starke Polen» wird im russischen Siegesfalle alle seine Ostprovinzen an die Sowjetunion abgeben müssen und dafür einen weiten ostdeutschen Gebietszuwachs bekommen, der es auf ewig mit Deutschland verfeindet; und zur mehreren Sicherheit wird es sich wohl sowjetisieren lassen müssen. Das wäre dann der neue polnische «Pufferstaat». Der alte war ein göttliches Gnadengeschenk für Deutschland, bis ihn Friedrich der Grosse und der Wiener Kaiser in ihrer Rapazität [Raubgier] vernichteten und dadurch zu Nach-

---

*Lateinisch-französischer Ausdruck aus der militärischen Fachsprache, bezeichnet ursprünglich eine flache Erdaufschüttung in Richtung feindliche Front vor dem Grabenrand einer Befestigung; hier umschreibt der Begriff den Gürtel von Satellitenstaaten, den Stalins Politik tatsächlich nach dem Zweiten Weltkrieg schuf.

barn des Weissen Zaren wurden. Den 1919 wieder errichteten polnischen Zwischenstaat hat zwanzig Jahre später Hitler vernichtet und sich dadurch zum solidarischen Nachbarn des Roten Zaren gemacht. Den Russenkrieg von 1941 hat er entfesselt, vielleicht entfesseln müssen, weil er einsah, wie gefährlich diese Nachbarschaft wurde. Um die Konsequenzen wird jetzt gerungen.

Nach Jahr und Tag aber werden einmal die Angelsachsen mit Russland um die Konsequenzen ihrer jetzigen Solidarität zu ringen haben. Stalin will sein Glacis nicht, wie manche Leute glauben, um panslawistischer Mystik und Sentimentalität willen haben, sondern weil er Russland im Westen rückenfrei machen will für seine asiatischen Pläne. Er ist Asiate und denkt asiatisch, grossasiatisch. Die Engländer und Amerikaner in Asien wieder Meister werden zu lassen, liegt ihm völlig ferne.

Abgesehen von der deutsch-polnischen, hoffentlich haltbaren Versöhnung trat alles so ein, wie Albert Oeri es kommen sah.

Fascismus – Nationalsozialismus – Faschismus

Das Wort «Faschismus» hat sich heute zu einem allgemeinen Begriff entwickelt, mit dem extrem nationalistische, nach dem Führerprinzip organisierte, antiliberale, antimarxistische, militaristische Bewegungen und Herrschaftssysteme bezeichnet werden. Das Wort hat eine Geschichte. Um allen Missverständnissen gleich von Anfang an vorzubeugen: Sinn dieser Ausführungen ist es nicht, die allgemein gewordene Bedeutung des Begriffs zu verdünnen oder gar zu verharmlosen.

Albert Oeri und so gut wie alle Historiker einer älteren Generation schrieben und sprachen vom «Fascismus». In dieser Schreibweise umfasste der Begriff eine Bewegung in Italien. 1914 war dort der «Fascio Rivoluzionario d'Azione Internazionalista» gegründet worden. Die Bildung eines Fascio – «fascio» bedeutet «Bündel», «Verband» oder «Bund» – war unter italienischen Radikalen seit den siebziger Jahren des 19. Jahrhunderts ein übliches Verfahren. Das wichtigste neue Mitglied des «Fascio Rivoluzionario» war der ehemalige Sozialistenführer Benito Mussolini.[40] Mussolini war geprägt durch die antiklerikalen und sozialistischen Traditionen seines Elternhauses. Im Jahre 1900 war er der sozialistischen Partei Italiens beigetreten, die ihn jedoch 1914 wegen seines revolutionären Aktionismus und seines Votums für den Kriegseintritt Italiens ausschloss. 1919 gründete Mussolini die «Fasci [Pluralform] di combattimento» [Kampfbünde], die 1921 zum «Partito Nazionale Fascista» umgewandelt wurden – der italienische «Fascismus» war geboren. Es handelte sich dabei um die erste bürgerliche Massenpartei Italiens, und im Mythos vom «Duce» fand eine verbreitete Sehnsucht nach Autorität, Führertum und Gefolgschaft Ausdruck.

In fast allen Staaten Europas gab es in den 1920er und 1930er Jahren entsprechende Bewegungen, in Deutschland war es der Nationalsozialismus, in der Schweiz der Frontismus. Auslöser waren die sozialen und politischen Veränderungen nach dem Ersten Weltkrieg und die Furcht vor der seit der russischen Oktoberrevolution von 1917 bestehenden Möglichkeit einer sozialen Revolution, und da war sie denn, die inzwischen wohlbekannte Wechselbeziehung zwischen Links und Rechts.

Im «Tagesbericht» Albert Oeris vom 5. Februar 1927 hiess es unter anderem:

Wodurch ist dieser Triumph des Fascismus möglich geworden? Wenn sich liberale und katholische Bourgeois unterworfen haben, so konnte man immer denken, dass diese Leute schliesslich über alle sachlichen und persönlichen Differenzen hinaus dem Fascismus eben doch zu grossem Dank verpflichtet seien, für die Rettung vor dem Kommunismus. Die roten Gewerkschaftsführer aber waren Feinde

Mussolinis schlechthin, doppelte Feinde, weil sie ihn nicht nur als erbarmungslosen Verfolger, sondern auch als abtrünnigen Genossen hassten ... Die fascistischen Gewerkschaften bieten dem italienischen Arbeiter sehr viel von dem, was ihm früher die sozialdemokratischen geboten haben. Und der fascistische Staat ist vom Manchester-Liberalismus gerade so weit entfernt wie der sozialistische Idealstaat. Er fühlt sich verantwortlich für die Volkswirtschaft, verpönt das «freie Spiel der Kräfte» und beansprucht absolute Eingriffsrechte in das Verhältnis zwischen Unternehmer und Arbeiter.

Wer an die Fähigkeit des Staates zur Lenkung der Volkswirtschaft glaubt, wird auch glauben, das gehe ewig so weiter. Wir sind der liberalen Wirtschaftslehre zugetan und glauben es darum nicht ... Nehmen wir einmal an, diese Probe ende mit dem Zusammenbruch des fascistischen Wirtschaftssystems. Was dann? Dann bleibt dem Fascismus immer noch ... ein Rettungsversuch übrig: die Flucht in den Krieg! Er wird dem Volk sagen, nicht sein Wirtschaftssystem sei schuld am wirtschaftlichen Unglück, sondern die engen Grenzen Italiens, der Mangel an Rohstoffquellen, und dann kommt die grosse Frage, ob das Volk das glaubt und in den Krieg geht.

Aber so weit ist die italienische Geschichte noch nicht. Heute triumphiert der Fascismus über den Zug von demütigen Büssern, der ihm aus den Toren der sozialistischen Gewerkschaftsfestung mit gesenkter roter Fahne entgegenwankt.

«Fascismus» schrieb Albert Oeri, abgeleitet von «Partita Fascista», also von «Fascio». Auch wenn er in seltenen Fällen den Begriff «Fascismus» für den Rechtsradikalismus schlechthin anwandte, so bezeichnete er in aller Regel die deutsche Variante mit ihrem ursprünglichen Namen, mit dem sie auftrat und unter dem sie auch ihre Schrecken verbreitete, nämlich als «Nationalsozialistische Deutsche Arbeiterpartei», abgekürzt NSDAP. Die deutschen Nationalsozialisten selbst bezeichneten sich nie als

Faschisten. Ihr Anspruch, eine «Volkspartei» zu sein, war insgesamt wohl zutreffend. Der Anteil der Arbeiter unter den Mitgliedern stieg nach 1930 auf bis zu dreissig Prozent an und rekrutierte sich überwiegend aus gewerkschaftlich nichtorganisierten Facharbeitern und Handwerksgesellen in Klein- und Mittelbetrieben.[41] Bemerkenswert ist in diesem Zusammenhang Albert Oeris «Tagesbericht» vom 28. Juni 1933 mit dem Titel • «Hugenbergs böses Ende»:

Nun hat der Nationalsozialismus auch seinen Bundesgenossen Hugenberg und dessen deutschnationale Partei vernichtet. Das ist sehr rasch gekommen. Man konnte bis gestern noch annehmen, dass vielleicht vorher noch das katholische Zentrum werde umgebracht werden. Nun fällt aber also diesem das Kyklopenprivileg zu, ... nämlich das Privileg, erst zuletzt gefressen zu werden. Lange wird es aber nicht mehr auf diese passive Mahlzeit warten müssen.

Der allgemeine Grund der Absetzung des Reichsministers Hugenberg liegt in der Tatsache, dass der Nationalsozialismus zu seiner Rechten so wenig wie zu seiner Linken andere Götter duldet. Im speziellen nennt das offiziöse Conti-Bureau als massgebend «Differenzen mit führenden nationalsozialistischen Wirtschaftspolitikern», und der «Völkische Beobachter» [Zeitung der Nationalsozialisten] spricht von einer «vom Nationalsozialismus weit abweichenden Wirtschaftsanschauung». Das ist klar genug. Hugenberg war eben ein Bürgerlicher, Hitler ist Sozialist. Schon vor Wochen, als der ehemalige Freund und Mitarbeiter Hugenbergs, Dr. Oberfohren, Selbstmord beging, schrieb ein führendes Naziblatt: «Der Bürger stirbt, so wie der Marxist gestorben ist. Ein freies Volk schafft sich selbst seine Formen, stellt sich selbst die Gesetze, nach denen es marschieren muss.»

Selbstredend konnte den Kommunisten und Sozialisten der Name «Nationalsozialistische Deutsche Arbeiterpartei» nicht gefallen; für sie waren die Wörter «sozialistisch» und «Arbeiter» mit positiven Werten besetzt – daher wichen sie auf die Bezeichnung «Faschismus» aus. Churchill vertrat die Auffassung, dass der Fascismus – auch sein Übersetzer benutzte diese Schreibweise – «der Schatten oder das ungeratene Kind des Kommunismus» war. Für ihn waren die beiden Bewegungen – der italienische Fascismus und der deutsche Nationalsozialismus – nicht einfach gleich, sondern verwandt, was nicht heissen soll, dass die italienische Variante letztlich wesentlich anders oder besser gewesen wäre als die deutsche; sie war vielleicht weniger brutal.[42]

Inzwischen hat sich die Schreibweise «Faschismus» als allgemeiner Begriff durchgesetzt, und mindestens alle politisch Interessierten wissen, was damit gemeint ist. Die obige Darstellung ist keineswegs nur Haarspalterei, denn gelegentlich verstehen dann doch nicht alle dasselbe darunter. Nach marxistischer Auffassung bezeichnet «Faschismus» nämlich in «kapitalistischen Industriegesellschaften eine bei sozialer, wirtschaftlicher und politischer Krisenlage angewandte Form bürgerlicher Herrschaft». Unter diesem Blickwinkel «ermöglicht der Faschismus die Zerschlagung der Arbeiterparteien und der Gewerkschaften, Senkung der Lohnkosten und Erhöhung der Rentabilität. Seine Funktion ist, auch in einer Krisenlage die bestehenden Eigentums- und Privilegienverhältnisse unter Preisgabe der politischen, aber unter Beibehaltung der sozialen Herrschaft aufrechtzuerhalten».[43]

Zum Sieg des Fascismus in Italien. Benito Mussolini umgeben von seinen Gesinnungsgenossen in Mailand, 1924.

«[Der Begriff Faschismus ist] wahrscheinlich mehr von seinen Gegnern als von seinen Verfechtern verwendet worden; für die Verallgemeinerung des Adjektivs auf internationaler Ebene waren erstere seit 1923 verantwortlich. Das Wort Faschist ist eines der am häufigsten benutzten politischen Schimpfwörter; damit sind Eigenschaften wie ‹gewalttätig›, ‹brutal›, ‹repressiv› oder ‹diktatorisch› assoziiert. Wenn aber Faschismus nicht mehr bedeutet als dies, dann wären beispielsweise kommunistische Regimes zu den faschistischsten zu zählen, und damit hätte das Wort keine spezifische Bedeutung mehr», schrieb der bedeutende Faschismus-Forscher Stanley Payne in seiner gründlichen, umfangreichen Studie zum Phänomen «Faschismus».[44] Das Zitat zeigt, dass der Begriff zwar eine höchst fragwürdige Vielfalt bezeichnet, jedoch keinen eindeutigen Inhalt umfasst und sich deshalb vorzüglich dazu eignet, den politischen Gegner zu diffamieren. In der politischen Auseinandersetzung resultiert daraus die unselige Dialektik zwischen Links und Rechts, die es häufig verunmöglicht, sachbezogen über ein Problem zu debattieren.

Es gehört zu den bedeutendsten journalistischen Leistungen Albert Oeris, dass es ihm gelang, sich in seinen «Tagesberichten» aus dieser Dialektik herauszuhalten. Das geht aus den abgedruckten Textausschnitten deutlich hervor. Er beobachtete und liess die Tatsachen für sich selbst sprechen. Darin lag einer wohl der Hauptgründe, weshalb die «Tagesberichte» als begehrte Information für die Leserschaft so aufschlussreich waren – er hat in seiner Rückschau dargelegt, wie er darauf bedacht war, sich vor keinen Karren spannen zu lassen. Ein bezeichnendes Beispiel dafür ist der Nachruf auf Bundesrat Giuseppe Motta. In den im Verlauf der vergangenen Jahre sowohl in den gedruckten als auch in den elektronischen Medien erschienenen Berichten zur Haltung der Schweiz in den 1930er und 1940er Jahren wurde und wird gewöhnlich in lakonischer Kürze erwähnt, dass «Giuseppe Motta

Mussolini und den italienischen Faschismus bewunderte». Das stimmt, und es ist nicht zu beschönigen. Es war von Motta auch nicht klug. Das hinderte Oeri jedoch nicht daran, ihm den bereits teilweise zitierten – man ist versucht zu schreiben ergreifenden – Nachruf (vgl. S. 363) zu widmen, obschon Bundesrat Motta für einen plakativen Antifaschismus «erledigt» war und ist.

Ob Motta, als er 1940 starb, die Sympathien für das faschistische Italien noch immer hegte, ist dem Verfasser nicht bekannt. Es kann sein, dass seine Sympathie für das faschistische Italien seinem südländischen Temperament und seiner Zuneigung zur italienischen Mentalität, zur Italianità, entsprang, die ihn schon in den 1920er Jahren die Fragwürdigkeit des Faschismus übersehen liess. Und der «Verwurzelung im universalistischen katholischen Christentum» (Oeri) entsprang wohl zu einem wesentlich Teil seine konsequente Gegnerschaft zum atheistischen Kommunismus. Er gehörte zweifellos zu jenen, welche in der entschiedenen Ablehnung der bolschewistischen Charybdis die grossen Gefahren der faschistischen Skylla nicht bemerkten oder nicht bemerken wollten.

So waren die Beziehungen der Schweiz zu Italien noch in den dreissiger Jahren weniger gespannt als zu Hitler-Deutschland. Peter Dürrenmatt meinte, dass Mussolinis Faschismus bis zum Vorabend des Zweiten Weltkrieges weniger nihilistische Züge aufwies als der deutsche Nationalsozialismus.[45] Mussolini und Hitler begegneten sich erstmals am 14. Juni 1934 in Venedig. Als der deutsche Reichskanzler in braunem Regenmantel und Filzhut aus dem Flugzeug stieg, wurde er von einer Reihe glänzender Faschistenuniformen empfangen, an deren Spitze Mussolini stand. Beim Anblick seines Gastes soll Mussolini zu seinem Adjutanten gemurmelt haben: «Non mi piace» (er gefällt mir nicht.). Er bezeichnete ihn nach dem Treffen als «geschwätzigen Mönch».[46] Tatsächlich geriet Italien erst nach anfänglichem Misstrauen gegenüber den deutschen Ambitionen in Südost-Europa und Österreich seit 1936/37 in den Sog des «dynamischeren» Partners. In seiner «Geschichte des Zweiten Weltkriegs» erklärte der Historiker Hellmuth Günther Dahms dazu: «Widerspruchsvoll entwickelte sich die von Hitler geschaffene Koaliltion. Wer ‹Nationalsozialismus› und ‹Faschismus› gleichsetzt, übersieht zumeist, dass Deutschland an Italien und Japan keine idealen Bundesgenossen hatte. Der Dreierpakt, den das Reich mit ihnen schloss [die «Achse»], hielt nur wenige Jahre.»[47]

Im «Tagesbericht» vom 11. Juni 1940 mit dem Titel • »Zur Kriegserklärung Italiens» schrieb Albert Oeri:

Der Duce will vor allem sein dem deutschen Führer gegebenes Wort halten: «Wenn man einen Freund hat, marschiert man mit ihm durch alles.» Dann will er die nationalen Aspirationen Italiens verwirklichen. Er setzt sich zum Ziel, «nachdem wir unsere Grenzen auf dem Festland festgelegt haben, auch unsere Grenzen über den Meeren festzusetzen.» Eine wichtige Definition! ... Und dann noch das ideologisch-universelle Kriegsziel: «Kampf der armen Völker gegen die Aushungerer, der fruchtbaren und jungen Völker gegen die unfruchtbaren und dem Untergang zuschreitenden Völker» oder, wie sich der «Völkische Beobachter», das führende Organ der verbündeten deutschen Nationalsozialisten, ausdrückt: «Der Krieg zur Niederwerfung der alten kapitalistischen und liberalistischen Weltordnung.»

Ähnliche Formulierungen liessen sich in der Vorkriegszeit durchaus auch aus der entgegengesetzten politischen Ecke vernehmen, doch so lauteten die Kriegsziele der Bösen. Mit seinem Scharfsinn hat sich Albert Oeri indessen auch Gedanken über die Kriegsziele der Guten – der Gegner Deutschlands, Italiens und Japans – gemacht, und es glänzte auch bei den «Guten» nicht alles wie lauteres Gold. Aus dem «Tagesbericht» vom 13./14. Dezember 1941 mit dem Titel • «Worum wird gekämpft?»:

Auch mitten im Sturm der militärischen Ereignisse lohnt sich gelegentlich ein Blick auf die Kriegsparolen der kämpfenden Parteien. Dafür bot sich gerade in dieser Woche wieder allerhand Anlass ... Man kämpft zu Lande, zur See und in der Luft mit furchtbareren Werkzeugen als je gegeneinander. Aber daneben glaubt man doch weder hüben noch drüben, das geistige Geschütz entbehren zu können.

Auf der angelsächsischen Seite lautet die gangbarste Parole «Verteidigung der Demokratie gegen die Diktaturmächte». Sie wollte schon von Kriegsbeginn an nicht ganz stimmen; denn Polen, der erste Staat, den zu verteidigen versucht wurde, war eine Militärdiktatur reinsten Wassers. Das galt später auch vom Griechenland des Generals Metaxas. Und vollends der Hinzutritt des Bolschewikenreiches raubte der propagandistischen Stützung auf das demokratische Prinzip einen wesentlichen Teil ihrer Berechtigung. Diese Woche hat sich dem angelsächsischen-russischen Konzern nun auch noch China angeschlossen. Fast unbeachtet wegen des sonstigen welthistorischen Hochbetriebes hat es am 8. Dezember durch seinen Aussenminister den Krieg gegen Japan, Deutschland und Italien verkündet. Nun: dieses China des Marschalls Chiang Kai-shek ist ebenfalls kein demokratischer Staat, sondern eine Militärdiktatur. Wenn man die Gesamtheit der an der Seite Grossbritanniens und Amerikas stehenden Völker überblickt, so kann man etwa die Hälfte als demokratisch, die andere Hälfte als diktatorial regiert einschätzen. Alle ringen um Staatsmacht und Staatsexistenz, aber nicht um Staatsformen.

Mit diesem Text bewies Albert Oeri seinen unbestechlichen Blick. Seinen Befund aus dem Jahre 1941 bestätigte fast fünfzig Jahre später Hellmuth Günther Dahms mit folgenden Worten: «Die von soziologisch interessierten Autoren unternommene Akzentverschiebung vom Staaten- zum Weltbürgerkrieg trifft nicht den Wesenskern der Ereignisse ... Ersten Rang hatte das Ringen der grossen Mächte um ihre Stellung im Weltgeschehen.»[48]

Es war für die restliche Welt und vor allem für die westliche klar, dass Hitler-Deutschland den gigantischen Krieg unter keinen Umständen gewinnen durfte. «Völkermord oder Massenmord in wahrhaft grossem Ausmass ist eine traurige Errungenschaft des 20. Jahrhunderts, von der Türkei, Russland, Deutschland und Kambodscha bis nach Afrika. Der einzigartige Beitrag der Nazis bestand in der Modernisierung des Prozesses, darin, den Massenmord effizienter und chirurgischer durchzuführen», schrieb Stanley Payne.[49]

Die nationalsozialistische Regierungszeit in Deutschland währte zwölf Jahre, gemessen an anderen geschichtlichen Zeitabständen eine kurze Zeit, doch es waren zwölf lange, entsetzliche Jahre, vor allem für die davon direkt Betroffenen. Der Zweite Weltkrieg ging – wie der obige Textausschnitt und das Zitat aus dem Buch von Dahms zeigen – weit über einen «antifaschistischen Kampf» hinaus, obschon er das sicherlich auch war und häufig eben auch so «etikettiert» wurde.

Albert Oeri und die Pressezensur von 1939 bis 1945

Im «Tagesbericht» vom 26./27. Mai 1945 – also nach Kriegsende – standen zwei Sätze Oeris, die keiner weiteren Erläuterung bedürfen. Der «Tagesbericht» trug den Titel • «Das deutsche Vakuum» und erörterte Probleme um die Bemühungen der westlichen Siegermächte, «den moralischen und politischen Seuchenherd im Zentrum Europas durch das Besetzungsregime zu sanieren». Die beiden Sätze lauteten:

Die Erziehung zur Demokratie ist nur möglich durch Demokratie. Und Demokratie ohne Pressefreiheit gibt es nicht.

Nun entwickelte sich das Problem der Pressefreiheit und der Pressezensur in der Schweiz schon in den Vorkriegsjahren, aber erst recht in den Kriegsjahren zu einer Art heisser Kartoffel. Die Behörden mussten sie in die Hand nehmen, und sie konnten sie nicht einfach weiterreichen, weil der immer mächtiger werdende Nachbar im Norden, das nationalsozialistische Deutschland, mit Argusaugen beobachtete, was denn nun in den Schweizer Blättern über das neu «erwachte» Reich und seine Regierung geschrieben wurde. Das hatte einen besonderen, einleuchtenden Grund: Die Zeitungen aus der Deutschschweiz waren die einzigen in deutscher Sprache erscheinenden Blätter, die dem nationalsozialistischen Zugriff entzogen waren, und die Pressefreiheit war in der despotischen nationalsozialistischen Politik nicht vorgesehen.[50]

Bürgerliche Schweizer Politiker und Journalisten nahmen gegenüber dem nationalsozialistischen Regime zunächst eine skeptisch abwartende Haltung ein, doch im Jahre 1934 – also schon rund eineinhalb Jahre nach der Machtübernahme – zeigte es beim sogenannten «Röhm-Putsch» sein wahres Gesicht. Von diesem Zeitpunkt an wurden die Berichte und Kommentare in den wichtigsten bürgerlichen Blättern zur Politik des Dritten Reiches zunehmend kritischer und ablehnender, selbstverständlich erst recht in den Presseorganen der Linken.

Unter der Bezeichnung «Röhm-Putsch» hatte die nationalsozialistische Propaganda eine von Reichskanzler Adolf Hitler befohlene Mordaktion gegen die Führung der SA, insbesondere gegen deren Stabschef Ernst Röhm, gerechtfertigt, dem Verrat und Homosexualität vorgeworfen worden waren. Mit den Erschiessungen von SA-Führern am 30. Juni 1934 hatte Hitler die Gelegenheit ergriffen, gleichzeitig missliebige Politiker, unter anderen auch Georg Strasser (vgl. S. 206), umzubringen. Durch ein Gesetz vom 3. Juli 1934 wurden die Mordtaten, denen rund 200 Personen (offiziell wurden 83 zugegeben) zum Opfer fielen, von der Reichsregierung nachträglich als «Staatsnotwehr» legalisiert.[51]

Es scheint, dass diese Erklärung in der bürgerlichen Schweizer Presse – so auch in den «Basler Nachrichten» – in den ersten Julitagen noch als halbwegs plausibel erachtet wurde. Doch bald wurden drei der grossen liberalen Schweizer Zeitungen, nämlich die «Neue Zürcher Zeitung», die Basler «National-Zeitung» und der Berner «Bund» von den deutschen Behörden wegen ihrer Berichterstattung über den Röhm-Putsch mit Verkaufsverboten belegt.

Bei den «Basler Nachrichten» gestalteten sich die Umstände etwas anders. Ihr Chefredaktor Albert Oeri weilte nämlich ausgerechnet Ende Juni 1934 in Berlin und berichtete von dort mit Datum vom 30. Juni folgendes:

Als ich gestern Nachmittag in Berlin ankam, war das erste, was ich las, ein gegen die schweizerische Presse gerichteter Artikel des «Angriffs», der wieder einmal nachwies, was die Schweizer Journalisten für Kindsköpfe sind, weil sie mit ihren Ferntastversuchen Gewitter aufspüren, die gar nicht in der Luft liegen, und über «verschärfte Spannungen zwischen S.A. und S.S.»* schwadronieren, usw. Ich kam mir wieder einmal ganz klein und hässlich vor, als richtiges politisches Kind.

So war ich denn heute um die Mittagsstunde in meiner Einfalt promptest zur Stelle, als Landespolizei und S.S. die Nester der meuternden S.A.-Führer aushoben. Als harmloser Taxipassagier fuhr ich in der Tiergartenecke hin und her und sah mir den ganzen «Türken» an: wie die einzelnen Abteilungen heranrückten und immer wieder verstärkt wurden, wie immer neue Munition herangeschafft wurde, wie im Gebüsch des Tiergartens Maschinenengewehre postiert wurden. Das Ganze sah sich wie eine harmlose Geländeübung an. Aussenstehende konnten nur an der zeitweise ganz ungewöhnlichen Verstopfung des Automobilverkehrs merken, dass doch etwas im Gange sei, was nicht zum normalen Strassenbetrieb der Grossstadt gehört.

*SS, eigentlich «Schutzstaffel», 1925 entstandene Sonderorganisation zum Schutz Adolf Hitlers und anderer NSDAP-Funktionäre, nach dem Röhm-Putsch als selbständige Gliederung unmittelbat Hitler unterstellt.

Nach 3 Uhr nachmittags hatte ich dann das Vergnügen, mit den herbeigeeilten Kollegen von der ausländischen Presse, die Darlegung Minister Görings über das Vorgefallene zu hören. Der Mann, der die Ereignisse dirigiert hat, strotze von Energie, zeigte aber vom ersten bis zum letzten Wort nicht die geringste Nervosität, auch beim allerletzten Wort nicht, als er sich an der Saaltür noch einmal umkehrte und mit lauter Stimme den Tod des ehemaligen Reichskanzlers Schleicher feststellte.

Für eine eingehende politische Bewertung der Vorgänge ist die Stunde noch nicht gekommen. Die Hauptsache aber liegt offen zutage: Unter Aufrechterhaltung der Autorität Hitlers ist die Mittelgruppe des Regimes dank der Wucht, mit der General Göring zugriff, geplanten Putschen von links und rechts zuvorgekommen und hat die zweite Revolution ruhig und kalt selbst gemacht.

Der Bericht Oeris war mit «(Privattel.)» gekennzeichnet. In der Einleitung, die sicherlich in einem beabsichtigten Kontrast zu den im Folgenden geschilderten Vorfällen stand, trat einmal mehr der für ihn charakteristische Sarkasmus zutage. Der Bericht erschien in der Ausgabe vom Montag, 2. Juli 1934. «*Verschwörerclique der S.A.-Führer von Hitler und Göring erbarmungslos vernichtet*», lautete die Kopf-Schlagzeile, über verschiedenen zusammengefassten Meldungen stand: «*Komplott Röhm-v. Schleicher – Stabschef Röhm verhaftet und abgesetzt – Schleicher tot. – Sieben hohe S.A.-Offiziere sofort erschossen.*» Albert Oeris Nachricht war mit «Eine taktische Glanzleistung General Görings» überschrieben. Der Leserschaft wurden also zunächst Tatsachen vermittelt.

Die «Basler Nachrichten» veröffentlichten in den nächsten Ausgaben weitere Informationen zu den Ereignissen in Deutschland, was offenbar für nationalsozialistische Augen schon wieder zu viel war: Am 5. Juli erschien die Mitteilung, dass die «Dienstag- und Mittwochausgabe» – also die Ausgaben vom 3. und 4. Juli – von den deutschen Behörden beschlagnahmt worden waren.

Ferner enthielt gleichentags das Blatt eine Notiz, dass «Einfuhr, Verbreitung und Verkauf der ‹Neuen Zürcher Zeitung› in Deutschland von den deutschen Regierungsstellen verboten worden sind, vorläufig für 14 Tage».

In der Samstag/Sonntag-Ausgabe vom 7./8. Juli 1934 schrieb dann Albert Oeri einen «Tagesbericht» mit dem Titel «Aussenpolitisches Nachspiel»:

Über die innerpolitischen Hintergründe der Aktion vom 30. Juni haben wir in einem Berliner Telegramm der Donnerstagnummer gemeldet, was wir selbst auf Grund ernsthafter Prüfung für richtig halten.

Über die aussenpolitische Seite der Angelegenheit haben wir uns darum nicht ausgelassen, weil uns Informationen von gleicher Qualität fehlen ... Wir kennen Dutzende von Varianten über Verbindung der und jener Verschwörer mit dem Ausland, aber darunter keine, für deren Richtigkeit wir einstehen könnten. Nachdem die Andeutung über die Vermittlertätigkeit einer obskuren Persönlichkeit zwischen den Verschwörern und dem Ausland gefallen war, war das Berliner Auswärtige Amt in der Lage des Heilands beim Abendmahl. Von den verschiedensten ausländischen Stellen wurde es mit der Frage bestürmt: «Herr bin ichs?» Wir haben aber nicht feststellen können, dass einer der fragenden Diplomaten eine bejahende Antwort erhalten hätte. Im Gegenteil: es ist abgewinkt worden.

Desto befremdlicher wirkt nun der deutsche Pressesturm, der am Donnerstag auf Grund einer Londoner Meldung der «United Press» gegen Herrn Barthou ausgebrochen ist. Warum den französischen Aussenminister hineinziehen? Die Differenzen zwischen Deutschland und Frankreich sind doch ohnedem gewichtig genug. Sie könnten aber, wenn der Ausfall gegen Barthou noch rechtzeitig abgeblasen wird, ganz wesentlich erleichtert werden, wenn man deutscherseits das betonte, was nicht geheimpolitische Romantik, sondern einfache Realität ist: die Tatsache, dass die Reichsregierung durch rechtzeitige

Unterbindung der geheimen Bewaffung der S.A. ihr Bestes getan hat, um einen schweren Stein des Anstosses im Bereich des Rüstungsproblems hinwegzuräumen. Immer wieder wurde Deutschland entgegengehalten, dass sein vernüftiger Anspruch auf eine ausgiebige Vermehrung und Ausgestaltung der Reichswehr nicht erfüllt werden könne, solange sich seine unkontrollierte Parteiarmee zusehends militarisiere. Nun leistet Reichskanzler Hitler den Gegenbeweis, indem er durch den Schlag vom 30. Juni zeigt, dass diese Entwicklung nicht von ihm, sondern von gegnerischen Verschwörern gefördert wurde. Warum nun die Auswertung dieser verbesserten aussenpolitischen Situation durch eine Spezialkampagne gegen den Träger der französischen Aussenpolitik, der in diesen Tagen mehr als je das Ohr Englands hat, stören?

Diesem «Tagesbericht» ist beizufügen, dass die SA im Januar 1933 viertausend Mann zählte; im Frühling 1934 hatte Röhm nahezu drei Millionen Mann(!) rekrutiert und ausgebildet. In seiner neuen Lage empfand Hitler das Anwachsen dieser riesigen Privatarmee als ungemütlich, dies umso mehr, als sein persönlicher Einfluss auf sie abnahm. Zwar beschwor sie ihre tiefste Loyalität und war ihm zum grössten Teil ergeben.[52]

Oeri versuchte in seiner Beurteilung wie immer von gesicherten Fakten auszugehen. Diesen Fakten entnahm er das Bestehen einer «Mittelgruppe» in der NSDAP und zählte offensichtlich auf deren politische Vernunft. Aber er irrte sich: Politische Vernunft gab es im nationalsozialistischen Deutschland nicht mehr. Vielmehr zeigte sich später, dass die Aktion von Ende Juni 1934 eines vor allem war, nämlich kriminell. In der Folge dieser Ereignisse ging die Schweizer Presse gegenüber dem Dritten Reich mehr und mehr auf Distanz. Der deutsche Gesandte, der spätere Staatssekretär Ernst von Weizsäcker, beklagte sich bei jeder Gelegenheit darüber, «dass die Schweizer Presse besonders deutschfeindlich schreibe». Dieselbe Nummer, in welcher der oben zitierte «Tagesbericht» erschien, enthielt unter der Rubrik «Neuestes» auf der Frontseite folgende Nachricht: «Angesichts der Schwierigkeiten, die der Einfuhr schweizerischer Zeitungen nach Deutschland gemacht werden, hat der Bundesrat gestern beschlossen, die Einfuhr und Verbreitung des ‹Angriffs›, der ‹Berliner Börsenzeitung› und des ‹Völkischen Beobachters› in der Schweiz vorläufig für vierzehn Tage zu untersagen.»

Als direkte Folge der verschärften Pressefehde blieben in Deutschland die «Neue Zürcher Zeitung», die «National-Zeitung» und der «Bund» in Deutschland verboten; die «Basler Nachrichten» konnten dort weiterhin vertrieben und verkauft werden. Sie traten gleichsam die Nachfolge dieser drei Blätter an, was zu der fast unglaublich erscheinenden Verbreitung im September 1934 führte (vgl. S. 187).

Das Blatt besass jedoch schon vor 1934 in Deutschland eine grosse und aufmerksame Leserschaft und entsprechenden Einfluss. Zur Haltung der deutschen Machthaber gegenüber der Schweizer Presse im Besonderen findet sich eine weitere aufschlussreiche Bemerkung im Buch von Julia Gauss: «Die nationalsozialistischen Druck- und Lockversuche häuften sich», schreibt sie, und weiter: «Ob dazu auch der Empfang Oeris bei Hitler und Goebbels am 10. Januar 1934 gehörte, steht dahin.»[53] Über diesen Empfang und den Inhalt allfälliger Gespräche wurde und wird viel gerätselt. Oeri äusserte sich – soweit dies nachprüfbar ist – nie dazu. Dass er sich beeinflussen liess, ist kaum anzunehmen, dass er bei der Gelegenheit dieses Empfangs versuchte, einen gangbaren Weg für die Verbreitung der «Basler Nachrichten» in Deutschland zu finden, liegt nahe, wobei für ihn gewiss nicht geschäftliche Interessen im Vordergrund standen, sondern vielmehr das Ziel, die Leser aus den Kreisen der Bekenntniskirche weiter zu bedienen.

Die zunehmende Verbreitung der «Basler Nachrichten» konnte dem NS-Regime nicht gefallen. Dazu der Historiker Walther Hofer: «Dass dies dem Propagandaminister [Joseph Goebbels] in die Nase gestochen hat, ist begreiflich. Als der Chefredaktor, Albert Oeri, sich auch noch geweigert hat, irgendwelche Konzessionen in bezug auf das Verhalten seines Blattes zu machen, waren die Tage der ‹Basler Nachrichten› Ende Juni 1935 ebenfalls gezählt.» Im «Tagesbericht» vom 4. Juli 1935 mit dem Titel • «Volksaufklärung in Deutschland» (vgl. S. 177) schimmern gewisse Erfahrungen durch. Der Empfang bei Hitler und Goebbels aber, sofern er denn tatsächlich stattgefunden hat, liefert deutlich den Nachweis, dass Albert Oeri auf der internationalen Ebene ein pressepolitisches Schwergewicht darstellte.

Am Ende des Jahres 1934 gaben die verantwortlichen Leiter der «Neuen Zürcher Zeitung», der «National-Zeitung» und des «Bund» bekannt, dass sie nicht bereit seien, sich irgendeinem deutschen Druck zu beugen. Sie stellten fest, «dass sie nicht in der Lage sind, ihre Schreibweise den ungewöhnlichen Anforderungen anzupassen, die für die Zulassung der deutschsprachigen neutralen Presse in Deutschland offenbar gestellt werden ... Sie lehnen es gleichfalls ab, aus geschäftlichen Erwägungen eine äusserlich besonders zurechtgemachte Auflage für Deutschland herauszugeben».[54] Der Grund, weshalb Oeri sich dieser Stellungnahme nicht anschloss, ist wohl darin zu suchen, dass er bemüht war, die Situation nicht noch zu verschlechtern, noch war ja seine Zeitung Ende 1934 nicht verboten. Anscheinend aber zog dies in der innenpolitischen Auseinandersetzung in der Schweiz falsche Schlussfolgerungen nach sich. Im letzten Abschnitt seines ‹Tagesberichts› vom 4. Juli 1935 ärgerte sich Albert Oeri:

Uns tut es freilich leid, von der deutschen Leserschaft Abschied nehmen zu müssen. Wir glauben, ihr während zweier Jahre einen ehrlichen Dienst geleistet zu haben, namentlich den kirchlich gesinn-

ten Reichsdeutschen beider Konfessionen. Ein gewisser Trost liegt für uns darin, dass nun wohl das blödsinnige, verlogene Geschwätz von den «Basler Nachrichten» als «Goebbelsblatt» aufhören wird, das durch eine in Basel oder Lörrach gedruckte reichsdeutsche Spezialausgabe dem Propagandaministerium in Berlin frone. Wir fronen nach wie vor keiner andern Herrschaft als der politischen Überzeugungstreue.

Eigens für Deutschland zusammengestellte «Spezialausgaben» bildeten möglicherweise ein deutsches Kompromiss-Angebot an die Schweizer Presse, der auch eine «Unterwürfigkeit den westlichen Demokratien gegenüber» vorgeworfen wurde.[55]

1938 erreichte die schweizerisch-deutsche Pressefehde im Zusammenhang mit dem «Münchner Frieden» und der Annexion der Tschechoslowakei einen neuen Höhepunkt. Das Abkommen von München fand in den Schweizer Zeitungen nicht den erwünschten Beifall, was deutscherseits zu einer regelrechten Kampagne gegen sie führte. Im Zentrum harscher deutscher Artikel standen die führenden bürgerlichen Blätter, nicht etwa die linken, die eine schärfere Sprache führten. Walther Hofer schreibt: «So erhielt die NZZ die fragwürdige Qualifikation zugesprochen, zusammen mit den beiden grossen Basler Zeitungen [den «Basler Nachrichten» und der «National-Zeitung»], abgesehen von den Kommunisten die einzige Kriegspartei Europas› gewesen zu sein.» Die «Münchner Neuesten Nachrichten» verstiegen sich zur Behauptung, diese bürgerlichen Zeitungen seien «mit dem Bolschewismus verbündete grosskapitalistische Organe».[56]

Die kompromisslose Haltung der Schweizer Presse gegenüber dem nationalsozialistischen Deutschland bereitete den höchsten Verantwortlichen der Schweizer Armee nicht geringe Sorgen. Walther Hofer: «Als kurz nach dem Anschluss von Österreich eine Sitzung der Landesverteidigungskommission, des obersten militärischen Führungsorgans in Friedenszeiten, stattgefunden hat, beklagten sich alle anwesenden Korpskommandanten über die Haltung der Presse gegenüber Deutschland.» Es war bei der überwiegenden Mehrzahl beileibe nicht Sympathie, die sie ihre Besorgnis ausdrücken liess, sondern offene und versteckte Drohungen, die aus dem Dritten Reich zu vernehmen waren. Adolf Hitler soll «höchst persönlich» durch die Schweizer Presse in Rage versetzt worden sein. Und nicht zuletzt meldete auch die Wirtschaft ihre Bedenken an. Sie verlangte von der Presse eine Zurückhaltung in der Kritik an den Diktaturstaaten Deutschland und Italien, da sie zu den wichtigsten Handelspartnern der Schweiz gehörten.[57]

Die pressepolitischen Vorgeplänkel und Auseinandersetzungen sowie selbstverständlich die Sorge um die Wahrung der politischen und militärischen Neutralität bildeten wohl eine der wichtigsten Ursachen für die Einführung der Pressezensur während des Zweiten Weltkrieges. Diese erfolgte durch einen «Bundesratsbeschluss betreffend den Schutz der Sicherheit des Landes im Gebiet des Nachrichtendienstes»; der Beschluss war vom 8. September 1939 datiert. Er erging also eine Woche nach dem Ausbruch des deutsch-polnischen Krieges. Artikel 1 lautete:

«Das Armeekommando wird beauftragt, zur Wahrung der innern und äussern Sicherheit des Landes und zur Aufrechterhaltung der Neutralität die Veröffentlichung und Übermittlung von Nachrichten und Äusserungen, insbesondere durch Post, Telegraph, Telephon, Presse, Presse- und Nachrichtenagenturen, Radio, Film und Bild zu überwachen und die erforderlichen Massnahmen zu treffen. Das Armeekommando bezeichnet die militärischen und zivilen Stellen, welchen diese Aufgaben übertragen werden.»

Über die Pressezensur wurde im Parlament verschiedentlich ausgiebig debattiert, erstmals schon am 5. Dezember 1939. Als Mitglied hielt Albert Oeri an dieser Sitzung des Nationalrates das bereits erwähnte, höchst bemerkenswertes Votum (vgl. S. 195).

Einige Passagen vermitteln ein Bild davon, welche Probleme für die Presse sich aus der Handhabung der Pressezensur ergaben:

Wir haben nun bei der Presse eine Anzahl ganz begründeter Sorgen. Vielleicht sind es nicht die gleichen wie zu Anfang des Krieges. Damals, als die Zensur auf Grund des Bundesratsbeschlusses vom 8. September in Kraft trat, machte es uns Sorgen, dass die Presse unter nicht fachmännische Aufsicht gestellt wurde. Und eine nicht fachmännische Aufsicht der Presse, das ist so eine Sache. In der Schweiz meint nämlich jeder Eidgenosse, dass er in Pressedingen sachverständig sei ... Aber ich will Ihnen offen gestehen, vielleicht ist das eine gerechte Strafe des Himmels dafür, dass wir von der Presse manchmal auch meinen, wir verstünden von allem etwas. Ich habe das nur gesagt, damit es nicht einer von Ihnen sagt; Sie denken es ja doch.

2. September 1939, Generalmobilmachung in der Schweiz.

Es gibt aber doch gewisse Voraussetzungen, die jeder Pressefachmann kennt, die aber den Nichtfachleuten einfach fehlen, auch wenn sie hochqualifizierte Juristen sind. Also ein oder zwei Beispiele: Die Presse hat ganz am Anfang der Funktion der Zensur die Mahnung bekommen, keine «unkontrollierten Nachrichten» zu bringen. Ums

Himmels willen: jeder von uns Unglücklichen von der Presse weiss doch, dass 99 %, ja 999,999 ‰ aller Nachrichten, die wir bringen müssen, eben wohl oder übel unkontrolliert sind. Das gilt selbst von den Heeresberichten. Wenn es z.B. heisst: «Verstärkte Artillerietätigkeit im Moselgebiet», so können wir das doch nicht kontrollieren. Das Wesen der Presse besteht ja gerade darin, dass sie unkontrollierte Nachrichten bringen muss.

Oder eine andere Weisung, in der es heisst, wir sollten uns der Vorwürfe fremden Regierungen gegenüber enthalten. Das war so formuliert: «Es darf insbesondere nicht vorkommen, dass, sei es in der Form, sei es dem Inhalt nach, Beleidigungen, Angriffe und Vorwürfe gegenüber fremden Regierungen, Staatsmännern und Völkern erhoben werden, oder gar dass sie verächtlich gemacht werden. Auch Zurechtweisungen, Belehrungen und Ratschläge gegenüber dem Auslande sind zu unterlassen. Jede derartige Äusserung ist gegenüber der Gewalt des sich vollziehenden Geschehens unnütz und wird mit Recht als Einmischung und Unfreundlichkeit empfunden.» Da kriegt es also das Ausland [lies: das nationalsozialistische Deutschland] schon schwarz auf weiss, dass seine Übelnehmereien rechtmässig seien. Es ist fatal, solche Papiere herauszulassen. Da muss man sich schon fragen: Wo fängt das an und wo hört das auf? Was sind «Vorwürfe», was ist beleidigende Kritik; ist das schon der Fall etwa bei blosser Gegenüberstellung von gewissen Dingen? Es heisst ja da «sei es in der Form, sei es dem Inhalte nach».

Am 30. November [1939] haben wir einen ausdrücklichen «Befehl» bekommen; da hiess es in der Ausfertigung an die Presse von Baselstadt und Basellland: «Ich bestätige Ihnen den heute Abend telephonisch bekanntgegebenen Befehl der Abteilung Presse und Funkspruch im Armeestab wie folgt: ‹Der gesamten Presse ist jede sachliche Kritik über das Vorgehen Russlands gestattet, unter Vermeidung unnützer Injurien. Ebenso ist zu vermeiden die Beschimpfung der Person Stalins.›

Das ist ja ganz vernünftig. Weshalb aber ist das ein «Befehl»? Man kann darüber diskutieren, was das heisst: «Vermeidung unnützer Injurien» gegen Herrn Stalin. Bei uns Presseleuten kann da der Gedanke auftauchen, es gebe auch «nützliche» Injurien. Also die Formulierung ist nicht ganz glücklich, aber als Weisung, wie man die finnische Angelegenheit behandeln soll, ist nicht viel dawider zu haben. Aber weshalb wird das der Presse als «Befehl» an den Kopf geschmissen? Das ginge doch auch als Weisung oder Mahnung. Wenn man einmal in einem relativ harmlosen Fall Befehle hinnehmen muss, muss man sie vielleicht in weniger harmlosen Fällen auch hinnehmen.

Mir wäre es eine besondere Beruhigung, wenn ich von Seiten des Bundesrates die Erklärung erhalten könnte, dass er gegenüber ausländischen Beeinflussungsversuchen jedenfalls fest bleiben werde. Das Nachgeben gegenüber solchen Beeinflussungsversuchen wäre nämlich gefährlich. Auch da weiss man wohl, wo es anfängt, aber nicht, wo es aufhört. Wenn man die Presse heute ein bisschen schurigelt, morgen ein bisschen mehr und übermorgen gar sehr, dann stellt sich allmählich ein falsches Bild im Ausland heraus, ein falsches Bild über unsere presserechtlichen Möglichkeiten. Man glaubt im Ausland, der Bundesrat könne die Verantwortung übernehmen für alles, was in der Presse überhaupt noch erscheint. Das kann er nicht, das ist unmöglich, da müsste man die Gesinnungsneutralität zwangsweise einführen. Der Bundesrat kann sich nicht für alles verantwortlich machen.[58]

Just um die Gesinnungsneutralität drehten sich letztlich diese Debatten. Die politische und militärische Neutralität der Schweiz konnte besonders nach Auffassung der grossen Mehrzahl ihrer Journalisten und Redaktoren, der führenden wie der anderen, keine Gesinnungsneutralität sozusagen automatisch nach sich ziehen.

Am 10. Mai 1940 überfielen die deutschen Armeen Belgien, Holland und Luxemburg, und am 25. Juni, nach dem Kriegseintritt Italiens am 10. Juni, schloss sich der Ring der Achsenmächte um die Schweiz. Im Herbst 1940 legte der schweizerische Gesandte in Berlin, Hans Frölicher, gesprächsweise im Korridor des Bundeshauses in Bern den Ablauf der Ereignisse so aus: «Die Weltgeschichte hat gesprochen.» Das nationalsozialistische Deutschland verkündete die «Neuordnung Europas». Für den Einbezug der Schweiz standen zwei Wege offen: militärische Operation oder Heimfall aus Resignation oder Anpassung. Das Deutsche Reich setzte vorderhand auf die zweite Möglichkeit und glaubte, sich das Opfer eigener Truppenbestände durch Drohdruck und Unterhöhlung des schweizerischen Widerstandswillens ersparen zu können.[59]

Die Schweizer Presse wirkte selbstredend diesem Vorhaben entgegen. Im Sommer 1940 versuchte Berlin, unter anderen die Chefredaktoren der drei führenden bürgerlichen Zeitungen, Albert Oeri von den «Basler Nachrichten», Willy Bretscher von der «Neuen Zürcher Zeitung» und Ernst Schürch vom Berner «Bund», zum Schweigen zu bringen. Schützenhilfe erhielt Berlin vom «Volksbund für die Unabhängigkeit der Schweiz», einer Organisation reaktionärer deutschfreundlicher Politiker, Industrieller und Militärpersonen. Am 21. Juni 1940 erhob ein Vertreter des «Volksbunds» die Forderung, die Redaktoren jener Zeitungen, die aussenpolitische Verhältnisse «einseitig und unrichtig» darstellten, seien auszuschalten. Gefordert wurde in dieser später als «Eingabe der Zweihundert» bekanntgewordenen Schrift zudem die «Beseitigung der in der Schweiz nicht bodenständigen parlamentarisch-bürokratischen Einrichtungen».[60]

Ferdinand Kugler erinnerte sich: «Dr. Oeri hatte aber nicht nur viele Freunde und Bewunderer; er hatte auch Gegner und Feinde, was sich zeigte, als 1939 der Zweite Weltkrieg, vor dessen Heraufkommen er ahnungsvoll gewarnt hatte, ausbrach. Oeri war einer jener Schweizer Journalisten, die auch in den schwärzesten Tagen des Jahres 1940 unerschütterlich und konzessionslos zu ihrer demokratischen Überzeugung standen und als wahre Humanisten immer wieder für die Menschlichkeit und ihre höchsten Anliegen eintraten; das trug ihm den Hass der totalitären Feinde der Demokratie ein. Seine Haltung war so klar und eindeutig, dass ihm deswegen die Ehre zuteil wurde, in jene ‹Proskriptionsliste› aufgenommen zu werden, welche schweizerische ‹Anpasser› aufgestellt hatten, jene Liste, welche alle die Journalisten umfasste, die einer raschen Anpassung an gewisse Grossraumideen im Wege standen.»[61]

Am 26. Oktober 1940 rügte Hans Frölicher in einem Brief an das Eidgenössische Politische Departement (so hiess das Eidgenössische Departement für auswärtige Angelegenheitem damals) den «Tagesbericht» Oeris vom 23. Oktober 1940 zur Lage der Juden (vgl. S. 218) unter anderem folgendermassen: «In einer Zeit, wo die Schweizer Regierung und alle guten Schweizer ihre Hauptaufmerksamkeit darauf richten sollten, alles zu tun, um die Unabhängigkeit unseres Landes durch eine kritische Periode zu retten, scheint es mir höchst unangebracht, dass der Leiter eines der angesehensten Blätter sich zum Anwalt der Juden gegenüber dem deutschen Antisemitismus macht und dadurch bei den massgebenden Kreisen in Deutschland Verärgerung hervorruft.»

Albert Oeri wurde zu einer Stellungnahme aufgefordert. Er habe, so erkärte er, den Artikel nicht geschrieben, *«obschon, sondern weil ich wie alle guten Schweizer meine Hauptaufmerksamkeit darauf richte, die Unabhängigkeit unseres Landes durch eine kritische Periode hindurchzuretten. Zur Wahrung unserer Unabhängigkeit gehört es meines Erachtens, dass unser Volk von der Nachahmung der antisemitischen Exzesse unserer Nachbarländer abgehalten wird. Angesichts der bei uns schon sehr regen antisemitischen Hetzerei nach ausländischem Vorbild scheint mir das direkt nötig.»* Die Schweiz dürfe *«nicht gar zu gleichgeschaltet aussehen: Stellen wir uns überhaupt stumm, so bedeutet dies eine traurige Kapitulation vor der unser Land überflutenden Propaganda. Dieser würde dann gar kein Damm in Gestalt der Schweizer Presse mehr gegenüberstehen.»* [62]

Im Jahre 1941 richteten deutsche Blätter wieder einmal heftige Angriffe gegen die Schweizer Redaktionen, die in ihrer überwiegenden Mehrheit von ihrem bisherigen Kurs nicht abwichen; deutsche Stellen waren auch sehr massvollen Äusserungen gegenüber äusserst empfindlich. Die schweizerischen Publizisten hätten – so hiess es – die «eiserne Frechheit», sich auf die These der schweizerischen Neutralität zu berufen, die den einzelnen Menschen nicht verpflichte. Theoretische Vergleiche mit Napoleons Russlandfeldzug genügten, um deutscherseits nervöse Ausbrüche hervorzurufen, und das von Albert Oeri im «Tagesbericht» vom 24. Juni 1941 verwendete Wortspiel «Hakenkreuzzug» (vgl. S. 219) trug den «Basler Nachrichten» das Zeugnis ein, «eines der aufgeblasenen schweizerischen Kantonsblätter» zu sein, die sich gerne als Weltblätter aufspielten.[63]

Welch angespannte Stimmung während der Kriegsjahre herrschte, lässt sich einmal mehr beispielsweise dem «Tagesbericht» vom 31.Oktober /1. November 1942 mit dem Titel
• «Liberias Neutralität» entnehmen:

In einem recht vehementen Artikel ihrer letzten Sonntagsnummer betitelt «Die Hüter der Neutralität», greift die «Frankfurter Zeitung» die Schweizerpresse wegen ihrer Stellungnahme oder vielmehr Nichtstellungnahme zu der Besetzung von liberianischen Häfen durch die Amerikaner an. Gutgläubige Leser, meint das Blatt, hätten erwarten dürfen, dass «die Gemüter der Schweizer schäumen vor Empörung, als am vergangenen Sonntag amerikanische Truppen die Häfen der Republik Liberia besetzten». Weiter: «Welch eine ausgezeichnete Gelegenheit für alle die feurigen Anhänger der Neutralität und von dem angebotenen Recht der kleinen Staaten, um ihre Leidenschaft in flammenden Anklagen gegen die Brecher dieses Rechtes verströmen zu lassen!»

Dazu ist in erster Linie zu sagen, dass, wie die «Frankfurter Zeitung» eigentlich wissen könnte, der Schweizerpresse unter dem kriegsbedingten Zensurregime das Schäumen vor Empörung und die flammenden Anklagen untersagt sind. Wer sich solches dennoch gestattet, verfällt der Beschlagnahme und wird in schwereren Fällen unter Vorzensur gestellt oder ganz verboten. Dagegen ist der Schweizerpresse immerhin erlaubt, das Kind beim Namen zu nennen, das heisst, ohne Schaum und Flammen völkerrechtliches Unrecht Unrecht zu heissen. Von dieser Möglichkeit haben wir in den Fällen Dänemarks, Norwegens, Hollands Belgiens, Luxemburgs, Griechenlands und Jugoslawiens Gebrauch gemacht. Aber nicht nur in diesen Fällen, sondern auch dann, wenn das Unrecht von der anderen Seite der kriegführenden Parteien ausging!

Im Deutschland wurden somit die Stimmung und die politische Haltung der Bevölkerung gegenüber dem Dritten Reich weiterhin mit pedantischer Genauigkeit registriert. Die Schweizer Behörden waren deshalb tunlichst bestrebt, das Ungeheuer Skylla nicht zu reizen, unter anderem eben mit der Handhabung der Pressezensur. 1941 und noch im Sommer 1942 befand sich Adolf Hitler auf der Höhe seiner Macht; die deutsche Wehrmacht beherrschte den europäischen Kontinent praktisch vom Nordkap bis nach Kreta, von der Atlantikküste bis weit nach Osten in die russischen Ebenen. Deutsche Truppen erzielten in Nordafrika beängstigende Erfolge – Ägypten und der Suezkanal befanden sich in «Sichtweite». Der in dieser Arbeit mehrfach zitierte Hellmuth Günther Dahms schreibt zum Jahre 1940: «Die Hegemonie des Reiches war eine Tatsache, aus der fast jeder Staat seine Folgerungen ziehen musste. Einige Regierungen hatten sich damit beeilt und sich noch während des Westfeldzuges angepasst ... Auch die Schweiz musste sich umstellen. Ihre Jäger hatten verirrte deutsche Flugzeuge abgeschossen. V-Leute der ‹Abwehr› wurden in Frauenfeld hingerichtet. Bei La Charité erbeutete Akten des französischen Oberkommandos enthielten Belege für neutralitätswidrige Absprachen zwischen dem Stab des Schweizer Generals Henri Guisan und Gamelins Hauptquartier. Dies alles konnte gegen die Eidgenossenschaft verwendet werden. Hitler beliess dem Lande jedoch seine Sonderstellung als Transitgebiet, Schutzmacht und Produzent hochwertiger Präzisionsteile.»[64]

Der Akzent dieses Zitats liegt auf dem Verb «musste». Die Schweizer Bevölkerung erwartete von ihrer Landesregierung nicht in erster Linie heldenhaftes Auftreten, sondern die Vermeidung jeglicher kriegerischer Handlungen auf dem schweizerischen Staatsgebiet. Also gab es nur die Möglichkeit, sich durch alle Gefährdungen, reale und denkbare, quasi «hindurchzuschlängeln». Mit der Idee etwa, dass es «süss und eine Ehre» sei, für das Vaterland zu sterben, hatte schon der Erste Weltkrieg ziemlich aufgeräumt. Furcht vor dem Krieg und seinen unsäglichen Leiden – es gab die lähmende Angst vor dem Luftkrieg und den als unbesiegbar erscheinenden deutschen Panzern – beherrschte weite Teile der Bevölkerung, nicht nur in der Schweiz.

Es ist leicht, manche Massnahmen und Kompromisse zu verurteilen, wenn man hinterher weiss, wie die Menschheitskatastrophe des Zweiten Weltkrieges ausgegangen ist. Nicht ausser Acht zu lassen ist schliesslich das Problem der Landesversorgung mit lebenswichtigen Gütern; da war die Schweiz auf das Entgegenkommen Deutschlands angewiesen. Es ist weiter einfach, vor vollen Fleischtöpfen über mögliche politische «Handlungsspielräume» bei Behörden und in der damaligen Wirtschaft zu reflektieren. Albert Oeris «Tagesberichte», die hautnah an der Wirklichkeit jener dramatischen Jahre entstanden sind, und die Auseinandersetzungen um die Pressezensur vermitteln ein anderes Bild als jenes, welches weite Möglichkeiten eines trotzig-diplomatischen Verhaltens suggeriert. Nicht zu übersehen ist nämlich gerade in diesem Zusammenhang die Tatsache, dass das nationalsozialistische Regime absolut unberechenbar war. «Man muss sich immer wieder vor Augen führen, wie verrückt und unberechenbar Hitler war», schrieb Rudolf Augstein 1991.[65]

Unter diesem Blickwinkel gewinnt auch die militärische Bereitschaft, deren Notwendigkeit in Anbetracht der lavierenden Politik der zivilen Schweizer Behörden auch schon bezweifelt worden ist, ihre Bedeutung zurück.

Im Sinne eines nicht ganz schlüssigen Vergleichs ist noch einmal Hellmuth Günther Dahms zum Jahr 1940 zu zitieren; der Text bezieht sich auf die Tage nach dem Zusammenbruch Frankreichs: «Dass die Briten damals von unbeugsamer Kampfentschlossenheit gewesen seien, ist Legende. Zahlreiche Schiffseigner hatten es abgelehnt, sich an der Rettungsaktion von Dünkirchen zu beteiligen; Kapitäne verweigerten samt ihrer Mannschaft eine zweite Fahrt über den Kanal. Die Stimmung war gedrückt. Man wusste, dass die Presseoffiziere des Generals Sir Frank Mason-MacFarlane keine realistschen Berichte (sic!) zuliessen und misstraute Worten, mit denen Churchills Informationsminister Duff Cooper den Rückzug vom Kontinent beschönigte.»[66]

Die betreffenden Schiffseigner und Kapitäne waren mit Sicherheit keine verkappten Nationalsozialisten – sie fürchteten ganz einfach den Krieg. Es ist leicht, nach Jahrzehnten darüber zu schreiben und zu sprechen, und sehr schwer, ihm zu begegnen, wenn man ihn vor Augen hat und Mut gefordert ist, der unter grauenhaften Umständen das Leben kosten kann. Und letztlich hängen – von Ausnahmen abgesehen – alle Menschen am Leben, es ist eine internationale menschliche Eigenschaft. Vor allem die britische Politik des «Appeasements», der Beschwichtigung also, gegenüber dem Dritten Reich in den 1930er Jahren war wesentlich auch psychologisch bestimmt – das britische Volk wollte keinen Krieg, das französische schon gar nicht (Mourir pour Danzig?).

Wenn die Lage jeweils ganz bedrohlich wird, müssen sich die Menschen dann – schon um der Selbstachtung willen – zum Widerstand aufraffen. So liess Albert Oeri in seinen «Tagesberichten» nie einen Zweifel an seinem persönlichen Widerstandswillen aufkommen, den weite schweizerische Bevölkerungskreise trotz furchterregender Bedrohungen mit ihm teilten und sich etwa hinsichtlich der Flüchtlingspolitik anders verhielten, als es die vom Bundesrat verordnete Staatsräson gebot. Unter dem Titel • «An der Jahreswende» schrieb Oeri am 31. Dezember 1942:

Nicht nur die kriegführenden Nationen selbst und deren unglückliche gefangene oder gequälte Opfer stehen unter diesem Zwang zur Geduld, sondern auch wir neutralen Schweizer. Wir wollen aber nicht nur geduldig, sondern auch Gott dafür dankbar sein, dass unser Anteil an der Kriegsnot noch nicht grösser geworden ist. Und wenn er im Jahre 1943 wachsen sollte, wollen wir uns mannhaft halten, sowohl die Armee unter den Fahnen als das Volk in den Städten und Dörfern.

Wie ein persönliches Vermächtnis erscheint schliesslich der letzte Abschnitt des «Tagesberichts» vom 31. Juli 1940 mit dem Titel • «Zur Demission Joseph Avenols».* Albert Oeri wusste sehr genau, wovon er hier schrieb:

Um zu glauben, dass ... aus dem heutigen Chaos eine perfekte internationale Rechtsordnung hervorgehen könne, dazu gehört ein Optimismus, den wir nicht aufbringen können. Trotz diesem Geständnis möchten wir jedoch an der Völkerbundsidee nicht verzweifeln; denn sie bedeutet die logische Krönung jeden Strebens nach einer weltumfassenden Friedensordnung. Der Schreiber dieser Zeilen war nie blindgläubig in bezug auf den Versailler Völkerbund und hat darum den Eintritt der Schweiz nach Kräften bekämpft. Er war aber ebensowenig blind für die grosse Summe von echter und auch prakti-

---

*Joseph Avenol war Generalsekretär des Völkerbundes und trat zu jenem Zeitpunkt zurück.

scher Friedensarbeit, die der Völkerbund in seiner guten Zeit geleistet hat. Weitaus am erspriesslichsten und fruchtbarsten kam uns immer die Gelegenheit vor, die der Völkerbund den Staatslenkern aus aller Welt zum persönlichen Zusammenkommen und Sichaussprechen bot. Es wäre schade, wenn diese Gelegenheit in der kommenden Nachkriegsperiode nicht mehr vorhanden wäre. Eine, wenn auch noch so lockere, internationale Organisation sollte immerhin aus den kommenden Friedensverträgen hervorgehen. Sonst werden unsere Kinder und Kindeskinder, nachdem unsere Generation alle Schrecken zweier grosser Länderkriege gesehen hat, die zehnfachen Schrecken der Grosskriege von Kontinent zu Kontinent erleben und deren Ende: die Niederlage Europas!

Letztlich bleibt die alte Frage offen, ob die Menschen je bereit sein werden, aus der Geschichte zu lernen ...

Raymond Petignat

Anmerkungen

Die Familie
1. Max A. Meier: Zur Geschichte der Familie Oeri im 15. Jahrhundert; in: «Festschrift Albert Oeri», Basel, 1945, S. 63.
   Emil Usteri: Zur Geschichte der Oeri von Zürich und Basel, in: «Zürcher Neujahrsblatt» 1978 und 1979.
2. Das «Schweizerische Künstler-Lexikon» von Dr. Carl Brun, II. Band, S. 489, Frauenfeld 1908, zählt in Zürich 10 Goldschmiede Oeri seit 1600 auf.
3. Anton Oeri, in: «Kunstdenkmäler der Schweiz, Stadt Zürich», IV. Band, 1. Teil, S. 362, Basel 1939.
4. Die Matrikel der Universität Basel, I. Band, S. 142, Basel 1951.
5. «Hans Jakob Oeri» im Katalog der Ausstellung «Facetten der Romantik», Olten 1999, S. 82ff.
6. Louise Vöchting-Oeri: Die Schwestern Schorndorff und ihre Nachkommen, Zürich 1941.
7. Werner Kaegi: Jacob Burckhardt, Band I, S. 4, Basel 1947.
8. Jacob Burckhardt: Briefe, Band I, S. 75ff.
9. Jacob Burckhardt: Briefe, Band VII, S. 313.
10. Horst Fuhrmann: Fern von gebildeten Menschen – Eine oberschlesische Kleinstadt um 1870, München 1989, S. 33ff.
11. Jacob Burckhardt: Briefe, Band IV, S. 177.
12. Jacob Burckhardt: Briefe, Band IV, S. 175.
13. Jacob Burckhardt: Briefe, Band IV, S. 241.
14. Alfred Hartmann: Erinnerungen. Hg. von Dr. W. Abt, Basel 1989, S. 26 und S. 65.
15. Werner Kaegi: Jacob Burckhardt, Band VI, S. 125.

Lehr- und Wanderjahre
1. Albert Oeri: Ein paar Jugenderinnerungen. In: Die kulturelle Bedeutung der komplexen Psychologie. Hg. vom psychologischen Club Zürich 1935, S. 542.
2. Alfred Hartmann: Erinnerungen. Hg. von Dr. W. Abt, Basel 1989.
   Friedrich Meyer: Das Humanistische Gymnasium Basel, 1889-1989, Basel 1989, S. 38.
3. Werner Kaegi: Jacob Burckhardt, Band VI, S. 125.
4. Th. Burckhardt-Biedermann: Geschichte des Gymnasiums zu Basel 1589-1889. Nachdruck zum Jubiläum 1989. S. 230.
5. Zeugnistabellen des Gymnasiums im STABS.
6. Dienstbüchlein von Albert Oeri im Archiv Dr. Jakob Oeri, Basel.
7. Edgar Bonjour: Geschichte der schweizerischen Neutralität, Bd. 4, Basel 1971, S. 80.
8. Jacob Burckhardt: Briefe, Bd. IX, S. 330.

9 Der Brief ist publiziert in: Antike und Abendland, Bd. XV, 1969.
10 Lebenslauf Albert Oeri (1941 geschrieben), S. 3. Im Archiv
    Dr. Jakob Oeri, Basel.
11 Das Thema Albert Oeri in der Studentenverbindung Zofingia hat Dr. Robert
    Develey behandelt und mir seine Akten aus dem Zofinger-Archiv zur
    Verfügung gestellt. Dafür sei ihm gedankt.
12 Ulrich von Wilamowitz-Moellendorf: Griechische Tragödien – Aeschylos –
    Agamemnon. Das Vorwort ist datiert vom 28.8.1899. Es wurde in die Auflage
    von 1926 übernommen.
13 Brief Alberts an den Vater vom 29. Oktober 1899. Archiv Dr. Jakob Oeri, Basel.
14 Wohlgemuthandel: 1889 war es zwischen Deutschland und der Schweiz
    zu einem Konflikt gekommen, weil die Schweiz einen deutschen Spion
    verhaftet hatte.
15 Die Anekdote erzählt Peter Dürrenmatt im «Basler Jahrbuch» 1952.
16 Briefe Albert Oeris aus Gotha. Archiv Dr. Jakob Oeri, Basel.
17 Briefe Albert Oeris aus Gotha. Archiv Dr. Jakob Oeri, Basel.

Der Historiker

1 Lebenslauf A. Oeri, 1941, S. 3, Archiv Dr. Jakob Oeri, Basel.
2 Festschrift, S. 9.
3 Festschrift, S. 307.
4 a.a. O., S. 640.
5 Der Revisionsgeneral Rolle, Basel 1936, S. 46.
6 NZZ, 4. Juli 1933.
7 Manuskript vom 21. März 1908, Archiv Dr. Jakob Oeri, Basel.
8 a.a. O., Archiv Dr. Jakob Oeri, Basel.
9 Manuskript des Vortrags im Archiv Dr. Jakob Oeri, Basel.

Der Kunstfreund

1 Die Literatur über öffentliche Förderung der Kunst in Basel wurde durch
    den Aufsatz von Yvonne Boerlin-Brodbeck in: Basel – Geschichte einer
    städtischen Gesellschaft, Basel 2000, wesentlich bereichert.
2 Jacob Burckhardt arbeitete in den Jahren, als Albert ihn oft besuchte, an
    dem Aufsatz «Die Sammler». Vielleicht wurde Oeri dadurch angeregt,
    im «Kunstverein» und in der «Kunstkredit-Kommission» tätig zu werden.
    Aus den Jahren 1929 und 1930 gibt es kurze Berichte von Museumsbesuchen
    während Reisen. Darin äussert sich Oeri, wie sein Grossonkel, teils lobend,
    teils sehr kritisch über einzelne Maler.
3 Albert Oeri: Arnold Böcklin und Jacob Burckhardt, in: Süddeutsche
    Monatshefte, München, März 1911. Vgl. auch Dr. R. Oeri in: Basler
    Jahrbuch, 1917, S. 252ff.
4 Süddeutsche Monatshefte, München, August 1914.

5 Über die Tätigkeit des Vereins berichtet die jährliche «Berichterstattung».
6 Peter Zschokke: 50 Jahre Basler Kunstkredit, Basel 1969.
  Kunst für Basel. 75 Jahre Kunstkredit Basel-Stadt, hrsg. vom Erziehungsdepartement.
7 Basler Nachrichten, Juni 1923. Nr. 271-273.

Der Lokalpolitiker

1 Basler Nachrichten (=BN), 15. Februar 1905, Nr. 46.
2 BN, 9. Oktober 1904, Nr. 277 «Basel und die Verhältniswahl».
3 BN, 22. Dezember 1905, Nr. 351 «Liberaler Diskussionsabend über Streikfrage».
4 BN, 4. September 1907, Nr. 240 und 27. November 1907, Nr. 323.
5 Ratschlag 1680, signiert Dr. A. Oeri, 28. November 1908.
6 Grossratsprotokoll 11. März 1909, Behandlung des Regierungsberichts.
7 BN, 9. und 11. April 1909, Nrn. 97 und 98.
8 Grossratsprotokoll 9. und 11. Mai 1909 und BN gleichen Datums, Nrn. 125 und 127.
9 Grossratsprotokoll, 16. Dezember 1909, Ratschlag 1687, erste Lesung 14. Januar 1910 und Ratschlag 1722.
10 Grossratsprotokoll 13. Juli 1911, ferner zB. 12. November 1914.
11 Grossratsprotokoll 16. April 1914.
12 Markus Bolliger: Die Basler Arbeiterbewegung im Zeitalter des Ersten Weltkrieges und der Spaltung der Sozialdemokratischen Partei, Basler Beiträge zur Geschichtswissenschaft, Herausgegeben von Edgar Bonjour und Werner Kaegi, Basel und Stuttgart 1970.
13 BN, 26. August 1916, Nr. 434.
14 Grossratsprotokoll 12. Oktober 1916, Beantwortung der Interpellationen zum Demonstrationsverbot vom 3. September 1916.
15 BN, 1. September 1916, Nr. 443 «General Wille in Basel».
16 BN, 4. September 1916, Nr. 449 «Militärisches» und «Der Rote Sonntag»: sei in Basel, Zürich und Bern ruhig verlaufen.
17 Grossratsprotokoll 30. November 1916.
18 Grossratsprotokoll 21. Dezember 1916.
19 Grossratsprotokoll 10. Mai 1917.
20 Grossratsprotokoll 28. Juni 1917.
21 Markus Bolliger, wie Anm. 12, S. 81f.
22 Grossratsprotokoll 28. Juni 1917, Ratschlag 2097.
23 Grossratsprotokoll 5. Juli 1917.
24 BN, 12., 13., 14., Juli 1917, Nrn. 349, 350, 351.
25 BN, 17. Oktober 1917, Nr. 523, Ratschlag 2109.
26 Grossratsprotokoll 25. Oktober 1917 und BN, 26. Oktober 1917, Nr. 540.

27 Grossratsprotokoll 8. November 1917 und BN, 9. November 1917, Nr. 562. Die drei ersten Frauen erhielten die meisten Stimmen: Frau Bieder und Frau Thiersch je 75, Frau Münch 72 Stimmen.
28 Grossratsprotokoll 15. November 1917 (Bundesratsbeschluss vom 2. Februar 1917).
29 Grossratsprotokolle: 4. Juli 1918: Oeri verhielt sich zunächst zögerlich, stimmte dann aber doch einer Delegation des Rates nach Bern zu. 22. Januar 1920: Oeri für 3 Rp, Glatz für 6-7 Rp. Staatsbeitrag an den Milchpreis. 10. März 1920: Schneider für Verstaatlichung des Milchkonsums.
30 Grossratsprotokoll 5. Juni 1919.
31 Markus Bolliger, wie Anmerkung 12, S. 301f.
32 BN, 9. Mai 1920, Nr. 196.
33 Grossratsprotokoll 27. Mai 1920.
34 Grossratsprotokoll 20. Mai 1920.
35 Grossratsprotokoll 8. Juli 1920.
36 Grossratsprotokoll 24. Juli 1920.
37 Grossratsprotokoll 16. Juni 1921.
38 Grossratsprotokoll 31. März 1921.
39 BN, 14. September 1922, Nr. 394.
40 BN, 15. September 1922, Nr. 395.
41 BN, 6. Oktober 1922, Nr. 431.
42 Grossratsprotokoll 30. November 1922.
43 BN, 11. September 1923, Nr. 422, vgl. auch BN, 18. Oktober 1923, Nr. 487 und 25. Oktober 1923, Nr. 499.
44 Grossratsprotokolle 6. und 13. März 1924 und BN, 13. März 1924, Nr. 125.
45 Dem Rat in der folgenden Sitzung vorgelegt: Grossratsprotokoll 30. Juni 1921.
46 Grossratsprotokoll 11. Mai 1921.
47 Grossratsprotokolle 13. Dezember 1916 und 21. Dezember 1917.
48 Grossratsprotokoll 3. Juli 1919. Volksabstimmungen: 26. Februar 1920, 12. Mai und 2. Juni 1927.
49 Protokoll der Inspektion der Frauenarbeitsschule, 27. Januar 1926.
50 Protokoll des Erziehungsrats, 22. März 1926.
51 Protokolle des Erziehungsrats, 22. März und 16. April 1926.
52 Inspektion der Frauenarbeitsschule, Sitzung vom 28. April 1926.
53 Protokoll des Erziehungsrats 14. Mai 1926.
54 BN, 15./16. Mai 1926, Nr. 131, über die Grossratsssitzung vom 14. Mai 1926.
55 BN, 30. Juni 1926, Nr. 176, über die Grossratssitzung vom 30. Juni 1926.
56 Ratschlag 2817, Diskussion in BN, 9. Juni, Nr. 156 ausführlich wiedergegeben.
57 Ratschlag 2817: Bericht der zweiten Kommissionsminderheit, zu Art. 41: signiert Dr. A. Oeri.

58 Ratschlag 2915 vom 14. Februar 1929.
59 Grossratsprotokoll vom 1. März 1929, Schulgesetz zweite Lesung, Diskussion im Rat: BN, 2./3. März 1929, Nr. 60.
60 Grossratsprotokoll 21. März 1929 und BN, 22. März 1929, Nr. 80. Über das «Rote Treffen» ausführlich: Willi Gerster, Sozialdemokraten und Kommunisten in der Konfrontation, Basel 1980, S. 127-141.
61 Grossratsprotokolle vom 4. Oktober und vom 22. November 1928.
62 BN, 16. Dezember 1927 Nr. 346.
63 Grossratsprotokoll 8. Oktober 1931 und BN, 9. Oktober 1931, Nrn. 276 und 277. Bei der Schrift von Emil Dürr handelt es sich um: Neuzeitliche Wandlungen der schweizerischen Politik – Eine historisch-politische Betrachtung über die Verwirtschaftlichung der politischen Motive und Parteien, Basel 1928.
64 Grossratsprotokoll 29. Oktober 1931 und BN, 30. Oktober 1931, Nr. 298.
65 Grossratsprotokoll 25. Februar 1932.
66 BN, 25. und 26. Februar 1932, Nrn. 55 und 56.
67 Grossratsprotokoll 9. März 1933.
68 Grossratsprotokoll 21. März 1933 und BN, 21. 22. 23. März 1933, Nrn. 181 und 182.
69 BN 23. März 1933, Nr. 82: «Sozialdemokratische Protestversammlung. Regierungsrat in der Höhle des Löwen».
70 Charles Stirnimann: Das Rote Basel 1935-1938, Basel 1988. Die Proteste und Polizeieinsätze werden ausführlich geschildert. Bei dem «Täter» in Riehen handelte es sich um den Redaktor der Arbeiter-Zeitung, Werner Hungerbühler. Stirnimann S. 154.
71 Grossratsprotokoll 27. April 1938.
72 Grossratsprotokoll 13. Juli 1933 und BN, 14. Juli 1933 Nr. 190.
73 Grossratsprotokolle: 12. Januar: Der Evangelische F. Scheurer verlangte die Aufhebung des Erziehungsratsbeschlusses; 9. Februar: Anzug von Oeri mit Berufung auf «Rechte der Eltern»; 21. Dezember Ratschlag 3395: Ergänzung zum Schulgesetz auf Anregung der Bürger- und Gewerbepartei; 15. März 1935: Aufhebung des Verbotes im Rat angenommen.
74 Grossratsprotokoll 26. Oktober 1933 und BN, 9. November 1933, Nr. 308.
75 BN, 10. November 1933, Nr. 309.
76 Grossratsprotokoll 21. Februar 1935, Behandlung des Berichts 3482, signiert G. Wenk, Regierungspräsident, BN, 21. Februar 1935 Nr. 51.
77 Bericht 3488 signiert Dr. A. Oeri, 11. März 1935. Beigefügt ein kurzer Minderheitsbericht, signiert Fr. Brechbühl und F. Schneider, der sich im Resultat kaum von demjenigen Oeris unterscheidet. Behandlung im Grossen Rat am 15. März 1935.
78 Staatsarchiv Baselstadt, Erziehung A 25, Universitätsgesetz, Protokoll der Grossratskommission. Edgar Bonjour: Die Universität Basel von den

Anfängen bis zur Gegenwart 1460-1960, Basel 1960, S. 784 ff.
79 Grossratsprotokolle 25. April und 9. Mai 1935.
80 Interpellation W. Meilis zum «Fall Gerlach»: 12. Dezember 1935, 12. März 1936, 26. November und 10. Dezember 1936. Stirnimann S. 176f. Meili interpellierte auch zu «Heidelberg».
81 BN, 12. Juni 1936, Nr. 159.
82 BN, 15. Juni 1936, Nr. 161.
83 BN, 22. Juni 1936, Nr. 199.
84 BN, 23. Juli 1936, Nr. 200. Vgl. dazu Stirnimann S. 171.
85 BN, 15. September 1939, Nr. 253.
86 Grossratsprotokoll 30. Mai 1940 Ratschlag 3843.
87 Grossratsprotokoll 9. November 1939 BN 10. November 1939, Nr. 309.
88 Grossratsprotokoll 9. November 1939.
89 BN, 26. März 1941, Nr. 84.
90 BN, 25. April 1941, Nr. 112.
91 Das Folgende nach: Grossratsprotokoll vom 8. Mai 1941, wo die Rede Schneiders wiedergegeben ist. In der BN findet sich kein Wort darüber.
92 Grossratsprotokoll 27. September 1945.
93 Antwort von Regierungsrat F. Brechbühl auf drei Interpellationen, 13. September 1945.
94 Grossratsprotokoll 14. Februar 1946.
95 Grossratsprotokoll 7. März und 24. April 1946.
96 Grossratsprotokoll 11./12. Juli 1946.
97 Grossratsprotokolle: 8., 15., 29., April, 13. Mai und 10. Juni 1948.

Literatur

Markus Bolliger: Die Basler Arbeitsbewegung im Zeitalter des Ersten Weltkrieges und der Spaltung der Sozialdemokratischen Partei. Ein Beitrag zur Geschichte der Arbeiterbewegung. Basel und Stuttgart 1970 (Basel Beiträge zur Geschichtswissenschaft, Band 117).

Willi Gerster: Sozialdemokraten und Kommunisten in der Konfrontation 1927-1932. Zur Geschichte der Schweizer und Basler Arbeiterbewegung in der Zwischenkriegszeit. Basel 1980.

Andreas Staehelin: Basel in den Jahren 1905-1945. In: Das politische System Basel-Stadt. Geschichte, Strukturen, Institutionen, Politikbereiche. Basel 1984.

Charles Stirnimann: Die ersten Jahre des «Roten Basel» 1935-1938. Zielsetzungen und Handlungsspielräume Sozialdemokratischer Regierungspolitik im Spannungsfeld von bürgerlicher Opposition und linker Kritik, Basel 1988.

Der eidgenössische Politiker

1. Übersicht der Verhandlungen der Bundesversammlung. Sommersession 1931, S. 4. Wahlen am 1. Juni 1931.
2. Übersicht der Verhandlungen der Bundesversammlung. Wintersession 1949, S. 4. Wahlen 5. Dezember 1949.
3. Amtliches stenographisches Bulletin (SB) der Bundesversammlung, Nationalrat (NR) 193 -1948.
4. Kein stenographisches Bulletin über die Bundesversammlung vom 17./18. Juli 1940. (So auf eingeklebtem rotem Zettel.) Auch das Protokoll vom 22. September 1942 betr. Flüchtlingsdebatte ist nicht gedruckt worden!
5. 1. Rede: SB NR 1931, S. 696 vom 25. September 1931. 2. Rede: Zeitungsbericht «Basler Nachrichten» vom 1. Dezember 1947.
6. wie Anmerkung 5.
7. SB NR 1931, S. 683.
8. SB NR 1931, S. 684.
9. wie Anmerkung 8.
10. wie Anmerkung 8.
11. wie Anmerkung 5/2.
12. Edgar Bonjour: Die Schweiz und Europa, Band VII. Basel 1981, S. 212.
13. Lebenslauf. Im Archiv Dr. Jakob Oeri.
14. Festschrift. S. 49 (Text von Jean Martin).
15. Festschrift. S. 13.
16. SB NR 1944, 12. Dezember, S. 503.
17. SB NR 1936, 23. Januar, S. 602.
18. SB NR 1936, 23. Januar, S. 608.
19. Tagesbericht vom 31. Juli 1940.
20. Tagesbericht vom 11. Oktober 1944.
21. Edgar Bonjour: Geschichte der schweizerischen Neutralität, Bd. lll, S. 11.
22. SB NR 1936, 23. Januar, S. 609.
23. «Zum Kompetenz-Problem in der auswärtigen Politik» in: «Die Schweiz 1937».
24. wie Anmerkung 23.
25. wie Anmerkung 23, S. 14.
26. «Basler Nachrichten», 23. September 1942.
27. Festschrift. S. 223.
28. «Aus Amerika», Separatdruck aus den «Basler Nachrichten» 1919, S. 51ff.
29. SB NR 2. Dezember 1945.
30. Ernst von Schenk: Aktion Nationaler Widerstand, in: Festschrift zum 75. Geburtstag von H. Oprecht, Zürich 1969, S. 107-123.
31. Edgar Bonjour: Geschichte der schweizerischen Neutralität, Bd. V, S. 219ff.
32. Manuskript im Oeri-Archiv. Schriftdeutsche Übertragung 6. August 1944 «Basler Nachrichten».

33 Albert Oeri: Alte Front, mit einem Geleitwort von Emil Dürr.
   2. Auflage 1933, S. 67.
34 wie Anmerkung 33, S. 124.
35 wie Anmerkung 33, S. 81.

Der Journalist und Kommentator

1 Jean-Jacques Rousseau: Über Wissenschaft und Kunst (Discours sur les sciences et les arts), 1750, deutsch 1752.
2 Will Durant: Kulturgeschichte der Menschheit – Glanz und Zerfall der italienischen Renaissance, Lizenzausgabe Ex Libris Verlags-AG, Zürich, Zweites Buch, 2. Kapitel «Die Renaissance erobert Rom», S. 165; 3. Kapitel «Die Borgia», S. 183.
3 Herbert Lepper: Das Internationale Zeitungsmuseum der Stadt Aachen, Katalog, Aachen 1989.
4 Albert Oeri in einem Brief von Ende Februar 1901 an zwei Freunde (siehe Seite 34).
5 Marx/Engels: Die deutsche Ideologie, 1845/46, veröffentlicht 1932.
6 Ferdinand Kugler: Der O.-Leitartikel, Festschrift Albert Oeri zum 21. September 1945, 70. Geburtstag, Verlag Basler Berichthaus.
7 Albert Oeri: O.-Tagesberichte 1932 bis 1945, erschienen in den «Basler Nachrichten», Neuauflage 1999 GS-Verlag Basel.
8 Albert Oeri – Sorge um Europa, von Versailles bis Potsdam 1919-1945. Aussenpolitische Kommentare, ausgewählt, herausgegeben und kommentiert von Julia Gauss, 1977, Verlag Schwabe & Co, Basel/Stuttgart.
9 Hellmuth Günther Dahms: Die Geschichte des Zweiten Weltkriegs, Ullstein-Buch Zeitgeschichte 1989, Einführung S. 10.
10 Rudolf Nissen: Helle Blätter – dunkle Blätter. Erinnerungen eines Chirurgen, Deutsche Verlags-Anstalt Stuttgart, S. 310.
11 Albert Oeri – Sorge um Europa, herausgegeben von Julia Gauss, Vorwort Seite 8.
12 ebenda, S. 272.
13 ebenda, S. 274.
14 Ferdinand Kugler: Der O.-Leitartikel, in: Festschrift Albert Oeri, S. 38.
15 Offizieller Pressa-Katalog der schweizerischen Abteilung an der internationalen Presse-Ausstellung in Köln, Mai bis Oktober 1928.
16 Peter Dürrenmatt: Zeitwende – Stationen eines Lebens, 1986, Verlagsgemeinschaft Maihof AG, Luzern und Cratander AG, Basel, S. 102
17 Walther Hofer, Herbert R. Reginbogin: Hitler, der Westen und die Schweiz – 1936-1945, 2002, Verlag Neue Zürcher Zeitung, S. 128.
18 Peter Dürrenmatt: Zeitwende, S. 81.
19 Walter Überwasser: Journalismus und Humanismus, in: Festschrift Albert Oeri, S. 60.

20 Quelle: Markus Kutter: Abschied von der Werbung – Nachrichten aus einer unbekannten Branche, 1976, Verlag Arthur Niggli AG, Niederteufen.
21 Quelle: Offizieller Pressa-Katalog der schweizerischen Abteilung an der internationalen Presse-Ausstellung in Köln, 1928.
22 Amtliches stenographisches Bulletin der Bundesversammlung 1940, Nachtrag Bulletin der Wintersession 1939, Nationalrats-Sitzung vom 5. Dezember, Traktandum: Massnahmen zum Schutze des Landes, S. 21.
23 Meyers Grosses Taschenlexikon, Ausgabe 1995, Band 20, Sorge Richard, S. 260.
24 Waibels fünfte Kolonne. Artikelserie von Hans Rudolf Kurz in: Die Woche, Informations-Magazin der Schweiz, Nr. 1 vom 11. September 1981.
25 Agentinnen: Fernsehdokumentation Schweizer Fernsehen DRS 1993.
26 Winston S. Churchill: Der Zweite Weltkrieg, Neue Schweizer Bibiliothek, Erstes Buch, Überschrift des ersten Kapitels.
27 Stephan H. Pfürtner: Nicht ohne Hoffnung – Erlebte Geschichte 1922 bis 1945, 2001 Verlag Kohlhammer Stuttgart, S. 445 und 451.
28 Albert Oeri: Tagesberichte 1932 bis 1945, erschienen in den «Basler Nachrichten». Erläuternde persönliche Einleitung Oeris zum «Tagesbericht» vom 12. Juni 1935 mit dem Titel «Die abessinische Kriegsgefahr», S. 24.
29 Hellmuth Günther Dahms: Die Geschichte des Zweiten Weltkriegs, 3. Hauptabschnitt S. 500.
30 Gustav Schwab: Sagen des klassischen Altertums, Verlag Carl Ueberreuter, S. 513.
31 Winston S. Churchill: Der Zweite Weltkrieg, Erstes Buch, Kapitel I «Die Torheiten der Sieger», S. 30 und Kapitel IV «Adolf Hitler» S. 83.
32 Basler Zeitung vom 6. Januar 1992.
33 Winston S. Churchill: Der Zweite Weltkrieg, Erstes Buch, Kapitel I «Die Torheiten der Sieger» S. 32.
34 Peter Dürrenmatt: Schweizer Geschichte, Schweizer Verlagshaus 1976, Band 2, S. 796.
35 ebenda S. 801.
36 René Teuteberg: Basler Geschichte, Christoph Merian Verlag 1986, S. 354.
37 Hellmuth Günther Dahms: Die Geschichte des Zweiten Weltkriegs, Aspekte der Vorgeschichte, S. 22.
38 Gustav Schwab: Sagen des klassischen Altertums, Verlag Carl Ueberreuter, S. 514.
39 Saul Friedländer: Pius XII. und das Dritte Reich, Rowohlt-Verlag 1965, Dokumentation.
40 Stanley Payne: Geschichte des Faschismus – Aufstieg und Fall einer europäischen Bewegung, Propyläen Verlag, deutsch 2001, S. 112 ff.
41 Meyers Grosses Taschenlexikon, Ausgabe 1995, Band 15, Nationalsozialismus, S. 168.

42 Winston S. Churchill: Der Zweite Weltkrieg, Erstes Buch, Kapitel I, «Die Torheiten der Sieger», S. 30.
43 Meyers Grosses Taschenlexikon, Band 7, Faschismus, S. 7 und 8.
44 Stanley Payne: Geschichte des Faschismus, S. 11.
45 Peter Dürrenmatt: Schweizer Geschichte, Band 2, S. 845.
46 Winston S. Churchill: Der Zweite Weltkrieg, Erstes Buch, Kapitel VI «Die Szene verdunkelt sich 1934», S. 124.
47 Hellmuth Günther Dahms: Der Zweite Weltkrieg, Ullstein-Buch, Zeitgeschichte 1989, Einführung S. 9.
48 ebenda, S. 10.
49 Stanley Payne: Geschichte des Faschismus, S. 589.
50 Walter Hofer, Herbert R. Reginbogin: Hitler, der Westen und die Schweiz – 1936-1945, S. 127 ff. Die weiteren Angaben zu den schweizerisch-deutschen Auseinandersetzungen um die Haltung der Schweizer Presse sind ebenfalls diesem Werk entnommen.
51 Meyers Grosses Taschenlexikon, Band 18, Röhm-Putsch, S. 275.
52 Winston S. Churchill: Der Zweite Weltkrieg, Erstes Buch, Kapitel VI, «Die Szene verdunkelt sich», S. 125 ff.
53 Julia Gauss in: Sorge um Europa, S. 276.
54 Fred Luchsinger: Die Neue Zürcher Zeitung im Zeitalter des Zweiten Weltkrieges, Zürich 1955, S. 79 ff., zitiert in Walter Hofer, Herbert Reginbogin: Hitler, der Westen und die Schweiz – 1936 - 1945, S. 127.
55 Edgar Bonjour: Neutralität, Band III, S. 141 ff. zitiert in Walter Hofer, Herbert Reginbogin: Hitler, der Westen und die Schweiz – 1936-1945, S. 126.
56 ebenda, S. 374.
57 ebenda, S. 372, 373.
58 Amtliches stenographisches Bulletin der Bundesversammlung 1940, Nachtrag Bulletin der Wintersession 1939, Sitzung des Nationalrates vom 5. Dez., S. 19 ff.
59 Karl Weber: Die Schweiz im Nervenkrieg – Aufgabe und Haltung der Schweizer Presse in der Krisen- und Kriegszeit 1933-1945, herausgegeben vom Schweizerischen Zeitungsverlegerverband und dem Verein der Schweizerpresse, 1948, Verlag Herbert Lang, Bern, S.154.
60 Werner Rings: Schweiz im Krieg.
61 Ferdinand Kugler: Der O.-Leitartikel in: Festschrift Albert Oeri, S. 38.
62 Diplomatische Dokumente der Schweiz, Band 14.
63 Karl Weber: Die Schweiz im Nervenkrieg, S.226 ff.
64 Hellmuth Günther Dahms: Die Geschichte des Zweiten Weltkrieges – Auswirkungen des Krieges im Westen, S. 194/195.
65 Zeitschrift «Der Spiegel», Jahrgang 1991, «Der grosse Alexanderzug» von Rudolf Augstein, S.147.
66 Hellmuth Günther Dahms, Die Geschichte des Zweiten Weltkrieges – Die Schlacht um England, S. 202.

Verzeichnis der Abbildungen

Umschlag	Archiv Dr. Jakob Oeri, Basel.
Vorsatz	Lothar Jeck, Basel.
Seite 17	Stiftung Oeri-Archiv, Basel.
Seite 19	Stiftung Oeri-Archiv, Basel.
Seite 21	Stiftung Oeri-Archiv, Basel.
Seite 28	Stiftung Oeri-Archiv, Basel.
Seite 38	Archiv Dr. Jakob Oeri, Basel.
Seite 73	aus: 150 Jahre Basler Kunstverein, 1839-1989, Basel 1989, S. 161.
Seite 76	Kunstkredit Basel-Stadt, Kunstmuseum, Hausaufnahme.
Seite 96	Lothar Jeck, Basel.
Seite 113	Lothar Jeck, Basel.
Seite 116	Lothar Jeck, Basel.
Seite 123	Lothar Jeck, Basel.
Seite 128	Lothar Jeck, Basel.
Seite 137	aus: Basler Nachrichten, 2. Dezember 1947.
Seite 143	aus: Schweizer Illustrierte Nr. 37/11. September 1934.
Seite 162	Lothar Jeck, Basel.
Seite 178	Lothar Jeck, Basel.
Seite 183	Archiv Dr. Jakob Oeri, Basel.
Seite 188	aus: Pressa-Katalog 1928.
Seite 189	Lothar Jeck, Basel.
Seite 207	aus. Werner Rings, Schweiz im Krieg, Zürich 1974, Abb. 25.
Seite 216	aus: Schweizer Illustrierte Nr. 32/7. August 1940.
Seite 243	aus Werner Rings, Schweiz im Krieg, Zürich 1974, Abb. 66.
Seite 264	Lothar Jeck, Basel.

© Fotografien Lothar Jeck: Foto Rolf Jeck, Basel.

Kurzporträts der Autoren

René Teuteberg

Geboren 1914. Dr. phil., Historiker; Lehrer an der Diplommittelschule (früher MOS). Schuf für die Basler Schulen das dreibändige Quellenwerk «Stimmen aus der Vergangenheit», Basel 1966 (Neuauflage 1983); hielt manche Volkshochschulkurse zur Basler Geschichte, aus welchen später die Biographiensammlung «Berühmte Basler und ihre Zeit», Basel 1976, herauswuchs. Nebst manchen anderen Publikationen legte er eine neue zusammenhängende «Basler Geschichte» vor, Basel 1986 (Neuauflage 1988). Einige Jahre später verfasste er die prägnante, mit Leseproben versehene Monographie «Wer war Jacob Burckhardt?», Basel 1997. Zwei Jahre später besorgte er die Neuausgabe von Albert Oeris Sammlung «O.–Tagesberichte 1932-1945», Basel 1999.

Raymond Petignat

Geboren 1931. Nach Gymnasiumsbesuch kaufmännische Lehre. In den 1960er Jahren Einstieg in den Journalismus beim «Basler Volksblatt». Danach Redaktor beim «Schweizerischen Beobachter» bis zu dessen Domizilwechsel nach Zürich. Mitarbeiter der «Basler Nachrichten»; wurde kurz vor deren Fusion mit der «National-Zeitung» Chefredaktor des «Doppelstab». Nach einem Intermezzo in der Kulturredaktion des «Blick» arbeitete er als Redaktor von «Der Brückenbauer» und «Construire». Danach wieder Hinwendung zum Tagesjournalismus als Redaktor der «Basler Zeitung».

Dorothea Roth

Geboren 1922. Studium an der Universität Basel: Geschichte und Germanistik; Studienaufenthalte in Genf und Paris. 1956 Promotion zum Dr. phil.; Unterricht an Basler Schulen. Historische Arbeiten: «Die Politik der Liberal-Konservativen in Basel 1875-1914» (167. Neujahrsblatt), Basel 1988. Aufsätze über Biographien von Frauen, z.B. in der «Basler Zeitschrift für Geschichte und Altertumskunde», 1993, 1996 und 2001.

Rudolf Suter

Geboren 1920. Dr. phil., Germanist und Historiker. Radiomitarbeiter im Kultursektor; Feuilletonredaktor der «Basler Nachrichten»; Dozent an der Fachhochschule beider Basel; Lektor und zeitweise Leiter des Christoph Merian Verlags; langjähriger Redaktor des «Basler Stadtbuchs». Verfasste u.a. eine «Baseldeutsch-Grammatik», Basel 1976 (3. Auflage 1992), das erste umfassende «Baseldeutsch-Wörterbuch», Basel 1984 (2. Auflage 1995), und «Die Christoph Merian Stiftung 1886-1986», Basel 1985; stellte eine umfangreiche Basler Dialekt-Anthologie zusammen «Uff Baaseldytsch, 100 baaseldytschi Täggscht us 200 Joor», Basel 1988.

Aus dem Werk Albert Oeris

Politische Literatur

Deutschland

Vier O. – Tagesberichte

Mit welcher Klarsicht Oeri den verhängnisvollsten Mann seiner Zeit, Adolf Hitler, gleich zu Beginn von dessen politischer Laufbahn beurteilt hat, geht aus den vier folgenden in den «Basler Nachrichten» erschienenen Tagesberichten hervor: in jenem vom 10. November 1923, einer Analyse des sogenannten Hitler-Putschs vom 8./9. November 1923, bezeichnet er ihn als «Grossmaul»; im Tagesbericht vom 30. Januar 1933 vergleicht er ihn, den neuen deutschen Reichskanzler, mit einem Tanzbären, der von klügeren Politikern an die Leine genommen werden sollte; seine Einstellung den Verantwortlichen gegenüber im Zusammenhang mit den Judenverfolgungen macht Oeri im Tagesbericht vom 14. November 1938 deutlich; im Tagesbericht vom 15. Mai 1945 schliesslich rechnet Oeri mit dem Diktator ab, dessen Tod damals noch ungewiss war.

    Die folgenden vier Autoren erwähnen eine Begegnung Oeris mit Hitler: Ferdinand Kugler: Sie suchten den Frieden und fanden ihn nicht. Zürich 1967, S. 138; Julia Gauss: Albert Oeri. Sorge um Europa. Basel 1977, S. 276; Edgar Bonjour: Die Schweiz und Europa. Basel 1981, S. 211 und Fritz Grieder: Ein halbes Jahrhundert unter der Bundeshauskuppel. 163. Neujahrsblatt, Basel 1985, S. 79.

Der Bayernputsch
O. – Tagesbericht vom 10. November 1923

Der Bayernputsch war rasch zu Ende. Erklärung: Es war eben *kein* Bayernputsch! Der Preusse Ludendorff und der Österreicher Hitler kannten offenbar ihre bayrische Umgebung viel zu wenig, als sie ihren grossen Schritt wagten. Berlin mag in Süddeutschland so unbeliebt sein, als es will, deswegen sind die echten Bayern doch nicht für einen Kreuzzug nach Norden zu gewinnen. Da müsste man ihnen sehr viel schönere Dinge in Aussicht stellen können als Märsche durch Novemberkälte und Dreck! Ihr angestammter Thronprätendent Rupprecht kennt sie besser. Der unterlässt, obwohl sein Anfangserfolg ohne Zweifel mehr als einen Tag dauern würde, die Putscherei ganz und hält sich weise zurück. Er weiss, dass sein Königtum doch keine Dauer hätte, wenn er nicht auf einer billigen Weisswurst mit ebenso billigen Krüglein Vorkriegsbier in beiden Händen in seine gute Stadt München einreiten könnte. Und er weiss auch, dass in Berlin keine solche Beute zu holen ist. Also, warum sich raufen?

Weil das Raufen an sich etwas Schönes ist, besonders, solange es gegen wehrlose Juden geht, wird Hitler sich gedacht haben, wenn er sich überhaupt vor der Inszenierung seines Putsches mit Denken beschäftigt hat. Wir lassen das dahingestellt, weil die Mentalität dieses Grossmauls uninteressant ist. Aber Ludendorff! Der ist und bleibt doch eine der grössten Kriegsgestalten unserer Zeit. Wie konnte er sich so sehr über alle Erfolgsmöglichkeiten täuschen?

Leute, die Ludendorff kennen, sagen, er sei geistig seiner Lebtag ein Lichterfelder Kadett geblieben. Trotz aller fachmännischen Begabung, ja Genialität, habe sich seine Welt- und Menschenkenntnis im Grunde nie über seine militärische Umgebung hinaus erstreckt. Es muss aber doch noch etwas anderes in ihm stecken als der Ladestock, den er, seinem Äussern nach zu schliessen, in jungen Jahren verschluckt zu haben scheint. Irgendein romantisches Feuerlein brennt in ihm, vielleicht auch ein religiöses. Man weiss von ihm, dass er täglich die Losungen der Brüdergemeinde liest. Das pflegte auch Bismarck zu tun und ist deswegen kein geringerer Staatsmann gewesen. Aber von Ludendorff wird obendrein behauptet, er deute die Losungen abergläubisch, er habe sogar Offensiven absichtlich auf Tage verlegt, für die die Losung ermutigend lautete. Wenn er das noch jetzt tut, so hat er für seinen Putschtag, den 8. November, die Losung gefunden «Sie verliessen alles und folgten ihm nach» (Lukas 5, 11). Diesen Spruch hat er offenbar arg missdeutet. Niemand ist ihm gefolgt ausser einigen nationalsozialistischen Raufbolden. Es kam, wie wenn sein Gegner, Herr v. Kahr, seinerseits die Losung des Propheten Jeremias ausgegeben hätte: «Gehorchet nicht euern Tagwählern!»

Dieser Tage haben wir zufällig die Botschaft gelesen, die Marschall Mac Mahon nach seiner Wahl zum Präsidenten der Republik im Jahre 1873 an die Nationalversammlung gerichtet hat. Auch dieser Generalissimus hatte eine kaiserliche Armee zur vernichtenden Niederlage geführt, ehe er seine politische Laufbahn antrat. Auch er war Reaktionär bis auf die Knochen. Aber dennoch, welch ein Unterschied gegenüber Ludendorff! Aus jedem Wort Mac Mahons spricht ein bedächtiger Politiker, um nicht gerade zu sagen: ein politischer Philister. Er hat sich keine grossen Ziele, aber *mögliche* Ziele gesteckt, und das Frankreich der Siebzigerjahre hat diese Ziele erreicht. Wenn doch das auf ein Genie wartende Deutschland, vorläufig wenigstens, ein solches Talent unter seinen Führern hätte!

Ob Stresemann dieses Talent ist, wird sich jetzt zeigen können. Es ist ein geradezu wunderbarer Glücksfall für ihn, dass sich seine Feinde zur Rechten so töricht abgedeckt haben, ohne dass er zu ihrer Bekämpfung den Schutz seiner Feinde zur Linken beanspruchen musste. Auch mit den Bayern vom Schlage Kahr-Knilling-Lossow kann er sich ja jetzt mit Anstand arrangieren, nachdem sie in kritischer Stunde in so dankenswerter Weise seine Geschäfte besorgt haben!

Das Kabinett Hitler
O. – Tagesbericht vom 31. Januar 1933

Das Duell in der Dunkelkammer, das die Führer der diversen deutschen Rechtsrichtungen letzter Tage mit langen Bratenmessern gegeneinander ausgefochten haben, ist zu Ende. Als das Licht angedreht wurde, lag General von Schleicher als Leiche da, und in Siegerpose stolzierte *der neue Reichskanzler Adolf Hitler*. Ein Ministerium Hitler bedeutet nach dem Ergebnis der letzten Reichstagswahlen an sich durchaus nichts Abnormes. Eine Mehrheitspartei existiert im Parlament nicht. Die Nationalsozialisten sind eine Minderheitspartei, aber weitaus die stärkste aller Minderheitsparteien. Also lag es nahe, ihnen die Führung einer aus verschiedenen Minderheitsgruppen gemischten Regierung zu übergeben. Das wäre wohl auch längst geschehen, wenn sich Hitler nicht ein halbes Jahr lang diese Möglichkeit selbst versperrt hätte durch seinen ungebührlichen Anspruch, nicht nur einen seiner Parteistärke entsprechenden Anteil an der Staatsmacht, sondern die Staatsmacht in die Hände zu bekommen. Diesen Anspruch hat er nun, wie die neue Ministerliste zeigt, aufgegeben und sich mit einem angemessenen Machtanteil begnügt. Da der Berg nicht zum Propheten kommen wollte, ist der Prophet zum Berge gegangen.

Diese späte, aber vielleicht nicht allzu späte Unterwerfung unter die Gebote der politischen Bescheidenheit zeigt, dass der Beraterkreis Hitlers nicht nur aus geschwollenen Renommisten besteht, sondern auch Elemente enthält, die kühl rechnen können. Nach den Überlegungen dieser Leute zeigt der Stimmenverlust der Hitlerpartei von den Juli- zu den Novemberwahlen, dass die Periode des mit blosser Demagogie zu erreichenden Auftriebs vorüber ist und dass man wohl oder übel daran gehen muss, die errungene Position durch positive Arbeitsleistung zu untermauern. Dazu erhält nun die Partei in mehreren wichtigen Verwaltungszweigen des Reichs und Preussens Gelegenheit. Erschwert wird die Ausnützung dieser Gelegenheit nur durch den vorangegangenen Machtbeanspruchungsrummel. Es ist für einen Führer nie angenehm, sich selbst desavouieren zu müssen, auch wenn die Desavouierung durchaus im Sinne der politischen Vernunft geschieht. «Der Osaf hat vor dem Reichskanzlerpalais monatelang gebrummt wie ein wilder Bär; darum blieb ihm dessen Tor verschlossen. Jetzt hat er sich einen Nasenring anlegen lassen wie ein ganz manierlicher Tanzbär und darf darum unter Dudelsackmusik einziehen.» So oder ähnlich werden Hitlers Gegner sich nun die bittere Pille der nationalsozialistischen Reichskanzlerschaft zu versüssen versuchen.

Freilich: Bär bleibt Bär, auch wenn man ihm einen Ring durch die Nase zieht und ihn an der Leine führt. Seine Gefährlichkeit oder Ungefährlichkeit hängt nicht vom Ring und von der Leine, sondern von der Geschicklichkeit und Energie des Bärenführers und des sonstigen Wartepersonals ab. Bärenführer ist im vorliegenden Falle Herr von Papen.

Er in erster Linie hat des Widerspenstigen Zähmung zustande gebracht, an deren Möglichkeit bis zum letzten Augenblick niemand recht hatte glauben wollen, Hitler selbst am allerwenigsten. Als Vizekanzler und kommissarischer preussischer Ministerpräsident wird Herr von Papen nun dafür zu sorgen haben, dass sein Virtuosenstück kein böses Ende für das Reich nimmt. Er wird dabei starke Helfer haben. Das Verbleiben des Herrn von Schwerin-Krosigk im Reichsfinanzministerium bietet solide Garantien gegen allfällige Gelüste des neuen Reichskanzlers, wirtschaftspolitisch zu dilettieren. Die gleiche Zuversicht erweckt in Bezug auf die Aussenpolitik das Verbleiben des Freiherrn von Neurath. General von Blomberg, der das Reichswehrministerium übernimmt, nachdem er bisher der Genfer Abrüstungsdelegation angehört hatte, ist ebenfalls nichts weniger als ein Don Quichote, sondern ein klar denkender Militär, der keinerlei Kriegsgelüste hegt.

Ob die Minister von Blomberg und von Neurath, gedeckt durch den Reichspräsidenten, stark genug sein werden, um die bisherige Linie der deutschen Abrüstungspolitik zu wahren, wird sich übrigens sehr bald daran zeigen, ob Botschafter Nadolny von Genf abberufen wird oder nicht. Dieser wurde während seiner ganzen Tätigkeit als nicht krachschlagender, aber sehr energischer Vertreter des deutschen Standpunkts von den Nationalsozialisten mit Gift und Galle bespien. Noch vor vier Woche kapitelte ihn Hitlers militärisches Orakel, Oberst a.D. Friedrich Haselmayr, im «Völkischen Beobachter» herunter, weil er der gebührenden «ernsten Würde» ermangle, und liess seinen Artikel in folgende Worte auslaufen:

«Wir erwarten, dass Aussenminister und Kanzler der ‹autoritären› deutschen Reichsregierung ... die Eignung des Botschafters Nadolny zum deutschen Hauptdelegierten umgehend einer sorgfältigen Nachprüfung unterziehen. Sollten sie keinen *Geeigneteren* zu finden wissen, so sprechen sie sich damit selbst das Urteil.»

Muss Herr Nadolny jetzt über die Klinge springen, so bedeutet dies, dass nicht die Herren von Hindenburg, von Blomberg und von Neurath hinfort die deutsche Wehr- und Aussenpolitik beherrschen, sondern Adolf Hitler. Geologisch gesprochen: Nadolny ist für die Erforschung der künftigen Haltung Deutschlands gegenüber dem Ausland das Leitfossil.

Alles wird aber nicht nur vom Reichspräsidenten und von den Ministerkollegen des Reichskanzlers Hitler abhängen. Auch der Reichstag hat eine nicht unwichtige Rolle zu spielen. Wenn seine Mehrheit dem neuen Kabinett, ohne diesem eine Bewährungsfrist zu geben, den Krieg ansagt, so wird es von Anfang an zu einer Haltung gedrängt, die das diktatorische Element gefährlich fördern kann. Und dann wird es fraglich sein, ob die weitere Entwicklung in der Richtung einer Hindenburg- oder einer Hitler-Diktatur verläuft. Wer Deutschland vor äusserm Krieg und innerm Aufruhr bewahrt sehen möchte, wird darum wünschen, dass das katholische Zentrum ausnahmsweise einmal seinen Papenhass überwinden und das Werk des Herrn von Papen, das sogenannte Hitlerkabinett, tolerieren möge. Dann wird Germania an dem «nikotinfreien» Nationalsozialismus, den man ihr jetzt eine Zeitlang zu rauchen gibt, nicht lebensgefährlich erkranken. Besser wäre es ja schon, wenn die Dame überhaupt nicht rauchte. Aber rauchen will sie nun einmal!

Die Judenverfolgung in Deutschland
O. – Tagesbericht vom 14. November 1938

So wenig wie die Organe der öffentlichen Meinung der ganzen Kulturwelt kann die schweizerische Presse schweigen zu dem entsetzlichen *Unrecht,* das in diesen Tagen den *deutschen Juden* angetan wird. Auch ausserhalb Deutschlands hat kein rechtlich und vernünftig denkender Mensch das Attentat von Paris gebilligt. Überall bringt man ihm den gleichen Abscheu vor dem Individualterror entgegen, der auch die Erzberger-, Rathenau- und Dollfusmörder trifft, die nur in Deutschland als Volkshelden gefeiert werden. Der Täter wird vor ein ordentliches Gericht in Frankreich kommen, dem es obliegen wird, neben der Schwere der ruchlosen Tat auch den Geisteszustand des unmündigen Jungen zu würdigen, der durch das ihm und seiner Familie angetane Unrecht offenbar in verhängnisvolle Verwirrung geraten war. Die Beweggründe eines Verbrechens verstehen, heisst jedoch nicht, es billigen. Aber zu welchem Urteil man auch über das Mass der Schuld des Attentäters gelangen mag, auf keinen Fall steht dazu in einem vernünftigen Verhältnis das, was jetzt in Deutschland als «Sühne» ausgegeben wird.

Die Niederbrennung der Synagogen, die Verheerung der jüdischen Geschäfte, die Vertreibung unzähliger Juden aus ihren Wohnsitzen, ihre Abschliessung von der Möglichkeit, das tägliche Brot zu verdienen – von den Umgekommenen schweigen wir, da wir keine kontrollierbaren Berichte haben – all dies ist einfach empörend. Und nicht weniger empörend ist die pedantische Rechtskomödie, die sich nun anschliesst: die Verhängung einer Solidarbusse von einer Milliarde Reichsmark über die gesamte deutsche Judenschaft, die doch sicher über das Attentat noch mehr entsetzt war als die Arier, die Beschlagnahmung der Versicherungsansprüche der Geschädigten zu Gunsten des Reichs und so weiter und so weiter ...

Das ganze Treiben ist aber nicht nur *Unrecht,* sondern auch *Unsinn.* Ein Staat, der im Hinblick auf seinen Rohstoffbedarf jedem Staniolpapierchen und jeder weggeworfenen Konservenbüchse amtlich nachspringt, hätte die jüdischen Läden nicht verwüsten lassen sollen, auch wenn er die Versicherungsansprüche nachträglich konfiszieren kann. Was kaputt ist, ist und bleibt kaputt, zu Lasten des Volksvermögens. Das Ausland hat die Versicherung, die Verwüstungen seien nicht das Produkt staatlichen Wollens, sondern spontane Äusserungen der entrüsteten Volksseele, zur Kenntnis genommen, versagt ihr aber den Glauben. Schliesslich kennt man die deutsche Volksseele aus der guten alten Zeit noch zu gut, um sie durch gläubiges Hinnehmen solcher Behauptungen zu entehren. Und ausserdem weiss man ebenso gut, dass im Dritten Reich kein Sperling vom Dache fällt und noch weniger eine Synagoge angezündet oder ein Laden verwüstet werden kann, wenn nicht dem untätig dabei stehenden Gendarm durch höheren Befehl beide Augen zugedrückt worden sind. Was geschehen ist, war amtlich gewollt, so gut wie das, was zur restlosen Enteignung des jüdischen Besitzes nun weiter geschehen wird; das ist ja durch die Göringsche Vermögensinventarisierung schon aufs Genauste vorbereitet. Ob aber auch die Rückwirkungen auf die deutsche Aussenpolitk und Aussenwirtschaft amtlich gewollt sind, steht dahin. Sie sind unvermeidlich, wie ja auch die volkserzieherische Wirkung unvermeidlich sein wird. Es ist nicht anzunehmen, dass die Haufen, die jüdische Gotteshäuser haben anzünden und jüdische Wohnungen und Läden haben verwüsten dürfen, sich artig bezähmen werden, wenn es einmal gegen christliche Kirchen und gegen den Besitz der arischen Reichen gehen sollte.

Wenn wir oben darauf hingewiesen haben, dass nicht nur die Schwere einer Tat, sondern auch der Geisteszustand des Täters gewürdigt werden müsse, so haben diesen teilweisen Entlastungsanspruch selbstverständlich auch die für die deutsche Judenverfolgung verantwortlichen Staatsmänner und ihre damit einverstandenen oder dazu schweigenden Untertanen. Ihnen allen muss man anrechnen, was sie seit der Übernahme der ungeheuren Last des Autarkieplanes und seit dem Einsetzen der aussenpolitischen Dynamik des Reichs für Jahre hinter sich haben, und namentlich, was für einen Sommer und Herbst sie hinter sich haben: Jahre und Monate voll äusserer Erfolge, aber auch Jahre und Monate voll übermenschlicher Anstrengung. Auch Deutschland hat *Nerven!*

Ein nicht kleiner Teil dieser Anstrengung galt bekanntlich der deutschen Auslandpropaganda. Deren Wirkung ist nun durch das Geschehene vertan. Auch wenn Herr Goebbels alles den Juden abgenommene Geld für die Verzehn- und Verhundertfachung dieser Propaganda bekommen sollte, ist nichts mehr zu machen. Man hat sich in Deutschland, speziell im Hinblick auf unser Land, stets über das liebenswürdige Verständnis der Welschschweizer im Gegensatz zu den widerborstigen Deutschschweizern gefreut. Lesen wir nun, was ein angesehener welscher

Kollege, Jean Martin, in der Sonntagsnummer des «Journal de Genève» zu den antisemitischen Verfolgungen in Deutschland schreibt:

«Die sogenannten ‹legalen› Massnahmen, die die Reichsbehörden angeordnet haben, sind noch viel schlimmer als die Verheerungen der aufgeregten Menge. Sie sind schlimmer, weil sie kalten Blutes ergriffen worden sind, im vollen Bewusstsein der Leiden, die sie Männern, Frauen und Kindern auferlegen, deren ‹Verbrechen› darin besteht, dass sie ihren Vater und ihre Mutter und die Rasse, von der sie abstammen, nicht haben auslesen können. Sie sind schlimmer, weil sie entgegen den schönsten und gesunden deutschen Rechtsüberlieferungen diejenigen strafen, deren Güter geplündert worden sind, und diejenigen ungestraft lassen, die sich der Plünderung und Brandstiftung hingegeben haben.»

Der Verschwundene
O. – Tagesbericht vom 5. Mai 1945

*A*dolf *Hitler,* der deutsche Führer und Reichskanzler, ist *verschwunden.* Das ist sicher. Wahrscheinlich ist er tot. Die offizielle Version sagt, er sei im Kampf um Berlin gefallen. Nach andern Darstellungen soll er einer Hirnblutung erlegen oder, sei es durch eigene Hand, sei es durch Mörderhand, umgebracht worden sein. Keine dieser Varianten ist so überzeugend belegt, dass nicht auch die Vermutung ihre Gläubigen fände, Hitler lebe noch und habe sich nur irgendwie verflüchtigt, um zu gegebener Zeit wieder aufzutauchen. Und mag diese Vermutung noch so phantastisch sein, so kann, auf ihr fussend, doch irgendwann einmal ein Pseudo-Hitler auftauchen und eine kürzere oder längere politische Rolle spielen. In den Anfängen der brandenburgisch-preussischen Geschichte hat es einen «falschen Waldemar» gegeben, dem ein solches Spiel dreizehn Jahre lang gelang. Und was die Geschichte nicht präsentieren kann, vermag der Mythos: Kaiser Friedrich

Barbarossa ist 1190 auf seinem Kreuzzug im Saleph ertrunken, hat aber sieben Jahrhunderte lang im Innern des Kyffhäuserberges als Symbol der deutschen Sehnsucht nach Einheit und Macht seines Reiches weitergelebt. Es kommt nur darauf an, dass Unglück und Schmach in der wirklichen Geschichte einem solchen Mythos Nahrung geben.

Jenem Friedrich Barbarossa war durch Astrologen prophezeit worden, er werde das Reich erwerben wie ein Fuchs, besitzen wie ein Löwe und verlieren wie ein Hund. Das ist wohl ein *vaticinium post eventum*. Ob ein richtiges, sei der Geschichtsschreibung zu erörtern überlassen. Sie mag auch das letzte Wort darüber sagen, ob Ähnliches für Adolf Hitler zutrifft. Gewiss aber ist schon heute, dass dieser das deutsche Schicksal stärker – und fürchterlicher! – bestimmt hat als je ein anderer Deutscher. Weil er ein Deutscher par excellence war! In ihm vereinigten sich viele glänzende, aber noch mehr verhängnisvolle Eigenschaften seines Volkes. Seine engere Heimat war Österreich, der zur Zeit seiner Geburt im Jahre 1889 von Bismarck längst ausrangierte, verschupfte, aber äusserlich immer noch präsentable Teil des alten Reichsgebiets. Hitler war der Sohn eines Beamten von bescheidener Rangstufe, aber eines immerhin amtlich und familiär autoritären Mannes. Der Ehrgeiz des Vaters ging dahin, Adolf studieren zu lassen. Der Sohn aber wollte Künstler werden und setzte sich negativ durch, indem er auf der Schule bummelte und unter der Bank Karl May verschlang. Die positive Ergänzung zu diesem an sich nicht tragischen Vater-Sohn-Konflikt aber stellte sich nicht ein. Adolf scheiterte in der Hauptstadt Wien bei seinen Versuchen, Zugang zu einer guten Ausbildung als Maler oder Architekt zu erlangen, und wurde dann immer mehr zum Grossstadtbummler, der in Männerheimen herumlungern und sich kümmerlich durch Verkauf seiner dürftigen Bildchen ernähren musste. In dieser Periode bis zu seinem fünfundzwanzigsten Lebensjahr pumpte er sich bis zum Rande mit allen Beeinträchtigungskomplexen voll, die er nicht schon von zu Hause mitgebracht hatte. Die Überzeugung, dass das Berliner Reich etwas Glänzendes und das Wiener Reich mit seinen Habsburgern etwas Schäbiges sei, hatte er sich schon als Knabe angeeignet, und Wien selbst bestärkte sie und konzentrierte die Erbitterung des jungen Hass- und Hungerkünstlers auf die Juden, die ihm alles zu besitzen schienen, was ihm fehlte, Reichtum und Macht.

Die Übersiedlung nach München im Jahre 1913 verbesserte Hitlers Existenzbedingungen nicht, wurde aber dadurch für ihn bedeutsam, dass sie ihm beim Kriegsausbruch von 1914 den Eintritt in ein bayrisches Regiment als Freiwilliger ermöglichte. Er wurde ein guter Soldat, verdiente sich das Eiserne Kreuz und brachte es zum Gefreiten, aber freilich nicht weiter. Sein Kompanieführer sagt: «Diesen Hysteriker mache ich niemals zum Unteroffizier.» Der Krieg ging verloren, ohne dass der Armee eigentlich zum Bewusstsein kam, dass er verloren gehen *musste,* und Adolf Hitler war aufs Neue an den Strand der Existenzlosigkeit geschwemmt. Aber nun erkannte er seine wirkliche Begabung: als Akkumulator des Volksgrimms über den verlorenen Krieg und des Volkswillens zur Überwindung von dessen psychischen und materiellen Folgen zu wirken. Er empfand auch mit einem Instinkt, dem man das Prädikat «genial» kaum versagen kann, dass das deutsche Volk irgendwie sozialrevolutionär geworden war, dass aber der traditionelle Weimarer Parteisozialismus unfähig war, den Wind dieser Stimmung auf die Dauer in seine Segel zu lenken. Ein vom Ausland verprügeltes Volk war nicht mehr bei der roten Fahne des alten Internationalismus zu halten, sehnte sich vielmehr nach nationalistischer Aufputschung. Und im Innern genügte es nicht, es gegen Begriffe wie «Kapitalismus» zu hetzen, es musste seinem Hass eine verständlichere Zielscheibe hingestellt werden. Also weg mit der Versailler Erfüllungspolitik und los gegen die Juden!

Das war im Wesentlichen das Programm der ganz kleinen nationalsozialistischen Arbeiterpartei, der Hitler als Mitglied Nr. 7 im Oktober 1919 beitrat und deren Vorsitz er im Juli 1921 übernahm. Er brachte es darüber hinaus zur wirklichen Führung, weil ihm zwei Umstände zu Hilfe kamen. Der erste war seine für deutsche Verhältnisse phänomenale Beredsamkeit. Ohne konsequente Gedankenführung verstand er es, mit den Mitteln der rhetorischen Hypnose, namentlich durch kritiktötende Wiederholung, die zuhörenden Massen zuerst intellektuell einzuschläfern und dann emotionell zu entflammen. Die Deutschen, unter denen grosse Rednertalente Seltenheitswert haben, sind gegen solche Künste nicht so immunisiert wie andere Kulturvölker. Und noch wichtig war für Hitlers Anfangserfolge die Unterstützung der Münchner Reichswehrkreise. Diese fanden in dem schlichten Gefreiten den populären Militaristen, der nicht durch die Distanz der Offizierskaste von der grossen Masse getrennt war, und unterstützten ihn politisch und sehr ausgiebig finanziell und verschafften ihm auch den Zugang in die sogenannte gute Gesellschaft. Was sie aber unterschätzten, war sein eiserner Selbstbehauptungswille, auch gegenüber seinen Gönnern und persönlichen Freunden. Hitler hatte ganz spezielle Begriffe von «deutscher Treue». Er verriet seine Freunde und hingebendsten Anhänger serienweise, am ausgiebigsten am Bluttag des 30. Juni 1934. Aber, was das Merkwürdige war: seine Überzeugung, dass er Treue bis in den Tod geniesse und verdiene, wurde dabei nie erschüttert. Josef Goebbels hat er in Wutanfällen so beleidigt, dass er ihn normalerweise hinfort als Todfeind hätte taxieren müssen. Als er ihn 1928 einmal bei einer verdächtigen Sache erwischte, warf er ihn zu Boden und trampelte hemmungslos mit seinen Stiefeln auf dem klumpfüssigen Wehrlosen herum. Der aber kroch zitternd auf ihn zu und versuchte, diese Stiefel zu umarmen, erhielt einen weiteren Fusstritt ins Gesicht, taumelte blutüberströmt zurück und – sang weitere siebzehn Jahre lang Hitler Hohes Lied, und zwar ganz virtuos. Andere Opfer der aktiven und passiven Führertreue haben sich selbst entleibt, keines den Führer. Es müsste denn in der Walpurgisnacht von 1945 so etwas passiert sein.

Aber diese mehr als persönlichen Probleme sind weniger bedeutungsvoll als das politische Rätsel: Wie hat schliesslich ein ganzes grosses, geistig hochstehendes Volk dem Verführer rettungslos verfallen können? Man sagt, die Massen seien denkunfähig. Hitler selbst war dieser Meinung. In seinem Buche «Mein Kampf» hat er «von der grossen stupiden Hammelherde unseres schafsgeduldigen Volkes» gesprochen. Ein etwas konfuses Bild; es gibt gewöhnlich keine Hammelherden, wohl aber Schafherden, die manchmal in Abgründe rennen, wenn ihnen die Hammel voranspringen und keine Hirten und Schäferhunde zum Rechten sehen. Warum aber ist dies im deutschen Falle unterblieben? Auch in Deutschland gab es doch «Hirten», eine nicht jedem blinden Masseninstinkt unterworfene Oberschicht, die in Gestalt der Rechtswehr zuverlässige «Schäferhunde» zur Verfügung gehabt hätte? Aber diese Verantwortlichen haben sich während der zwei Zwischenkriegsjahrzehnte je länger desto mehr dem Wahne hingegeben, man könne die Herde ruhig einmal dem Oberhammel Hitler überlassen, und der werde sie gerade so weit führen, als man sie haben wolle, worauf man ihn in Gnaden oder Ungnaden als überflüssig verabschieden könne; etwas rauh dürfe es schon zugehen, wenn man einer schneidigen Gangsterbande mit einem Wunderfatzke an der Spitze vorübergehend die Staats- und Armeegewalt überlasse; auch ein bisschen «nikotinfreier» Bolschewismus schade nichts, besonders wenn dessen Opfer nur Juden seien. So dachten die einen Verantwortlichen, vielleicht die Mehrheit. Andere machten sich grössere Sorgen, brachten es aber als deutsche Ordnungsmenschen nicht über sich, durch Opposition oder Obstruktion den Gang der Staatsmaschinerie zu stören. Und wieder andere, die man heutzutage offenbar weithin vergessen hat, haben sich tapfer widersetzt und sind in Konzentrationslagern verendet. Kurz: Der grosse Deutsche Dr. Faustus war ein äusserst tüchtiger, gelehrter und gescheiter Mann; aber den Pakt mit dem Teufel hat er doch nicht rückgängig machen können.

Zu den vertragsmässigen Gaben des Teufels gehörten die blendenden Siege in der ersten Periode des zweiten Weltkriegs. Der Böse schien ein überaus grosszügiger Partner zu sein. Er liess Hitler sogar auf rein militärischem Gebiet, wo der Dilettantismus doch als besonders gefährlich gilt, unerhörte Erfolge einheimsen, zum Beispiel bei dem waghalsigen Überfall auf Norwegen. Nur in einem Punkt versagte die diabolische Vertragstreue; aber das war eben gerade der Hauptpunkt: Entgegen der Grundüberzeugung aller militärisch denkfähigen Deutschen tappte Hitler im Juni 1941 in den Zweifrontenkrieg hinein, und von da an war nichts mehr zu machen. Die Peripetie der Tragödie, die ja irgend einmal fällig war, kam. Viele Deutsche merkten das bald, Hitler selbst merkte es noch lange nicht. Er hatte mit der menschlichen Einschüchterungsfähigkeit im eigenen Volke so grandiose Erfahrungen gemacht, dass er daraus Trugschlüsse auf die ganze übrige Welt zog und meinte – gerade er, der 1939 mit Stalin paktiert hatte – nun werde plötzlich die Russenangst die feindliche Koalition sprengen und Deutschland Luft verschaffen. Dieses «happy end» à la Karl May blieb aus. Das Ende mit Schrecken kam, und die Schrecken ohne Ende drohen.

Wer die undankbare Aufgabe hätte, vor dem Richterstuhl der Weltgeschichte als Verteidiger Adolf Hitlers zu plädieren, könnte wohl kaum etwas anderes als verminderte oder überhaupt nicht vorhandene Zurechnungsfähigkeit geltend machen. Überzeugende, auf typische Paranoia oder auch auf die paranoide Form der *Dementia praecox* ausgehende Gutachten liessen sich ohne

Schwierigkeit schreiben und ausführliche gute Bücher darum herum. Es ist aber zu bezweifeln, dass die derartige Literatur stark anschwellen wird. Für die Deutschen würde der Nachweis, dass sie sich ein Dutzend Jahre lang der Führung eines gescheiten Narren hingegeben hätten, gar zu beschämend wirken. Und die Völker auf der Gegenseite würden sich auch nicht sehr gerne vorhalten lassen, dass ihre Führerschaft unbeholfen genug war, diesen Narren, solange er sie nicht direkt selbst belästigte, als europäischen Schicksalsschmied gewähren zu lassen. Man kann ja auch ohne die Lektüre gelehrter Bücher zum Willen gelangen, sich so etwas nicht so bald wieder passieren zu lassen.

Deutscher Mikromythos, 1945

Zum 60. Geburtstag des Feuilletonredaktors der NZZ, Eduard Korrodi, am 20. November 1945 schrieb Albert Oeri in der «Festgabe» den Aufsatz, den wir hier vollständig wiedergeben. Man erinnert sich bei der Lektüre an die Freundschaft zwischen Albert Oeri und dem Psychologen C. G. Jung. In ihren Gesprächen war gewiss schon damals die Rede von «Archetypen».

Der auf hohem Kothurn stolzierende deutsche Mythos vom Genre Alfred Rosenberg ist für etliche Zeit erledigt. Er wirkte etwas gar zu geschwollen. Ich habe diesen Teil des nationalsozialistischen Geistesgutes nie sehr interessant gefunden. Es gibt deutsche Mythen, aus denen wesentlich mehr Belehrung über die psychischen Hintergründe dessen geschöpft werden kann, was den Deutschen unserer Zeit passieren musste und passiert ist. Ich denke zum Beispiel an C. G. Jungs Auseinandersetzung mit Wotan, an das Nibelungenlied durch alle Aventiuren hindurch, an die Sage vom Weiterleben Barbarossas. Aber hier, in Eduard Korrodis freundlicher Sphäre, möchte ich mir erlauben, auf eine etwas abseitige, jedoch gar nicht unergiebige Fundgrube politisch-mythologischer Erkenntnis hinzuweisen, nämlich auf der Brüder Grimm *«Kinder und Hausmärchen»*.

Da tauchen bei aufmerksamem Lesen Typen – wenn ich etwas mehr davon verstünde, würde ich vielleicht sogar sagen: «Archetypen» – auf, die wahrhaft aktuell wirken. Dutzendfach begegnet uns der verschupfte, für dumm gehaltene jüngste Bruder, der schliesslich die älteren beschämt, die Braut heimführt, König oder dergleichen wird. Die Goebbels-Propaganda hat bekanntlich mit diesem Motiv in den ersten Kriegsjahren bis zum Überdruss manipuliert, im Verein mit der italienisch-faschistischen. Aus den alten Völkern Deutschlands und Italiens wurden im Handkehrum ganz junge, von den *beati possidentes* des universellen Wirtschafts- und Lebensraums bisher gemein unterdrückte gemacht, die nun im Begriff seien, durch Kraft und Können die Welt zu begeistern und zu erneuern. Während der knapp zweijährigen Periode des Hitler-Stalin-Paktes gehörten auch die Russen zur Jungbruderschaft, die den übersatten und vergreisten Kapitalistenvölkern des Westens den Meister zeigen werde; diese Strecke der Denkbahn wird vielleicht *mutatis mutandis* bald wieder betriebsfertig. Es gibt übrigens auch vereinzelte Beispiele mit «happy end», so das erbauliche Märchen «Die drei Brüder» im zweiten Band, wo die Ältern neidlos die Überlegenheit des Jüngsten anerkennen und alle drei sich so lieb haben, dass sie gleichzeitig sterben und zu dritt in ein Grab gelegt werden können.

Ein anderer häufiger und aktueller Typ ist der verabschiedete Soldat, dem es hundeschlecht geht, der sich aber am Ende glücklich durchsetzt. Zwischen Versailles, das die deutschen Millionenarmeen auf das Pflaster setzte, und dem zweiten Weltkrieg ist das Hoffen und Harren der unbeschäftigten, gedankenlos ihrem Elend preisgegebenen deutschen Soldaten und Offiziere ein gewichtiger politischer Faktor geworden. Das merkwürdigste Beispiel aus dieser Kategorie bei den Brüdern Grimm ist das Märchen «Der Stiefel von Büffelleder» fast am Ende der Sammlung. Wenn nicht das Gegenteil wissenschaftlich beweisbar wäre, könnte von einem Doktoranden behauptet werden, es sei post eventum hinzugefälscht worden. So gut passt es in die Jahre um 1930 herum.

Der Inhalt sei nur ganz kurz skizziert: Ein verabschiedeter Soldat, der nichts gelernt hatte und nichts verdienen konnte, bettelt sich durch das Land. In einem Walde macht er die Bekanntschaft eines Herrn in schönem grünem Jägerrock, der sich verirrt hat und nicht weiss, wohin. Nun ziehen die beiden auf Geratewohl weiter, kommen in ein Räuberhaus und verstecken sich dort. Die Räuber kehren heim und schmausen. Obwohl ihn der vornehme und ängstliche Kamerad zunächst zurückhalten will, macht sich der hungrige Soldat bemerkbar. Wie aber die Räuber die beiden Eindringlinge umbringen wollen, entwickelt der Soldat eine wunderbare Kunst. Er schwenkt eine Flasche über den Häuptern der Räuber und ruft: «Ihr sollt alle leben, aber *das Maul auf und die rechte Hand in die Höhe!*» Der Zauber wirkt. Die Bande ist gelähmt und kann im Triumph dem Gericht zugeführt werden. Diesem Zuge aber kommt aus der Stadt ein anderer entgegen und begrüsst zum masslosen Erstaunen des armen Soldaten seinen Kameraden als seit langer Zeit vermissten König. Der reicht jenem huldvoll die Hand und spricht: «Du bist ein braver Soldat und hast mir das Leben gerettet. Du sollst keine Not mehr leiden, ich will schon für dich sorgen. Und wenn du einmal ein Stück guten Braten essen willst, so komm nur in die königliche Küche. Willst du aber eine Gesundheit ausbringen, so sollst du erst bei mir Erlaubnis dazu holen!» Schluss!

Philologisch betrachtet, erweist sich die Geschichte als etwas defekte Version einer bessern Vorlage. Aber für unsern psychologischen Zweck genügt, was vorhanden ist, und könnte ohne Mühe etwa so modernisiert werden: Nach dem verlorenen ersten Weltkrieg lungern die entlassenen Soldaten in Deutschland hungrig herum, während die «Räuber», das heisst die Spartakisten und Kommunisten, es sich wohl sein lassen und das Kaiserhaus vertrieben ist. Da tut sich der schlichte Gefreite Adolf Hitler auf und vermag mit seiner Zaubergabe alles zum Guten zu wenden. Er kommandiert *«Maul auf und die rechte Hand in die Höhe»,* und im Banne des Hitlergrusses unterwirft sich alles dem Kaiser. Der behandelt seinen Retter aus der Not gnädig und verbietet ihm nur, ohne Erlaubnis von seiner Massenlähmungskunst Gebrauch zu machen. Der aber ist so artig und folgt. In Wirklichkeit ist es ja ein bisschen anders gekommen. Der zauberfähige Gefreite hat sich nicht in die kaiserliche Küche verweisen und mit Bratenstücken abfinden lassen, sondern hat weitergezaubert, bis auch der letzte Deutsche seinem Willen unterworfen war und die rechte Hand in die Höhe hob. Inklusive die monarchistische, aristokratische und industrielle Oberschicht, die gemeint hatte, mit dem Meisterdemagogen gegen die Elemente der Linken ihre Geschäfte machen zu können, genau bis zu einem gewünschten Punkt, aber nicht darüber hinaus! Es ist doch sehr denkwürdig, dass dieser halberfüllte Wunschtraum in die Grimmschen Märchen hineingeraten ist. Er entsprang offenbar einem in der Tiefe der deutschen Seele liegenden Urstoff.

Aber das allerschönste Beispiel eines politisch aufschlussreichen deutschen Mikromythos ist doch die Geschichte «Von dem Fischer un syner Frau» im ersten Bande der Kinder- und Hausmärchen. Wegen ihrer plattdeutschen Form ist sie vielleicht bei uns nicht ganz so bekannt, wie sie es verdienen würde, und mag deshalb ebenfalls kurz hererzählt werden. Ein Fischer an der See ist so arm, dass er mit seiner Frau in einem *(salva venia)* Pissputt wohnen muss. Beim täglichen Angeln erwischte er einmal einen grossen Butt, der eigentlich ein verwünschter Prinz ist und ihn um Freilassung anfleht. Der gutmütige Fischer gewährt ihm diese, wird aber von seiner Frau an den Strand zurückgeschickt, um als Lohn die Gewährung eines Wunsches zu erbitten, und zwar nach einer kleiner Hütte an Stelle des Pissputts, «dat stinkt un is so eeklig». Der Fischer mag nicht recht, will aber seiner Frau auch nicht zuwider sein, gibt also nach und ruft über das Wasser hin: «Manntje, Manntje, Timpe Te, Buttje, Buttje in der See, myne Fru de Ilsebill will nich so, as ik wol will.» Der Butt kommt wieder hergeschwommen und gewährt die Bitte diskussionslos. Wie der Mann heimkommt, findet er ein reizendes Häuschen samt Hühnerhof und Gärtchen vor. Seine Frau aber ist damit nicht zufrieden, sondern schickt ihn nach wenigen Tagen wieder an den Strand, diesmal um vom Butt ein Schloss zu erbitten. Auch das bekommt er, und so wiederholt sich die Geschichte immer wieder. Die Frau will einen Königspalast haben, dann eine Kaiserpfalz, schliesslich eine päpstliche Kurie. Alles zaubert der Butt her, wenn wieder das Verslein «Manntje, Manntje, Timpe Te» am Strand ertönt. Zuletzt aber will die Frau werden wie der liebe Gott, und diesmal sagt der Butt zum Fischer: «Geh mal hin; sie sitzt wieder im Pissputt.» Und dort sitzen die beiden bis zum heutigen Tag.

Diese Kurzgeschichte ist ein Juwel der Erzählkunst und kann dem Besten dieser Art in der ganzen Weltliteratur zugerechnet werden. Die Steigerung der Spannung ist meisterhaft bei aller Gleichförmigkeit des Geschehenden. Mit jedem Akt wird die See unruhiger, das Wetter unheimlicher und die Diskussion zwischen Mann und Weib über die Vermessenheit der Wünsche heftiger. Aber zwischenhinein folgt der arme Fischer der Verführerin doch immer wieder und leiert sein Verslein in stupidem Gleichklang her. Und zum Schluss keine Moral von der Geschicht! Die mag heute der politische Leser ziehen, indem er mit den Wandlungen der Behausung und der Macht der Fischersleute vom Pissputt über das Häuslein, das Schloss, den Königspalast, die Kaiserpfalz, die päpstliche Kurie bis wieder zurück zum Pissputt parallelisiert: den Versailler Pissputt, das durch das Saargebiet und die Besetzung der Rheinlande arrondierte Reich, das durch die Annexion Österreichs entstehende Grossdeutschland, die durch die Eroberungen in Böhmen, Polen, Skandinavien, den Niederlanden, Frankreich, im Balkan erreichte europäische Erweiterung, das Übergreifen nach Nordafrika und das Vordringen bis zum Kaukasus, den Traum vom Alexanderzug bis zur völligen Welteroberung und schliesslich den Rückfall in Ohnmacht und Misere.

Die Hybris der aktiven Frau ist absolut hemmungslos, der Widerstand des Mannes in seiner hilflosen Nachgiebigkeit beklemmend. Auf jeder Etappe wird die Frau diktatorialer. Wie sie sich das Häuschen wünscht, überredet sie noch artig. Zuletzt, wie sie sich vergöttlichen möchte, wird sie gespenstisch böse. Die Haare fliegen ihr wild um den Kopf, sie reisst sich das Leibchen auf, gibt dem Mann einen Fusstritt und schreit: «Ich halte das nicht aus, und halte das nicht länger aus. Willst du hingehen?!» Und er zieht sich die Hosen an und rennt gehorsam weg «as unsinnig». Leser des Märchens, die das Talent zum Richten in sich fühlen, können nach der Lektüre tiefsinnige Betrachtungen über die Schuldfrage anstellen. Wer ist eigentlich der schuldigere Teil? Die wahnwitzige Frau mit ihrem unstillbaren Macht- und Geltungsdrang? Oder der einsichtige Mann, der das Verhängnis kommen sieht und schüchtern seine Einwendungen erhebt, sich aber immer wieder geschweigen lässt, bis er wieder im Pissputt sitzt? «Myne Fru de Ilsebill will nich so, as ik wol will», das ist seine Verantwortung vor der hart urteilenden Weltgeschichte.

Ich finde dieses wuchtigste deutsche Schicksalsmärchen in all seiner scheinbaren Einfalt nicht nur literarisch schön, sondern herzergreifend. Aber ich bin ein politisch verdorbener Leser des Märchenbuchs der Brüder Grimm. Anderen, glücklicheren, die nicht in die bedenklichen Tiefen zu blicken brauchen, empfehle ich es innigst als Sonntagslektüre. Es ist von der ersten bis zur letzten Seite ein erquickender Quell von Poesie und Erbauung.

Schweiz

Wann soll die Schweiz dem Völkerbund beitreten?, 1920

*D*iese früheste Schrift Oeris zum Thema Völkerbund erschien im März 1920 in einem Basler Verlag. Sie fällt also in eine Zeit, als in der Schweiz zum ersten Mal eine grosse Debatte über ein aussenpolitisches Thema, den Beitritt zum Völkerbund, eingesetzt hatte. Sie endete mit einer Abstimmung am 16. Mai 1920, in der das Schweizervolk mit 416'870 Ja (= elf und $^1/_2$ Kanton) gegen 323'719 Nein (= zehn und $^1/_2$ Kanton) den Beitritt beschloss.

Oeri war nicht grundsätzlich gegen die Mitgliedschaft der Schweiz im Völkerbund eingestellt, aber 1920 schienen ihm die Gründe für einen Nichtbetritt stärker als die Vorteile des Beitritts.

Der Völkerbund ist etwas Schönes und Vernünftiges und hat die ganze Logik der Weltgeschichte für sich. In der Entwicklung von den Höhlengemeinschaften bis zu den modernen Staaten und Imperien hat die Menschheit stets die Tendenz gezeigt, sich zu immer grösseren Verbänden zusammenzuschliessen. Jeder derartige Zusammenschluss bedeutete zugleich eine Unterordnung und war darum schmerzhaft. Es muss peinlich für den Höhlenbewohner im Birstal gewesen sein, als er wegen einer solchen Staatsbildung nicht mehr ins Ergolztal hinüberschweifen, sich dort Höhlenkinderchen fangen, sie schlachten, am Spiess braten und das wohlschmeckende Mark aus ihren Knochen saugen durfte. Aber er hat den berechtigten Schmerz um seine geschmälerte Souveränität überwunden, und alle paar Jahrtausende, Jahrhunderte oder Jahrzehnte sind von unseren Vorfahren um grosser Fortschritte willen ähnliche Schmerzen heruntergeschluckt worden, zum letzten Mal im Jahre 1848, als auf die Kantonalsouveränität verzichtet werden musste. Der Völkerbund bringt nun den Anfang vom Ende der Landessouveränität, um die es eigentlich auch schade ist, und zwar nicht nur um der damit verbundenen Neutralität willen, die heutzutage vielen Eidgenossen unter dem entnervenden Einfluss eines fünfjährigen Kriegsschlotters als der Inbegriff des Schweizertums gilt. Souveränität und Neutralität der Schweiz werden irgendeinmal, wenn das tausendjährige Reich kommt, auf dem Altar der Menschheitseinheit geopfert werden dürfen, ja geopfert werden müssen.

Die Frage ist nur, ob dieser Moment schon da ist. Die Menschen haben sich darüber schon oft getäuscht, zu den Zeiten des welterobernden Römerreichs, des allüberschwemmenden Islam, des universalen Papsttums, des napoleonischen Empire, der heiligen Allianz. An der Spitze der Menschheitsgeschichte steht als warnendes Vorspiel aller dieser Täuschungen und Enttäuschungen die tiefsinnige Erzählung vom Turmbau zu Babel, dessen Vollendung an der Sprachverschiedenheit der Erbauer zunichte wurde. Das Gleichmachenwollen von tatsächlich Ungleichem hat sich immer wieder gerächt.

Aber das will der Völkerbund ja auch gar nicht. Er lässt das innere Leben der ihm angeschlossenen Staaten so verschieden sein, als es nur sein will, und vereinigt – abgesehen vom Arbeitsrecht – eigentlich nur ihre Aussenpolitik. Er tut also im Grossen, was die Schweiz im Kleinen getan hat, als sie den Kantonen zwar für den Verkehr mit dem Ausland die Souveränität nahm, ihnen aber für die innerstaatlichen Kulturaufgaben die grösste Freiheit liess.

Ganz ist freilich die Gründung des neuen Schweizerbundes der Gründung des Völkerbundes nicht analog. Für den schweizerischen Oberstaat brachten alle seine fünfundzwanzig Unterstaaten das gleiche volle Opfer. Man räumte bei seiner Gründung für immer mit den «Vororten» auf, während der Völkerbund im höchsten Masse mit Vororten gesegnet ist. In seinem «Rate» haben die «alliierten und assoziierten Hauptmächte» fünf von neun Sitzen inne, und dieser Rat dominiert im Bunde praktisch vollständig. Die gleichmässig zusammengesetzte «Versammlung» hat neben ihm sehr wenig zu bedeuten. Nun kann es ja unter Umständen für die Tätigkeit einer aus ehrenhaften Männern bestehenden Behörde ziemlich gleichgültig sein, auf welcher Vertretungsbasis ihre Wahl beruht. Wenn sie auf Grund klarer Rechtsgrundsätze, sei es geschriebener, sei es ungeschriebener, zu urteilen und zu amten hat, so ist ihr Weg gewiesen, und der Schwache braucht sich nicht zu grämen, dass er keinen Einfluss auf ihre Zusammensetzung hatte.

Dieses Rechtsmaterial fehlt nun aber dem Völkerbunde, in den die Schweiz eintreten will. Seine Basis bildet nicht ein Kodex des Völkerrechts, nicht einmal die aus 14 Punkten bestehende Miniaturausgabe von Wilson, sondern der höchst konkrete Frieden von Versailles und die anschliessenden Verträge von St. Germain, Neuilly usw. Es ist ein vollkommen vergebliches Bemühen, in diesen Friedensschlüssen die konsequente Durchführung irgendeines Rechtsgrundsatzes finden zu wollen. Ein solcher wäre zum Beispiel das viel genannte Selbstbestimmungsrecht der Völker, von dem sich da und dort Spuren finden. Auf seiner Grundlage soll nach dem Vertrag von Versailles unter anderm die Frage von Schleswig-Holstein gelöst werden; bereits haben ja zwei Plebiszite stattgefunden. Aber in Bezug auf das deutschsprechende Tirol südlich vom Brenner, die Heimat Walthers von der Vogelweide und Andreas Hofers, findet sich keine Spur von Anwendung dieses Rechts. Das Land ist ungefragt zu Italien geschlagen worden auf Grund des Rechtes der Grossstaaten, die militärisch wichtigen Zugänge zu ihrem Gebiet zu beherrschen. Aber auch Jugoslawien ist ein Grossstaat und möchte darum Fiume, den einzigen guten Hafenplatz an seiner Küste, beherrschen als militärisch und kommerziell unentbehrlichen Zugang zum Landesinnern. Doch gilt hier, nach Ansicht der Pariser Konferenz, nicht mehr das gleiche Recht wie im Falle Südtirols, sondern das Nationalitätsrecht. In Fiume spricht man italienisch, und darum soll es zu Italien gehören. Im Elsass spricht man deutsch. Darum soll es aber nicht zu Deutschland gehören, sondern zu Frankreich, das es von 1681 bis 1871 besessen hat. Deutsche Potentaten haben hinwiederum seit achthundert Jahren Oberschlesien besessen. Aber in diesem Falle spielt das historische Besitzrecht keine Rolle mehr, sondern das Recht des polnischen Staates auf Versorgung mit der unentbehrlichen Industriekohle. Dieses Recht hinwiederum sowie überhaupt jedes Versorgungsrecht für irgendwelchen Bedarf an Nahrungs- und Existenzmitteln fehlt im Falle Deutschösterreichs, dessen Einwohnerschaft wir mit Staunen verhungern sehen. Dieses Volk hat als ehemalige Stütze der Habsburgerdynastie überhaupt nur ein einziges Recht, nämlich unschädlich gemacht zu werden. Dieses Recht war auch den Reichsdeutschen ursprünglich im vollsten Masse zugedacht. Doch wird es mannigfach beeinträchtigt durch das Recht Frankreichs auf Erhaltung der Zahlungsfähigkeit eines entschädigungspflichtigen Schuldners.

Wir könnten die Zickzackreise durch die Umwendungszonen verschiedener Rechtsgrundsätze noch lange fortsetzen. Das hat aber keinen Zweck und würde schliesslich nur den falschen Eindruck hervorrufen, als massten wir uns an, eine europäische Karte nach Rechtsgrundsätzen zeichnen zu wollen. Wir können es nicht! Sässen wir als Weltenrichter im Völkerbunde und würde von uns wirkliche Rechtssprechung verlangt, so könnten wir nur einen einzigen Grundsatz anwenden: *pacta sunt servanda,* Verträge müssen gehalten werden. Praktisch käme das freilich in diesem Falle auf dasselbe hinaus wie: *fiat iustitia, pereat mundus.* Es würde dem Menschheitsuntergang im nacktesten Sinne des

Wortes dienen. Tendenzen in dieser den Vertragsbuchstaben konservierenden Richtung sind in der Tat auch schon zutage getreten, so, als der Oberste Rat den Polen und den Deutschen verbot, sich über gewisse beiderseits gewünschte und im beiderseitigen Interesse liegende Korrekturen am Friedensvertrag zu verständigen. Im Ganzen aber haben die siegreichen Kontrahenten des Versailler Vertrags selbst das Gefühl, dass dieses *pactum* nicht unbedingt *servandum* sei. Ihre Meinung drückte Clémenceau aus, als er in der Mantelnote vom 16. Juni 1919 zur definitiven Fassung des Versailler Vertrags den Deutschen zusicherte:

«Le Traité crée en même temps l'organe nécessaire pour régler pacifiquement tous les problèmes internationaux par voie de discussion et d'accord, et pour trouver les moyens de modifier de temps à autre le règlement même de 1919 en l'adaptant à des faits nouveaux et à des conditions nouvelles, à mesure qu'elles se présenteront.»

Mit diesen Worten ist über das *organe nécessaire pour régler pacifiquement tous les problèmes internationaux,* nämlich über den *Völkerbund,* eigentlich alles Nötige und Wichtige gesagt. Er soll nicht mit Rechtsgrundsätzen hantieren auf einem Gebiet, dessen Fundament die Gewalt ist, sondern er soll schiedlich-friedlich die internationalen Probleme auf Grund der jeweiligen tatsächlichen Verhältnisse regeln. Kurz gesagt: *Der Völkerbund soll nicht Recht sprechen, sondern Politik treiben!* Auch seine eigene Satzung weist ihm diesen Weg, indem sie in den Artikeln 19 und 20 sagt:

«Art. 19. Die Versammlung kann von Zeit zu Zeit die Mitglieder des Völkerbundes auffordern, eine Nachprüfung der unanwendbar gewordenen Verträge sowie der internationalen Verhältnisse vorzunehmen, deren Fortdauer den Frieden der Welt gefährden könnte.

Art. 20. Die Mitglieder des Völkerbundes anerkennen, jedes für seinen Teil, dass der gegenwärtige Bundesvertrag alle Verpflichtungen oder Abmachungen unter sich, die mit seinen Bestimmungen im Widerspruch stehen, ausser Kraft setzt, und verpflichten sich feierlich, in Zukunft keine mit dem Völkerbundsvertrag unvereinbaren Abkommen einzugehen.

Sollte ein Mitglied vor seinem Eintritt in den Völkerbund mit diesem unvereinbare Verpflichtungen übernommen haben, so muss es unverzüglich Schritte unternehmen, um sich von diesen Verbindlichkeiten zu lösen.»

Der Kampf gegen unanwendbar gewordene Verträge, den diese Artikel vom Völkerbund fordern, ist seine politische Hauptaufgabe. Erfüllt er sie, so erweist er seine Existenzberechtigung. Erfüllt er sie nicht, so mag er so vielgeschäftig sein als er will, er wird Europa doch nicht vor dem Untergang retten.

Die Sphäre rein politischer, nicht im strengen Sinne völkerrechtlicher Arbeit des Völkerbundes ist aber durchaus nicht auf die Revision unanwendbar gewordener Verträge beschränkt. Die *Friedensverträge* bringen ihm zahlreiche Einzelaufträge. Nach dem Frieden von Versailles entscheidet der Völkerbund z.B. definitiv über die Zugehörigkeit der Kreise Eupen und Malmédy zu Belgien oder zu Deutschland. Deutschland verzichtet zu seinen Gunsten auf das Saargebiet, dessen definitive Zuteilung oder Verteilung er 1935 regeln soll. Er entscheidet darüber, ob die Unabhängigkeit Deutsch-Österreichs von Deutschland unabänderlich sein soll oder nicht. Er nimmt die Stadt Danzig in seinen Schutz. Er disponiert über die etwaige Verlängerung der den Deutschen auferlegten Zoll- und Schifffahrtsbestimmungen usw., usw. Die Friedensschlüsse mit Deutsch-Österreich, Bulgarien, Ungarn und der Türkei enthalten und werden enthalten zahlreiche ähnliche Völkerbundsaufgaben, darunter raffiniert schwierige Orientprobleme, an denen sich die Champions der europäischen Diplomatie schon ganze Reihen von Zähnen ausgebissen haben.

Ein Gang durch das *Statut* zeigt sodann eine wahre Fülle politischer Aufgaben des Bundes, seiner Mitglieder und seiner Organe, des Rates und der Versammlung. Der *Rat* besteht bekanntlich aus fünf Vertretern der Hauptmächte (Amerika,

England, Frankreich, Italien, Japan) und vier Vertretern anderer Bundesmitglieder (zurzeit: Belgien, Brasilien, Spanien, Griechenland). Die *Versammlung* besteht aus den Vertretungen sämtlicher Bundesmitglieder, deren jedes nur eine Stimme und höchstens drei Vertreter hat.

Gleich Artikel 1 enthält eine politische Kompetenzbestimmung, nämlich betreffend die Aufnahme neuer Mitglieder bei Zustimmung von zwei Dritteln der *Versammlung*. Das Kriterium für die Eintrittsbedingungen soll sein, dass der kandidierende Staat wirksame Gewähr seiner redlichen Absicht bietet, seinen internationalen Verpflichtungen nachzukommen und für ihn vom Völkerbunde festgesetzte Rüstungsregelung anzunehmen. Die Untersuchung über das Vorhandensein «der wirksamen Gewähr der redlichen Absicht» wird in jedem Einzelfall eine eminent politische Aufgabe sein, nicht eine juristische!

Art. 6 überträgt dem Rate «mit Zustimmung der Mehrheit der *Versammlung*» das ebenfalls politische und sehr wichtige Recht, den Generalsekretär, also die massgebende Persönlichkeit im Völkerbunde, zu wählen.

In Art. 8 wird dem *Rate* das hochpolitische Recht zugesprochen, für die einzelnen Staaten Abrüstungspläne zu entwerfen und Staaten, die diese Pläne angenommen haben, von der Einhaltung der angenommenen Rüstungsgrenzen zu dispensieren.

Art. 10 überbindet dem *Rate* die ebenfalls politische Pflicht, die zur Durchführung der gegenseitigen Hilfsverpflichtung der Bundesmitglieder erforderlichen Sicherungsmassregeln zu ergreifen.

Art. 11 macht allgemein den Schutz des Völkerfriedens zur Bundessache und gibt den Bundesmitgliedern für diesen Fall das Recht, die Einberufung des *Rates* durchzusetzen. Er konstatiert auch, dass jedes Bundesmitglied berechtigt ist, *Rat oder Versammlung* auf jeden friedensbedrohenden Faktor hinzuweisen.

Dann kommen die Schlichtungsartikel. Art. 12 sieht für Streitfragen unter Bundesmitgliedern, die zu einem Bruche führen könnten, entweder die Lösung auf dem Rechtswege durch ein Schiedsgericht oder die politische Lösung durch einen Bericht des Rates vor. Über die erste Eventualität, die Lösung auf dem Wege der Schiedsgerichtsbarkeit, sagt Art. 13 das Nähere. Er bestimmt auch, dass der *Rat* im Falle der Nichtausführung des Spruches die zu seiner Durchführung erforderlichen Massnahmen vorzuschlagen hat. Wem, wird nicht gesagt.

Art. 15 stipuliert das Nähere über die andere Eventualität, nämlich die der *politischen* Lösung durch Spruch des Rates, der seine Kompetenz freiwillig auch der *Versammlung* abtreten kann oder auf rechtzeitigen Antrag einer Partei abtreten muss. Das Netz sowohl des juristischen als des politischen Schlichtungsverfahrens ist sehr weitmaschig, und gewalttätige Staaten können ihm leicht entschlüpfen. Das ist der Hauptunterschied des Versailler Völkerbundsstatuts gegenüber dem schweizerischen Entwurf. Ein Vorwurf ist aber daraus dem Versailler Statut nicht zu machen; denn es hätte dem ganzen, auf Machtanwendung beruhenden Versailler System widersprochen, wenn es für künftige Konfliktsfälle ein wirklich zwingendes Schlichtungsverfahren vorgesehen hätte. Auch so dürftig, wie sie sind, enthalten die Versailler Schlichtungsbestimmungen eine wahre, auch von Gegnern des Beitritts nicht wegzuleugnende Perle in Gestalt des Satzes: «Alle Mitglieder des Völkerbundes kommen überein, in keinem Falle vor Ablauf einer Frist von drei Monaten nach dem Schiedsspruch oder dem Bericht des Rates zum Kriege zu schreiten.»

Art. 16 ordnet das militärische und wirtschaftliche Vorgehen gegen bundesbrüchige Mitglieder, sagt aber nicht, welche Instanz, Rat oder Versammlung, die eminent wichtige Feststellung zu machen hat, dass der Fall der Bundesbrüchigkeit eingetreten ist. Er sagt nur, dass der *Rat* die nötigen Vorschläge betreffend Verteilung der militärischen Lasten zu machen hat und dass der Entscheid über die Ausschliessung pflichtvergessener Mitglieder ebenfalls dem Rate zusteht.

Art. 17 überträgt dem *Rate* analoge Rechte gegenüber Nichtmitgliedern, was Menschen mit normalem Rechtsempfinden nicht nur unjuristisch, sondern auch unrecht und im bösesten Sinne «politisch» vorkommen wird.

In Art. 21 wird festgestellt, dass Abmachungen wie die Monroe-Doktrin, «welche die Aufrechterhaltung des Friedens sichern», nicht als unvereinbar mit dem Völkerbundsvertrag gelten sollen. Wer die politische Aufgabe hat zu entscheiden, ob eine solche Abmachung der Aufrechterhaltung des Friedens diene, der Rat oder die Versammlung oder die im betreffenden Falle interessierten Mitglieder, wird nicht gesagt.

Im Kolonial-Artikel 22 werden die Mandatarstaaten des Völkerbundes verpflichtet, dem *Rate* über die ihrer Fürsorge anvertrauten Gebiete Bericht zu erstatten. Der Rat hat nötigenfalls auch über die wichtigsten Modalitäten der Mandatausübung zu entscheiden.

Politischer Natur sind endlich auch die Verpflichtungen, die die Mitglieder in Art. 23 übernehmen, als da sind: a) die Bemühung, gerechte und menschenwürdige Arbeitsbedingungen zu schaffen, und zwar *nicht nur in ihren eigenen Gebieten,* sondern auch in allen Ländern, auf die sich ihre Handels- und Gewerbebeziehungen erstrecken; b) die Verpflichtung in ihren Verwaltungsgebieten die Eingeborenen gerecht zu behandeln; c) und d) die Betrauung des Völkerbundes mit dem Kampf gegen Mädchen- und Kinderhandel, Opiumhandel, Waffen- und Munitionshandel usw.; e) die Verpflichtung zum Schutz der Freiheit der Verbindungswege und der Durchfuhr sowie zu gerechter Behandlung des Verkehrs aller Völkerbundsmitglieder; f) die Verpflichtung zur Teilnahme an der internationalen Bekämpfung von Krankheiten.

Schliesslich sagt Art. 26, dass Änderungen des Statuts in Kraft treten, wenn sie von allen zum *Rate* zugelassenen und von der Mehrheit der zur *Versammlung* zugelassenen Mitglieder ratifiziert sind. Welche Instanz die der Unterzeichnung vorangehende Beratung zu pflegen hat, und ob für Beschlüsse bei dieser Beratung ebenfalls Einstimmigkeit der ratsfähigen Mitglieder erforderlich ist, wird nicht gesagt.

Eine saubere Kompetenzausscheidung fehlt dem Statut eben überhaupt, wie am flagrantesten daraus hervorgeht, dass fast unmittelbar nebeneinander in den Art. 3 und 4 die Sätze stehen:

«Die *Versammlung* befindet in ihren Beratungen über alle Fragen, welche in den Tätigkeitsbereich des Völkerbundes fallen oder den Frieden der Welt betreffen.»
«Der *Rat* befindet in seinen Beratungen über alle Fragen, welche in den Tätigkeitsbereich des Völkerbundes fallen oder den Frieden der Welt betreffen.»

Ein solcher Parallelismus der Kompetenzbestimmungen bedeutet doch wohl, dass unfruchtbaren Konflikten Tür und Tore geöffnet ist. Überblickt man aber diejenigen Fälle, wo das Statut die Kompetenzen für die wichtigeren politischen Befugnisse genau unter die Instanzen verteilt, so wird man den starken Eindruck bekommen, dass der Rat gegenüber der Versammlung bevorzugt ist. Er allein hat die wichtige Kompetenz, die Abrüstungspläne vorzuschlagen und die sie annehmenden Mitglieder später von ihrer Enthaltung zu dispensieren. Er hat auf die Mittel zur Erfüllung der gegenseitigen Schutzverpflichtung der Mitglieder bedacht zu sein und hat bei Nichtausführung von Schiedsgerichtssprüchen die Massnahmen zur Sicherung des Vollzuges vorzuschlagen. Er hat im Falle des Bundeskrieges den Mitgliedern die militärische Kontingentierung vorzuschlagen und kann pflichtvergessene Mitglieder ausstossen. In seine Kompetenz fällt auch das Vorgehen gegen Nichtmitglieder, die Begrenzung der Kolonialmandate und die Kontrolle ihrer Ausübung. In allen diesen

Fällen kann das, was der Rat tut oder unterlässt, die nicht ratsfähigen Bundesmitglieder im höchsten Grade engagieren. Sie alle, auch die nicht zu militärischer, sondern nur zu wirtschaftlicher Kriegsführung verpflichtete Schweiz, haben die Konsequenzen seiner Amtsführung zu ertragen, obwohl sie nichts dazu zu sagen haben.

Die *Versammlung*, also dasjenige Bundesorgan, an dem *alle* Mitglieder, auch die Schweiz, Anteil haben sollen, hat nur zwei Rechte, die der Rat nicht auch hat, nämlich das Recht, über die Aufnahme neuer Mitglieder abzustimmen, und das Recht, die Mitglieder zur Nachprüfung unanwendbar gewordener Verträge aufzufordern. Sie kann von einem «Gliedstaat»* auf friedensgefährdende Umstände hingewiesen werden und wird in solchen Fällen wohl auch das Recht haben, über deren Abstellung zu beraten. Sie kann vom Rat oder von einer Streitpartei mit der Behandlung eines Konfliktfalles zwischen Bundesmitgliedern betraut werden. Die Kompetenz zur Wahl des Generalsekretärs und zur Ratifizierung von Abänderungen am Statut teilen ihre Mitglieder mit denen des Rates.

---

* Hier wird der Ausdruck «Gliedstaat» gebraucht, weil ihn die der bundesrätlichen Botschaft beigegebene offizielle Übersetzung mehrfach (Art. 6,8,11,17) braucht. Im authentischen französischen Text heisst es «Membre de la Société», im ebenfalls authentischen englischen «Member of the League», also beide Mal einfach «Bundesmitglied», was etwas total anderes ist als «Gliedstaat». Der Kanton Bern ist ein Gliedstaat des schweizerischen Gesamtstaates, Bayern ein Gliedstaat des Deutschen Reiches, Maryland ein Gliedstaat der nordamerikanischen Union. Wenn es schon wahr ist, dass die Schweiz durch Beitritt zum Völkerbund ihre Vollsouveränität einbüsst, so sollte sie dies, solange die massgebenden Mächte eine sanft verhüllende Ausdrucksweise vorziehen, doch nicht unnötigerweise durch eine falsche offizielle Übersetzung affichieren. Dass Bundeskanzlei und Bundesrat sich das ahnungslos zuschulden kommen lassen, zeigt eigentlich schon genügend, wie wenig das Volk der Hirten für den Sprung in die grosse internationale Politik, den der Eintritt in den Völkerbund bedeutet, reif ist.

Der Vergleich zwischen den Kompetenzen von Rat und Versammlung zeigt, dass die Ratsmitglieder vor den blossen Versammlungsmitgliedern erheblich grössere politische Machtbefugnisse, aber allerdings auch eine erheblich grössere Verantwortungslast voraus haben. Die nicht ratsfähigen Mitglieder brauchen sich nicht so intensiv mit internationaler Politik zu befassen wie die ratsfähigen, haben aber immerhin Gelegenheit genug, wenn nicht Macht auszuüben, so doch sich die Finger zu verbrennen. Schon die Stimmabgabe für oder wider die Aufnahme der vom Völkerbundsparadies vorläufig ausgeschlossenen Zentralmächte wird dazu überreichlich Gelegenheit bieten. Ebenso die Fälle, wo die Versammlung gewisse Mitglieder zur Nachprüfung unanwendbar gewordener Verträge auffordert und wo eine Partei ihren Streit der schiedsgerichtlichen Behandlung sowohl als auch dem Forum des Rats entzieht und ihn vor die Versammlung bringt! Letzteres wird ja nur geschehen, wenn die Sache brenzlig ist und von den im Rate massgebenden Herren der Welt kein günstiger Entscheid erwartet werden kann. Die Zustimmung oder Nichtzustimmung zur Wahl eines vom Rat präsentierten Sekretärs kann ebenfalls eine sehr heikle Sache sein. Endlich wird, wie bereits betont, die aktive Tätigkeit des Rats die nicht ratsfähigen Bundesglieder, ob sie wollen oder nicht, zum Mitmachen bei politischen Händeln in aller Welt nötigen können.

Wenn nun im Folgenden untersucht werden soll, ob unser Land, sei es, dass es einfaches Versammlungsmitglied bleibt, sei es, dass es mit der Zeit zum Ratsmitglied avanciert, für die Beteiligung an den politischen Hauptproblemen des Völkerbundes reif ist, so muss im voraus der Vorwurf der Verantwortungsscheu abgelehnt werden. Die Schweiz ist ein mündiger Staat und darf und soll jede internationale Verantwortlichkeit auf sich nehmen, die sie mit gutem Gewissen auf sich nehmen kann. Aber eben mit gutem Gewissen! Dieses Gewissen hat, bevor es entscheidet, nicht nur zu prüfen, ob die nötige Dosis Unternehmungslust oder vielleicht auch die nötige Dosis Angst vor Folgen des Nichtbeitrittes vorhanden ist, sondern es hat seinen Entscheid einfach darauf abzustellen, ob die heutige politische Schweiz, wie sie ist, nicht wie sie vielleicht sein sollte, die ungeheure Erweiterung des aussenpolitischen Aufgabenkreises, den ihr der Eintritt in den Völkerbund zumuten würde, bewältigen *kann*.

Sie kann das nicht! Es fehlt ihr dazu schon das rein äusserliche Handwerkszeug, der diplomatische Informationsapparat. Unser diplomatisches Budget ist eine der Stellen, wo die Räte und das hinter ihnen stehende Volk mit besonderer Vorliebe die Kunst des Sparens am unrechten Orte üben. Aber selbst wenn dem nicht so wäre, wenn die Schweizer Diplomatie verhältnismässig gut ausgestattet wäre, so wäre unser Land so wenig wie irgendein Kleinstaat der Welt imstande, den Hans in allen Gassen zu spielen. Um einen etwas kühnen, aber doch wohl zutreffenden Vergleich zu brauchen: Wir sind wie ein Mann, der aus Geiz einen alten Operngucker benützt. Seine Verhältnisse würden ihm ganz gut die Anschaffung eines Zeiss gestatten, und damit könnte er auf seinen gewohnten Bergtouren hübsche Beobachtungen machen. Aber sein Streben geht nach Höherem. Er möchte astronomische Beobachtungen machen, wie sie nur mit einem Meridianinstrument möglich sind, dessen Anschaffung weit über seine Mittel ginge. Da ist es nun allerdings gleich, ob er seinen Operngucker weiter braucht oder ihn durch einen Zeiss ersetzt. Für seinen Zweck ist das teure wie das billige Instrument gleich ungeeignet. Das Instrumentarium für praktische Astronomie kann sich ein bescheiden gestellter Privatmann nicht leisten und ein bescheiden gestellter Kleinstaat nicht das Instrumentarium für die Weltpolitik.

Belgien stellte in sein Budget des Auswärtigen für 1913 fünf Millionen Franken ein, die Schweiz in ihr Budget des Politischen Departementes, das ja nicht einmal auf aussenpolitische Aufgaben beschränkt ist, 1,1 Millionen Franken. Die belgische Diplomatie war also vor dem Krieg relativ glänzend dotiert. Ich habe auf Reisen manchmal Gelegenheit gehabt, die schweizerischen und die belgischen Vertretungen neidvoll zu vergleichen. Aber die belgische Diplomatie war eben schliesslich doch nur ein Exkursionszeiss und nicht ein Meridianinstrument und hat ihr Land nicht vor der furchtbaren Überraschung von 1914 bewahrt. Wie man weiss, hat sich während des Krieges die deutsche Lügenpropaganda eine furchtbare Mühe mit dem Nachweis gegeben, dass Belgien im Geheimen schon vor dem Überfall mit der Entente gegangen sei. Dann hat sie aber eines Tages ihr ganzes Werk verpfuscht, indem sie die gestohlenen Gesandtschaftsberichte der belgischen Vertreter im Ausland veröffentlichte. Sie tat dies, weil zahlreiche Stellen dieser Berichte sehr harte Urteile über die chauvinistische Politik der Ententeführer enthielten. Dabei merkte sie nicht, dass damit zugleich der Vorwurf ententistischer Voreingenommenheit der belgischen Aussenpolitik widerlegt war. Ausser der Filmpropaganda, die dem schweizerischen Publikum die Versenkung der nach Europa fahrenden Getreideschiffe durch die Deutschen veranschaulichte, war die Veröffentlichung der belgischen Gesandtschaftsberichte so ziemlich der dümmste Streich der deutschen Propaganda. Für uns als Angehörige eines Kleinstaates aber war dabei interessant und schmerzhaft zugleich zu beobachten, wie bedenklich selbst eine verhältnismässig hochstehende kleinstaatliche Diplomatie versagt hatte. Im grossen und ganzen war das belgische Aussenministerium durch seinen teuern Apparat politisch nicht viel besser orientiert, als wenn es täglich die «Kölnische Zeitung» recht studiert und aus ihr die Anschauungen über «Einkreisungspolitik» usw. bezogen hätte. Auch mit einer Fünfmillionenausgabe war eine umfassende Orientierung so wenig zu erreichen wie mit der schweizerischen Einmillionenausgabe.

Wenn das am grünen belgischen Holz geschah, was wird an unserm schweizerischen dürren werden, wenn unser Bundesrat einmal genötigt sein wird, wenn anders er seine Völkerbundspflichten nicht sträflich vernachlässigen will, jeden Tag sein fertiges und wohlbegründetes Urteil über irgendeine Haupt- und Staatsaffären in irgendeinem Teil unseres Planeten zu haben?

Nur ein Beispiel: Wir begeben uns nach Süd-Amerika. Man weiss, wie Peru, Chile und Bolivia zueinander liegen. Chile zieht sich in unendlicher Länge an der Westküste hin. Nördlich davon schliesst Peru an. Und im Hinterland, à cheval der beiden, liegt ohne Zugang zum Meer Bolivia. Die Küstengegend von Tacna und Arica ist strittiges Grenzgebiet zwischen Chile und Peru. Nach dem grossen Krieg um die Salpetergegenden zwischen diesen beiden Staaten blieb es (1884) den Chilenen, aber unter dem Vorbehalt definitiver Entscheidung durch Plebiszit der Einwohner. Dieses Plebiszit hat Chile bisher nicht veranstaltet. Im Gegenteil: es ist sogar im Begriff, das Gebiet von Tacna und Arica einem gänzlich unberechtigten Dritten, nämlich Bolivia, abzutreten, obgleich Bolivia im erwähnten Krieg auf der Seite seiner peruanischen Gegner gestanden hat. Das Geschäft hätte den Vorteil, die beiden früher miteinander befreundeten und gemeinsam mit Chile verfeindeten Gegner Bolivia und Peru dauernd zu entzweien, den einen auf die eigene Seite zu bringen und den andern durch den bolivianischen Korridor von der chilenischen Grenze zu distanzieren und ungefährlich zu machen.

Es ist jetzt schon in Aussicht genommen, den so entstandenen chilenisch-peruanischen Streitfall vor den Völkerbund zu bringen, und zwar nicht vor den Rat, sondern vor die Versammlung.

«New York, 19. Feb. (ipd.), Chile und Bolivia verhandeln über die Abtretung eines chilenischen Hafens an Bolivia. Chile macht zur Bedingung, dass Bolivia ein enges Freundschaftsbündnis mit Chile eingehe und im Völkerbund für die Ansprüche Chiles stimmen solle. (BN. Nr. 80.)»

Man las darüber kürzlich folgende Meldung in der Presse:

Wie man sieht, betrifft das Geschäft die Stimmabgabe *Bolivias,* das nur in der *Versammlung,* nicht im Rate des Völkerbundes mitzustimmen hat. Also wird auch die Schweiz mitzuentscheiden die Ehre haben. Nach welchen Maximen wird der Bundesrat dann seine drei Vertreter ihre einheitliche Stimme abgeben lassen?

Bolivia ist ein zukunftsreiches Binnenland, etwa 25mal so gross wie die Schweiz. Von der Meeresküste trennt es nur ein relativ schmaler Landstreifen. Soll man also nicht nach dem uns Schweizern sympathischen Grundsatz, dass auch den Binnenvölkern ein Meereszugang gebührt, das chilenisch-bolivianische Geschäft von Völkerbunds wegen sanktionieren? Oder soll man eher das Selbstbestimmungsrecht von Tacna in den Vordergrund stellen, auf die Gefahr hin, dass dann später einmal auch ein lieber Nachbar der Schweiz in irgendeiner ihm passenden, von seiner Einwanderung und Propaganda infiltrierten Schweizergegend die Anwendung des Selbstbestimmungsrechtes verlangen kann? Oder soll man sich auf den Standpunkt stellen *pacta sunt servanda,* obwohl der ganze jahrzehntelange Streit offenbar gerade dadurch entstanden ist, dass sich ein Vertrag als undurchführbar erwiesen hat? Oder soll man sich erinnern, dass Peru im Krieg auf der Ententeseite gestanden hat, während Chile neutral blieb, also der Sicherheit halber vorweg Peru Recht geben, was sich ja für einen selbst neutral gewesenen Staat besonders stattlich ausnähme? Oder soll man darauf abstellen, dass in Chile zahlreiche Schweizerkolonisten wohnen, für die man die Landesregierung günstig stimmen sollte, und darum Peru Unrecht geben? Oder soll man bedenken, dass Peru die für die Schweiz wirtschaftlich wichtigste südamerikanische Republik auf seiner Seite hat, nämlich Argentinien, und soll man ihm aus diesem Grunde, da wirtschaftliche Macht heutzutage gleich Recht ist, Tacna und Arica zusprechen? Oder ist es nicht vielleicht doch noch rechtschaffener, wenn man sich zuvor erkundigt, auf welcher Seite Uncle Sam, der die argentinische Republik an wirtschaftlicher Bedeutung für uns doch noch übertrifft, seine Sympathien hat? Da die Sache nicht vor ein juristisch urteilendes Schiedsgericht, sondern vor die politisch urteilende Versammlung kommt, stehen alle diese Möglichkeiten offen – und noch einige mehr.

Ich will den Leser aber mit weitern Perspektiven nicht langweilen. Mein Zweck ist erreicht, wenn ihm völlig klar geworden ist, was der rechte Schweizerstandpunkt in diesem chilenisch-peruanisch-bolivianischen Wirrsal ist. – Und wenn es ihm nicht klar geworden ist, so ist mein Zweck erst recht erreicht. Ich wollte nur an einem Beispiel, wie sie die Völkerbundspraxis alljährlich zu vielen Dutzenden bringen wird, zeigen, wie gänzlich steuer- und schraubenlos ein kleiner, schlecht informierter Staat als Mitglied der Völkerbundsflotte auf dem weiten Meer der Allerweltspolitik treiben wird.

Unsere Lage im Völkerbund wäre so ganz anders, wenn er nach dem ursprünglichen schweizerischen Projekt im Wesentlichen ein Rechtsinstitut wäre. Dann könnte unsere Regierung getrost auf die Weisheit eines mit umfassender Orientierungsmöglichkeit ausgestatteten internationalen Gerichtshofes abstellen und hätte sich keine Meinung zu bilden von Dingen, über die sie sich keine Meinung bilden kann. Aber über das Vorhandensein solcher Dinge, sehr *zahlreicher* solcher Dinge, scheint man sich massgebenden Ortes in Bern überhaupt keine Sorgen gemacht zu haben.

Woher bezieht der normale schweizerische Staatsmann sein Bild von den Händeln dieser Welt? Aus den schweizerischen Zeitungen und aus den schweizerischen Gesandtschaftsberichten, wenn es gut geht. Die letztern kenne ich leider nicht, werde aber kaum fehl gehen mit der Annahme, dass unsere Gesandten über Fragen, an deren Lösung die Schweiz nicht interessiert ist, nicht erschöpfend referieren. Die schweizerischen Zeitungen kennt jedermann genug, um zu wissen: Voraussetzung für eingehende Behandlung einer ausländischen Angelegenheit in ihren Spalten ist, dass sie innerhalb des Horizontes der Redaktion und der Leserschaft liegt. Deshalb wird man in den Schweizerblättern kaum Leitartikel über das Tacna-Arica-Problem finden, und deshalb hat auch keiner unserer Bundesräte und eidgenössischen Parlamentarier einen Cauchermar wegen der Frage, wie sich die Schweiz einst im Völkerbund zu solchen Fragen stellen soll. Aber deswegen existieren diese Probleme eben doch, auch wenn wir sie mit unserem naiven europazentrischen Denken ignorieren.

Wir halten Europa immer noch für Glanz- und Mittelpunkt der Welt, wie wir uns selbst hinwiederum für den Glanz- und Mittelpunkt Europas halten. In andern Kontinenten wohnen Leute, die Europa – je nach dem Grade ihrer Höflichkeit – als das Armen-, Siechen- oder Narrenhaus der Welt bezeichnen. Man könnte wohl auf den Gedanken kommen, bei solcher Divergenz der Meinungen werde es am besten sein, wenn wir Europäer in amerikanischen und australischen, die Amerikaner und Australier in europäischen Völkerbundsangelegenheiten auf die Stimmabgabe verzichten. Aber dazu hat man eigentlich den universellen und darum unparteiisch sein sollenden Völkerbund nicht gegründet, dass die Lösung der Streitfragen den unmittelbaren Interessenten, die naturgemäss Partei sind, überlassen bleibt und die zur Unparteilichkeit eher prädestinierten Fernerstehenden sich um das Urteilen drücken. Wir würden uns mit der Zeit eine bedenkliche Situation bereiten, wenn wir unsere Völkerbundspflichten so auffassen wollten. Natürlich würde in jedem Streit, bei dessen Beurteilung sich die tapfern drei Eidgenossen der Stimmabgabe enthielten, jede Partei der festen Überzeugung sein, es geschehe dies, weil wir ihr eigentlich unserer Überzeugung nach Recht geben müssten, es aber aus Feigheit oder Bosheit nicht wollten. Und wenn dann wir einmal Streitpartei wären, würde uns unsere Haltung heimgezahlt durch Parteinahme gegen uns oder doch durch Stimmenthaltung, so dass unsere Sache vom Wohl- oder Übelwollen der massgebenden europäischen Mächte abhinge.

Wir haben vorhin den Vergleich von einem steuer- und schraubenlosen Schiff gebraucht, das auf dem wilden Weltmeer einhertreibt. Man muss nur nicht meinen, dass solche Schiffe nicht schliesslich doch einen ganz bestimmten Weg finden. Jedes gerät am Ende irgend einmal in den Golfstrom und treibt dann unaufhaltsam nach Osten oder in eine der Passattriften und dann ebenso unfehlbar nach Westen oder in den Äquatorial-Gegenstrom oder in die Westwind- oder in irgendeine andere Trift. Ebenso sicher ist, dass der orientierungslose Kleinstaat im Völkerbund *nolens volens* in die übermächtige Strömung eines Grossstaates geraten muss.

Viele Freunde des Eintritts der Schweiz in den Völkerbund werden sagen, dass sei nur halb richtig; wir würden wohl in ein bestimmtes Fahrwasser geraten, aber nicht in das einer Macht, sondern einer Mächtegruppe. Und das sei auch weiter gar nicht schlimm, werden die deutschschweizerischen Vertreter dieser Anschauung beifügen; denn auf der Seite dieser einen Gruppe stehe alle Macht. Die anständigeren welschen Vertreter dagegen werden sagen: auf dieser Seite stehe alles Recht.

Aber die Entente, an die die deutschschweizerischen Machtanbeter und die welschschweizerischen Moralisten bei diesem Einwand denken, existiert ja gar nicht mehr. Es gibt heute keinen Ententewillen mehr, sondern einen französischen, einen italienischen, zwei bis drei britische und ein halbes Dutzend nordamerikanische Willen, die sich alle untereinander so munter konterkarrieren, wie es je in der verrufenen alten Zeit der Geheimdiplomatie der Brauch war.

Wer mit der Existenz eines starken Ententewillens rechnet, der kann sich eben der Suggestion des Novembers 1918 noch immer nicht entziehen. Den damaligen übermächtigen Eindrücken stand bei den massgebenden Leuten kein Fonds von historischem und politischem Wissen entgegen, der sie zu kritischem Standhalten befähigt hätte. Für ausländische Politik hatten sie sich im Sommer 1914 zu interessieren begonnen und hatten dieses neue Interesse durch Zeitungslektüre, in den seltenern und bessern Fällen durch Zeitungslektüre aus *beiden* Lagern, redlich genährt. Das Weltgeschehen, das sich in dieser Ausnahmeepoche 1914 bis 1918 vollzog, lief mit tragischer Wucht in ein einziges gewaltiges Strombett zusammen. Dass solche Ströme sich im Laufe der Geschichte auch schon gebildet haben und nachher wieder versandet sind, hat man nicht gewusst oder sich unter Hypnose des konkreten Erlebnisses doch nicht vergegenwärtigt. Wer den Rheinstrom nur bis zur Schweizergrenze bis Basel kennt, kann es kaum fassen, dass er weit unten in Holland in seichte Kanäle zerrinnt.

Immerhin hätte wenigstens der Bundesrat drei Vierteljahre nach dem Novembertaumel, am 4. August 1919, als er seine Völkerbundsbotschaft erliess, wieder nüchtern genug sein sollen, um nicht mehr zu schreiben:

«Die Schadenersatzpflicht wird den bundesbrüchigen Staat auch davon abhalten, die Sanktionsmassnahmen mit Repressalien zu beantworten, jedenfalls ihn veranlassen, in der Retorsion massvoll zu sein.»

Dieser Satz setzt voraus, dass nach Ausbruch eines Krieges innerhalb der Mitgliedschaft des Völkerbundes derjenige Staat, der zufällig die Mehrheit gegen sich hat und darum als «bundesbrüchig» verfehmt wird, von vorneherein auf seine Niederlage und die daraus resultierende Schadenersatzpflicht zählt und sich darum nicht einmal getraut, der den Wirtschaftskrieg gegen ihn eröffnenden Schweiz mit Repressalien zu antworten. Aber so einfach wird die Völkerbundskriegskonjunktur doch niemals sein, dass ein einzelner Bösewicht, obwohl er die künftige Niederlage ahnt, es auf den Krieg ankommen und sich von der Meute der Gerechten zutode hetzen lässt. Wer keine Gewinnchancen hat, wird nicht wider den Stachel des Völkerbundes löcken. Wer aber den Krieg riskiert, wird durch eigene Kraft oder durch Sukkurs von Verbündeten stark genug sein, um gewisse Hoffnungen hegen zu können, und wird keinesfalls so sehr mit seiner eigenen Niederlage rechnen, dass er sie durch Unterlassen kräftiger Retorsionsmassnahmen selbst herbeiführen hilft.

Ein Beispiel: Wenn Italien sich um alle seine Adria-Hoffnungen betrogen sehen sollte, falls der Völkerbund schliesslich Fiume und ganz Dalmatien den Jugoslawen zuspräche, so würde es dennoch bei gänzlicher Isoliertheit keinen Krieg riskieren. Wohl aber könnte ein solcher in Frage kommen, wenn ihm gegen Jugoslawien England, Japan, und Rumänien zur Seite stünden, während als Völkerbundspartei Frankreich und die Vereinigten Staaten funktionierten. Die zur wirtschaftlichen Parteinahme verpflichtete Schweiz könnte in diesem Fall wie im Weltkrieg für ihre Zufuhr den Hafen von Cette benützen; ihre amerikanische Getreidezufuhr würde dann von der britischen Flotte torpediert. Sie könnte aber auch «bundesbrüchig» werden, hätte in diesem Fall den Hafen von Genua zur Verfügung und die französich-amerikanische Flotte als Gegner ihrer Seetransporte.

Das ist nur *ein* Beispiel einer möglichen Kombination. Solcher Kombinationsmöglichkeiten aber gibt es Dutzende, und sie bereiten sich gegenwärtig vor, während die schweizerischen Räte in den für sie stereotyp gewordenen Vorstellungen von 1918 herumdämmern. Als der Bundesrat im August 1919 seine Völkerbundsbotschaft erliess, hielt er jede Wiederkunft der einstigen europäischen Gleichgewichtspolitik für ausgeschlossen, weil er darunter nichts anderes als eine Situation verstehen konnte, in der in der einen Waagschale die für ihn als abgetan geltenden Zentralmächte lägen. Dass eine Gleichgewichtspolitik auch entstehen könnte, wenn das eine Gewicht England und das andere Frankreich oder sonstwie hiesse, entzog sich völlig seiner Phantasie. Darum schrieb er:

«Der Umstand, dass der Völkerbund nicht wenigstens ganz Europa umfasst, ist in der Tat geeignet, die Schweiz als Glied desselben unter Umständen in eine Lage zu bringen, die sie im Interesse ihrer Unabhängigkeit vermieden sehen möchte. Diese Unabhängigkeit wäre aber durch ihr Fernbleiben vom Völkerbund keineswegs besser bewahrt. Im Gegenteil: jene Politik, die ihre Grundlage in einer *annähernden Gleichgewichtslage der Kontinentalmächte* und ihrer Gruppierungen hatte, ist *heute nicht mehr möglich,* nicht nur weil der Krieg die Machtverhältnisse der Staaten wesentlich verschoben hat, sondern auch weil das britische Reich und die überseeischen Staaten, vorab die Union, in viel engere Beziehungen zur Politik der Festlandsstaaten getreten sind als je zuvor. Der Völkerbund, der den allergrössten Teil der Staaten in eine, wenn auch lose, so doch immerhin stabile und organische Verbindung bringen wird, schliesst, solange er besteht – und wir hoffen, dass er bestehe und sich lebensfähig entwickle – eine politische Orientierung aus, die ein *labiles Gleichgewicht isolierter Staaten* voraussetzen würde.»

Heute ist das vom Bundesrat mit diesen Worten als unmöglich bezeichnete «labile Gleichgewicht isolierter Staaten» längst wieder möglich geworden. Dilettanten wissen bereits auch definitiv, wie sich die einzelnen Gewichtsfaktoren auf jeder Seite zusammensetzen werden. Zu solchen Enthüllungen kann sich der Schreiber dieser Zeilen nicht anheischig machen. Aber so viel wissen wir Zeitungsleser und Zeitungsschreiber doch alle, dass das adriatische, das türkische, das russische und das deutsche Problem längst gelöst wären, wenn nicht innerhalb der ehemaligen Entente Kräfte im Spiel wären, die sich die Waage halten.

Dass der Bundesrat einen so wichtigen Entschluss wie den Eintritt in den Völkerbund, unter völliger Ignorierung dieser Kräfte in Aussicht nimmt, beweist nur, wie sehr ihm die aussenpolitische Einstellung fehlt. Das kann bei seiner Zusammensetzung aus bewährten kantonalen Parteiführern und Regierungsräten auch gar nicht anders sein, und es ist ihm kein Vorwurf zu machen. Aber angesichts der aussenpolitischen Arglosigkeit unserer Regierung ist es leider klar, dass die Völkerbundsperiode unserem Land eine verstärkte Wiederholung der Ambassadorenherrschaft bösen Angedenkens bringen wird. Vorläufig wird es sich hauptsächlich darum handeln, ob wir innerhalb des Völkerbundes zum britischen oder zum französischen Kometenschwanz gehören werden. Später werden wohl ebenso sehr der amerikanische und der deutsche in Betracht kommen. Beim politischen und beim Volkswirtschafts-Departement werden die Vertreter der vier Mächte ein- und ausgehen und es an Lockungen und Drohungen nicht fehlen lassen. Als vor ein paar Monaten König Alfonso von Spanien in Paris weilte, gab der wohlinformierte dortige M-Korrespondent der «Basler Nachrichten» folgendes Bild vom Denken der offiziellen Kreise in Bezug auf den Völkerbund:

«Dem spanischen Hofe wurde ein unentschuldbares Entgegenkommen gegenüber dem deutschen Botschafter, Fürst Ratibor, vorgeworfen, kurz Spanien gehörte zu den Neutralen, gegen die der Franzose tiefe Bitternis im Herzen trug. Kein Zweifel, dass einer der Zwecke des gegenwärtigen Besuches ist, die spanischen Sünden etwas in Vergessenheit zu bringen. Kein Zweifel auch, dass Frankreich sich gerne zum diplomatischen Vergessen herbeilassen wird, wenn König Alfonso den nötigen Lethetrank reichen kann. Spanien hätte heute verschiedene Gelegenheiten, sich Frankreich zu verbinden. Einmal durch ein Entgegenkommen in der Marokkofrage, dann durch alle Massnahmen, die der französischen Valuta in Spanien aushelfen könnten, *schliesslich kann Spanien Frankreich im Rate des Völkerbundes gefällig sein,* denn es ist die erste neutrale Macht, die darin vertreten ist.»

Also das ist die hehre Aufgabe des schwächern Staates im Völkerbund: er darf der benachbarten Grossmacht «gefällig» sein und dadurch die während des Weltkrieges begangene Sünde der Neutralität langsam abbüssen. Kein Zweifel, dass auch an Helvetia das Ansinnen, «gefällig zu sein», wird gestellt werden, heute von dem, morgen von jenem, wie an eine sehr galante Dame.

Ich höre die Einwände, das sei Verfolgungs- oder noch eher Grössenwahn. Unser Land habe gar nichts zu bieten, was ein Gereiss der Grossmächte um seine Gefälligkeit irgendwie rechtfertigen würde. Es werde, wenn es sich nicht aus Eitelkeit selbst vordränge, innerhalb des Völkerbundes ein stilles, unbeachtetes und ungestörtes Dasein führen können. Das ist leider nicht wahr, weil es in Art. 5 des Völkerbundsstatuts heisst:

«Unter Vorbehalt ausdrücklich gegenteiliger Bestimmungen des vorliegenden Völkerbundvertrages oder des Friedensvertrages werden die *Beschlüsse der Versammlung und des Rates* von den in der Sitzung vertretenen Mitgliedern des Völkerbundes *einstimmig* gefasst.»

Diese Bestimmung ist der schwarze Fleck des ganzen Convenant. Es ist entstanden aus der grossstaatlichen Denkungsart heraus, dass es eine Schande für einen souveränen Staat sei, sich überstimmen zu lassen und einem Mehrheitsbeschluss fügen zu müssen. Die Einstimmigkeitsklausel, die zum Schutz gegen diese Gefahr aufgestellt wurde, wirkt ja wohl scheinbar auch zum Schutz der Kleinen. Aber wirklich nur scheinbar! Sie könnten sich ja in weitaus den meisten Fällen nach Wahrung ihres Standpunktes ganz ruhig überstimmen lassen, ohne dass dadurch ihrer nationalen Ehre irgendwelcher Abbruch geschähe. Nicht ihr Heil, sondern ihr Unheil ist, dass die Stimmabgabe eines jeden Einzelnen die Kraft hat, das Zustandekommen eines Völkerbundsbeschlusses zu sabotieren. Diese unverhältnismässige, unvernünftige Kraft schlägt in der Praxis natürlich direkt in eine ebenso grosse Schwäche um, weil sie die Grossmächte, wenn anders der Völkerbund überhaupt aktionsfähig sein soll, nötigt, die Kleinen so an die Kandarre zu nehmen, dass ihnen die individuellen Sprünge vergehen.

Natürlich muss jede Grossmacht darauf sehen, dass sie sich nicht in jedem Einzelfall die Lenksamkeit der Kleinen erst sichern muss. Sie ist genötigt, möglichst viele und sichere Dauerprotektorate zu errichten. Um diese wird ein zäher und intensiver Kampf zwischen den jeweils führenden Mächten einsetzen, und zwar bald! Schon jetzt harrt ja der Behandlung durch den Völkerbund eine Hauptaufgabe, *die* Hauptaufgabe sogar: die Revision des Friedens von Versailles. Sie kann ihm aber, obwohl er die unbestreitbar zuständige Instanz ist, einstweilen nicht vorgelegt werden, weil unter dem Regime der Einstimmigkeitsklausel angesichts der Meinungsdifferenzen zwischen England und Italien einerseits, Frankreich anderseits doch nichts zu erreichen wäre. Der Völkerbund ist in Kraft, hat tüchtige Funktionäre und hält Sitzungen ab. Aber das, was laut Art. 19 seines Statuts ihm obläge, das Ergreifen der Initiative zur Revision eines unanwendbar gewordenen Vertrages, muss er der nicht zuständigen Ministerkonferenz überlassen. Ewig kann das natürlich nicht so fortgehen, sonst muss sich der Völkerbund von vornherein als Totgeburt registrieren lassen. Also wird innerhalb der Bundesnationen, der grossen wie der kleinen, der Kampf um die Revisionsfrage durchgefochten werden müssen, bis er entweder mit einem Siege Millerads oder mit einem solchen Lloyd Georges endet.

Kein noch so bescheidenes Völkerbundsmitglied wird sich darum drücken können, so oder so Stellung zu nehmen. Lloyd Georges hat die eminent kluge Taktik, seinen französischen Partnern die Erkenntnisse, die er ihnen zuteil werden lassen will, nicht selbst beizubringen. Irgendein Dritter muss den Sturmbock machen gegen die vom Gemütsstandpunkt aus so wohlverständliche Intransigenz der Franzosen in Bezug auf erträgliche Existenzbedingungen Deutschlands. Erst wurde Wilson zu diesem Zweck gebraucht und verbraucht, vor kurzem Nitti, der sich an der französischen Mauer den Kopf bedenklich zerschlagen hat. Ist einmal der Völkerbund betriebsfähig, so werden die Neutralen für denselben Zweck gut sein. Aber warum sollen sie sich eigentlich dazu darbieten? Frankreich wird nicht durch ihre Sprüche, sondern durch die Wucht der Tatsachen und den Druck seiner angelsächsischen Verbündeten belehrt werden. Warum sollen wir die Wortführer dieses Druckes sein? Wir, die wir doch eigentlich nichts hinzu und nichts davon tun können! Wenn wir damit etwas Positives für Europa leisten können, à la bonne heure! Aber nur, um uns mit einem befreundeten Grossstaat zu brouillieren – danke! Oder sollen wir mit Frankreich gegen England und Italien auftreten und uns dadurch die Entrüstung Deutschlands zuziehen, das schliesslich nicht ewig im Staube wird liegen bleiben? Danke ebenfalls! Freundschaft würden wir uns weder durch die eine noch durch die andere Haltung erwerben, wohl aber wird die Stellungnahme in diesem ersten typischen Hauptfall der Völkerbundspraxis für die meisten beteiligten Kleinen den Eintritt in diese oder jene Protektoratsgruppe präjudizieren.

Welche Formen, welche Härtegrade die Protektorate annehmen werden, können wir heute nicht wissen. Es wird nach den in Betracht kommenden grossstaatlichen Subjekten und kleinstaatlichen Objekten verschieden sein. Die Wiederholung eines trotz manchen wohltätigen Eigenschaften so brutalen Protektorates, wie dasjenige unseres Mediators Napoleon war, brauchen wir nicht gleich zu fürchten. Am ehesten ist anzunehmen, dass der modernste Typus zur Anwendung kommt, der des Monroe-Protektorates der nordamerikanischen Union über die kleinen lateinisch-amerikanischen Republiken. Dabei wird jede verletzende, die Beherrschten blossstellende Äusserlichkeit tunlichst vermieden. In Kleinigkeiten wird nicht hineinregiert, sondern nur die wirtschaftliche Observanz im Grossen aufrecht erhalten. Zu manifester Brutalisierung der Opfer wird nur in so wichtigen Fällen, wie die Sicherung der Panamakanalzone einer war, geschritten. Sonst vollzieht sich alles so geräuschlos, dass naive Leute hüben und drüben vom Ozean an das Bestehen eines gleichberechtigten panamerikanischen Bruderbundes glauben.

Aber, ob nun die oder jene Protektoratsform gewählt wird, uns Schweizern, die wir als Kinder an ein freies Vaterland glauben gelernt haben, wird die Anpassung hart werden und – unsern Protektoren auch! Sie wollen uns ja nicht aus Herrschsucht unter sich haben. Der Krieg und Sieg hat ihnen auch ohne uns diffizile Tributärstaaten und Zwangsuntertanen genug gebracht. Man irrt gewaltig, wenn man glaubt, England habe an einem Irland nicht genug und wolle es verdutzendfachen. Auch wird Frankreich mit den ihm doch wohlgesinnten elsässischen Alemannenköpfen so schwer zu tun haben, dass es nicht zum Vergnügen sich auch noch mit schweizerischen wird zu schaffen machen, die sich viel weniger freiwillig darbieten. Leichten Herzens werden sich die führenden Grossmächte also nicht an uns heranmachen, aber, noch einmal sei es betont: sie müssen! Sie können ihrer Schöpfung, dem Völkerbund von Versailles, kein Leben einhauchen, solange ihn jeder kleinstaatliche Stänker, der wirtschaftlich frei ist, dank der Einstimmigkeitsklausel stilllegen kann.

«Stänker» ist ein hartes Wort. Aber es wird auf englisch, französisch und italienisch auch gegen uns gebraucht, wenn wir von Fall zu Fall nach politischem Instinkt und Gerechtigkeitssinn bald diesem, bald jenem Grossstaat in der Völkerbundsversammlung entgegentreten. Es wird erst verschwinden, wenn man einmal definitiv weiss, dass wir zur Protektoratsgruppe A, B oder C gehören und darum so und so stimmen müssen. Man versetze sich doch nur in die Lage der europäischen Alliierten: Die Vereinigten Staaten wenden sich von ihrem Völkerbund ab, aber Haiti, Hedschas und Liberia bleiben ihm treu und verfügen über alle Sabotagemöglichkeiten, die einem rechtsmässigen Mitglied zustehen. Das ist eine Anfangssituation, die eigentlich gar nicht anders erträglich gemacht werden kann als durch Bändigung der kleinstaatlichen Mitglieder.

Vielleicht lässt sich ja diese Lage durch den Anschluss der Vereinigten Staaten in nicht allzu ferner Zeit bessern. Die Union wird zwar einstweilen nicht beitreten. Aber das ist eine Folge des unglückseligen Zufalls, dass ein kranker Präsident, der seiner Zeit um dreissig Jahre voraus ist, und ein Senat, der eben so viele Jahre hinter ihr zurück ist, aufeinander geprallt sind. Die wirtschaftlichen Potenzen der Union werden nicht gestatten, dass dieser Kampf noch lange auf ihre Kosten hingezogen wird. Sie werden bald merken, dass der Völkerbund, an dem sie sich nicht oder nicht wirksam beteiligen, für Japan ein ausgezeichnetes Instrument zur Einflussnahme in allen asiatischen, polynesischen und mittel- und südamerikanischen Küsten des Stillen Ozeans ist. Also werden sie in diesem Völkerbund normal mitwirken oder ihn dann gerade zerstören müssen. Mit der *splendid isolation* ist es auch für die Vereinigten Staaten aus.

Wir aber hätten mit dem Beitritt mindestens so lange warten sollen, bis sich das entschieden hat. Wenn man die Welt von heute in grosse wirtschaftliche Interessenkomplexe einteilt, so gehören wir zum amerikanischen, nicht zum englisch-deutsch-französischen. Man kann das auf dem Kurszettel ablesen. Die Grenze ist beim Pfund Sterling. Länder mit gleicher oder schlechterer Valuta gehören in seine Sphäre, wenn nicht in die russische, Länder mit besserer in die Dollarsphäre. Das soll beileibe nicht heissen, dass wir uns als Schweizerfranken-Protzen von Europa desolidarisieren können und sollen. Wir werden wohl oder übel, innerhalb oder ausserhalb des Völkerbunds, den Kampf für die Wertverminderung des Schweizerfrankens aktiv mitmachen müssen, so kurios das klingt. Denn die Welt gesundet nicht, solange der Dollar, der Schweizerfranken, die spanische Peseta und der holländische Gulden nicht erkranken. Aber der Dollar muss mitmachen, sonst opfern wir den Schweizerfranken vergebens. «Die Herren sollen bei den Bauern liegen!» Gegenwärtig wird ja mit einem Eifer, der viel Rührendes an sich hat, an einer dollarlosen Sanierung Europas durch Gewährung ungeheurer neutraler Vorschüsse an Deutschland gearbeitet. Wenn sich das verwirklicht, so kommt es darauf hinaus, dass die Neutralen ihr Hab und Gut opfern dürfen, damit die von der Reparationskommission vorbereitete deutsche Konkursdividende um einige Prozentchen steigt, im übrigen aber das alte Elend bleibt wie zuvor und Mitteleuropa dem Bolschewismus zugetrieben wird.

Die massgebenden Lenker Europas werden, da sie sehr intelligent sind, bald einsehen, dass solche Enterprischen nur Zeitverlust bringen und dass es für unsern Kontinent nur eine Rettung gibt: die schleunige Herstellung des wirklichen Friedens, der jedem europäischen Volke eine gewisse Existenzmöglichkeit lässt. Zur Gewinnung dieser Erkenntnis genügt der reine Selbsterhaltungstrieb ohne jeden moralischen, ideellen oder ideologischen Zusatz. Ist sie einmal gewonnen, so werden sich Sieger und Besiegte als allein kompetente Partner über das Nötige auszusprechen haben, und zwar am besten unter der Ägide des Völkerbunds, dessen providentielle Stunde dann gekommen ist. Völlig überflüssig ist, dass bei diesen Verhandlungen Neutrale herumhüpfen wie die Hunde im Kegelries. Ihre Stunde, wo sie eine würdige Rolle spielen können, kommt erst später, wenn die gröbste Friedensarbeit getan ist und die Besiegten einen Vertrag unterzeichnet haben, den sie ohne Hintergedanken halten wollen und nicht als erpresst bezeichnen. Dann kann, nachdem der *politisierende* Völkerbund seine Aufgabe getreulich erfüllt hat, aus ihm ein *richtender* werden, und in diesem werden auch die Kleinstaaten ihren würdigen Platz finden. Sie sind dann nicht mehr zu politischer Stellungnahme in jedem Händel des Erdkreises genötigt, und die Grossmächte sind nicht mehr genötigt, die Kleinen, weil jedes freie Völkerbundsmitglied für sie eine Verlegenheit bildet, zu drangsalieren.

Wenn wir diese zweite Völkerbundsperiode aus Ungeduld oder Angst nicht abwarten, sondern jetzt eintreten, so steht uns schlimmsten Falls der völlige Verzicht auf unsere Unabhängigkeit, besten Falls ein langer, schwerer Kampf bevor, der vielleicht damit endet, dass wir uns, um einem härteren Protektorat zu entgehen, einem sanftern unterziehen, aber eben doch einem Protektorat. Vielleicht auch mehreren, mit zeitlicher und örtlicher Abwechslung, so dass 1920 der französische Botschafter dominiert, 1921 der britische Gesandte, 1925 derjenige einer inzwischen entstandenen deutschen Räterepublik! Wenn gleichzeitig in Zürich der amerikanische Gesandte regierte und in Genf der französische Botschafter, so würde das noch mehr an die Ambassadorenzeit des XVII. Jahrhunderts erinnern. Wir haben in der Schweiz Deutsche und Welsche, Bauern und Fabrikarbeiter, Exporteure und Importeure, Banken mit zentralmächtlichem und solche mit ententistischem Wert- oder Unwertpapierballast. Warum sollen da die dominierenden Einflüsse nicht einander ablösen, besonders da sich jeder Einzelne sehr rasch als unerspriesslich erweisen und unpopulär machen wird?

Es gäbe gegen solche Völkerbundszustände *ein* Corrigens: ein konstant besetztes und kompetent geleitetes Aussenministerium. Dieses könnte bei eminent klugem und vorsichtigem Gegeneinanderabwägen der fremdländischen Ingerenzen eine leidlich unabhängige Mittelroute einzuhalten versuchen. Aber ein solches Aussenministerium wollen wir doch in der Schweiz nicht; denn sein Chef wäre, ob Bundespräsident oder nicht, stets der mächtigste im Bundesrate. Das ginge schon darum nicht, weil dann kein anderes Departement eine eigene Aussenpolitik mehr treiben könnte und überhaupt alles zuginge wie in einem normal geleiteten ausländischen Staat. Die Katastrophe wäre bald da. Bei der ersten Gelegenheit, wo eine Grossmacht durch eine wirtschaftliche Repressalie gegen Unabhängigkeitsregungen remonstrierte, würde sich das Parlament hinter den fremden Gesandten und nicht hinter den Aussenminister stellen. Man nennt das Realpolitik.

Solche Erfolg verheissende Bändigungsversuche – das sei zugegeben – wird das Ausland, je mehr seine wirtschaftliche Bedrängnis wächst, desto häufiger versuchen, auch wenn wir nicht zum Völkerbund gehören. Im letzteren Fall werden sie natürlich mit Vorliebe als Strafe für unsern Nichtbeitritt frisiert werden, und die Freunde des Beitrittes dürfen dann ausrufen: «Haben wir es nicht gesagt?» Tatsächlich werden wir aber mit dem Ausland besser kutschieren, wenn ihm unser Volk durch Ablehnung des Eintritts für drei Tage eine unliebsame Sensation bereitet, als wenn wir eintreten und uns durch öftern Ungehorsam in Einzelfällen bemerkbar machen. Noch eine andere unerwünschte Erscheinung wird sich bis zu einem gewissen Grade einstellen, ob wir beitreten oder nicht: die Vertiefung des leidigen Grabens zwischen Deutsch und Welsch. Im Falle eines verwerfenden Volksentscheides wird der einmalige und konzentrierte welsche Zorn ganz formidabel sein. Treten wir aber ein und enttäuschen den welschen Ententeidealismus durch eine nicht ganz nach Paris orientierte Völkerbundspolitik, so werden sich die periodischen kleinen Entrüstungsgelegenheiten schliesslich so häufen, dass die Gesamtsumme noch grösser wird. Ärger und Sorge wird jeder gute Schweizer haben, ob seine Meinung bei der Volksabstimmung siegt oder unterliegt. Bösen Zeiten gehen wir mit unsern überwertigen Franken, die weder das reisende noch das einkaufende noch das zinsende Ausland auf die Dauer mehr bezahlen kann, ohnehin entgegen, und an allem wirtschaftlichem Unglück wird dem Volksentscheid, falle er so aus oder so, die Schuld gegeben werden.

Die Chance, im In- und Ausland etwas mehr oder etwas weniger Vorwürfe hören zu müssen, darf ja auch unsere Haltung nicht beeinflussen! Wir haben leider drei Anlässe versäumt, wo wir ohne grosses Odium den Eintritt für vorläufig hätten ablehnen können. Der erste und sicher beste dieser Anlässe trat ein, als der Bundesrat mit seinem guten, aber verfrühten Völkerbundsprojekt in der Hand in Paris anläutete und an die Domestikentür gewiesen wurde, da zu eigentlichen Verhandlungen nur kriegführende Herrschaften zugelassen seien. Kein angelsächsischer Gentleman, weder ein britischer noch ein amerikanischer, hätte uns damals den definitiven Rückzug verübelt. Der zweite derartige Moment kam, als den Deutschen jede Korrektur des Versailler Entwurfs vor der Unterzeichnung verweigert, aber zugleich *expressis verbis* geschrieben wurde, der Völkerbund sei dazu da, den Vertrag zu korrigieren. Dadurch hatte man es schwarz auf weiss, dass dieser Völkerbund noch kein universelles Institut, sondern das Ausführungs-, resp. Nichtausführungsorgan für die zwischen den ehemals kriegführenden Mächten noch schwebenden Angelegenheiten sei. Die Deutschen und die Entente hatten die See mit Minen versalzen und sie beim Friedensschluss nicht davon zu säubern gewusst. Beide Parteien wissen aber, wo die Minen schwimmen und kennen die Gefährlichkeit. An ihnen ist es darum, sie ohne Zuhilfenahme der ahnungslosen Neutralen herauszufischen. Erst dann werden wir uns aufs Völkerbundsmeer hinauswagen. Auch der Moment, wo dies gesagt werden konnte, ist versäumt worden, und dann ebenso der dritte und letzte: wo das Versagen Amerikas bekannt wurde und unser Bundesrat sich mit Recht darauf hätte berufen können, dass durch den Wegfall der amerikanischen Basis der übrigbleibende Rest des Völkerbundes etwas total anderes geworden sei als das, worüber man zuvor verhandelt hatte.

Jetzt ist die diplomatische Situation für den Fall der Ablehnung des Eintritts nicht mehr so leicht wie in jenen drei Monaten. Aber dafür hat das Schweizervolk einen breiteren Buckel als seine Regierung und kann sein gut Teil inländische Verantwortung und ausländische Ungnade mehr ertragen. Ich habe zwei heisse Wünsche für seine Abstimmung: Wenn es *ablehnt,* so möge es aus schweizerischen Überlegungen heraus ablehnen und nicht aus russischen oder deutschen. Die Ablehnung aus germanophilen Motiven heraus kommt ja übrigens gar nicht mehr in Frage, seitdem der deutsche Gesandte den Bundesrat offiziell zu seinen Völkerbundserfolgen beglückwünscht hat und uns die deutsche Presse eifrig zum Eintritt zu überreden versucht. Und wenn das Schweizervolk *annimmt,* so möge es annehmen, weil ihm der Eintritt in den Völkerbund als ein guter, mit der Schweizer Freiheit vereinbarer Fortschritt vorkommt, auch wenn es sich dabei täuscht. Himmeltraurig wäre es nur, wenn es sich auf den Standpunkt stellte, der Eintritt in den Völkerbund bedeute zwar die Kapitulation der freien Schweiz und sei ein Unglück, müsse aber doch erfolgen, weil wir zum Widerstand zu schwach seien. Am Pointiertesten hat diese Anschauungsweise ein solothurnisches Mitglied der Bundesversammlung vertreten, das dem Beitritt mit dem Ausruf «*Finis Helvetiae*» zustimmte. Das ist eine Kopie von «*Finis Poloniae*», welches geflügelte Wort in der Heimat des betreffenden Herrn vielleicht besonders populär ist, weil sein angeblicher Autor, Taddaeus Kosciuszko, in Solothurn seine alten Tage verbracht hat und gestorben ist. Wenn Kosciuszko aber noch lebte und ihm jener Herr heute seine Anschauung über «*Finis Helvetiae*» vortrüge, unter Berufung auf des Polenhelden eigenes Beispiel, so würde ihm der Alte sagen: «Erstens habe ich den Ausspruch ‹*Finis Poloniae*› überhaupt nie getan, sondern habe niemals den Glauben an Polens Weiterleben verloren. Die Situation aber, in der mich eine unausrottbare Geschichtslegende den Ausspruch tun lässt, war folgende: nach jahrelangen Heldenkämpfen war mein armes Volk, von drei Grossmächten zugleich bedrängt, am Verbluten. Meine Sensenmänner stürmten in der Schlacht von Macziejowicze dennoch gegen die russischen Kanonen an, und ich war unter ihnen, hoch zu Ross. Da traf mich eine russische Kugel, und wie ich verwundet vom Pferde sank, soll ich gerufen haben ‹*Finis Poloniae*›, weil ich wusste, dass wir am Ende unserer Kraft waren. Du aber rufst Dein ‹*Finis Helvetiae*›, ohne Deine und Deines Volkes Kraft überhaupt nur erprobt zu haben, denn Du denkst, für jahrelange Heldenkämpfe seien heutzutage die Belgier und Serben da, die Schweizer aber zum ungestörten Geldverdienen! Adieu!»

Ein Plädoyer, 1931

Der Aufsatz «Ein Plädoyer», in dem Oeri sich für das Frauen- Stimm- und Wahlrecht einsetzt, erschien im Juli 1931 in der «Schweizerischen Rundschau». Jedermann weiss, dass damals nichts geschehen ist. Erst nach Kriegsende wurde das Thema wieder aufgegriffen, denn man erkannte, welche wichtige Rolle die Schweizerfrau während des Zweiten Weltkriegs gespielt hatte.

Oeri plädierte nochmals für das Frauenstimmrecht am 2. Dezember 1945 im Nationalrat (vgl. «Der eidgenössische Politiker»).

Darf ich in den Spalten dieser von mir sehr geschätzten Zeitschrift einmal als protestantischer *advocatus diaboli* plädieren? Und zwar für die wohl bei der Redaktion und bei der Leserschaft wenig beliebte Sache des *schweizerischen Frauenstimmrechts?* Vielleicht wird es mir gestattet, weil die Möglichkeit, «Schaden zu stiften», gerade an dieser Stelle praktisch ganz minim ist.

Die Aussichten des Frauenstimmrechts in der Schweiz sind nicht gut. Seine Einführung nach ausländischem Muster durch revolutionären Schock oder durch Aufoktroyierung von oben herab ist bei uns unmöglich. Es geht verfassungsmässig nicht ohne Volksabstimmung, das heisst: Männerabstimmung. Wie gering dabei die Chancen sind, haben die Volksentscheide in mehreren sogenannten fortschrittlichen Kantonen gezeigt. Auch wo die parteimässige Konstellation wie zum Beispiel in Baselstadt nicht ungünstig schien, haben die abstimmenden Massen wuchtig versagt. Sogar in sonst sozialdemokratisch und kommunistisch orientierten Wahllokalen zeigte sich deutlich, dass der Arbeiter seine Frau und seine Mitarbeiterin nicht in die Politik hineinlassen will. Trotz diesen kantonalen Fehlschlägen hat sich die Anhängerschaft des Frauenstimmrechts vor ein paar Jahren entschlossen, dessen eidgenössische Einführung auf dem Petitionswege anzustreben. Der Bundesversammlung wurde eine mit nahezu einer Viertelmillion Unterschriften volljähriger Schweizer und Schweizerinnen bedeckte Petition eingereicht, die um Zuerkennung des vollen Stimm- und Wahlrechts an die Schweizerfrauen ersucht. Sie wurde am 5. Oktober 1929 vom Nationalrat dem Bundesrat zur beförderlichen Berichterstattung und Antragstellung überwiesen. In der vergangenen Junisession von 1931 wurde der Bundesrat von einem deutschen und einem welschen Redner gefragt, wie es mit dieser beförderlichen Berichterstattung stehe. Er schwieg in beiden Zungen.

Sowohl wer sich auf baldige Einführung wie wer sich auf baldige Abschlachtung des Frauenstimmrechts gefreut hatte, wird sich also auf eine längere Verschiebung des Entscheids gefasst machen müssen. Manche Anhänger werden sich darüber gerne trösten. Sie sind überzeugt, dass das Frauenstimmrecht mit oder ohne bundesrätliche Stellungnahme in den nächsten Jahren gewiss nicht kommt, dass es aber mit fast mathematischer Sicherheit irgendeinmal doch auch in unser Land eindringen wird. Der ganze Gang unserer Schweizergeschichte beweist, dass jede Volksschicht, die um politische Rechte ernsthaft ringt, schliesslich zum Ziele kommt. Den Schaden der Verzögerung pflegt in der Regel nicht sie, sondern ihre allzu lange an ihre Privilegien klammernde Gegnerschaft zu tragen. Wir Basler wissen darüber in den Jubiläumsjahren der dreissiger Wirren, die uns die fatale Kantonstrennung gebracht haben, ein besonders erbauliches Lied zu singen.

Der Schreiber dieser Zeilen gehört aber selbst nicht zu denen, die sich mit diesem historischen Trost so leicht abfinden lassen. Er ist der Ansicht, dass es gerade in der Schweiz mit der Einführung des Frauenstimmrechts pressiert. Katholischen Lesern ist diese Pressur nicht leicht verständlich zu machen. Ihre konfessionellen und politischen Freunde haben sich in allen Ländern, wo das Frauenstimmrecht eingeführt wurde, rasch und geschickt mit ihm abgefunden. Ich erinnere mich zum Beispiel, sehr günstige Zeugnisse römisch-katholischer Bischöfe Australiens gelesen zu haben. Aber man braucht nicht in die Ferne des Stillen Ozeans zu schweifen. Die Erfahrungen der Nachbarländer Deutschland und Österreich sprechen deutlich genug dafür, dass das Frauenstimmrecht die katholischen Positionen stärkt. In einigen deutschen Wahlkreisen konnte dies auch statistisch belegt werden durch das interessante Experiment gesonderter Männer- und Frauenurnen. Wo es gemacht wurde, zum Beispiel in Köln, ergab sich in allen Wählerschichten eine Vorliebe der Frauen für die gemässigten Parteien. Sie bevorzugten in stärkerem Prozentsatz auf der Linken die Sozialisten vor den Kommunisten, auf der Rechten die Deutschnationalen vor den Nationalsozialisten und in der Mitte ganz speziell das katholische Zentrum vor den übrigen Mittelparteien. Es fällt mir aber selbstverständlich nicht ein, dies als zwingendes Motiv für die Förderung des Frauenstimmrechts durch die schweizerischen Katholiken zu betrachten. Ich weiss, dass seine Einführung, wenn auch nicht dem katholischen Dogma, so doch der katholischen Denkungsart widerspricht, und dass man es darum katholischerseits zwar toleriert und fruktifiziert, wo es eine ohnehin gegebene politische Institution ist, aber nicht herbeizuführen trachtet, wo es noch nicht existiert. Kommt es schliesslich doch, so ist die wohlgeführte und wohlbehütete katholische Frauenwelt bereit, aus der Not des Stimmenmüssens eine Tugend zu machen.

Ich glaube aber doch, dass es einen Aspekt gibt, unter dem auch katholisch gesinnte Schweizer die Sache anders ansehen könnten. Die katholische Politik hat ja, wenn sie, wie es ihre gute Tradition ist, nicht nur in die nächste, sondern auch in die ferne Zukunft blickt, nicht nur mit den ihrem Einfluss unmittelbar zugänglichen Volksmassen zu rechnen, sondern mit dem ganzen Schweizervolk, in dem ihre Anhänger nur eine Minderheit bilden. Wenn diese Minderheit sich in ihrem eigenen Bezirk noch so gut konserviert, so kann es doch einmal kommen, dass sie unter Entwicklung der von ihr nicht kontrollierten Mehrheit schwer leiden muss. Diese Gefahr, übrigens nicht für den Katholizismus, sondern für die ganze kulturell konservativ orientierte Schweiz, wird meiner festen Überzeugung nach mit jedem Tag grösser, wenn wir die moderne Frauenbewegung beharrlich und behaglich ignorieren. Die Frauenbewegung ist kein Produkt entarteter Megären, sondern das zwangsläufige Ergebnis der Hereinziehung der Frau in den modernen Wirtschaftskampf, die man begrüssen oder bedauern kann, aber als Tatsache anerkennen muss. Hereinziehen in den Wirtschaftskampf aber bedeutet im Zeitalter der leidigen Verwirtschaftlichung der Politik nichts anderes als Politisierung, willkürliche oder unwillkürliche. Absichtlich und gerne besorgt diese Politisierung in ihrer Zone die extreme Linke. Der Katholizismus kann sie in seiner Zone retardieren und drainieren. Die übrigen politischen Richtungen sind ihr gegenüber wehrlos. Je nach Neigung und Temperament sehen sie missbehaglich und passiv zu, wie sie sich ausbreitet, oder schliessen die Augen, um sich Ärger zu ersparen.

Man muss nur ja nicht meinen, die Politisierung der Frau sei von der Gewährung oder Nichtgewährung politischer Rechte abhängig. Es ist ein ebenso weitverbreiteter wie verhängnisvoller Irrtum zu glauben, die Durchschnittsschweizerin könne durch Vorenthaltung des Stimmrechts vor der Politisierung bewahrt werden.

Wer sich einigermassen in den Köpfen unserer berufstätigen Frauenwelt auskennt, der weiss, dass auch sie politisch eingestellt sind, aber freilich zumeist recht merkwürdig und namentlich sehr, sehr unschweizerisch. Bei vielen von diesen Stauffacherinnen hat so ziemlich jede ausländische bolschewistische oder faszistische Devise Kurs, nur nicht unsere gute politische Schweizerwährung.

Unsere Stimmrechtlerinnen, die mit ganzer Hingebung für die Erlangung demokratischer Rechte kämpfen, sind beinahe schon die Ausnahme von der Regel. Also, wird man mir sagen, wenn dem so ist, gilt es desto mehr, sich mit allen Kräften gegen das Tor unserer schweizerischen Demokratie zu stemmen, damit es von dem bedenklichen Frauenelement nicht eingedrückt werde. Der Einwand ist aber nicht richtig. Wenn das Tor nicht eingedrückt werden kann, so wird es halt einfach überflogen.

Die Mentalität der politisierten, aber durchaus unschweizerisch politisierten Frau hat trotz aller politischen Rechtlosigkeit genug Möglichkeiten, sich im Männerstaat geltend zu machen. Ich nenne nur die allereinfachsten, nämlich die Möglichkeiten, über die die Gattinnen und Mütter verfügen. Mit schwerer Besorgnis sehen wir, wie in manchen Männerkreisen die Bereitschaft zum Dienst am Staat, in der Politik und in der Armee, zurückgeht. Warum? Weil die Gefährtin des Mannes, die sein Denken und Wollen aufs Stärkste zu beeinflussen vermag, für diese Opfer erfordernden Betätigungen kein Verständnis mehr hat. Und wir klagen über eine männliche Jugend, die für den Sport hundertmal mehr Interesse aufbringt als für alles, was körperlicher oder geistiger Vaterlandsdienst ist. Warum? Weil sie von Müttern erzogen worden ist, die den «heimischen Staat», wie sich einmal eine solche Frau ausgedrückt hat, für einen langweiligen Konsumverein halten, die Eidgenossenschaft für einen grossen und den Kanton für einen kleinen. Vielleicht schwärmen die gleichen Frauen für den Staat, den Mussolini, oder für den, den Lenin geschaffen hat, oder für den, den Hitler in Deutschland oder Léon Daudet in Frankreich gerne schaffen möchte. Wir aber wundern uns, dass eine Weiblichkeit, die wir durch Vorenthaltung des Stimmrechts gegenüber der Politik immunisiert zu haben wähnen, unsere männliche Demokratie gefährlich infizieren kann. Dass bei der katholischen Frauenwelt die Immunisierung nicht nur in der

Einbildung naiver Männer, sondern tatsächlich in hohem Grade vorhanden ist, wäre doch nur dann eine Beruhigung, wenn die entscheidende Mehrheit des Schweizervolks katholisch wäre. Sie ist es aber nicht, und die katholische Minderheit riskiert, vom Verhängnis mitgefangen, mitgehangen zu werden, wenn es einmal stark genug geworden sein wird, um unsern demokratischen Staat ernsthaft zu bedrohen.

Solche Erwägungen könnten doch eigentlich Katholiken wie Protestanten, die an diesem Staate hängen, dazu bewegen, die Schweizerfrauen, solange es noch nicht zu spät ist, mit ihm zu solidarisieren, was heutzutage einzig und allein durch Gewährung der politischen Rechte geschehen kann. Dadurch würde nicht eine einzige Frau emanzipiert, die innerlich nicht schon emanzipiert ist. Aber es würde ein starker Strom bisher ungenützter und der Gefahr schlechter Nutzung ausgesetzter Volkskraft auf das Räderwerk unserer schweizerischen Demokratie geleitet und erspriesslich verwendet. Doch ich komme zurück auf das eingangs Gesagte: Selbst wenn sich die Einsicht von dieser Wünschbarkeit bei der parlamentarischen Führerschaft unseres Landes entschieden durchsetzte, käme das Frauenstimmrecht nicht über die formidable Schranke der Volksabstimmung hinweg. Der Bundesrat würde den Unterzeichnern der Viertelsmillionenpetition nicht einmal einen sonderlichen Gefallen tun, wenn er es mit der «Beförderlichkeit» seines Auftrags ernst nähme und die Bundesversammlung veranlasste, dem Volk eine Verfassungsbestimmung vorzulegen, die das Frauenstimmrecht gewährt. Wenn diese mit 70 Prozent Nein gegen 30 Prozent Ja verworfen würde, so wäre das schon ein recht respektables Resultat; aber alles bliebe nachher wie zuvor.

Wenn zur Zeit überhaupt von Bundes wegen etwas Nützliches für das Frauenstimmrecht veranlasst werden kann, so ist es nicht eine normale Männerabstimmung, deren Ergebnis man im voraus kennt, sondern vorerst einmal eine konsultative Frauenabstimmung, die über die interessante Frage Auskunft geben könnte, ob die Mehrheit unserer weiblichen Bevölkerung das Frauenstimmrecht überhaupt schon zu bekommen wünscht. Staatsrechtliche Schlüsse könnten aus dem Ergebnis dieser Konsultation natürlich nicht gezogen werden. In der Bundesverfassung ist ein solches Vorgehen nicht vorgesehen. Aber es ist erlaubt, so gut wie die eidgenössische Volkszählung und jede andere grosse statistische Enquête. Und es wäre höchst instruktiv und nützlich! Instruktiv darum, weil es über eine der beliebtesten Streitfragen, die zwischen Frauenstimmrechtsfreunden und -gegnern diskutiert zu werden pflegt, klare Auskunft brächte. Und als nützlich würde ich es als überzeugter Anhänger des Frauenstimmrechts auch dann betrachten, wenn das Ergebnis, wie mit hoher Wahrscheinlichkeit zu vermuten ist, negativ ausfiele. Die durch die Machtpolitik des Männerstaates begreiflicherweise verbitterten Anhängerinnen des Frauenstimmrechts hätten dann wenigstens einmal die in der demokratischen Psychologie so wichtige Wohltat des Abreagierens genossen und wüssten über ihre Stärke oder Schwäche Bescheid. Der Frauenwille, bisher die grosse Unbekannte, würde bekannt.

Wahrscheinlich würde die so gewonnene Erkenntnis die Folge haben, dass sich die Stimmrechtsbewegung der nächsten Jahre auf diejenigen Kantone konzentrierte, für die die eidgenössische Frauenabstimmung Mehrheiten der Ja-Sagerinnen ergeben hat. In diesen Kantonen gewänne nach dem Wegfall der Einrede, dass die meisten Frauen vom Stimmrecht selbst nichts wissen wollten, die Sache bessere Chancen. Da und dort würde das Frauenstimmrecht kantonal eingeführt. Das sollten, glaube ich, auch dessen prinzipielle Gegner nicht als Unglück betrachten. Es entspräche dem traditionellen und recht vernünftigen Schweizerbrauch, die Kantone als «Probierplätze» für den Bund zu verwenden. Man hat es in unserem Lande je und je so gehalten, auf dem Gebiet des Rechts, des Arbeiterschutzes, der Sozialversicherung und so weiter. Machen dann die Experimentierkantone schlechte Erfahrungen, so besteht schon dank dem Requisit des Ständemehrs keine Gefahr der Ausdehnung auf das Bundesgebiet. Ich glaube aber, dass die Erfahrungen gut sein und diese Ausdehnung nach wenigen Probejahren herbeiführen werden. Es besteht nicht der geringste Grund für die Annahme, das die Schweizerfrau im Gegensatz zur Deutschen und zur Österreicherin politisch pfuschen werde. Wenn man ihr demokratische Rechte gewährt und Vertrauen entgegenbringt, so wird sie sich auf Grund ihrer mütterlichen Natur als staatserhaltendes Element erweisen. Nur die von der politischen Erziehung und Betätigung ferngehaltene Frau wird, wenn sie sich unter dem Zwang der modernen Wirtschaft dennoch politisiert, zur Volksgefahr.

Schweizertum und Nationalsozialismus, 1933

Unter den zahlreichen Artikeln, die Albert Oeri zum Thema Nationalsozialismus geschrieben hat, ist einer der eindrücklichsten der in der «Neuen Schweizer Rundschau» im Mai 1933 erschienene. In Deutschland hatte der Nationalsozialismus die Macht errungen. Nicht wenige Schweizer waren beeindruckt, ja geblendet vom neuen Schwung in der deutschen Politik. Hier setzte Oeris Aufklärung ein. Er definierte den Unterschied zwischen der neuen deutschen und der alten Schweizer Politik.

Monsieur Léon Nicole (1887-1965) war seit 1921 der geistige Führer der Genfer Sozialdemokraten. Als Vertreter des Kantons Genf war er von 1919 bis 1953 Mitglied des Nationalrates. 1952 wurde er wegen seiner Moskau-Treue aus der von ihm mitbegründeten PdA (Partei der Arbeit) ausgeschlossen.

Im Deutschen Reich hat sich eine kleinbürgerliche Revolution durchgesetzt. Das geduldigste aller Geschöpfe Gottes, der Mittelstand – und zwar der Mittelstand im weitesten Sinne von der sozialdemokratisch etikettierten Arbeiterschaft bis weit hinauf in die industriellen und agrarischen Unternehmerkreise – hat seine Geduld verloren. Noch vor zehn Jahren liess sich ein grosser Teil der heutigen Revolutionäre stumm und dumm durch die Inflation ausplündern. Er machte sich unverdrossen an den Wiederaufbau des zerstörten Ameisenhaufens. Aber dass nun die Weltwirtschaftskrise kam und das beinahe vollendete Werk abermals brutal zerstörte, das hat er nicht ausgehalten. Es war zu viel für eine Generation.

Ob die heutigen Revolutionsträger die Führung lange behalten werden, ist eine Frage für sich. Es gibt, wie man sogar in Moskau hat lernen müssen, eherne Wirtschaftsgesetze, die keine Entrüstung ihrer Opfer ändern kann. Die Beherrschung des

Anfangs einer Revolution garantiert die Beherrschung ihrer späteren Stadien keineswegs. Die Bauernsehnsucht nach Äckern der Grossgrundbesitzer hat in Russland den Bolschewiken zum Sieg verholfen, denselben Bolschewiken, die ein Jahrzehnt später die Bauern mitleidlos um Ahr und Halm brachten und zu Agrarproletariern machten. Wer sich über die Vorgänge im Reich ärgert, mag sich auf Grund solcher Erfahrungen an den Spruch halten: «Nur net brumme, 's wird scho kumme!» Objektivere ausländische Beobachter dagegen werden sich frommer und unfrommer Wünsche enthalten und nur festzustellen versuchen, ob die deutsche Revolution Elemente enthält, die auch für ihr eigenes Volk vorbildlich oder gefährlich werden könnten.

Für uns Schweizer liegt vor allem nahe, uns an der Wucht des nationalen Schwunges in Deutschland ein Exempel zu nehmen. Nur wissen wir nicht, wie weit er jetzt ist. Das ist bei seelischen Massenbewegungen immer sehr schwer festzustellen. In Deutschland fehlt jede Möglichkeit zur Gegenprobe. Die Äusserlichkeiten sind allzu gut organisiert, die Innerlichkeiten allzu gründlich poliziert, als dass sich nach einem knappen Vierteljahr schon ein ernsthaftes Urteil fällen liesse. Nicht die Masse der gehegten Hoffnungen, sondern die Masse der gebrachten Opfer beweist, wieviel Karat Gold ein Nationalismus enthält. Für den revolutionären Nationalismus der Franzosen zog sich die Goldprobe von Valmy bis Waterloo hin, also nicht ein Vierteljahr, sondern fast ein Vierteljahrhundert.

Gefährlich kann für das Schweizertum die geistige Bedrohung der Demokratie durch das neue Deutschland werden. Und zwar nicht, weil unsere Demokratie schwach, sondern gerade weil sie stark und echt ist. Das klingt paradox, ist aber doch so. Ein Volk, das, von einer zufälligen Zeitströmung getrieben, sich demokratisch drapiert hat, kann das Modekleid wieder ablegen und ein anderes anziehen. Wenn dagegen die schweizerische Demokratie sich einmal überrennen lassen sollte, so kann unser Staatswesen nicht auf latent immer noch vorhandene frühere Daseinsformen zurückgreifen. Es wird vor dem Nichts stehen, vor dem Chaos und riskiert den Anheimfall seiner direktionslos gewordenen Splitter an kompakte Nachbarstaaten.

Ist die Gefahr eines solchen Überranntwerdens vorhanden? Oder sind wir völlig immun gegen eine antidemokratische Infektion aus Deutschland? Ich möchte dafür nicht die Hand ins Feuer legen. Schon darum nicht, weil die neudeutsche Antidemokratie gewisse Elemente enthält, die, wenn nicht demokratisch, so doch verführerisch scheindemokratisch sind. Eine legitimistische Restauration der deutschen Erbmonarchie wäre für uns durchaus ungefährlich. Schweizersinn und Schweizerdünkel würden sich zu ihrer radikalen Ablehnung vereinen. Aber die deutsche Revolution will nicht von Gottes Gnaden, sondern von Volkes Gnaden sein, also etwas wie potenzierte Demokratie, die nur auf die pedantische Zählung der Stimmzettel verzichtet, weil sie der Zustimmung aller echten Deutschen im Voraus gewiss zu sein versichert und diese darum nicht durch häufige Wahlen und Abstimmungen zu langweilen braucht. So könnte man unserem misstrauischen Volke ja nun nicht kommen. Wer seine Demokratie durch Pseudodemokratie vergiften will, muss anders vorgehen. Er muss bei der Sucht der Gleichmacherei einhaken. Es gibt bei uns allerhand Köpfe, die zu gewinnen sind, wenn man ihre Neigung zur Identifizierung von Demokratie und Gleichmacherei klug benützt. Grossen Volksteilen ist bei uns jahrzehntelang suggeriert worden, die Ungleichheiten, die unser Föderalismus mit sich bringt, seien etwas Undemokratisches. Das Gleiche hat man von den sozialen Ungleichheiten behauptet. Auch der kulturelle Gleichmachungstrieb, insbesondere im Schulwesen, ist als demokratisch ausgegeben worden. Mäuse, die allzu lange an solchem afterdemokratischem Speck gerochen haben, stehen in besonderer Gefahr, in die antidemokratische Falle zu geraten.

Das Beispiel der deutschen Revolution ist ja herrlich! Ohne Gegenwehr sind vor ihr die jahrhundertealten Partikularismen in den Staub gesunken. Vor der «Gleichschaltung» ducken sich die borstigsten Bayern wie die stolzesten Hanseaten. Auch die Gleichschaltungsansätze auf dem Gebiete des Eigentumsrechtes und der Rechtssicherheit im allgemeinen versprechen Grosses. Wenn man dem jüdischen Warenhausbesitzer, dem man die Bude zumacht, vorschreiben kann, seinem christlichen Personal zwei Monatslöhne im Voraus zu zahlen, sein israelisches Personal gleichzeitig fristlos zu entlassen, so kann man auch sonst noch viel. Auch auf kulturellem Gebiet sind die Möglichkeiten ganz unbeschränkt, nachdem die «Säuberung» sich über den ganzen beamteten und unbeamteten Personalbestand in Wissenschaft, Rechtspflege, Medizin, Literatur, Kunst und Kirche auszudehnen begonnen hat. Der Gleichmacher Prokrustes, der seinen kurzgewachsenen Besuchern die Glieder auseinander riss, seinen langgewachsenen die Füsse abhackte, um sie der Länge seines Gastbettes anzupassen, war ein Stümper dagegen.

Aber gerade weil der Korporalstock so gründlich arbeitet, hört der Reiz des Vorbildes auch für sehr gleichmacherisch gesinnte Schweizer doch wohl auf. Wenn das alles vorsichtig und allmählich geschähe, könnte es ansteckender sein. Ein Reaktiönchen im Nachbarland würde magnetischer wirken als eine Reaktion von diesem Ausmass. Sie lenkt die schweizerischen Sympathien zwangsläufig von den Handelnden in Deutschland zu den Leidenden ab. Die Schweiz wird deshalb nicht «deutschfeindlich» werden. Aber der Grad ihrer Deutschfeindlichkeit wird sich entgegen den bestimmtesten Berliner Erwartungen nicht nach dem Grad der Unterwerfungsbereitschaft des deutschen Geistes, sondern nach dem Grad seiner Widerstandsfähigkeit gegen den äusseren Druck richten. Die Liebe des Deutschschweizers wird dem tapferen Deutschen gelten, der in der Heimat oder im Exil unter gefährlichen und widrigen Verhältnissen die geistigen Werte weiter pflegt, die ihm unter günstigen Verhältnissen pflegenswert waren.

Man kann uns vorwerfen, es sei immer sehr billig, den Segen des Martyriums anderer zu preisen, wenn man selbst zum Martyrium nicht bereit sei. Das sind wir nun wirklich nicht. Wenn es sein müsste, so würden wir wohl den Buckel hinhalten. Aber Masochisten, die den Rock ausziehen, um Schläge zu empfangen, sind wir nicht. Es fällt uns gar nicht ein, einer Entwicklung, wie sie sich in Deutschland vollzogen hat, passiv entgegenzudämmern. Unser Volkstum ist keine *Hysterica,* die sich in die Krankheit flüchtet. Wie man die Krankheit erwerben kann, hat uns das reichsdeutsche Beispiel gezeigt. Diese Lehre ist dazu da, um uns den Keimen gegenüber zu immunisieren.

Wir haben in Deutschland gesehen, wie der sogenannte Marxismus einem Volke verleiden kann, wenn er jahrelang die alte Wirtschaft stört, ohne eine neue Wirtschaft erzeugen zu können. Das mahnt uns, solchen Störungsversuchen kräftig entgegenzutreten, einem Monsieur Nicole das Handwerk zu legen, sollte uns aber nicht veranlassen, in der sozialdemokratischen Arbeiterschaft und in ihrer politischen Führung Staatsverbrecher zu erblicken. Der Trieb, es besser haben zu wollen, als es die Eltern hatten, ist und bleibt auch bei den Arbeitern ein gesunder Kulturtrieb, selbst wenn er in Krisenperioden zeitweilig mit den Geboten der wirtschaftlichen Vernunft in Konflikt gerät. Wir werden ihm während solcher Konfliktzeiten entgegentreten müssen. Aber wir werden ihn nicht durch Zaubermittel, wie der vielgepriesene Korporationenstaat eines ist, dauernd zu bändigen oder gar zu vergiften versuchen. Was von der Idee des Korporationsstaates zur Not noch mit Demokratie vereinbar ist, haben wir ja übrigens in der Schweiz schon längst. Die Verwirtschaftlichung unserer politischen Parteien hat überreichlich dafür gesorgt, dass Bund und Kantone sich jahraus, jahrein mit den Begehren der Berufsstände zu befassen haben. Der letzte Entscheid ist immer noch Instanzen vorbehalten, die das Wohl des Staatsganzen zu respektieren verpflichtet sind. Er wird auf dem mühseligen und stets uneleganten Wege des demokratischen Kompromisses gefällt. Auch der an der Spitze des Korporationenstaates stehende Diktator muss Komp-romisse machen. Sie sehen dekorativer aus, sind aber im Wesen weder besser noch dauerhafter als unsere demokratischen Kompromisse. Schliesslich ist es doch auch etwas wert, dass unser Volk durch sein Wahlrecht und sein Referendumsrecht das Bewusstsein der eigenen Verantwortlichkeit behält.

Zuzugeben ist, dass wir mit unserem demokratischen Konservativismus eine schöne Gelegenheit versäumen, auf der Höhe der Zeit zu marschieren. Das ist der Schweiz aber schon verschiedene Male passiert. Sie hat im sechzehnten Jahrhundert die Entwicklung zur Grossmacht verpasst, im siebzehnten Jahrhundert den Anschluss an die interessanten Erlebnisse des Dreissigjährigen Krieges versäumt und hat nach 1848 die grosse Mode der Reaktion nicht mitgemacht. Bei alledem ist sie auf der Schattenseite der Weltgeschichte, aber auch am Leben geblieben. Wenn sie jetzt demokratisch bleibt und sich dem Zuge der Zeit zur Diktatur widersetzt, so sieht das langweilig aus. Hochgemute Jünglinge werfen dem Volk der Eidgenossen darum vor, es sei keine Nation, sondern ein Konsumverein. Das ist aber doch nicht richtig. Wir sind tatsächlich eine nüchterne Genossenschaft. Aber diese konsumiert nicht nur, sondern produziert noch immer nach Kräften, soweit es die Härte unserer Zeit erlaubt. Als Produktiveidgenossenschaft auf materiellem und auf geistigem Gebiet können wir uns in freundlichere Zeitalter hinüberretten.

Bundesrat Motta, † 1940

Albert Oeri hat Bundesrat Motta zweimal mit einem Nachruf geehrt: im Tagesbericht vom 23. Januar 1940 in den «Basler Nachrichten» und im März 1940 in der «Werkzeitung der schweizerischen Industrie». Hier ist die zweite Fassung zu lesen.

Die beiden Politiker kannten sich gut, dank des Besuchs der Völkerbundsversammlung in Genf seit 1920. Motta war von 1920 bis zu seinem Tod Leiter der Schweizer Delegation; Oeri war als Berichterstatter für die «Basler Nachrichten» «journalistischer Zuschauer», wie er selbst formulierte. In der 15. und 16. Session des Völkerbunds war er auch Mitglied der offiziellen Schweizer Delegation. Die beiden wichtigsten Aussenpolitiker jener Zwischenkriegszeit waren nicht immer ein Herz und eine Seele. Oeri war massgeblich an der Schaffung einer permanenten aussenpolitischen Kommission des Nationalrats beteiligt. Sie bekam die Aufgabe, die Dominanz Mottas in der Aussenpolitik einzudämmen. Der dritte grosse Fachmann für Aussenpolitik war der Genfer Professor William Rappard. Er berichtet, Motta habe einmal in der Völkerbundsversammlung allzu dienstfertig Lob für die mächtigen Staatsmänner gespendet; darauf habe Oeri ihm noch in der folgenden Nacht einen Brief geschrieben mit dem Leitsatz: «So darf sich ein schweizerischer Bundesrat nicht ausdrücken.» – Biographien Mottas haben zwei Historiker bald nach dessen Tod geschrieben: J.R. von Salis und Aymon de Mestral.

Wem es vergönnt war, die Genfer Völkerbundsverhandlungen zwei Jahrzehnte hindurch zu verfolgen, dem musste sich immer wieder der Eindruck aufdrängen, dass sie das Leistungsprodukt von zwei ganz entgegengesetzten Menschensorten waren: einerseits von begeisterten Ideologen, anderseits von blasierten Skeptikern. Diese merkwürdige Kombination entsprach ja auch durchaus dem zwiefachen Ursprung des Völkerbundes. Er ist zustande gekommen durch einen Kompromiss von hochgesinnten, aber etwas weltfremden Staatsmännern auf der einen und sogenannten «Realpolitikern» auf der andern Seite, also Leuten, denen es weniger um den Fortschritt der Menschheit als um die Erhaltung des Versailler Systems von 1919 zu tun war. Vorhanden, aber leider etwas rar, war auch ein dritter Typus von Völkerbundsarbeitern: die *nüchternen Idealisten* möchte ich ihn nennen. Deren bester und erfolgreichster Vertreter war unser permanenter schweizerischer Delegationsführer, Bundesrat *Giuseppe Motta.*

Oberflächliche oder übelwollende Beobachter haben ja auch ihn manchmal einen «Ideologen» gescholten. Seine romanische Beredsamkeit mit all ihrem Schmuck von Dichterzitaten war zu schön, als dass er diesem Vorwurf ganz hätte entgehen können. Welche schwere und gewissenhafte Denkarbeit aber hinter Mottas Reden steckte, wussten namentlich seine Mitarbeiter genau. Wenn sie ihn morgens neun Uhr begrüssten, hatte er oft schon drei oder vier Stunden Arbeit vollbracht. Er hat einst einen fremden Staatsmann einen «Heiligen der Arbeit» genannt. Sein Kollege Bundesrat Etter bemerkte mit vollem Recht in einem Nachruf, auf Motta selber treffe dieses Wort zu wie kaum auf einen andern. Wenn man dem Verstorbenen nicht nur für seine Genfer, sondern auch für seine Berner Arbeit überhaupt einen Vorwurf machen will, so ist es der, dass er stets alle Last selber bewältigen wollte und die Kunst, einen angemessenen Teil auf andere Schultern zu laden, nie beherrscht hat. Was er tun konnte, um seinen Organismus von den Folgen der Überarbeitung zu schützen, pflegte er zu tun: er war im Essen, Trinken und Rauchen ein Muster von spartanischer Selbstzucht. Mit ihm zu Tafel zu sitzen, war auch für den Gast kein körperlicher, sondern ein geistiger Genuss. Bei dieser Lebensweise hätte er auch achtzig oder neunzig Jahre alt werden können und hat dennoch das siebzigste nicht vollendet. Eben weil er nicht nur ein Heiliger, sondern ein Märtyrer der Arbeit war!

Man glaube aber nicht, dass man ihm den Druck dieses Schicksals beim täglichen Beisammensein angemerkt hätte! Er war ein Virtuose des seelisch erquickenden und erhebenden Umgangs mit Menschen. Darin liegt die Erklärung für viele seiner politischen Erfolge. Der durch und durch einfache Schweizer war und blieb ja immer ein «undiplomatischer Diplomat». Er hatte allen guten Willen, sich den Gebräuchen des diplomatischen Milieus anzupassen. Mochte er sich aber gelegentlich einmal einer Etikettesünde schuldig machen, so haben gewiss auch die «feinsten Hirsche» des Genfer Parketts sofort darüber hinweggesehen, wenn sie mit ihm ins Gespräch kamen. Die persönliche Schätzung und Autorität, die mit jedem Genfer Aufenthalt Mottas wuchs, bewies mehr und mehr, dass Geistigkeit und echtes Menschentum sich in jeder Lage durchsetzen kann.

Die Wörter «Autorität» und «autoritär» sind einander nahe verwandt. Aber Mottas Autorität war nie autoritär, weder im Genfer noch im Berner Kreise. Wenn man sie näher definieren will, könnte man sie eher väterlich oder im besten Sinne patriarchalisch nennen. Er hatte immer ein Vaterherz für seine engeren Tessiner und für seine weiteren Schweizer Landsleute. Mit ihnen verkehrte er lieb oder zuweilen auch streng, wenn sie ihm einmal weh taten, aber nie kalt und distanziert. Merkwürdig war aber, wenn man Mottas internationale Verkehrsweise beobachtete, die Feststellung, wie sehr es ihm verliehen war, auch die Beziehungen zu fremden Staatsmännern menschlich fein zu gestalten. Mit mancher hervorragenden Gestalt der Gegenwartspolitik war er darum durch weit stärkere Bande als durch die der üblichen diplomatischen Artigkeit verbunden.

Gerade darum war es keineswegs nur eine Folge seiner optimistischen Grundrichtung, sondern ein Ergebnis seiner Lebenserfahrung, dass er nie die Hoffnung auf Wiederaufrichtung einer besseren Völkergemeinschaft aufgab. Er hat mit tiefem Schmerz erlebt, wie der Völkerbund, nach vielversprechenden Anfängen, in den dreissiger Jahren immer mehr versagte, und wie auch das System der zweiseitigen Schiedsgerichtsverträge, auf das er besonders grosse Stücke hielt, Europa nicht vor der Kriegskatastrophe bewahren konnte. Darum hat er das Vertrauen auf ein weltumspannendes, den Frieden garantierendes Paragraphennetz verloren. Aber, was er nicht verlor, war der Glaube an die heilsame Kraft des persönlichen Kontaktes zwischen den verantwortlichen Staatsmännern aller Kulturvölker, also an die Kraft, die gerade er so stark ausgeübt hat. Bei allen neuern Debatten über Völkerbundsreform trat er für den Verzicht auf alle Zwangsverpflichtungen, Sanktionsbefugnisse und dergleichen ein, weil diese sich als allzu schwerer Ballast erwiesen hatten. Ihnen war ja schon der für die ganze Völkerbundsgeschichte so verhängnisvolle Nichtbeitritt der Vereinigten Staaten von Amerika zu verdanken. Der aus dem neuen Krieg hervorgehende reformierte Völkerbund sollte nach Mottas Auffassung bescheiden in seinen Ansprüchen, aber dafür universal sein, also mindestens regelmässige Gelegenheiten zur direkten Verständigung zwischen allen Staatslenkern bieten.

Die alte Eidgenossenschaft hatte ja auch keine ausgebaute Verfassung, aber ihre Führer trafen sich regelmässig auf den Tagsatzungen, konnten also stets von Mann zu Mann verhandeln und das Ganze beisammen halten, bis in langsamer Entwicklung dann schliesslich eine engere staatsrechtliche Gemeinschaft möglich wurde. Auf ähnliche, aber übernationale Möglichkeiten kann nur hoffen, wer ein grosses Herz für die ganze Menschheit hat. Motta besass in unserer hasserfüllten Zeit dieses grosse und gute Herz. Er hatte es nicht obschon, sondern weil er auch ein so guter Schweizer war. Sein wahres politisches Testament für sein eigenes Volk lässt sich in das Wort aus dem griechischen Altertum zusammenfassen: «Nicht mitzuhassen, mitzulieben sind wir da!» Wir wollen dieses Testament respektieren, auch wenn es uns manchmal im Dunkel dieser Tage mehr ums Hassen als ums Lieben zu Mute sein sollte!

Gesund bleiben!, 1940

Der Artikel «Gesund bleiben!» in der «Neuen Schweizer Rundschau», Heft 2, Juni 1940, erschien in einem Augenblick der Schweizer Geschichte, als sich eine grosse Aufregung des Volkes bemächtigt hatte. Die deutsche Armee marschierte rasch und siegreich durch Frankreich nach Paris. Die Neutralität Hollands, Belgiens und Luxemburgs war missachtet worden. Jeden Augenblick konnte der Krieg an der Westgrenze auf das schweizerische Territorium übergreifen. Die «stark beanspruchten politischen Nerven» drohten zeit- und ortsweise eine Hysterie auszulösen. Darum der Rat Oeris: Gesund bleiben!

Auch in diesem Aufsatz besticht Oeris gründliche Kenntnis der Schweizer Geschichte. Professor Dr. Max Gerwig sagt dazu in der «Festschrift» (S. 44): «Es ist eine Abhandlung, an welcher der schweizerische Historiker der Kriegsjahre schwerlich vorüber gehen wird.» Sinnigerweise hat die Medizinische Fakultät der Universität Basel Oeri den Titel eines «Dr. med. honoris causa» verliehen, weil er sich mit dem Artikel «Gesund bleiben!» für die Volksgesundheit engagiert habe.

Der erwähnte Aufsatz von Armin Meili erschien am 11. Mai 1940 unter dem Titel «Entscheidende Stunden» in der «Neuen Zürcher Zeitung».

Wir leben heute unter geistig recht unhygienischen Zeitumständen, und wer Ratschläge für das Gesundbleiben glaubt spenden zu können, sollte es nicht unterlassen. Aber es ist eine schwierige Sache damit. Neulich hat Armin Meili, der Vater der Landesausstellung, ein paar solche gegeben. Einige normale Eidgenossen, mit denen ich darüber sprach, fanden seinen Artikel «Entscheidende Stunden» in der «Neuen Zürcher Zeitung» ganz ausgezeichnet und herzerfrischend, ich auch. Aber ein ebenso normaler Eidgenosse rügte ihn mir gegenüber als «defaitistisch». Es gibt also keine unfehlbaren Passepartout-Schlüssel zu allen Köpfen und Herzen unseres Volkes. Ein anderes Beispiel, erzählt von einer Frau in den «Basler Nachrichten»: «Kurz nach Pfingsten, in einer Kochschule, sind die Mädchen aufgeregt und bedrückt zugleich. Einige erzählen irgendwelche Schauermärchen, und allgemein will ein Geist der Unruhe und der Verzagtheit die ganze Klasse ergreifen. Da weiss die Lehrerin durch ihre Zuversicht die Mädchen zu beruhigen. Der Unterricht wird nach und nach aufmerksam verfolgt, und beim Abwaschen des Geschirrs beginnen die Mädchen zu singen. Mit einem Male stürzt eine Nachbarin herein, beschimpft die Lehrerin und Klasse, dass sie in einer solchen Zeit so fröhlich seien und erst noch singen; sie werde sich an höherer Stelle darüber beklagen.» Der gleiche Gesang hat hier auf ungleiche Gemüter höchst verschiedenartig gewirkt.

Wenn ich nun im Folgenden ein paar Winke zu geben wage, wie wir Schweizer unsere stark beanspruchten politischen Nerven gesund erhalten können, so fühle ich mich dazu eigentlich nur berechtigt, weil ich selbst ordentlich beieinander bin. Ich füge gleich bei, dass mir zur Probe oder zur Busse für diese unbescheidene Behauptung auferlegt ist, diese Zeilen unter immer wiederkehrendem Krach von Flieger- und Fliegerabwehrkämpfen in der nächsten Nachbarschaft zu schreiben.

Noch ärger als an diesem herrlichen Maiennachmittag aber muss es in der vergangenen Nacht gewesen sein, weil da die schwere Artillerie der Franzosen im Oberelsass mit der deutschen von der Festung Istein korrespondierte. Das weiss ich aber nur vom Hörensagen; denn ich selbst merkte nichts von diesem furchtbaren Gepolter der Weltgeschichte, sondern schlief sanft und selig; erstens darum, weil ich überhaupt einen guten Schlaf habe, und zweitens, weil meine liebe Frau diesen wie ein Schutzengel hütet. Jeden Abend macht sie mit mir ein altmodisches Kartenspiel, das die Genien des Schlafes herbeilockt, und wenn dann mitten in der Nacht das Surren und Rumpeln drüben sie weckt, so lässt sie mich gütig weiterschlafen, und von selbst bin ich kaum je daran aufgewacht.

Wäre ich noch vermessener, so würde ich mich zur Erklärung des unerlaubt soliden Schlafes auf das Sprichwort berufen: «Ein gutes Gewissen ist ein sanftes Ruhekissen». Das tut man privatissime natürlich nicht. Aber in Bezug auf unsere Neutralitätspolitik darf doch wohl die grosse Mehrheit der politischen Eidgenossen unserer Tage ein gutes Gewissen haben.

Es gibt ein «Eidgenössisches Aktionskomitee», so ein Art Quisling-Kränzchen, das dies bestreitet. Gerade letzter Tage wieder hat es die sämtlichen Bundes-, Stände- und Nationalräte brieflich zur Demission aufgefordert. Meines Wissens ist aber keiner der Herren darauf eingegangen. Und es hat auch keiner die Bundespolizei angerufen. Das wäre unnötig. Nötig und nützlich – also volkshygienisch im politischen Bereich! – ist aber, wenn jeder Mitträger der Verantwortung da und dort, wo sich zwanglos Gelegenheit dazu bietet, unsere Schweizer Politik auch öffentlich vertritt. Es widerstrebt einem ja, immer dasselbe zu sagen und zu schreiben. Aber ein klein wenig darf man doch von der rhetorischen Trommelfeuer-Taktik des Auslandes lernen. Es gibt auch bei uns Leute, die von Zeit zu Zeit Einspritzungen nötig haben, wenn sie nicht zusammenklappen sollen.

Aber ja nicht Einspritzungen mit Rauschgiften! Besser sagt man vielleicht statt «Einspritzungen»: Blutspenden. Das «Blut», das sich jeder Schweizer, gehöre er zu der oder zu jener Blutgruppe, mit Nutzen spenden lassen kann, ist die gute, einfache Wahrheit: unser Volk und seine Behörden haben in den letzten Jahren und Monaten die Aussenpolitik und die Wehrpolitik getrieben, die nach menschlichem Ermessen das Land am ehesten vom Strudel des europäischen Krieges fern halten kann. Mehr zu sagen, wäre törichtes Gerühm. Jeder Tag kann ja das Misslingen unseres ehrlichen Versuches, neutral zu bleiben, bringen. Und auch wenn der Versuch endgültig gelingt, so kann er nicht Gegenstand einer Rühmerei werden. Sichere Instinkte sind etwas sehr Erspriessliches, aber Tugenden sind sie nicht. Unsere Einstellung zur europäischen Gefahr war und ist vorwiegend Instinktsache. Manche Menschen und andere Geschöpfe Gottes spüren das herankommende Gewitter nicht erst dann, wenn es blitzt und donnert, sondern einige Zeit vorher und können sich also darauf einrichten.

Man kann diese Fähigkeit auch auf den Selbsterhaltungstrieb, auf den «Willen zum Leben» zurückführen. Sie hat sich in der Schweiz seit Marignano immer wieder gezeigt. Und wenn sie etwa zu versagen drohte oder ganz versagte, so ist uns ihre Wichtigkeit durch Erfahrungen eingeprügelt worden. Zur Zeit des Dreissigjährigen Krieges ist das den Graubündnern passiert, während die Dreizehn Orte knapp an der Klippe vorüberfuhren. Antistes Breitinger von Zürich war ein gescheiter Fanatiker, sah an dem damaligen Ringen der Grossmächte nur die ideologisch-konfessionelle Seite und wollte die reformierten Orte «mit Christi Gewalt» daran beteiligen. Des Teufels Gewalt im Hintergrund spürte er nicht. Auch die ehrlichen Radikalen, die 1798 im Einverständnis mit Frankreich die schweizerische Neutralitätskatastrophe vorbereiteten, merkten vor lauter revolutionärer Ideologie nicht, was sie anstifteten. Erst anderthalb Jahrzehnte der Unterjochung unter einem fremden Despoten haben sie langsam aus ihrem Traum von Liberté erwachen lassen.

Das hat dann gewirkt und wirkt bis heute. Und dafür, dass es weiterwirken wird, sorgen die Erfahrungen unserer Tage. Wieder einmal, wie wenn es so sein müsste, ist diejenige Zone zur Schlachtbank Europas geworden, die man als «Flandern» im weitesten Sinne bezeichnen kann. Dieses Land hatte einmal in einer weltgeschichtlichen Stunde die Chance, zu einem kräftigen Mittelstaat zu werden und sich wehrhaft gegen die Grossmächte machen zu können. Es sollte nicht sein. Sein Fürst Karl, der nicht nur kühn, sondern *téméraire* war, hat es zu Schanden geritten, und seither kommt es vom Verhängnis, stets wieder das Stadion aller blutigen Olympiaden Europas zu sein, nicht mehr los. Die Schweiz wäre durch ihre geographische Lage für eine solche säkuläre Opferrolle ebenso gut prädestiniert. Die Willensfreiheit der Schweizer muss dafür sorgen, dass sich diese nicht göttliche, sondern dämonische Prädestination nicht erfüllt. Das ist Schweizerpflicht.

Jedesmal, wenn diese Pflichterfüllung fällig wird, kommt sie einer Elite von hochgesinnten Schweizern, deren starke Sympathien der einen Kriegspartei zuneigen, sehr hart vor, manchmal nur wenigen, manchmal vielen. Eine Schande ist dieser seelische Konflikt für niemanden. Es hat auch gar keinen Sinn, ihn den Betroffenen ausreden zu wollen, also in der heutigen Lage auch denen nicht, die den europäischen Krieg für den Entscheidungskampf um die Existenz der Demokratie halten und die darum die demokratische Schweiz daran beteiligt sehen möchten. Aber, gerade wer der Demokratie besonders treu dienen will, muss auch in Momenten, wo es ihn hart ankommt, selbst demokratisch sein und handeln, muss sich also dem Willen der übergrossen Volksmehrheit, die die Neutralität wahren will, diszipliniert fügen. Es gehört auch zur Zeithygiene, dass man die Konflikte, die redliche Eidgenossen plagen, nach Kräften zu entgiften versucht.

Hin und wieder misslingt dies, weil die von jenen Konflikten Heimgesuchten nicht über den Eindruck hinwegkommen, dass aller noch so begründete politische Rationalismus die Stimme ihres Herzens nicht übertönen könne und dürfe. Dann soll man sie darauf hinweisen, dass auch der Wille zur schweizerischen

Neutralitätswahrung eine gute und grosse Herzenssache ist, weil er die absolute Bereitschaft zum Blutopfer in sich schliesst. In solchen Fällen ist das beste Stärkungsmittel der Anblick unserer Armee. Dem Zwang, sich mit seinen inwendigen Gespenstern herumzuschlagen, entgeht am Sichersten, wer unsere Soldaten anschaut. In diesen aufgeregten Tagen ist von vielen Beobachtern bezeugt worden, dass die Grenzbevölkerung eigentlich ruhiger ist als das Landesinnere, obschon sie sich direkt bedroht fühlen könnte. Das kommt eben daher, weil sie nicht nur Tag und Nacht von drüben schiessen hört, sondern auch das herzstärkende Privileg geniesst, auf Schritt und Tritt wackern Schweizersoldaten zu begegnen. Ich halte es selbst im ärgsten Arbeitsstrudel kaum an meinem Schreibtisch aus, wenn ich draussen eine Kompanie vorbeimarschieren höre. Den meisten andern Baslern wird es auch so gehen.

Leider können wir Zivilisten uns nicht verhehlen, dass unser Anblick den Soldaten nicht den Gegendienst leistet. Er ist nicht erbaulich und kann es gar nicht sein; denn wir stellen wohl oder übel eine negative Auslese dar. In den Wochen, da achtzig Prozent der im tauglichen Alter stehenden männlichen Bevölkerung uniformiert sind, präsentiert sich der verbleibende Rest von Untauglichen, Alten und Fremdlingen nicht eben stattlich. Es gibt sogar Leute, die unter diesem Eindruck zu leiden behaupten. Man sage ihnen, sie sollten doch statt der zivilen Männer die zivilen Frauen anschauen, die nicht so fatal gesiebt sind und in ihrer grossen Überzahl noch immer einen Anblick bieten, der des normalen Schweizers Herz erfreut. Aber kaum fängt man an, von Frauen zu reden, so geht das Gestöhn und Geklöhn über die «gefürchteten Stauffacherinnen» an. Ein törichter Jammer! Wie wenn nicht die grausame Erfahrung der heutigen Kriegszeit zeigte, dass die rechtzeitige Abwanderung einer grossen Zahl von Frauen, Kindern und Greisen die Aufgaben der Landesverteidiger erleichtert!

Aber zuzugeben ist, dass Mobilisation und Evakuation einen Aspekt der zurückgebliebenen Stadtbevölkerungen erzeugt haben, der die Ängste derer, die Überfremdung für die schwerste schweizerische Landesgefahr halten, bedenklich steigern kann. Darum die mit jedem Tag spürbarer werdende Xenophobie in unserem Lande! Sie ist in ihren Ursachen verständlich, aber eben doch pathologisch und schädlich wie jede Phobie. Besonders gefördert wird ihre Betätigung durch ihre Billigkeit. Jeder Wicht, der den dumpfen Drang in sich spürt, seinen Patriotismus heute irgendwie besonders zur Schau zu tragen, glaubt, gegen die Fremden hetzen zu sollen und ohne Risiko zu können, weil sie wehrlos sind.

Man tut aber gut daran, diesem Treiben entgegenzutreten. Jedes unechte Heldentum gefährdet das echte, auf das wir uns in der Stunde der Gefahr wollen verlassen können. Einen wirklichen Volksschaden bedeutet der Prozentsatz von Ausländern in der Gesamtbevölkerung nicht mehr. Er ist zwischen 1900 und 1930 von 11,5 auf 8,7 Prozent heruntergegangen und seither noch tiefer. Soweit diese Reduktion der Einbürgerung zu verdanken ist, bedeutet sie natürlich keine achtzehnkarätige Verbesserung. Es bleibt noch viel an Assimilation zu leisten. Aber weder die eingebürgerten noch die nicht eingebürgerten ausländischen Elemente macht man ungefährlicher, wenn man sie fürchtet und dementsprechend behandelt. Das verdienen nur die wirklich gefährlichen «Einsatzbereiten». Für ihre Überwachung scheint nachgerade gesorgt zu sein.

Schliesslich werden ja doch wieder Zeiten kommen, wo die geistigen Angstmauern, die die europäischen Nationen zwischen sich aufgerichtet haben, fallen und wo jedes Volk aus dem fremden Zusatz seiner Bevölkerung wieder das macht, was es vernünftigerweise daraus machen kann, nämlich einen nützlichen Sauerteig. Und dann lernt man sich auch über die Grenzen hinaus wieder verstehen. Wenn ich am Abend am Radio sitze und die Widerwärtigkeiten der ausländischen Propaganda über mich ergehen lasse, dann starre ich manchmal unwillkürlich auf den daneben stehenden Familienbücherschaft. Und dann sehne ich mich, den Tag noch erleben zu dürfen, wo die dort vertretene gute deutsche Geisterwelt wieder frei über die Grenzen hinschweben kann und keinen angstbedingten Widerständen mehr begegnet. Die Angst ist volkshygienisch zu gar nichts nütze.

Wer sie aber hat und gerne loswerden will, für den ist ein ausgezeichnetes Mittel die ernsthafte Besinnung auf die Behebung wirklicher Volksschäden. Gerade auf dem Gebiet der Bevölkerungszusammensetzung! Nicht die Zahl der Fremden, die in unser Land kommen, ist gefährlich, sondern die Zahl der Schweizerkinder, die nicht auf die Welt kommen, Geburtenrückgang und Überalterung des Durchschnitts. Wie man da ansetzen kann, wenn der Krieg einmal vorüber ist, das zu studieren, ist viel erspriesslicher als die heutige Beschäftigung vieler gutwilliger, aber sachunkundiger Eidgenossen mit der Perfektionierung der zivilen Kriegsorganisation. Der in einer langen Friedenszeit unmässig gewachsene Sekuritätsglaube und -aberglaube der Schweizer artet heute aus in den Wahn, auch für Not- und Krisenzeiten sei alles im Voraus berechenbar und organisierbar. Neulich las ich sogar, man müsse die Kräfte der armen Teufel, die sich bis jetzt kümmerlich mit Hausierhandel durchgeschlagen haben, dem Volksganzen dienstbar machen und ihnen zu diesem Behuf vor allem die teuer erkauften Patente wegnehmen. Das ist doch alles Firlefanz, und der Glaube an diesen schädigt unsere wirkliche Bereitschaft, weil er im Moment der Gefahr jammervoll zerstieben wird.

Wenn dieser Moment kommen sollte und wir trotz allen guten Hoffnungen, zu denen wir noch immer berechtigt sind, die Fahrt ins Graue schliesslich doch antreten müssen, dann wollen wir uns nicht durch das Geseufze, man hätte noch das und jenes machen sollen, stören lassen, sondern dem Verhängnis ruhigen Mutes entgegentreten und uns wehren. Mir persönlich helfen zu dieser Geistesverfassung eigentlich doch am Besten ein paar biblische Geschichten und Worte, und vielen, vielen andern Schweizern und Schweizerinnen wohl auch. Die Auswahl wird verschieden sein, aber sehr oft wird sie das Trostwort einschliessen, dass kein Spatz vom Dache fällt ohne den Willen des himmlischen Vaters. Das Gottvertrauen gehört nicht zuletzt zur geistigen Volkshygiene in Notzeiten.

Reiseberichte

Die griechischen Reisebriefe, 1900

Was die Griechenlandreise für die Berufswahl von Albert Oeri bedeutet hat, erfährt man im Kapitel «Lehr- und Wanderjahre». Seine Berichte – sie sind im Sonntagsblatt der «Allgemeinen Schweizer Zeitung» erschienen – sind keine trockenen Aufzählungen beziehungsweise Beschreibungen der Altertümer in der Art der Baedeker-Reiseführer, sondern anschauliche Erlebnisberichte. Ihr dokumentarischer Wert ist gross, weil sie über Griechenland um 1900 Auskunft geben. Was sich in der Reisegruppe oder im Umgang mit der einheimischen Bevölkerung zugetragen hat, wird präzis und ohne Pathos erzählt. Der junge Oeri stellt sich mit seinen «Griechischen Reisebriefen» in die Nachfolge des berühmten Reiseschriftstellers Pausanias. Oeris Reisebriefen, die nur in einer kleinen Zeitung veröffentlicht worden sind, wird grosser Ruhm nie zuteil werden. Gleichwohl: Oeri ist mehr als nur ein Schreibstubenredaktor gewesen; er hat auch später das Leben in den verschiedensten Ländern der Erde studiert und darüber geschrieben.

Dies war das Itinerar der vier Reisen, die Oeri jeweils von Athen aus unternahm: Am 9. April 1900 fährt die 60-köpfige Reisegesellschaft mit der Eisenbahn in den Peloponnes, hält sich in Nauplia, Mykene und Sparta auf, setzt über den korinthischen Meeresbusen und erreicht Delphi, «den berühmtesten Orakelort der Welt, die klassische Stätte eines über tausend Jahre währenden Hokuspokus».

Die zweite, etwa zehn Tage dauernde Reise unter der Leitung von Wilhelm Dörpfeld, führte zu Schiff nach Ägina, Melos und Kreta. Es seien «noble Herrschaften» mitgekommen, weshalb die Leute, die wegen des Studiums reisten, auf die Kabinen verzichteten und «mit dem Massengrab der zweiten Klasse hätten vorlieb nehmen müssen».

Das Ziel der dritten Reise waren Troja und die Hauptstadt des Osmanischen Reiches. Weil Oeri nicht nur kulturgeschichtlich Interessantes berichtet, sondern auch die politischen und repräsen-

tativen Formen des damaligen türkischen Staates schildert, ist dieser Reise im Folgenden ein längerer Abschnitt gewidmet.

Die vierte Reise hat Oeri im Juni 1900 nicht unter der Leitung des erfahrenen Dörpfeld gemacht, sondern er hat sie selber organisiert. Zusammen mit zwei gleichaltrigen Kameraden durchstreifte er zwölf Tage lang Mittelgriechenland und begegnete dabei tausendjährigen Lebensformen.

Reise durch den Peloponnes

Am 9. April [1900] brach von Athen eine grosse Gesellschaft auf, um unter der Ägide des k. deutschen archäologischen Instituts, geführt von dessen erstem Sekretär, Professor Wilhelm Dörpfeld, eine Reise durch den Peloponnes zu unternehmen. Es waren sechzig Reiseteilnehmer und Reiseteilnehmerinnen, die sich am Bahnhof zusammenfanden. Davon gedachten allerdings nur etwa vierzig Herren die ganze Reise mitzumachen. Andere, die sich gemeldet hatten, mussten abgewiesen werden, weil Unterkunfts- und Transportverhältnisse im Innern von Morea zur Zeit das Reisen von grösseren Gesellschaften noch nicht möglich machen. Einstweilen befanden wir uns nun aber noch in Halbeuropa und liessen uns durch das bequemste aller Vehikel, die Eisenbahn, nach Korinth befördern. Die Fahrt war prächtig, weil Attika im Frühjahr ein wahres Paradies von blühenden Bäumen und bunten Blumen ist. Es herrschte ein Farbenmotiv von grosser Schönheit vor: der wilde Mohn, der in Griechenland ein dunkleres und leuchtenderes Rot hat als in Mitteleuropa, tritt in Massen auf und wirkt in dem zarten Frühlingsgrün der Felder, das durch das Graugrün der Ölbäume etwas gedämpft wird, ganz herrlich.

In Neukorinth wurde gefrühstückt. Es gab die ersten langen Gesichter, als Hammelfleisch aufgetischt wurde. Man kann dieses

Gericht sonst gern haben oder auch nicht: Im Innern Griechenlands verflucht es sicher mit der Zeit ein jeder. Wir haben während der achtzehn Reisetage achtunddreissigmal Hammel vorgesetzt bekommen, wie die Statistik eines schwäbischen Reisegenossen beweist; und wenn einmal ein Stücklein Fleisch nicht vom Hammel war, so war es doch in Hammelfett gebraten. Wahrhaft von Grauen verzerrt waren sodann die Gesichter der Leute, die zum ersten Mal rezinierten, das heisst nach Landesunsitte mit Harz versetzten Wein tranken. Für die Frage, weshalb die Griechen ihren guten Wein mit Kiefernharz so verpfuschen, dass er wie eine Siegellacklösung schmeckt, gibt es mehrere Antworten, von denen aber keine ganz befriedigt. Am meisten scheint mir die Ansicht für sich zu haben, dass die Griechen in ihrer Dekadenz ihre Weingefässe jahrhundertelang liederlich verpichten, bis sie schliesslich glaubten, der Harzgeschmack gehöre zur Sache, und ihn sogar künstlich erzeugten.

Der Zug brachte uns nun durch die öden oneischen und tretonischen Berge und die baumlose Ebene von Argos nach Nauplia, der alten Hafenstadt von Argolis, die ein paar Tage unser Hauptquartier sein sollte. Wir haben von hier aus Tiryns, Mykenä, Argos und sein Heraheiligtum sowie das Asklepiosheiligtum von Epidauros besucht. Nicht die geringste Sehenswürdigkeit war aber Nauplia selbst. Die Stadt liegt am Fuss der Felsenfestung Itsch Kalé und Palamidhi, von denen die erstere auf einer Halbinsel ins Meer hinausragt. Um Nauplia haben sich Byzantiner und Franken, Venetianer und Türken gestritten, bis die Burgen in einer stürmischen Novembernacht des Jahres 1822 von den aufständischen Griechen erobert wurden. Die Stadt war dann bis zum Jahre 1834, wo Athen an ihre Stelle trat, Hauptstadt Neugriechenlands. In ihren Mauern wurde Kapodistrias, der Präsident der Regierung, ermordet. An die Zeiten Ottos von Wittelsbach mahnt noch ein Löwe, der in den Felsen gehauen wurde zur Erinnerung an die bayrischen Soldaten, die ihrem Prinzen zur Konsolidierung seines Regiments nach Griechenland folgten und dort in Masse an der Cholera starben. Viel mehr bedeutet aber für die Stadt der Löwe von San Marco, den die Türken in ihrer Indolenz an verschiedenen Gebäuden haben stehen lassen; denn was imposant an Nauplia ist, verdankt es der Macht und Energie Venedigs.

Als wir in Mykenä Dörpfelds Erläuterungen angehört hatten, zerstreuten wir uns beutegierig über den Ausgrabungshügel. An anderen Orten brechen brave Leute Blümchen und pressen sie als Erinnerung an die historischen Stätten, die sie besucht haben. In Griechenland pflegt man schöne Scherben zum gleichen Zwecke aufzuheben. So suchte denn jeder zu erraffen, was zu erraffen war. Ich hatte meinerseits das Glück, den oberen Teil eines hässlichen, aber vergnügt blickenden Tonidols zu finden. Da auch Schliemann alles getauft hat, was er fand, so werde ich mir erlauben, das Geschöpf «Puppe der kleinen Elektra» zu nennen. Trotz unserer Privatausgrabungen haben wir übrigens nicht vergessen, die prächtige Lage Mykenäs, das am Fuss von zwei hohen Bergen auf einem einer tiefen Schlucht vorgelagerten Hügel liegt, zu bewundern und unsere Blicke in die heisse, weite Ebene der Argolis schweifen zu lassen, die einst von hier aus beherrscht wurde.

Das epidaurische Heiligtum des Heilgottes, das im Altertum einen Weltruf hatte und die Mutter aller ähnlichen Kultstätten des Asklepios war, liegt in einem idyllischen baumbesäten Wiesental. Für die sakrale Bedeutung des Ortes sprechen Fundamente von mehreren Tempeln. Diese wird aber für den Besucher ganz in den Hintergrund gedrängt durch den Eindruck, den ihm die Ruinen von solchen Gebäuden machen, die nur für Behaglichkeit und Zeitvertreib der Pilger da waren, nämlich von Gymnasion, Stadion, Bädern und Theater. Es sind übrigens auch sehr umfangreiche Ruinen vorhanden, die nur als Überreste von

Hotels zu erklären sind. Der Heilgott scheint etwa die Rolle einer schweizerischen Mineralquelle gespielt zu haben, das heisst: er zog etwa einen Zehntel der Besucher des schönen Kurorts an, während die übrigen neun Zehntel eben nach Epidauros gingen, um ein paar Wochen in einem hochgelegenen, angenehmen Waldtal zu verbringen, wo man lustig und honett sein konnte für sein Geld.

Die Bahn führte uns von Nauplia fort an den lernäischen Sümpfen vorbei, wo Herakles die Hydra bezwang, und später durch das Gebirge Parthenion in die arkadische Hochebene. Unterwegs konnten wir wieder einmal konstatieren, was für ein gemütliches Vehikel ein griechischer Eisenbahnzug ist: ein Hammel verfiel nämlich, als er uns vorbeifahren sah, auf die ehrgeizige Idee, sich mit der Lokomotive auf einen Wettlauf einzulassen. Während er neben dem Zug her galoppierte, geriet er verschiedene Male unter die Trittbretter der Personenwagen. Ein Spazierstock, mit dem ihn jemand vom Zug aus wegstossen wollte, wurde dem Besitzer von dem aberwitzigen Tier aus der Hand geschlagen. Endlich griff ein kräftiger Arm aus dem Packwagen, packte das Tier bei den Hörnern und schwang es in den Zug. Es wird seine heimatlichen Triften nie mehr gesehen haben.

Aus diesem gesegneten Land entführte uns nun eine Schar von Reittieren verschiedener Art, die sich am Nachmittag des Ostersonntags vor unseren Gasthäusern versammelten. Es waren meistens Maultiere und Esel, aber auch einige bescheidene Gäule. Ich wählte mir ein grosses und starkes Maultier aus, das mir sein Besitzer als Pallikaren pries, und ich bin sehr gut damit gefahren. Wir ritten nun zunächst auf einer guten, von mächtigen Bäumen beschatteten Strasse durch die Ebene und leisteten uns sogar ein Träbchen. Wir sind später selten genug zu diesem Vergnügen gekommen, denn erstens fassen es die tragenden Langohren nicht als solches auf und, wenn ein Maultier nicht will, kann man es ewig mit Hieben und beleidigenden Ansprachen traktieren, ohne einen Erfolg zu erzielen; zweitens wollen sich die Treiber der Tiere oder «Agogiaten» nicht von ihren Lieblingen trennen und müssen deshalb beim Traben immer zu Fuss nebenher rennen, was man ihnen auch nicht zu lange zumuten darf; drittens endlich ist das Traben für den Reiter selbst, der nicht etwa auf einem Ledersattel, sondern auf einem wüsten, grossen Holzgestell sitzt, nicht das höchste der Gefühle.

Einstweilen aber ritten wir also rasch und fröhlich gegen den Taygetos zu; die Glöcklein unserer Tiere machten einen Heidenlärm, und neben uns her keuchten die Agogiaten in ihrer malerischen Nationaltracht mit blauen Pumphosen oder weissen Fustanellen; weiter hinten folgte der Tross der Packtiere. Vor uns, auf einem dem Hochgebirge vorgelagerten Hügel, lag unser nächstes Ziel, die verlassene Stadt Mistra.

Am Fusse des Berges harrten unser die Reittiere und trugen uns nach Trypi, einem Dorf am Eingang der Langadaschlucht, das uns für die Nacht Unterschlupf bot. Je etwa vier Leute wurden zu einem Bauern geschickt und konnten dort zusehen, wie sie sich einrichteten. Ich kam zu braven Leuten, die uns freundlich aufnahmen und uns halfen, aus Eiern und Konserven ein opulentes Souper zu bereiten. Als wir es verzehrten, sahen sie uns mit knurrendem Magen zu, denn sie hatten Fastenzeit, und die wird in Griechenland fabelhaft streng gehalten. Zum Nachtisch assen wir englische Biscuits und boten auch unseren Gastfreunden davon an. Sie liessen sich dieselben wohl schmecken, nachdem wir ihnen in aller Arglosigkeit die Frage, ob die Dinger Butter enthielten, verneint hatten. Tags darauf hörten wir von anderen Mitgliedern unserer Gesellschaft, dass auch sie ihren Gastfreunden Biscuits geschenkt hätten, dass aber diese beim Essen dann plötzlich Bedenken bekommen hätten, es könnte Butter darin sein und, als ihnen dies bestätigt wurde, die ganze Herrlichkeit mit dem Ausdruck des Entsetzens wieder ausspien.

Von Megalopolis ritten wir nach Lykosura, der Stadt, die man im Altertum für die älteste von ganz Griechenland hielt. Erhalten sind Reste der Ringmauer und eines Despoinatempels, der seiner Zeit eine Art Zentralheiligtum der Arkader war. Am gleichen Tag erreichten wir noch Ambelonia, ein stattliches Bergdorf, wo wir wieder bei den Bauern übernachteten. Als wir uns das Nachtessen kochten, erschien für kurze Zeit eine junge Verwandte unseres Gastfreundes, die – leider im Gegensatz zur Mehrzahl ihrer arkadischen Stammesgenossinnen – so ideal schön war, wie man sich im Abendland die Griechinnen gerne denkt.

Von der Höhe des phigalischen Tempels ritten wir nach dem Dorfe Zacha. Der Weg war für die Reittiere ganz unglaublich schlecht, weil dort alle Schichten des verwitterten Gesteins nicht horizontal liegen, sondern senkrecht verworfen sind. Vorsichtig mussten die Tiere von einer kleinen Klippe zur andern treten. Zacha hat im Baedeker das Prädikat «elend». Das Dorf verdient dasselbe jedoch nicht mehr, denn viele neue Häuser zeugen von einer gewissen Wohlhabenheit, die seit einiger Zeit dort eingekehrt ist. Leider kommen die Leute nur dadurch zu Geld, dass sie von der verblendeten Regierung das Recht, Holz zu fällen, pachten und dann das ohnehin durch Waldmangel verarmte Land noch mehr berauben. Unsere Gruppe kam nun allerdings nicht zu einem reich gewordenen Bauern ins Quartier, sondern zu sehr armen Leuten, die uns aber mit rührender Zuvorkommenheit halfen, uns in dem zugleich als Hühnerstall dienenden Hauptraum des Hauses zu installieren. Als wir, bestaunt von den drei Kindern des Hauses, am Feuer unsere Herrlichkeiten kochten, hörten wir plötzlich dicht neben dem Feuer etwas greulich quäken. Es war der vier Tage alte jüngste Sohn, der sich so anmeldete. Wir wunderten uns nur, dass er nicht schon den Braten roch. Als nachher seine Eltern in der Nachbarschaft herumgingen, um Decken für uns aufzutreiben, und das Geschöpf nicht aufhören wollte zu krächzen, machte ich fast eine Stunde lang die Kinderfrau. Ich befreite es vor allem von seinen unvernünftig eng gewickelten Windeln, aus denen nur das Köpfchen heraussah, und der namenlose Kleine war mir für die Befreiung seiner Ärmchen so dankbar, dass er gleich zu heulen aufhörte und nicht wieder anfing.

In herrlicher Erinnerung bleibt mir der abendliche Ritt von Delphi nach Itea zurück. Als der Sonnengott für uns, die wir im tiefen Tale ritten, schon verschwunden war, grüsste er zum Abschied noch seinen heiligen Berg, den Parnass, und entzündetet auf dessen weiten Schneefeldern ein Alpenglühen, wie ich es in der Schweiz kaum je so schön gesehen hatte. Unsere Rückkehr an Bord war mit Hindernissen verbunden. Es erhob sich im Hafen ein solcher Wind, dass unser kleines Boot über die Wellen nicht Meister wurde und von einem grösseren an den Dampfer herangelotst werden musste. Wir legten uns infolgedessen mit der Aussicht auf einen tragikomischen Abschluss der schönen Reise durch Seekrankheit zu Bett. Zum guten Glück legte sich aber der Wind; wir fuhren ruhig schlafend durch den Kanal von Korinth und kamen am frühen Morgen gesund und wohlbehalten nach siebzehntägiger Abwesenheit im Piräus an.

Inselreise

Der Dampfer «Poseidon», der uns von Patras nach Leukas, Itea und Athen gebracht hatte, füllte sich fünf Tage nach seiner Ankunft im Piräus wieder mit Gästen. Das bloss zum Vergnügen reisende Element war diesmal noch viel stärker vertreten als auf der andern Institutsreise, denn man braucht nicht Archäologe zu sein, um eine längere Fahrt durch das griechische Inselmeer verlockend zu finden, besonders unter der Führung Dörpfelds. Die noblen

Herrschaften, die mitkamen, waren uns gewöhnlichen Leuten, die des Studiums halber reisten, deshalb besonders willkommen, weil sich so der Mietpreis des Schiffes auf viel mehr Börsen verteilte; einen Dampfer zu mieten, ist nämlich bei den heutigen Kohlenpreisen kein billiges Vergnügen. Allerdings mussten wir auch zu Gunsten des *monde* auf die Kabinen erster Klasse verzichten und mit dem Massengrab der zweiten vorlieb nehmen. Aber das hat uns wenig geschmerzt; man konnte in dem Loche wenigstens abends singen und lustig sein, ohne seekranke Damen aufzuregen...

Die Zeit, die uns für Eretria noch übrig blieb, verwandten wir dazu, das griechische Altertümergesetz zu übertreten und, was an antiken Vasen aufzutreiben war, anzukaufen. Ich füllte mir alle Taschen mit dergleichen hübschen und interessanten Andenken und musste mich deshalb in grossem Bogen um die flintenbewaffneten Ortspolizisten herumdrücken. Griechenland besitzt nämlich, um trotz seiner Armut seine Schätze nicht dem kaufkräftigen Ausland preiszugeben, ein sehr strenges Gesetz: Wer Altertümer findet, muss sie den Ephoren vorweisen. Wenn dann der Staat für gut findet, dieselben zu behalten, so müssen sie ihm zur Hälfte des von ihm selbst taxierten Wertes überlassen werden. Dass die glücklichen Finder dabei schlecht wegkommen, ist klar. Die Felder um Eretria herum sind nun ungeheuer reich an Gräbern, in denen sich kleine Vasen attischer Herkunft finden, und die Bauern verkaufen diese Sachen, ohne dass ihnen scharf auf die Finger gesehen wird. Als aber im vorigen Jahr einer meinte, er dürfe es mit einem Goldfund ebenso machen, trug ihm das ein Jahr Gefängnis ein. Wir waren besonders vorsichtig mit unserer Beute, weil wir nach der Rückkehr aus dem Peloponnes den Hetzartikel eines athenischen Blattes gegen einen von uns vorgefunden hatten, der ein angekauftes Terrakottafigürchen unvorsichtig hatte blicken lassen.

Wir gelangten nun aber alle mit unseren sieben Sachen glücklich aufs Schiff und fuhren während des Mittagessens nach Rhamnus, einer ehemaligen Küstenburg im Nordosten von Attika. Ihr heutiger Name ist Owriokastro, das heisst Judenburg. Ausser den ziemlich wohl erhaltenen Befestigungen gab es daselbst die Fundamente von zwei Nemesistempeln zu sehen, die aber für Nichtarchäologen wenig Reiz hatten. Alle dagegen interessierten sich für die folgende Station unserer Reise, die Bucht und das Schlachtfeld von Marathon. Um den Schauplatz der gewaltigen Schlacht vom Jahre 490 gut zu überblicken, bestiegen wir nach unserer Landung den Grabhügel, der die Gebeine der Athener birgt, die im siegreichen Kampf gegen die Perser fielen. Noch heute führt die Strasse nach Athen durch den Engpass zwischen dem Gebirge und dem Meere, den Miltiades mit seinen Leuten damals bewachte. Die Perser gedachten den Durchbruch nicht mit Gewalt zu versuchen, sondern sich wieder einzuschiffen und bei Athen selbst zu landen. Die Athener aber wollten den achtstündigen Weg von ihrer Stadt nach dem Golf von Marathon in der Augusthitze nicht vergebens gemacht haben und rannten gegen ihre Feinde an, nachdem diese zu ihrem Unglück die Reiterei schon eingeschifft hatten. Es folgte die heisse Schlacht und das Gemetzel und die wilde Flucht nach den rettenden Schiffen und den verderblichen Sümpfen, die wir an der Nordküste der Bucht sahen. Die Perser sollen dabei über sechstausend Mann verloren haben. Mit der Besichtigung der marathonischen Ebene war unser Tagewerk getan, und es blieb uns nur noch übrig, den schönen Abend zu geniessen. Wir taten dies, indem wir uns in die herrlichen Fluten des Euripus stürzten, die vom Widerschein des Abendhimmels in allen Farben von goldenem Rot bis zum dunkelsten Indigo glänzten, während sie am östlichen Horizont von den finstern Bergen Euböas begrenzt wurden.

Noch bei Tage kamen wir nach der Insel Tenos und ihrer gleichnamigen Hauptstadt, die schon von weitem kenntlich ist an ihrer einzigen Sehenswürdigkeit, der schneeweiss strahlenden Wallfahrtskirche Hagia Evangelistria. Wir statteten diesem Haupheiligtum der Kykladen einen Besuch ab, indem wir durch einen kolossalen von Kolonnaden umgebenen, marmorgepflasterten Vorhof eintraten. Die Kirche ist reich, aber vollkommen geschmacklos dekoriert. Während man in Italien doch selten eine Kirche sieht, in der man sich an gar nichts freuen könnte, habe ich in keiner der zirka dreissig griechischen Kirchen, die ich besucht habe, ein Bild oder ein Bildchen gesehen, das mehr als eine ganz konventionelle Salberei gewesen wäre, das, wenn nicht von der Fähigkeit des Künstlers, so doch ein wenig von seinem guten Willen, etwas zu erfinden, gezeugt hätte. Einen halb komischen, halb traurigen Eindruck machte eine ganze Anzahl silberner Soldatenfigürchen, die unter den Votivgeschenken an den Kirchenwänden hingen. Sie erinnern an das Kriegsjahr 1897 und an den allzu ausgiebigen Schutz, den die griechische Madonna damals ihren Pflegebefohlenen gewährte, indem sie ihnen die Beinmuskeln fürs Ausreissen stärkte.

Wir verwandten fast den ganzen Tag auf das Studium der Ausgrabungen, die seit 1873 von den Franzosen unternommen worden sind, und zwar löffelweise, um mir den Ausdruck zu gestatten. Man schickte nämlich immer auf kürzere Zeit Leute mit einem bestimmten Kredit hin, und die suchten natürlich, ohne sich viel um ihre Vorgänger zu kümmern, für ihre kleinen Expeditionen möglichst auffällige Resultate zu erreichen; so kommt es denn, dass das Ausgrabungsfeld durch Unordnung und Halbfertigkeit einiger Arbeiten einen chaotischen Eindruck macht, einen Eindruck, den man von den delphischen Ausgrabungen, die ebenfalls von der französischen Schule in Athen besorgt wurden, durchaus nicht hat: man hatte sich durch die

Erfahrungen in Delos belehren lassen. Ich will nun den werten Lesern nicht zumuten, das Gewirr von Fundamenten, Vasen, Säulentrümmern und dergleichen Architekturstücken mit mir zu durchwandern, denn die Soldaten des Mithridates, die im Jahre 88 v. Chr. die zwanzigtausend Einwohner der Insel ausmordeten, scheinen auch keinen Stein auf dem andern gelassen zu haben, und so besteht denn leider auf der Insel eigentlich nichts mehr, was durch Grossartigkeit und gute Erhaltung wert wäre, einem nicht archäologischen Publikum beschrieben zu werden. Etwas, was man sonst in Griechenland nicht findet und was auf Delos gerade verhältnismässig gut erhalten ist, sind Ruinen von Privathäusern, die stark an die pompeianischen erinnern. Die reichen Bewohner von Delos waren eben vor der Katastrophe meist Italiker gewesen. Um über die Insel einen Überblick zu bekommen, bestiegen wir den 106 Meter hohen Berg Kynthos, an dem etwa auf halber Höhe der älteste Kultort von Delos liegt, die Apollsgrotte, die durch eine altertümlich vermauerte und mit rohen Steinbalken bedeckte natürliche Felsspalte gebildet wird. Viele Reisende haben nun Delos in besonders angenehmer Erinnerung wegen der herrlichen Aussicht, die man von der Höhe des heiligen Berges über das Meer und die Inseln hat. Über uns aber wölbte sich leider ein bleigrauer Himmel und, was ist die griechische Landschaft und ihr Meer ohne Licht! Die Aussicht war entsetzlich melancholisch und wir standen dort oben und glotzten in die grauen Fernen wie Odysseus auf Böcklins Bild im Basler Museum.

Während der Nacht brachte uns das Schiff nach Naxos. Die gleichnamige Hauptstadt dieser Insel ist ein winkliges, steil angelegtes Städtchen, das von der Burg der fränkischen Herzöge von Naxos und zwei weissglänzenden Kirchen, einer griechisch-orthodoxen und einer katholischen, beherrscht wird. Auf den Kykladen, besonders in Syra, Naxos und Thera, haben sich nämlich noch seit den venetianischen und sogar fränkischen Zeiten Katholiken halten können. In Naxos residiert auch einer der drei Erzbischöfe, die im Verein mit fünf Bischöfen über der kleinen Herde von dreissigtausend katholischen Untertanen des Königreichs Hellas stehen. Unmittelbar bei der Stadt Naxos liegt ein kleines Inselchen, das wir eines merkwürdigen architektonischen Denkmals wegen besucht haben. Es ist dies eine riesige 6 Meter hohe Steintür, die von drei gewaltigen Monolithen gebildet wird. Von dem kolossalen Gebäude, dessen Eingang sie muss gebildet haben, fehlt jede Spur, und doch ist kaum denkbar, dass man, ohne Fundamente zu errichten, ohne auch nur den Felsboden zu ebnen, einstweilen zur Einleitung eines Tempelbaus eine Tür hingestellt hätte, um dann den ganzen Bauplan aufzugeben. Ich habe auch in Pompeji auf einem Wandbilde, das die auf Naxos schlafende, verlassene Ariadne darstellt, das der Insel vorgelagerte Inselchen gesehen, und zwar mit einem Gebäude darauf, dem die fragliche Tür wohl angehört haben mag. Wohin es aber verschwunden ist, bleibt ein Rätsel. Vom Meere aus sahen wir übrigens, dass die ausgesetzte Ariadne unglückliche Nachfolgerinnen hat auf Naxos, denn hoch im Gebirge, in wüster Einsamkeit, erblickt man ein Nonnenkloster: Die griechischen Nonnenklöster aber bergen immer eine Anzahl unfreiwilliger Nonnen. Es sind dies Frauen von solchen Geistlichen, die nicht zum Zölibat verpflichtet sind, die aber, wenn sie in höhere Stellen vorrücken, Weib und Kind plötzlich verlassen müssen. Deren Frauen darf man doch gewiss mit Ariadne vergleichen.

Dörpfeld hatte uns den ganzen Morgen «frei» gegeben, damit wir uns die von dem Typus der griechischen Inselstädte vollständig abweichende, interessante Stadt recht ansehen könnten. Wir taten dies denn auch gründlich, besuchten das Museum, das schon viele hochinteressante Dinge enthält, traten in die offenen Buden der Handwerker, bewunderten namentlich die Erzeugnisse der Messerschmiede und der Lederarbeiter und machten Einkäufe aller Art. Ich stürzte mich namentlich auf eine Ware, die ich überall eher zu finden gehofft hatte als in Kreta. Schon lange nämlich ging es mir so wie Odysseus, von dem es bei Homer heisst, er habe sich auf der Insel der Kalypso, zu Tode betrübt, danach gesehnt, auch nur den in die Luft steigenden καπνός seiner Heimat zu sehen (wenn man nämlich καπνός, wie es sich in einer modernen griechischen Stadt geziemte, nach seiner modernen Bedeutung mit «Tabak» übersetzte). Den καπνός meiner lieben Heimat trieb ich nun auf, und zwar in Gestalt von ehrenfesten Veveystümpen. Kreta ist von allen Mittelmeerstaaten der einzige glückliche, der kein Tabakmonopol besitzt, und in dem deshalb das schweizerische Kraut noch sein Plätzchen an der Sonne hat. Man wird mir gerne glauben, dass ich Freudentränen in den Augen hatte, als ich diesen Einkauf machte, und noch mehr, als ich anfing zu rauchen und zugleich beobachtete, was meine Reisegenossen bei ihren Versuchen, die von mir freigebig gespendeten «bouts» zu rauchen, für Gesichter schnitten.

Bei unseren Einkäufen gingen wir natürlich von der bekannten Voraussetzung aus, dass die Kreter Lügner, schlechte Tiere und faule Bäuche seien, wurden aber sehr angenehm enttäuscht, da sowohl bei Mohammedanern als bei Christen die Ehrlichkeit weit über den levantinischen Durchschnitt hinausging. Gelegenheit, uns zu betrügen, wäre reichlich vorhanden gewesen, denn es herrschte in Geldsachen ein chaotisches Durcheinander: türkisches, lateinisches und englisches Silber in allen gangbaren und ungangbaren Sorten sowie griechisches Papiergeld war nebeneinander im Umlauf. Kretisches Geld ist zwar schon geprägt, ist aber noch nicht oder war wenigstens damals noch nicht ausgegeben, denn es hat natürlich seine Schwierigkeiten, die Münzen des jungen Staates in ein festes Verhältnis zu dem einstweilen kursierenden internationalen Gelde zu setzen. Aus dem gleichen Grunde haben die kretischen Briefmarken, von denen eine ganz hübsche Serie, u.a. mit dem Bild des kahlköpfigen Prinzen Georg, existiert, einstweilen erst für den internen Verkehr und den mit Griechenland Gültigkeit, letzteres natürlich aus besonderer gegenseitiger Zuneigung der beiden Staaten, nicht weil die beiderseitigen Geld- und Kreditverhältnisse einander ähnlich wären. Die Hunderte von Ansichtskarten, die unsere Expedition nach Europa sandte, mussten bei der englischen, österreichischen, französischen oder italienischen Post aufgegeben werden.

Ein anderes, hübscheres Übergangsbild als das pekuniäre bot sich uns auf dem Hauptplatz dar, über den eben, zu zwei und drei geordnet, die kretischen Büblein mit ihren bunten Pumphöschen und roten Fezen in die Schule getrieben wurden. Seit zehn Tagen war nämlich in Kreta der Schulzwang eingeführt, und einstweilen holte man, um der Sache sicher zu sein, die Früchtlein noch zu Hause ab. Überhaupt bot Kandia wundervolle Strassenbilder, weil die Bewohner noch meistens Nationaltracht tragen: je nach der Religion rote Fez oder schwarze Mützen, dann kurze blaue oder schwarze Jacken über einer Weste, deren Charakteristikum zwei im spitzen Winkel sich unten treffende Reihen von grossen runden Knöpfen sind, ferner durch einen faltigen Gürtel gehaltene, kolossale blaue oder schwarze Pumphosen und hohe Lederstiefel. Einen starken Kontrast zu dieser malerischen Tracht bieten die Khakiuniformen der englischen Soldaten, die, das Spazierstöckchen in der Hand, zahlreich herumbummeln. Dem nationalen Militär Kretas, der neuorganisierten Gendarmerie, hat man vernünftigerweise die Nationaltracht gelassen. Diese Leute sind durchweg wahre Prachtskerle und werden von ihren italienischen Instruktoren ausgezeichnet erzogen. Sie zeigen sich wie die Carabinieri nur zu zweien, und dass man ihnen europäische Disziplin beibringt, beweist folgender Vorfall: Ein paar von den Leuten waren in ihr Dorf zu einem Fest gekommen, hatten ihre Jacken abgelegt und mit den andern jungen Leuten Reigen getanzt. Dafür sollten sie ein paar Tage Arrest erhalten, fanden das aber unpassend und traten ihre Strafe nicht an. Für diese Insubordination wurden sie zu fünf Jahren Gefängnis verurteilt. Prinz Georg wird sie wohl gelegentlich einmal begnadigen, aber man sieht doch, dass die Elemente des kretischen Heeres von vornherein anders erzogen werden als die Helden des thessalischen Krieges von 1897.

Es war in Kanea leicht, ein paar ordentliche Pferde aufzutreiben, und so benützten wir, nämlich vier Herren und eine Dame, die sich weisse kretische Reitstiefel gekauft hatte und diese nun durchaus benützen wollte, den Nachmittag zu einer herrlichen Tour nach der traurig berühmten Sudabai, wo zur Zeit des kretischen Aufstandes so viel Blut geflossen ist. Auf dem mehrstündigen raschen Ritt hatten wir Gelegenheit zu sehen, wie reich die Natur eigentlich Kreta gesegnet hat. Die Vegetation ist nordafrikanisch, und doch ist das Klima ein angenehmes wegen der kühlenden Winde, die von der See her über die Insel wehen. In wundervollem Andenken steht mir besonders eine Partie an der Sudabai, auf der übrigens immer noch die drohende internationale Flotte schwimmt, wo der Oleander in Massen blühte und seine roten Blumen sich gegen das blaue Meer abhoben. Weniger angenehm ist die Erinnerung an einen Hufschlag, den mir damals das böse Pferd meines Vorreiters ans Schienbein versetzte und der mich am folgenden Tag, während die andern zu Fuss gingen, zu reiten zwang. Alles in allem hat aber wohl jeder Teilnehmer unserer Expedition Kreta bei dem kurzen Besuche lieb gewonnen, und jeder freute sich zu sehen, dass die wackeren Inselbewohner unter ihrem Prinzen keiner schlechten Zukunft entgegengehen. Die einzige Gefahr für die Insel ist das Gelüste vieler Kreter nach einer Liebesheirat mit dem armen, bankrotten Königreich Hellas, das um Kretas willen so viel ausgestanden hat.

Reise nach Troja und Konstantinopel

«Aphrodite» hiess unser Schiff, ein zwischen Athen und Konstantinopel verkehrender griechischer Passagierdampfer. Seines schönen Namens wegen wurde es von Aeolus sehr galant behandelt: ein widerwärtiger Wind, der uns schon im Hafen fast seekrank machte, legte sich nämlich bald und wir hatten das prächtigste Reisewetter. Mit besonderem Vergnügen erinnere ich mich des Abends, als wir Euboia hinter uns hatten und die gewaltigen Gebirge dieser Insel als tiefdunkle Wand im Westen Meer und Himmel trennten, die noch in allen Farben leuchteten. Und dann, als es immer dunkler wurde, fingen die Sterne an zu glitzern, wie ich es auch im Süden noch nie gesehen hatte, und ich lag auf dem Rücken in alle Nacht hinein bewundernd auf dem Deck. Freilich war es dann auch zehn Uhr, als ich am anderen Morgen wieder oben antrat und wir passierten eben Mytilene. Dann fuhren wir in den Hellespont ein und landeten etwa um zwei Uhr in Karantina, einer einsamen ehemaligen Quarantänestation.

Am Lande standen Reittiere bereit, ein paar Esel und viele ordentliche, teilweise sogar sehr hübsche Hengste. Jeder suchte sich ein Tier aus, das seinem Temperament und seiner Vertrautheit mit der edeln Reitkunst entsprach. Die Troas wird von ebenso vielen Pferden wie Menschen bewohnt und man kann sich denken, dass es herrlich für uns war, die gediegenen, aber etwas langweiligen griechischen Maultiere mit ihren entsetzlichen Holzsätteln mit guten, vernünftig gesattelten Pferden vertauschen zu können. Die türkischen Sättel sind das Angenehmste, was man sich denken kann, und auch mit den mächtigen, mit Stachel versehenen Eisenplatten, die zugleich als Bügel und Sporen dienen, kann man sich befreunden.

Nach etwa vierstündigem Ritt war unser Ziel, die Ruinenstätte von Hissarlik, das Schliemannsche Troja, erreicht. Nachdem auch die Nachhut auf ihren Eselchen den Burghügel hinangeritten war, verteilten wir die Quartiere in den Baracken, die Schliemann für sich und seine Leute errichtet hatte, und statteten dann auch den Ruinen noch einen kurzen Besuch ab.

Es war ganz ideal schön, nachdem die Sonne untergegangen war, auf dem grünen Hügel von Hissarlik zu sitzen und in die Skamanderebene hinab zu schauen und auf den Hellespont und die fernen Berge der Inseln Imbros und Samothrake. So hatte ich mir von klein auf die Umgebung der Heldenstadt gedacht, wie sie jetzt vor mir lag. Keine der klassischen Landschaften hat so genau mit dem Bilde gestimmt, das ich mir von ihr schon als kleiner Junge bei der Lektüre von Gustav Schwabs schönsten Sagen machte wie die Troas mit dem beherrschenden Stadthügel und dem Schlachtfeld zwischen Stadt und Meer und ihren Flüssen Skamander und Simoeis. Übrigens war das Landschaftsbild wunderbarerweise im Sonnenuntergang um ein Element reicher als während des Tages: Im fernsten Westen hob sich vom roten Abendhimmel scharf die dunkelblaue Kuppe des heiligen Berges Athos ab.

Seit den Ausgrabungen von 1893 und 1894 kennt man nun also das mykenische Troja, aber kennt man damit auch das homerische? Oder vielmehr: Hat Homer die Ruinen unseres mykenischen Troja gekannt und sich im Lied vom Zorn des Achill danach gerichtet? Ich will es einstweilen nicht wagen, die Fragen entschieden zu bejahen; endgültige Urteile sind überhaupt nicht erlaubt, solange das Buch noch nicht erschienen ist, in dem Dörpfeld und seine Mitarbeiter sich zusammenfassend über ihre eigenen Ausgrabungen und diejenigen Schliemanns aussprechen wollen. Es spricht jedoch viel dafür, dass Homer für die Schilderungen der Stadt, von deren Kämpfen mit den Fürsten des Peloponnes ihm alte Sagen erzählten, sich nicht nur auf die Inspirationen durch seine Muse verliess, sondern auch auf eigene Kenntnis ihrer

Trümmer, der Ruinen der sechsten Schicht von Hissarlik. Die Bauweise der Privathäuser und die terrassenförmige Anlage der Stadt sprechen besonders dafür.

Der Abschied von der Troas wurde uns nicht leicht, in Sonderheit, weil ihn ein Umstand noch sehr erschwerte: Wir waren mit den Türken immer ausgezeichnet ausgekommen und hatten uns überall, auch in den Christendörfern, mit türkischer Eskorte gezeigt; da war denn die Befürchtung nicht unbegründet, die trojschen Christen möchten auf die Idee kommen, die Deutschen hätten aus «Realpolitik» ihren Glauben abgetan und seien Muselmänner geworden. Das konnten unsere deutschen Reisegenossen doch nicht auf sich sitzen lassen und mussten sich also durch flagrante Übertretung eines Korangebotes als Christen legitimieren und wir anderen mussten aus Gründen internationaler Höflichkeit mitmachen. Wir setzten uns also, so sauer es uns auch ankam, am letzten Abend hinter die Baracken und widmeten uns der Vertilgung eines erheblichen Überschusses von Rotwein, den die Expedition noch besass. Es ging hoch her, obwohl wir das Getränk zur Hälfte verwässerten. Was hilft das, wenn der Wein dreimal so stark ist wie ein guter Hallauer. Ja, ja, liebe Leser, in solche Lagen kann man kommen im Lande der Ungläubigen! Manchem Schiffer auf dem Hellespont wird in jener Nacht der Fez durch die zu Berge stehenden Haare in die Höhe getrieben worden sein, als der Wind ihm die Klänge unserer Lieder zutrug. So mag es etwa getönt haben in der Nacht, als Troja gefallen war!

Es ist mir natürlich nicht möglich, von allem, was ich während ein paar Tagen in Konstantinopel gesehen habe, hier gründlich zu erzählen. Jener Aufenthalt liegt hinter mir wie ein schöner Traum, und ich bin nicht einmal im Stande, die orientalische Frage zu lösen. Einer kurzen Schilderung meiner Haupteindrücke will ich nur zu jedermanns Beruhigung vorausschicken, dass ich nicht in Stambul gewesen bin, ohne den Grossturken und die hohe Pforte zu sehen. Die hohe Pforte ist das Hoftor eines Ministerialpalastes. Sie ist nicht einmal besonders hoch, aber sehr hässlich und ist eigentlich ein Renaissancetor, das von einem plumpen Pagodendach überschattet wird. Ich hatte auch einmal auf einem der Ministerien etwas zu tun und kann deshalb versichern, dass man sich von der Pracht im Innern des Palastes nur eine Vorstellung machen kann, wenn man die Korridore und Bureaux in der Güterhalle des badischen Bahnhofs studiert. Den Herrn Grosstürken sodann habe ich bei der einzigen Gelegenheit gesehen, bei der er sich damals öffentlich zeigte, nämlich als er am Freitag zur Moschee fuhr, um das Selamlik, das heisst ein öffentliches Gebet, in seiner Eigenschaft als Kalif zu verrichten. Seit dem Attentat von Bremerhaven ist dieses Schauspiel den europäischen Touristen nicht mehr zugänglich. Um die erforderlichen Zutrittskarten zu holen, kleideten wir uns schwarz und begaben uns dann aufs deutsche Konsulat. Schon auf der Treppe hörten wir, wie's oben tönte: «Einfach rrausjeschmissen, ä, einfach rrausjeschmissen.» Meinem deutschen Begleiter klang das in den Ohren wie dem roten Schweizer des Alphorns Melodei. Ich will aber der Wahrheit die Ehre geben und beifügen, dass der Herr, an den diese Worte sich richteten, sie durch Unverschämtheit verdient hatte und dass mir dreimal die Hilfe des deutschen Konsulats mit der grössten Höflichkeit und Liebenswürdigkeit zuteil geworden ist. Die Schweiz ist in Konstantinopel überhaupt nicht vertreten, weder durch einen Gesandten noch durch einen Konsul, obwohl der Sultan neuerdings in Bern einen Gesandten akkreditiert hat. Es hätte mir also nahe gelegen, den französischen Konsul in Anspruch zu nehmen, weil Frankreich im Allgemeinen die Christen im Orient schützt. Schliesslich war es aber am einfachsten für mich, mit meinem deutschen Reisegenossen zu gehen, und ich bin, wie gesagt, dabei sehr wohl gefahren. Zum Selamlik musste ich mich freilich nun in schwarze Gala stürzen, während das nicht deutsche Publikum im Reiseanzug erscheinen durfte. Dieses Opfer an Bequemlichkeit musste man auf dem Altar der deutschtürkischen Freundschaft bringen.

Als wir vor dem jetzt abgebrochenen Gebäude vorfuhren, von dem aus die Fremden als Gäste des Sultans der Auffahrt zum Selamlik zusehen durften, ritt eben das Regiment Ertogrul heran. Diese Gardekavallerie, die «Männerzerstückler», wie sie zu Deutsch heisst, ist eine ganz prächtige Truppe: die Uniform der Reiter ist dunkelgrün, sie tragen Lanzen mit ziemlich grossen blutroten Fanions und reiten sämtlich auf Schimmeln, bieten also, wenn dazu noch im Sonnenschein das Metall glitzert, ein wunderbar farbenprächtiges Bild. Auch der Eindruck, den uns ihre Kameraden zu Fuss machten, war ein vorzüglicher. Wir hatten, während wir auf das Erscheinen des Sultans warteten, in Musse Gelegenheit, unsere Betrachtungen über die vielen Tausende von prächtigen Soldaten anzustellen, die an uns vorbeimarschierten, um nach und nach die Strecke, die der Sultan passieren sollte, mit einer undurchdringlichen Hecke von Bajonetten zu umgeben. Es waren gewöhnliche Gardebataillone, Seesoldaten, Zuaven und weissgekleidete Albanesen aufgeboten. Ihr Auftreten erinnerte mich trotz der vielen deutschen Paschas, die man herumstehen sieht, nicht gerade an preussisches Militär, ihre Bewegungen waren etwas ungeschlacht, ihre Schritte etwas schwerfällig, auch sah man gelegentlich einen alten oder krummen Kerl, den man in einer europäischen Truppe nicht dulden würde. Und trotzdem, welchen Eindruck absoluter Kraft und Sicherheit machen diese Leute! Ich kann nicht definieren, worauf er hauptsächlich beruht, am meisten vielleicht auf ihrem stattlichen Körperbau, zu einem guten Teil wohl auch auf dem Ernst ihrer Gesichter, der mit Stumpfsinn durchaus nichts gemein hat. Alle, von den schwarzäugigen arabischen Zuaven bis zu den fast germanisch aussehenden Albanesen, haben etwas Finsteres im Blick, als ob sie sich bewusst wären, dass auf ihnen die letzten Hoffnungen der islamistischen Welt beruhen. Ob der Sultan wohl eine Ahnung hat, auf welch gewaltiges Mittel, Europa zu imponieren, er verzichtet, wenn er den Touristenmassen, die im übrigen nach kurzem Aufenthalt in Konstantinopel ja doch nur über die Türkei aburteilen, den Anblick seiner Garde entzieht?

Die Zeit, die bis zum Erscheinen des Sultans verging, wurde uns auch sonst nicht lang. Wir benützten sie, die hohen Würdenträger, die stetsfort kamen und gingen, zu bewundern und neugierige Blicke in die Damenwagen zu werfen, die einstweilen nach der Moschee fuhren. Der Harem im eigentlichen Sinne war allerdings nicht dabei, es waren nur ein paar, nicht ein paar hundert Wagen und in diesen sassen mit dem Sultan verwandte Damen, in dem einen auch kleine Prinzen und Prinzessinnen. Diese waren die zartesten Pflänzchen, die ich je gesehen habe, während ein anderer kleiner Prinz, der in Uniform zu Pferde sass, sehr energisch und vergnüglich aussah. Endlich kam der Grossherr selbst aus dem Parktor von Ildiz Kiosk hervorgefahren und grüsste uns gnädig, als sein Wagen auf dem kurzen Wege zur Moschee bei uns vorbeikam. Ich muss gestehen, dass mir sein Blick imponiert hat: tiefliegende grosse, fast wilde Augen leuchteten aus verwitterter karminroter Umgebung hervor, eine stolze Adlernase und schwarze, fast schwarzblaue Bart- und Kopfhaare vervollständigen den interessanten, eher semitischen als türkischen Typus. Leider konnten wir dieses Gesicht nicht lange studieren, denn der Wagen fuhr sehr rasch, und ich begreife nicht recht, weshalb der Sultan jetzt glaubt, ein Attentat von Seiten eines europäischen Zuschauers fürchten zu müssen. Zum Zielen mit einem Revolver wäre keine Zeit vorhanden, um Handbomben mit einiger Aussicht auf Erfolg werfen zu können, wäre die Entfernung zu gross, und zudem riskierte man schon bei einer verdächtigen Bewegung durch einen der vielen im Publikum zerstreuten Geheimpolizisten von der Terrasse heruntergestossen und unten von einer vierfachen Hecke von Zuavenbajonetten aufgefangen zu werden.

Als der Sultan in der Moschee verschwunden war, wo ihm kein Ungläubiger zusehen darf, wenn er seiner heiligen Pflicht als Kalif genügt und sein allwöchentliches öffentliches Gebet verrichtet, rauchten wir von seinen Cigaretten und erquickten uns an den Erfrischungen, die in dem Hause und auf der Terrasse, wo die Europäer sich aufhielten, herumgeboten wurden. Auch bei den Spalier stehenden Soldaten gingen Wasserträger herum, die ihren durstigen Kameraden in runden Messingschalen Wasser spendeten. Die Zeremonie dauerte nicht lange. Der Sultan bestieg, als er aus der Moschee kam, einen anderen Wagen, den er selbst lenkte, und fuhr rasch nach seinem Palaste hinauf. Wem es etwa die Schwarzen, die hinter den Damenwagen hergingen, nicht genügend zum Bewusstsein gebracht hatten, dass er sich im Orient befinde, dem musste es jetzt unfehlbar deutlich werden: Hinter dem eilenden Wagen des Sultans her musste der ganze Schwarm von Ministern, Beamten, Generälen usw., der dem Selamlik beigewohnt hatte, die Hände auf der Brust gekreuzt mithaselieren. Es war fürchterlich lächerlich, wie diese Grosswürdenträger mit ihren Paschabäuchen den sanften Hügel hinaufkeuchten; die alten Männer aber, die trotz ihres guten Willens nicht mehr recht mitkamen, dauerten uns nach Gebühr. Einen echt orientalischen Anblick bot ferner eine Schar von etwa dreissig Drusenscheiks, die vor der Moschee lagen, um dem Sultan so ihren demütigen Dank auszudrücken dafür, dass er ihnen erlaubte, nach langer Verbannung wieder in die heimatlichen Berge des Libanon zurückzukehren.

Am Nachmittag jenes Freitags, an dem ich bei der Fahrt des Sultans zum Selamlik zugesehen hatte, wohnte ich auch einer Kulthandlung seiner seltsamen Untertanen, der Derwische, bei. Ich wusste schon lange, dass ihr Tanz, der Zikr, in Konstantinopel für Geld jedem Fremden zugänglich sei und dachte deshalb an die indischen Fakire, die sich in Variétés sehen lassen, an die für 50 Centimes funktionierenden Alphornbläser im Berneroberland und dergleichen Gesindel, das nationale Sitten in Geld umsetzt. Aber statt zu einem derartigen, in seiner Gemeinheit halb lächerlichen, halb ärgerlichen Schauspiel kam ich zu einer eher unheimlich wirkenden Szene. Man vergisst die witzelnden Europäer, unter denen man steht, wenn man den kalten Fanatismus der Gesichter dieser Männer beobachtet, die sich unter monotoner Musikbegleitung wie Planeten beständig um sich selbst und um das Zentrum des Saales herumdrehen. Einem etwa zwölfjährigen Knaben, der seltsamerweise bereits diesem Mystikerorden anzugehören schien, merkte man die ungeheure körperliche Anstrengung etwas an. Die Arme, die beim Tanzen waagrecht ausgestreckt werden müssen, begannen ihm herunterzuhängen; die älteren Leute aber, die mittanzten, schienen ihren Körper entweder vollständig in der Gewalt zu haben oder im Geiste so völlig sich in eine andere Welt versetzt zu haben, dass sie von den körperlichen Schmerzen nichts merkten. Ich bedaure nur, dass ich nicht wie die meisten Touristen dazu kam, auch die heulenden Kollegen dieser tanzenden, weissgewandeten Mönche zu sehen.

Dafür wurde mir ein Genuss zuteil, der gegenwärtig für Fremde schwer zu erlangen ist. Ich bekam nämlich Gelegenheit, mir eine Vorstellung von der Pracht türkischer Paläste zu machen durch den Besuch des alten Serail, der historischen Residenz der früheren Sultane, und des modernen Schlosses Dolma-Bagtsche. Hohe Fürsprache erwirkte für mich und meinen deutschen Reisegenossen ein Jradé des Sultans, das uns den Eintritt gestattete. Ein kaiserlicher Adjutant empfing uns beim mittleren Serailtor und machte den liebenswürdigen Führer. Leider hat 1865 ein Brand die meisten Palastbauten des alten Serail zerstört. Was stehen geblieben ist, bestärkte uns nur in der Überzeugung, die man in Konstantinopel auch sonst bekommt, dass die osmanischen Türken in architektonischen Dingen zu allen Zeiten bedenklich wenig geistiges Eigentum besessen haben. Anderseits wurden wir in einen Raum, den sogenannten Bagdadkiosk, geführt, der uns mit staunender Bewunderung vor der alttürkischen Dekorationskunst erfüllte. Wundervolle Fayencen als Wandverkleidung hatten wir schon in dem Fayencenkiosk, der als Museum dient, und im Mausoleum Sultan Suleimans gesehen, hier trat uns dieses vornehme Dekorationsmittel, bei dem die Kunst alles, der Stoff nichts ausmacht, in feinster Vollendung entgegen. Auch das mit Perlmutter ausgelegte Holzwerk und die Teppiche und Divane, deren Farben aufs Feinste mit den dunkelblauen Fayencen der Wände harmonierten, wirkten mit zu dem Eindruck, dass es hier schön sei zu leben, einem Eindruck, den man nicht so bald in einem Prunkzimmer eines europäischen Schlosses bekommen wird. In einem modernen Prachtsaal sodann liessen wir die orientalische Empfangszeremonie über uns ergehen: einige Diener brachten uns in silbernem und goldenem Geschirr Café und wohlriechende Confiture. Für jeden Gast pflegt ein Löffelchen vorhanden zu sein, das er sich aus der Schale füllt, zum Munde führt und dann auf den Präsentierteller zurücklegt. Ist das geschehen, so steckt man sich eine Cigarette an, und zwar eine gute, da zum Glück der Sultan in seinen eigenen Häusern keinen Monopoltabak zu verwenden scheint.

In starker Erinnerung ferner wird mir immer des Sultans Schatzkammer bleiben: Das ist einmal keine kunstgewerbliche Sammlung, sondern eine Schatzkammer schlecht und recht, wie man sie sich als Kind vorstellt. Schon ihre Eröffnung brachte uns in die richtige Stimmung: die Wachen präsentierten, von allen Seiten kamen dreissig Diener herbeigeeilt und bildeten links und rechts von der mit einem ungeheuren Schloss gesicherten Tür Spalier. Der Schatzmeister, ein vom Alter gekrümmtes Männchen, schritt mit einem gewaltigen Schlüsselbund bewehrt durch ihre Reihen hindurch, löste feierlich die Siegel von den Schlössern und öffnete uns dann die Türe. Im Innern sahen wir nun nebeneinander fabelhafte Kostbarkeiten, mit Gold und Edelsteinen belegte Waffen, einen ganz mit Perlen und Edelsteinen besetzten Thron, die juwelenbestickten Prunkgewänder und Waffen aller alten Sultane und zwischen allem hin und wieder Pariser Kunstartikel wie ein 95 Centimes wertes Tintengeschirr und dergleichen. Am meisten Stil hatten ein paar Salatschüsseln voll Edelsteine: Zu «Tausend und eine Nacht» fehlte nun nur noch, dass man uns aufgefordert hätte, uns damit die Taschen zu füllen, was man aber, sei es aus Nachlässigkeit, sei es aus Prinzip, unterliess.

Von den Gärten des Serail haben wir leider nicht viel gesehen. Wir kamen nur bis zu einem einsamen Monument aus der heidnischen Zeit von Byzanz, einer korinthischen Granitsäule, die zu Ehren eines Gotensiegs errichtet wurde. Die einst so berühmten Gärten sollen übrigens in einem traurigen Zustand sein, besonders seit mitten durch sie hindurch zwischen den Palästen und dem Meer die Eisenbahn geht. Man mag dies um so mehr bedauern, da sie sonst den gelangweiltesten Personen der Welt als Erholungsaufenthalt dienen könnten. Im alten Serail sind nämlich die Lieblingsgemahlinnen der früheren Sultane untergebracht, seit die Unsitte, bei jedem Thronwechsel den ganzen Harem umzubringen, abgekommen ist. Da Langeweile nicht aufreibend, sondern eher gesund ist, sollen sich unter der Obhut der Schwarzen, die man in den Höfen in langen Gehröcken herumlungern sieht, sogar noch alte Damen aus dem Harem Mahmuds II., des Reformers (gestorben 1839) befinden.

Als wir mit der Besichtigung der zugänglichen Räume des Serail fertig waren, fing es leider an zu regnen, so dass der begleitende Adjutant uns lieber im Wagen nach Dolma Bagtsche brachte als uns in Kaiks übers goldene Horn rudern zu lassen. Dolma

Bagtsche ist vom Sultan Abdul Medschid, dem Vater Abdul Hamids, gebaut, und zwar im grausamsten Stil des zweiten Kaiserreichs. Imponierender Luxus und wirkliche Grösse vieler Räume und Formen und anderseits schändliche Überladung und barbarische Missformen in sogenannter türkischer Renaissance finden sich hier vereinigt. Wir verweilten nicht sehr lange in diesem Bauwerk aus der Zeit der Hochblüte der türkischen Anleihen und Scheinreformen.

Welch ein reinigendes, erquickendes Seelenbad ist auf den Anblick solchen modernen Schwindels hin ein Besuch in einer der grossen Moscheen! In ihren lichtdurchfluteten Räumen, unter ihren gewaltigen und doch nicht drückenden Kuppeln erlebt der Europäer, der nur die Kolossalgebäude des Abendlandes kennt, etwas ganz Neues, Undefinierbares, etwa, wie wenn man plötzlich eine bisher nie geschaute, herrliche Farbe kennenlernte. In St. Peter kann man sich gemütlich über die Ursachen des Raumeffekts Rechenschaft geben, in der Aja Sofia und in der Suleimanije-Moschee steht der Neuling ratlos vor einer ungeahnten, herrlichen Offenbarung. Hier ist denn auch der Ort im Orient, wo man vor dem oströmischen Kaiserreich, das sonst wenig genug Schönes hinterlassen hat, Respekt bekommen muss. Die Türken brüsten sich damit, dass die Kuppel der Moschee, die ihr Sultan Suleiman in der Mitte des 16. Jahrhunderts gebaut hat, noch ein paar Meter höher ist als die der Sophienkirche, aber was bedeutet das, da der geniale Raum ja doch geistiges Eigentum der Zeit Kaiser Justinians ist! Die ungeheuern grünen Schilder mit Koransprüchen, die in der Aja Sofia herumhängen, ändern nichts an der Tatsache, ebenso wenig die Barbarei der Türken, durch nach Mekka statt nach der Längsachse des Gebäudes orientierte Teppiche und Strohmatten den reinen Eindruck des Raumes zu verwirren. Gerne gibt man sich in der Sophienkirche einem bescheidenen christlichen Chauvinismus hin, besonders auch, weil man zur Strafe für seine Ungläubigkeit durch das sogenannte Schweinetor hat eintreten müssen. Bestärkt wird man darin noch durch das riesige Christusbild in der Apsis, dessen Konturen zur grössten Beklemmung der abergläubischen Türken trotz aller Überkalkung immer noch sichtbar sind. Auch das Äussere der Aja Sofia, das schon von Natur recht unansehnlich gewesen sein muss, haben die Türken durch wüste Anbauten nur verunziert, und bei den Moscheen, die sie selbst bauten, ist es ihnen ebenfalls nicht gelungen, über eine gewisse Stattlichkeit hinaus eigentliche Schönheit des Äussern zu erzielen. In dem Bestreben, dies zu erreichen, hat man sich bei der Moschee, die Abdul Hamid, um den Weg zum Selamlik möglichst abzukürzen, gebaut hat, dazu hinreissen lassen, eine Art Gotik zu verwenden. Etwas Schönes ist dabei nicht herausgekommen, und auf das Originelle an den alten Moscheen hat man ganz vergeblich verzichtet.

Ich will diese kurze Schilderung meiner Eindrücke von Konstantinopel nicht abschliessen, ohne noch eines herrlichen Genusses zu gedenken, den man aber weder den Byzantinern noch den Türken verdankt, sondern den alten Hellenen. Im kaiserlichen Museum beim alten Serail stehen die Sarkophage, die man vor einigen Jahren in der königlichen Metropole von Sidon gefunden hat. Sie sind unter den gebildeten Laien Europas noch viel zu wenig bekannt, denn sie sind nicht etwa Erzeugnisse der phönizischen Barbaren, sondern die Laune des Schicksals hat sie aus verschiedenen Teilen der griechischen Welt in den sidonischen Grabkammern zusammengetragen, für die sie ursprünglich keineswegs bestimmt waren. Es sind zwei Kunstwerke darunter, die zum Allerschönsten gehören, was die Griechen geschaffen haben. Da ist einmal der sogenannte Alexandersarkophag. Seine Hochreliefs stellen hauptsächlich Schlacht- und Jagdszenen aus dem Leben Alexanders des Grossen dar. Höchste Eleganz der Komposition und peinliche Sorgfalt in der Ausführung aller

Details sind wohl bei keinem andern griechischen Kunstwerk so eng verbunden, und dazu kommen noch die leuchtenden, prächtig erhaltenen Farben, um diesem Sarkophag einen ganz exzeptionellen Platz in der griechischen Kunstgeschichte zu geben. Für wen er ursprünglich bestimmt war, weiss man nicht, jedenfalls nicht für Alexander selbst, obwohl der König zweimal in seiner ganzen imponierenden Schönheit darauf dargestellt ist. Jede Deutung wird durch eine ganz rätselhafte Mordszene in einem der Giebelfelder erschwert. An dem ganzen Wunderwerk stört nur eine Beschädigung: auf dem grossen Jagdrelief ist einem laufenden Genossen Alexanders der Kopf abgeschlagen worden, und zwar nicht etwa von einem rohen Beduinen, sondern von einem Ingenieur, einem Angehörigen der Nation, von deren Pietät für Königsgräber auch Speyer und St. Denis zeugen. Möge an ihm der Fluch gegen Grabschänder in Erfüllung gehen, den einer der sidonischen Könige auf seinen Sarkophag hat meisseln lassen: «Du sollst keine Nachkommenschaft bei den Lebenden unter der Sonne, noch ein Bett bei den Toten haben.»

Reise nach Mittelgriechenland

Bald nach meiner Rückkehr von Konstantinopel arbeitete ich in Athen ein Plänchen für eine Reise durch Böotien und Phokis aus und trieb auch zwei gelehrte Reisegenossen, einen Deutschen und einen Belgier, auf. Wider alles Herkommen aber regnete es anfangs Juni einen Tag fürchterlicher als den andern.

Endlich war eines Morgens weder vom Hymettos noch sonst irgendwoher ein Gewitter im Anzug, und so setzten wir uns denn mit unserem längst gerüsteten Gepäck in die Eisenbahn und fuhren bis Eleusis. Dort bekamen wir gleich einen Übelstand zu spüren, der uns auf der ganzen Reise noch genug Ärger bereitete: die

Pferde waren durch Erntearbeiten in Anspruch genommen. Reittiere waren in Eleusis gar keine zu bekommen, und so mussten wir schliesslich zur Fahrt über den Kithäron mit einer einspännigen Suste vorlieb nehmen. Es versteht sich, dass wir unter diesen Umständen bergauf meistens zu Fuss gehen mussten, denn auch in Griechenland hat die Tierquälerei ihre Grenzen. Freilich, durch die eleusinische Ebene sausten wir einstweilen flott dahin und im Gebirge war die Fusswanderung auf der guten Strasse nicht beschwerlich. Der Kithäron macht seinem modernen Namen Elatias, das heisst Tannengebirge, Ehre, nur muss man sich den Wald nicht so dicht denken, dass man auf der Strasse viel Schatten genösse. Unterwegs bewunderten wir die imponierenden Mauern und Türme des alten Grenzstädtchens Eleutherä, das jetzt Gyphtokastro, «Zigeunerburg», heisst. Wenn der Ort auch noch eine Geschichte hätte, würde er von Reisenden wohl viel besucht. Aber leider kann man sich bei seinem Anblick sehr wenig denken und nur die griechische Festungsbaukunst des 4. Jahrhunderts bewundern, die an Regelmässigkeit und Sauberkeit wohl von keiner Zeit und keinem Volk wieder erreicht worden ist, auch von den Römern nicht. Von der Passhöhe aus genossen wir die erste verheissungsvolle Aussicht auf Böotien und verabschiedeten uns dann in dem Dorfe Kriëkuki, nahe bei Plataä, von unserem eleusinischen Fuhrmann.

Von Kriëkuki nach Thespiä gelangten wir schliesslich auf einer Suste, aber unter erschwerenden Umständen. Erstens war es schon spät, denn wir hatten in dem Dorf eine Stunde verloren, zweitens waren die Wege abscheulich, drittens brach etwas am Geschirr, so dass das Pferd nicht mehr recht ziehen konnte, und viertens fing es, als wir eben auf den Ruinen von Plataä, die wenig Erzählenswertes boten, herumspazierten, gelinde an zu regnen. Über die schwierigen Fragen, die sich an den Verlauf der Schlacht von Plataä knüpfen, konnten wir uns unter solchen Umständen keine Meinung bilden, sondern nur einen allgemeinen Eindruck von der Bedeutung des Platzes mitnehmen, der am Fusse der hohen Wände des Kithäron bei der Kreuzungsstelle mehrerer der wichtigsten Strassen lag. Das ist freilich noch sehr wesentlich gegenüber der Kenntnis, die ich von dem Schlachtfelde von Leuktra habe, über das wir nun in schwarzer Dunkelheit bald hinfuhren, bald, wenn der Weg zu schlecht war oder Bäche zu passieren waren, hinstolperten. Ich hatte in der Nacht zuvor nicht geschlafen, sondern meinen Bericht über die Peloponnesreise für die «Schweizer Zeitung» ins Reine geschrieben und machte mir deshalb nicht mehr Gedanken über alles, was vorging, als ein Nachtwandler. Endlich – nachts um elf Uhr – kamen wir in Erimokastro, dem Dorf, das auf der Höhe über den Ruinen von Thespiä liegt, an. Unser Fuhrmann klopfte das Haupt einer befreundeten Familie heraus, in deren Stall er die Pferde unterbringen wollte. Gross und Klein schlief friedlich in dem einzigen Raum des Hauses und die wackeren Leute wollten enger zusammenrücken, damit wir drei Reisenden und der Fuhrmann auch noch Platz hätten. Meine Genossen waren aber noch nicht müde genug, um die Luft in dem Raum erträglich zu finden, und so liessen wir uns noch in das Haus des Antikenwächters führen, eines braven Mannes, der hin und wieder Archäologen beherbergt. Bei dem waren Küche und Zimmer getrennt; er zog sich mit seiner zahlreichen Familie in die erstere zurück und überliess uns das Zimmer. Meine Kameraden setzten sich noch sorgfältig gegen wilde Tiere in Verteidigungszustand, ohne freilich dadurch ihre Nachtruhe vor Störung sichern zu können. Ich legte mich ohne weiteres auf den Boden und schlief ein; keinerlei Angriff hat mich zu wecken vermocht.

Bald mussten wir ans Weiterreisen denken. Als Agogiaten mieteten wir den Sohn und den Schwiegersohn unseres Gastfreundes mit drei Pferden. Der Sohn war ein flotter Kerl, der früher

Gendarm gewesen war. Von seinem Mut zeugte eine Photographie, die in seiner väterlichen Wohnung an der Wand hing. Sie stellte fünf halbnackte, von Kugeln durchbohrte Leichen von Banditen dar, die im Kampfe mit Leonidas, so hiess unser zukünftiger Begleiter, und seinen Genossen gefallen waren. Unser erstes Ziel waren die spärlichen Ruinen des Kabirenheiligtums, das die Deutschen bei Theben ausgegraben haben. Der Dienst in diesen Tempelchen bestand nicht in finsteren Mysterien wie der der Kabiren von Samothrake, sondern man scheint sich den Kabiren, wie Vasenreste lehren, als vergnügten alten Säufer vorgestellt zu haben, und das Weihgeschenk, an dem er am meisten Freude hatte, müssen Terracottaschweinchen gewesen sein, die in der Umgegend massenhaft gefunden werden. Die Aufsuchung dieses harmlosen Bauernheiligtums führte uns ziemlich weit von unserem Wege nach Liwadhia, unserem nächsten Ziel, ab, und musste durch einen Ritt über das trostlose tenerische Feld gebüsst werden, die einzige griechische Landschaft, nach der ich mich nicht zurücksehne. Eine schnurgerade Strasse zieht sich durch eine ausgedörrte Ebene, die links und rechts von flachen Höhenzügen eingerahmt wird. Ihren westlichen Zugang bildet der Engpass, bei dem Sphinx hauste. Jetzt betreibt in der Nähe jener Stelle ein ungewaschener Pope eine kleine Schnapswirtschaft.

Etwas mehr Abwechslung bot die Landschaft, in die wir nach Passierung jenes Engpasses eintraten. Es war das Südufer des Kopaissees a.D. Die Strasse führt zwischen den Bergen und der weiten Ebene durch, die neuerdings den Fluten abgerungen worden ist, und jetzt teilweise noch aus Sumpfland, zum grössten Teil aber schon aus fruchtbaren Äckern besteht. Ausser bescheidenen Mauertrümmern von Haliartos gab es keine Denkmäler aus dem Altertum mehr zu sehen, und der Weg nach Liwadhia zog sich sehr in die Länge. Wir sassen an jenem Tage über zehn Stunden im Sattel, respektive auf dem hölzernen Gestell, und man wird es mir deshalb gerne glauben, dass ich mich fragte, ob ich etwa schon träume, als ich plötzlich eines seltsamen Ungetüms gewahr wurde. Am Fuss eines Berges, der bis nahe an die Strasse vorsprang, lag ein kleiner Sumpf, in dem ganze Reihen von Wasserschildkröten herumschwaderten; am Rande dieses Gewässers aber lauerte, beleuchtet vom letzten Abendrot, ein unheimliches, missfarbiges Getier mit langen, dünnen Gliedern, einer gewaltigen Kinnlade und einem vielgewundenen, drachenartigen Schweif. Von der Nähe besehen, war es prosaischerweise der enthäutete, geborstene Kadaver eines Pferdes, aus dem in wüsten Windungen die Gedärme heraustraten. Dieses Wesen liegt drei Meter von der wichtigsten Poststrasse Mittelgriechenlands entfernt, geniert aber dort niemanden, da es weder beisst noch Skandal verführt, anderseits aber auch in keinerlei Weise seinen Anspruch auf ein ehrliches Begräbnis dartun kann. Wer im selben Jahr in Athen in der Nähe des königlichen Schlosses ein paar Tage lang einen erschossenen tollen Hund hat auf der Strasse liegen sehen, wird sich darüber nicht wundern.

Unser Weg ging dem äussersten der drei Mauerringe des Kastells von Liwadhia entlang und führte uns bald in einsame Gebirgsgegenden, wo wir auf den rauhen Pfaden oft genug von den Pferden steigen mussten. Der Charakter jener Berglandschaft der westlichen Ausläufer des Helikon mahnte mich lebhaft ans obere Baselbiet. Einen starken Kontrast bildete dann allerdings das Tal, in dem das Reiseziel jenes Tages, das Kloster Osios Lukas, lag. Sein Schutzpatron, der fromme Lukas, ein Eremit des 10. Jahrhunderts, hat seine Einsiedelei in einem herrlichen, geschützten Erdenwinkel gebaut. Als wir in dieses stille Gebirgstal hinabritten, brachten es uns blühende Oleander und Lorbeerbüsche wieder lebhaft zum Bewusstsein, dass wir im Süden seien. Wir ritten fröhlich in den stark befestigten Klosterhof ein und liessen uns dem Abte vorstellen, der uns sofort stilgerecht durch eine Tasse

Kaffee und ein Löffelchen Confiture zu Gästen des Klosters machte. Wir brachten nun einen herrlichen Abend damit zu, die beiden interessanten byzantinischen Klosterkirchen zu studieren und uns in den Höfen und Gärten von den ziemlich erheblichen Strapazen der drei letzten Tage auszuruhen. Das Abendessen nahmen wir mit dem Abt und seinen zwei saubersten und gebildetsten Mönchen ein. Ein kleiner Mönchslehrling bediente. Während der hochwürdige Herr in der allerunfeierlichsten Weise ein Gebet herunterschnurrte, dachte ich, jetzt gibt's hoffentlich ein Stück warmes Fleisch, denn wir hatten bis jetzt von Konscrven gelebt. Aber traurigerweise war gerade Fasttag und wir mussten uns mit Backfischen, Gurkensalat, saurer Milch und Wein begnügen. Auch das kam uns damals ganz herrlich vor und unserem Gastgeber offenbar auch, denn er drückte, wie es im Orient guter Ton ist, nach beendeter Mahlzeit seine Zufriedenheit durch wiederholte gastrische Halstöne aus. Der wackere Mann mit dem gewaltigen braunen Bart und den wallenden Locken war unser spezieller Gastfreund, denn Osios Lukas ist ein sogenanntes idiorhythmisches Kloster, wo jeder Mönch seine eigene Haushaltung hat. Die Lebensbedingungen sind unter den Brüdern deshalb ziemlich verschieden. Die Wohnung des Abtes ist sehr nett, ordentlich möbliert, hat einen Balkon mit prächtiger Aussicht und grenzt an einen hübschen Garten, in dem damals die Granaten blühten und reife Kirschen uns zum Frevel lockten. Andere Insassen des Klosters wohnten viel bescheidener und zeigten durch ihr Äusseres mit aller wünschbaren Deutlichkeit, dass sie es zum mindesten mit der Askese gegenüber Wasser und Kamm sehr streng nahmen. Unseren Dank für die freundliche Bewirtung bezeugten wir, wie es die Sitte erfordert, am nächsten Morgen dadurch, dass wir uns noch einmal in die Kirche führen liessen, der Panagia Kerzchen anzündeten und eine reichliche Gabe auf den Opfertisch legten. Die Kirche zeugt übrigens davon, dass das

Kloster vor nicht so langer Zeit einmal Gäste beherbergt hat, die es anders machten. In den Freiheitskriegen kamen die Türken einmal zu Besuch, brannten die eine Kirche aus und demolierten in der anderen wenigstens alles, was ihren Zorn reizte. Auf ein grosses Christusbild in derselben veranstalteten sie ein förmliches Scheibenschiessen. Es zeigt besonders in der Herzgegend viele Kugelspuren.

Wir ritten nun über zwei Bergrücken, die Osios Lukas vom Tale des Pleistos trennen, dessen untere Partie bis nach Delphi wir von unserer früheren Reise her schon kannten. Als wir in der Mittagshitze in dem Tale ankamen, wurden wir von einem braven Bauern mit gutem Wein gestärkt, der an jenen Abhängen wächst, und ritten dann nach Arachowa hinauf, einem Städtchen, das in einer Höhe von 950 m malerisch an dem steilen Abhang des Parnass liegt. Dort rasteten wir und präparierten uns auf die Besteigung des mächtigen Berges, indem wir einen Führer und Decken mieteten und Viktualien einkauften. Auch wollten wir uns durch eine kräftige Mahlzeit stärken und kauften deshalb ein Huhn. Ich betastete, sachverständig die Stirn runzelnd, das Federvieh und fiel natürlich doch auf ein abgehärtetes altes Geschöpf herein, dessen Verspeisung uns mehr Mühe als Vergnügen machte.

Der wirkliche Parnass, an dessen Weiden und tannenbewachsenen Abhängen wir unsere Rösslein hinaufführten, war allerdings nichts weniger als ein lieblicher toskanischer Hügel, wie sich Raffael ihn vorgestellt hat. Etwas wie göttliche Poesie spürten wir auf dem rauhen Berge aber doch. Wir sahen, wie die Sonne dem Meerbusen von Korinth ihre letzten Strahlen sandte, wie sie von einem Berge nach dem andern, zuletzt von den schneebedeckten, Abschied nahm, und wie sie dann blutrot unterging, und mehr als je staunten wir hier in der erhabenen Gebirgswelt über jenes intensive dunkelblaue und violette Leuchten der Berge, das den Nordländer an den Sommerabenden im Süden so geheimnisvoll berührt. Als auf der Erde die Farben erloschen waren und nur noch der Himmel glühte, freuten wir uns über ein zufälliges Bild, das wir auf dem Parnass nicht lieblicher hätten wünschen können: von dem Abendhimmel hob sich scharf die schwarze Silhouette eines Hirtenknaben ab, der auf einem zackigen Felskamm sass und auf seiner Pfeife blies.

Nach Sonnenuntergang kamen wir immer häufiger an Stellen vorüber, wo noch Schnee lag, und machten schliesslich bei der Behausung zweier Hirten an der Grenze der eigentlichen Schneefelder Halt. Die beiden stämmigen blonden Kerle nahmen uns freundlich auf und boten uns als Obdach für die Nacht ihre Hütten an, denen nur ein wesentlicher Bestandteil fehlte, nämlich ein Dach. Immerhin schützten uns die Mäuerchen wenigstens gegen den Wind und, da Schnee und Regen nicht zu fürchten waren und wir genug Decken hatten, stand es mit den Aussichten für die Nacht nicht so schlimm. Für die nötige innere Wärme sorgten wir zudem noch durch Bereitung einer kräftigen Maggisuppe und legten uns dann schlafen.

Um von der Billigkeit des Lebens in Griechenland einen Begriff zu geben, will ich doch erwähnen, dass wir unseren Agogiaten für ihre viertägige Begleitung, zu der für sie ein Heimweg von zwei bis drei Tagen kam, sechsundneunzig Papierdrachmen schuldig waren, also drei Napoleons für eine fast siebentägige Inanspruchnahme von zwei Männern und drei Pferden.

Als wir von der Passhöhe die vielgewundene Bergstrasse hinunterfuhren, sah unser dummer Fuhrmann nicht ein, dass er die Pferde nicht beliebig springen lassen dürfe und dass er auf der inneren Seite der Strasse fahren müsse. So kam es denn, dass unser Viergespann den leichten Wagen über das steile Strassenbord hinunterschwang, und es wäre uns wohl übel ergangen, wenn ihn nicht sofort ein Baum im Sturze aufgehalten hätte. Ein blinder Passagier, der sich in Oropos auf den Bock gesetzt hatte, wurde herabgeschleudert und jammerte laut. Ich konnte jedoch nicht entdecken, dass er ein Glied gebrochen hätte, und beschränkte mich schliesslich darauf, seine vielen Schürfungen zu verbinden. Wozu schleppt der Mensch sonst im Rucksack eine halbe Apotheke mit sich! Wir mussten sodann erst die Futtervorräte losbinden, die sich in den Ästen gefangen hatten, dann mit Ach und Krach den Wagen wieder auf die Strasse befördern und zuletzt den Patienten zu uns hereinheben. Dann ging die Fahrt etwas vorsichtiger weiter. In dem trefflichen Restaurant von Tatoi nahmen wir unseren ersten europäischen Imbiss. Ich muss doch noch nachtragen, dass die Griechen selbst «europäisch» im Gegensatz zu «griechisch» brauchen, dass also die Stellen, wo das Wort in diesen Reisebriefen so vorkommt, nicht etwa boshaft gemeint sind.

Ein Streifzug nach Kommagene, 1906

Albert Oeri hatte diesen Reisebericht im Dezember 1906 und im Januar 1907 im Sonntagsblatt der «Basler Nachrichten» veröffentlicht. – Am 4. Februar 1907 hielt er an einem Familienabend des positiven Gemeindevereins St. Peter einen Vortrag unter dem Titel «Aus Mesopotamien». Das stichwortartige Manuskript dieses Vortrags ist erhalten. Oeri hat im Frühjahr 1906 seinem Freund – und späteren Schwager – Dr. med. Andreas Vischer einen Besuch in Urfa, dem früheren Edessa, gemacht. Dort befand sich ein Spital der deutschen Orient-Mission, das Vischer leitete.

Der Streifzug durch Kommagene, den südöstlichen Teil der heutigen Türkei, dauerte nur wenige Tage. Aber der Bericht Oeris gehört wie die «Griechischen Reisebriefe» zu jenen Texten, die seine scharfe Beobachtungsgabe und seine Fähigkeit, Land und Leute darzustellen, beweisen.

Im obern Teil Mesopotamiens, näher dem Euphrat als dem Tigris, liegt die Stadt Urfa, das Edessa der hellenistischen und römischen Zeit. Urfa wird von einer alten einheimischen Tradition und neuerdings auch von einem deutschen Gelehrten mit Ur, der Heimat Abrahams, identifiziert. Es gibt dort eine Abrahamsmoschee und einen Abrahamsteich, und ein Felsenloch wird von den Mohammedanern als Geburtsstätte Abrahams heilig gehalten. Für Christen ist wichtiger, dass Urfa der Ort des gewaltigsten christlichen Martyriums unserer Tage ist; in seiner Kathedrale wurden vor zehn Jahren zweitausend armenische Christen, Männer, Frauen und Kinder, verbrannt, und weitere Tausende wurden in den Strassen und Häusern geschlachtet. Diese Schreckenstage haben die abendländische Bruderhilfe veranlasst, in Urfa besonders kräftig anzusetzen. Ihr dient unter anderem eine deutsche Klinik, der ein Basler Arzt vorsteht. Der Schreiber dieser

Zeilen und ein anderer Basler besuchten ihn im vergangenen Frühjahr und machten in seiner Gesellschaft eine kleine Reise nach dem Kurdengebiet im Norden, von der hier einiges erzählt werden soll.

Wir waren am 28. April schon in aller Frühe reisefertig, soweit man im Orient überhaupt einmal reisefertig sein kann. Der Europäer mag pressieren, wie er will, der Orientale, auf den er angewiesen ist, denkt an sein treffliches Sprichwort: «Die Eile ist vom Teufel, die Geduld aber von Allah» und handelt demgemäss. Das mussten wir auch diesmal erfahren.

Unser Weg führte zunächst ziemlich direkt nach Norden durch eine Ebene, die den typischen Anblick jener Gegenden bot: fruchtbares, aber liederlich bebautes Gelände, selten ein ärmliches Dorf, fast noch seltener ein Baum. Besonders traurig war der Anblick eines Dorfes, das von seinen Einwohnern vollständig verlassen war. Vor einigen Jahren war dort von den Heuschrecken die ganze Vegetation weggefressen worden, und dann hatten sich die Bauern zerstreut, und die Feldmark lag nun brach. Die Jahreszeit, in der wir reisten, brachte noch keine Heuschreckenschwärme. Doch sahen wir stellenweise die gefürchteten Tiere im winzigen Jugendstadium zu Millionen den Boden bedecken und konnten uns so eine Vorstellung von ihrer spätern Furchtbarkeit machen. Dass fruchtbares Ackerland nach einer Heuschreckenkatastrophe einfach preisgegeben wird, hat seine Ursache in den heillosen politischen Zuständen der Türkei: die Steueraussichten nehmen den Bauern und den Kapitalisten, die ihnen Geld zur Aussaat vorschiessen müssten, den Mut zu einem neuen Anbauversuch.

Gegen Abend hörte mit einem Male die Einförmigkeit des Landschaftsbildes auf. Von einer Anhöhe herab tat sich uns der Blick gegen den Euphrat und jenseits des stolzen Stromes gegen die Burghöhe von Samsat auf, die eine halbkreisförmige Ebene beherrscht; den Hintergrund bildeten die schneebedeckten Berge des Taurus. Im Dorfe Kantara, gegenüber von Samsat, warteten wir etwa eine Stunde auf Fergen und liessen uns dann über den Euphrat setzen. Die Fahrt über den reissenden Strom ging auf einem überaus primitiven Fahrzeug vor sich, einem Riesenkahn, an dessen Typus seit Noahs Zeiten schwerlich irgendwelche Vervollkommnung angebracht worden ist. Er wird durch eine baumlange Steuerstange und einige weitere Ruder von kräftigen Kurden gelenkt. Weder das Steuer noch die andern Ruder haben Schaufeln. Auf unsere Frage, weshalb man diese Erleichterung nicht anbringe, antworteten die Kerle stolz, sie seien stark genug, um sich ohne solches Zeug zu behelfen. Diese Antwort könnte eigentlich einen ganzen Band Kulturgeschichte des heutigen islamitischen Orients ersetzen.

Am andern Morgen gingen wir den antiken Ruinen von Samsat nach. Es ist von der Stadt Samosata, die einst hier stand, nicht mehr viel vorhanden. Die grosse Masse behauenen Steinmaterials, die, da die Ruinen der Stadtmauern auf eine Stadt von vielleicht 50'000 Einwohnern schliessen lassen, einst hier gelegen haben muss, ist offenbar flussabwärts transportiert worden in Gegenden, wo Hausteine selten sind. Selbst auf dem mächtigen künstlichen Burghügel liegt kaum mehr ein behauener Stein herum. Die Ruinen, die wir dort oben sahen, bestehen aus Gussmauerwerk, dessen Hausteinbekleidung verschwunden ist. Die Lage am schiffbaren Euphrat gereichte also der Stadtruine zum Verderben. Warum gereichte sie ihr nicht zum Heil? Warum hat sie nicht im Lauf der Jahrhunderte wieder Städtebauer angelockt wie die ähnliche Lage von Köln, Mainz, Paris oder Lyon? Oder warum ist nicht wenigstens in der Umgebung eine Ersatzstadt aus dem Boden gewachsen, etwa so wie Basel die Rolle von Augusta Rauracorum übernahm? Ähnliche Rätsel hat uns jede der zahlreichen Stadtruinen aufgegeben, die wir auf unserer kurzen Reise kennen gelernt haben. Solche Fragen stellen, heisst nach dem ganzen Elend des heutigen Morgenlandes fragen. Wo der Türke hinkommt, wächst eben einmal kein Gras mehr, geschweige denn Städte.

Zur Information des Lesers, der etwa Lust hätte, selbst zu den Kurden zu gehen, sei hier das Menu dieses Abends notiert und zugleich angegeben, in welcher Weise sich in allen diesen Konaks unsere Speisung vollzog. Als die Essenszeit gekommen war, stellte ein Diener bei unseren Ehrenplätzen im Männersaal ein niederes Tabouret auf. Dann wurde ein ganz riesiger Blechteller von einem Meter oder mehr Durchmesser herbeigebracht und darauf gelegt. In die Mitte dieses Tellers wurde ein ungeheurer Berg von gekochtem Weizen gepflanzt, der im Harem zubereitet worden war. Rings um diesen Berg standen bunt durcheinander kleinere Teller mit andern Speisen, als da waren: Hammelfleisch in trefflicher Brühe, Suppe von Joghurt, das heisst saurer Milch, Pastetchen, die unsern Basler «Kuchibastetli» nicht unähnlich waren, gekochtes Hirn, Zwiebelröhrchen. Rings am Rande des Riesentellers lagen gerollte Brotfladen. Dieser bedient man sich nicht nur zum Essen, sondern auch als Serviette für die fetttriefenden Hände, mit denen man sich die Fleischstücke von den Tellern nimmt. Ferner macht man von dem Brot Schaufeln, mit denen sich jeder sein spezielles Loch in den Weizenberg gräbt. Sieht der Herr des Hauses, dass dem Gast etwas gut schmeckt, das ihm nicht gerade zunächst liegt, so greift er mit wohlwollenden Fingern in den Teller und fischt für den Gast das beste Stück heraus. Den Durst pflegt man sich meist mit Airam, das heisst verdünnter saurer Milch, zu stillen.

Haben die Gäste und die Honoratioren des Hauses sich am lecker bereiteten Mahle gesättigt, so stehen sie auf, was dem Europäer, der gewöhnlich zuerst ein vom orientalischen Sitzen eingeschlafenes Bein zu wecken hat, nicht immer leicht fällt, und lassen sich in der Vorhalle Wasser über die Hände giessen. Der Essteller wird dann wieder in Ordnung gebracht und mit neuen Vorräten ergänzt, und dann setzen sich die Diener der Gäste mit den Hausleuten zweiten Ranges hinzu. Sind auch diese satt geworden, so kommt oft noch eine dritte Garnitur von Schmausern, und über das, was von ihnen übrig bleibt, macht sich dann etwa noch ein Zwerg oder sonst ein verschupftes Knechtlein her.

Das Übel, das dem europäischen Reisenden in diesen Ländern weitaus am häufigsten auffällt, ist Trachom, die ägyptische Augenkrankheit. In den Jahrzehnten nach den napoleonischen Kriegen war sie auch in Europa furchtbar verbreitet. Die ganze belgische Armee musste einmal ihretwegen aufgelöst werden. Jetzt ist sie in unseren Landen selten geworden, aber im Orient wütet sie fort und führt wegen mangelhafter Behandlung sehr oft zu scheusslicher Zerstörung der Augen und gänzlicher Erblindung. Man sieht in der warmen Jahreszeit etwa Kinder, die von weitem aussehen, wie wenn sie schwarze Brillen trügen. Kommt man näher, so bemerkt man bald, dass das Schwarze nicht Brillengläser, sondern Klumpen von Fliegen sind, die auf den schwärenden Augen sitzen und die Infektion nachher weiter verbreiten.

Als wir ins Tal hinunter kamen, bot sich uns ein grossartiges Bild:

Es schwebt ein Brücke, hoch über den Rand
Der furchtbaren Tiefe gebogen,
Sie ward nicht erbauet von Menschenhand,
Es hätte sich's keiner verwogen,
Der Strom braust unter ihr spat und früh,
Speit ewig hinauf und zertrümmert sie nie.

So war es. Am Anfang einer wilden Felsschlucht, durch die sich der Fluss hindurchgefressen hat, wird er von dem kühnen Bogen einer prächtigen Steinbrücke überspannt. Schiller dachte in den Versen, die ich angeführt habe, an die Gotthardstrasse und die Teufelsbrücke. Hier aber, in den einsamen Taurusbergen, läge es noch viel näher von der Brücke zu denken «Sie ward nicht erbaut von Menschenhand». Die Brücke in der Schöllenen gehört doch zu einer Strasse, einem unzweifelhaften Menschenwerk. Zu der mächtigen Brücke über das Bölam-Su aber führt nur ein halsbrecherischer, keinen halben Meter breiter Pfad. Hier könnte man also entschieden eher auf den Gedanken an einen dämonischen Brückenbauer kommen. Und doch waren es Menschen, freilich Menschen einer Rasse und einer Zeit, an die der heruntergekommene Orient gar nicht mehr denken darf. Es waren Römer.

Es war ein grotesker Anblick, diese vom flackernden Feuer beleuchteten kraftvollen Kurdengestalten mit ihren Turbanen und weissen Gewändern, wie sie dicht gedrängt in langen Reihen dahockten und den Melodien lauschten, die ihnen das Haupt der Ärzte auf der Mundharmonika vorspielte. Ihre Verwunderung über alles, was sie an uns sahen, war grenzenlos. Einmal zog sogar die Hand eines unbezähmbaren Neugierigen einen Tropenhut auf die Estrade und reichte ihn bei den Nachbarn herum. Sprachloses Erstaunen aber erregte meine elektrische Taschenlampe, mit der ich, als das Feuer heruntergebrannt war, einem nach dem andern einen Lichtblitz ins Gesicht werfen musste. Schliesslich erfreute uns auch noch einer der rauhen Gesellen mit dem Spiel eines primitiven Saiteninstruments.

Die wilde Kulturmischung, die in diesen Ländern seit Urzeiten bis auf unsere Tage zwischen semitischen, indogermanischen und ural-altaischen Völkern stattgefunden hat, bringt es mit sich, dass ihre antiquarische Erforschung weit über die Grenzen eines einzelnen Wissenschaftsgebietes hinausgeht. Der Mann, der die Geschichte dieser bequaderten Burgberge schreiben wollte, müsste Assyriologe, Semitologe, klassischer Archäologe, mittelalterlicher Historiker und noch einiges mehr in *einer* Person sein. Einen solchen Mann gibt es aber heute nicht mehr, und wenn es doch einen gäbe, so würde er von den speziellen -logen in jungen Jahren mit Stahlfedern erstochen oder in Druckerschwärze ersäuft. So muss man sich nun eben damit abfinden, dass über die Abtrittkunde von Pompeji der präziseste und ausführlichste Bescheid erhältlich ist, dass aber die imposantesten Denkmäler dieser orientalischen Länder, die uns einen guten Teil unserer Kultur geschenkt oder doch vermittelt haben, noch stumme Rätsel sind.

Ich kann nicht sagen, dass diese Orientreise meinen Stolz auf die Kultur des Westens zu Gunsten der Ehrfurcht vor der morgenländischen herabgemindert hätte. Wir haben aus altorientalischer und arabischer Zeit imponierende Festungsbauten von Räuberkönigen grossen und kleinen Stils gesehen, wir haben die grossartigen Denkmäler phantastischer Sultanslaunen, wie die ägyptischen Pyramiden und das Heiligtum auf dem Nemrud-dagh, gebührend bewundert, aber wo wir echte Kulturwege, wie die Brücke über das Bölam-Su oder den Aquädukt von Samosata, wahrnahmen, da waren ihre Urheber Römer, und wo wir etwas herzerfreuend Schönes sahen, wie die herrlichen Tempel von Baalbek und die Kirchenruinen von Kalat-Seman, da waren es ebenfalls Römer, von Griechen geschulte Römer. Es mag sein, dass sich dieser Gesamteindruck geändert hätte, wenn wir nach Südmesopotamien und Persien vorgedrungen wären. Ich spreche also nur von dem, was ich selbst in diesen Grenzgebieten der römisch-griechischen Herrschaft gesehen habe.

Wir brachten in diesem Quartier einen jungen Kurden zu hellem Entzücken durch das Geschenk einer Mundharmonika. Unmittelbar nachher deutete der Mann auf uns mit den kurdischen Worten: «Vana Giawur!» und dann auf unsere armenischen Diener: «Vana Christian!» Das heisst: «Diese sind Gjaurs, diese sind Christen.» Hätte uns ein Türke Gjaurs genannt, so wäre das die denkbar rüdeste Beschimpfung gewesen, aber im Munde dieses unwissenden Kurden, der vorher und nachher sehr freundlich mit uns war und der uns sicher für beträchtlich höhere Wesen hielt als den Diener Abraham und den Reitknecht Serkis, hatte die Bezeichnung offenbar durchaus nichts Ehrenrühriges an sich. Der Rat, den mir ein guter Kenner des Orients gab, jedem, der mich «Gjaur» tituliere, einen wohlgezielten Faustschlag auf die Nase zu versetzen, hätte also für diesen Fall durchaus nicht gepasst. Sehr ergötzlich war es, dass Serkis in diesem Dorfe den Bauern ein Privatissimum hielt über europäische Sozialethik. Er wies sie darauf hin, dass wir Franken uns auf der Reise gegenseitig stets an die Hand gingen und es darum auch so herrlich weit gebracht hätten, während es kurdische Sitte sei, dass jeder nur für sich selbst sorge, weshalb die Kurden es zu nichts Rechtem brächten. Die Bemerkung mag richtig sein, sowohl für das Leben der Einzelnen als für die Gesamtpolitik der kurdischen Nation, die es nie zu einem kräftigen Staatswesen gebracht hat, weil die verschiedenen Stämme und ihre Häuptlinge keine Nationalinteressen kennen. Die Kurden stehen in dieser Beziehung in der indogermanischen Rasse, der sie angehören, ganz einzig da.

Wir begaben uns dann am Abend in Schechos Konak, um die Visite zu erwidern. Der Hausherr erneuerte seine freundliche Einladung, ich möchte bei ihm bleiben, und malte mir aus, wie schön ich es da haben werde. Tagtäglich würden mir Feste, Jagden und kriegerische Streifzüge zur Unterhaltung dienen; er werde mir ein Kurdenmädchen zur Frau geben und auch dafür sorgen, dass ich gleich ihm von der Regierung verfehmt werde. Ich sagte ihm, dass meine Eltern sich über mein Wegbleiben sehr grämen würden. Aber er erwiderte, die lasse man einfach auch kommen. Schliesslich haben wir uns doch verabschiedet, wahrscheinlich fürs Leben. Wenn ich es aber in Basel einmal so bodenlos langweilig finden sollte wie gewisse Leute, so werde ich mich der Zufluchtsstätte bei Schecho von Samsat erinnern.

Erste Reise durch die Vereinigten Staaten, 1918

Zweimal hat Albert Oeri die Vereinigten Staaten von Amerika bereist und in «seiner» Zeitung, den «Basler Nachrichten», darüber berichtet. Die erste Reise wird in Artikeln vom 27. November 1918 bis zum 20. Februar 1919 beschrieben, die zweite in den Monaten Juni, Juli und August 1930 geschildert. Die genaue Reiseroute wird jeweils in den ersten Kapiteln mitgeteilt. Auf der ersten Reise erlebt Oeri gemeinsam mit einer Gruppe von Schweizer Journalisten die letzten Tage des Ersten Weltkriegs und den Anfang der Friedenszeit, die Präsident Wilson gestalten wollte. Oeri war damals optimistisch und glaubte an eine Friedensordnung dank dem Völkerbund. Obwohl die Geschichte anders verlief, haben Oeris Schilderungen hohen Quellenwert.

Es wird mir ein grosses Vergnügen sein, den Lesern der «Basler Nachrichten» in einigen Artikeln von dem zu erzählen, was wir drüben gesehen haben. Doch betrachte ich dies bei weitem nicht als das wesentliche Ergebnis meiner Reise. Die Hauptsache für mich in meiner Stellung als Auslandredaktor eines Schweizerblattes ist, dass ich eine bedenkliche Lücke in meinem Weltbild einigermassen ausfüllen konnte. So gut die Kenntnisse sind, die zahlreiche Vertreter unserer Handelswelt von Amerika besitzen, so dürftig ist im allgemeinen das Wissen über amerikanische Dinge in den Kreisen der schweizerischen Akademiker, aus denen wir Journalisten hervorgehen. Man sieht Amerika durch die deutsche oder durch die englische Brille und sieht es darum nicht, wie es ist. Es war für uns von allergrösstem Wert, es nun einmal mit Schweizeraugen sehen zu dürfen.

Wir haben vom 26. September bis zum 10. November in Amerika geweilt. Am Anfang und am Ende dieses Aufenthalts wohnten wir in New York, von wo aus ich zuletzt noch zwei kleine

Abstecher nach Boston und Cambridge (Harvard Universität) und nach *Washington* gemacht habe. Den grossen Mittelteil bildete eine Rundreise vom 1. bis 25. Oktober mit folgendem Itinerar: Philadephia, Bethlehem, Washington, Pittsburg, Dayton, St. Louis, Kansas City, Des Moines, St. Paul, Minneapolis, Chicago, Detroit, Buffalo (Niagara), Schenectady, West Point, New York. Fast überall wurden wir nicht nur von den amerikanischen Behörden und Handelskammern, sondern auch von Schweizer Landsleuten aufs freundlichste aufgenommen und geführt. An den Abenden wurden dann oft gemeinsame schweizerisch-amerikanische Dinners veranstaltet, bei denen Herr Dr. Fueter, der ausgezeichnet englisch spricht, in der Regel zu den Amerikanern sprach, während andere Herren den Schweizerkolonien in ihrem vertrauten Schweizerdeutsch oder Französisch von der Heimat erzählten. Es war manchmal recht anstrengend, nach einer im Pullman-Car zugebrachten Nacht den Tag über Fabriken zu inspizieren und dann beim Dinner, wenn nicht schon beim Lunch, unzählige Toaste zu absolvieren. Aber wir waren nicht zu einem Ferienaufenthalt nach Amerika gekommen und waren froh, dass uns Gelegenheit gegeben war, recht viele und verschiedene Menschen und Dinge zu sehen.

Sowohl auf der Rundreise als in New York haben wir eine ganze Reihe führender politischer Persönlichkeiten, anzufangen beim Präsidenten Wilson, begrüssen dürfen und haben auch hervorragende Grössen des wirtschaftlichen Lebens kennen gelernt, Kurz, wir sind reichlich entschädigt worden für das, was wir inzwischen in Europa an weltumbildenden Ereignissen versäumt haben.

Als wir am 26. September das Gebiet der Vereinigten Staaten betraten, fanden wir dort eine Begeisterung für den Krieg, die mich überraschte. Amerika stand nun doch schon tief im zweiten Kriegsjahr und hatte Zeit gehabt, den ersten Jubel verrauchen zu lassen. Aber es war eben mehr als ein blosses Strohfeuer. Bei der führenden Volksschicht herrscht eine echte Kreuzzugsstimmung, ein starker Glaube an die Pflicht und an die Möglichkeit, der Menschheit Freiheit und gerechten Frieden zu bringen. Auf unserer Reise haben wir in jeder Stadt mit Dutzenden von Vertretern dieser Sinnesart gesprochen, die uns immer und immer wieder die völlige Selbstlosigkeit der amerikanischen Kriegsbeteiligung beteuerten.

Da uns unsere ganze Reise durch Städte mit blühender Kriegsindustrie führte, mag unter diesen Aposteln des Völkerglücks der eine oder der andere ein Heuchler gewesen sein, dem im Stillen der bare Kriegsgewinn mehr galt als alle Kriegsideale. Aber diese Leute waren die Ausnahme und nicht die Regel. Das liess sich, je grösser das für unsere Beurteilung verfügbare Material wurde, desto sicherer erkennen. In Europa hat man vielfach geglaubt, der eigentliche Kriegszweck Amerikas sei die Rettung der den Alliierten geliehenen Milliarden und die Sicherung vor einer wirtschaftlichen Katastrophe. Gewiss hat dieses Motiv mitgewirkt. Aber entscheidend war es nicht. Sonst hätte man es ruhig in den Vordergrund gestellt und sich nicht die Mühe genommen, ideale Motive vorzuschieben. Wer einen Schlüssel hat, braucht keinen Dietrich. Das amerikanische Volk wäre gewiss auch um seiner wirtschaftlichen Sicherung willen in den Krieg gegangen. Aber tatsächlich stand ihm nun einmal nicht diese vor den Augen, als es zu den Waffen griff, sondern seine Weltideale.

Wenn man in Amerika nach unheiligen Kriegsmotiven fahnden will, so wird man übrigens viel weniger irren, wenn man sich an die allgemeine Abenteuerlust, als wenn man sich an die Gewinnsucht hält. Die Väter des heutigen Volkes waren nicht nur Puritaner, sondern waren auch Conquistadoren in einer Person. So steckte denn in der Kriegsbegeisterung von 1917 und 1918 ein guter Teil «Lederstrumpf», und mit diesem Element hat man, unterstützt durch allgemeine Ahnungslosigkeit von der furchtbaren Prosa der modernen Kriegsführung, ebenfalls stark gerechnet. Ein solcher Zwang des einheitlichen Volkswillens hat auch die wunderbare Armee geschaffen, die urplötzlich dem amerikanischen Boden entsprungen ist. Nie hat die Welt ein auf so hohem menschlichem Niveau stehendes Riesenheer gesehen. Diese aufrechten, schön gebauten Männer sind Soldaten geworden und Gentlemen geblieben. Ihre Disziplin ist so fest wie die irgendeines Heeres. Sie beruht auf der willigen Einordnung in einen Organismus, dessen Glieder wissen, dass er arbeiten muss und nur arbeiten kann, wenn sie sich fügen. Nie habe ich irgendein Zeichen von Respektlosigkeit gegenüber den oft sehr jungen Offizieren, nie während meines anderthalbmonatigen Aufenthalts in amerikanischen Grossstädten einen betrunkenen Soldaten gesehen.

Alles, was der Amerikaner für Hilfsbedürftige tut – und wir haben doch vieles gesehen! – ist von imponierender Grossartigkeit. Er liebt es sehr, den Dollar zu nehmen. Aber er gibt ihn auch ohne Knorzen her, wo er glaubt, damit Gutes tun zu können. Nur der, dessen Hilflosigkeit dem Amerikaner selbst nicht verständlich ist, weil dieser die Nöte eines unpraktischen Menschen nicht begreift, findet keinen Helfer. Es charakterisiert das amerikanische Volk, dass ihm bei der neuesten Sammelkampagne grosse Plakate zurufen: «Gib, bis Du glücklich bist.»

Die Geschlossenheit des amerikanischen Kriegswillens wird nach aussen symbolisiert durch die imponierende Stellung die Präsident Woodrow Wilson einnimmt. Er ist oberster Kriegsherr der Vereinigten Staaten, und als solchem leistet ihm das Volk unbedingte Gefolgschaft. Wirklich unbedingte! Es ist in Amerika nicht der Brauch, dass man mit Worten seine Loyalität betont und dabei dem führenden Mann jeden möglichen Bengel zwischen die Beine wirft. Überhaupt: Wer die Union nicht kennt, hat keinen Begriff davon, was eine gut funktionierende moderne Monarchie ist.

Ich erinnere mich, bei Lothar Bucher in der Schrift über den Parlamentarismus irgendwo gelesen zu haben, die einzige echt germanische Form der Monarchie sei die Wahlmonarchie, die Herzogs- und Königswahl durch die Mannen mit Ausschluss der erblichen Thronfolge, und diese Form sei in den Vereinigten Staaten zu neuer Blüte gediehen. Das ist vollständig richtig, und die Frage liegt sehr nahe: Wie würde heute die Welt aussehen, wenn Bucher, der ja als intimer Vertrauensmann Bismarcks dessen Ohr besass, dem Gründer des neuen Deutschen Reiches diese seine Überzeugung suggeriert und ihn zur Einführung der Wahlmonarchie bewogen hätte? Dann hätte nach Bismarcks Abgang nicht ein ganz junger, unerfahrener Mann die Leitung des Reiches übernommen und es dahin führen können, wo es jetzt ist. Und die Gegenfrage: Wo ständen die Vereinigten Staaten, wenn George Washington ungefähr in denselben Jahren, da Friedrich der Grosse kraft sittlichen Erbfolgerechts den Thron Preussens einem unbegabten Neffen hinterliess, die Präsidentschaft der Vereinigten Staaten auf dem Totenbette an einen beliebigen Gentleman aus seiner virginischen Verwandtschaft hätte übergeben müssen?

Mich überraschte besonders, wie sehr sich der monarchische Habitus des Staates auch in Äusserlichkeiten kundgibt. Das Volk der Vereinigten Staaten geniert sich der Machtfülle, die es einem Vertrauensmann in die Hand gelegt hat, keineswegs, sondern lässt sich gerne daran erinnern. Unter den 300 bis 400 Toasten, die wir mit Vergnügen haben anhören müssen, war kaum einer, der nicht eine Verbeugung gegen den grossen weissen Mann in Washington enthielt.

Dass im Falle Woodrow Wilsons der persönliche Kultus den Amerikanern leicht wird, begreife ich sehr. Wir haben den Präsidenten am 27. September vor den New Yorkern eine seiner grossen Reden halten hören und sind am 7. Oktober von ihm im Weissen Haus privat empfangen worden, konnten seine Persönlichkeit also auch aus der Nähe auf uns wirken lassen. Ein starker und guter Mann von hoher innerer und äusserer Kultur stand vor uns, ein wirklich grosser Volksführer. Der Phantasie der Massen könnte kein besserer Gegenstand der Verehrung geboten werden.

Respekt und Gehorsam versagen vor dem amerikanischen Präsidenten nur dann zuweilen, wenn er selbst sich nicht als Präsident, sondern als Parteiführer gibt. Dieser Ausnahmefall ist Woodrow Wilson am 25. Oktober passiert, als er seine Bitte an die amerikanische Wählerschaft richtete, am 5. November bei den Kongresswahlen seine demokratische Partei zu unterstützen, da die Wahl einer republikanischen Mehrheit seine Aussenpolitik desavouieren und die Einheit der nationalen Aktion zerstören würde. Diese Befürchtung des Präsidenten war begreiflich, aber sein Vorgehen war nach amerikanischen Begriffen kommentwidrig und erregte eine Entrüstung, deren Stärke gerade bewies, wie schwer der Schlag gewesen war. Leute, die sonst vor ausländischen Ohren jede Kritik des Staatsoberhauptes vermieden hätten, schäumten in unserer Gegenwart vor Wut. Der Gegenappell der republikanischen Parteiführer suchte Wilsons *bona fides* in Zweifel zu ziehen, und im übrigen lachten sich diese Herren ins Fäustchen: Man hörte sie sagen, sie hätten mit allem Geld keinen besseren Wahlagenten gegen die Partei Wilsons werben können als Wilson selbst. Das demokratische Nationalkomitee nahm die Situation so, wie sie nun einmal durch den Appell des Präsidenten geworden war, und stellte die Wahlfrage: Wilsons gerechter Weltfriede oder Roosevelts militärischer Imperialismus?

Das Volk entschied für die Republikaner und gab diesen eine kleine, aber sichere Mehrheit im Repräsentantenhaus. Also verwirft es den ganzen Kriegs- und Friedensidealismus Wilsons und denkt ungefähr so wie zu der Zeit des *nude crude* imperialistischen Beutezugs gegen Spanien im Jahr 1898! Die Sache ist von der grössten Bedeutung, denn die Namen Wilson und Roosevelt sind wirklich zwei Weltprogramme. Am 27. September hat Wilson noch mit aller Kraft in seiner New Yorker Rede, die wir angehört haben, das Postulat der Freiheit der Meere und die Verwerfung des Handelskrieges nach dem Kriege betont. Im Verlaufe der Waffenstillstandsverhandlungen hat er sich wiederholt zu seinem 14 Punkte-Programm vom 8. Januar 1918 bekannt, das das absolute *freedom of navigation upon de seas* enthält. Roosevelt hat in der Presse gleichzeitig dieses Programm zerfetzt und hat speziell Wilsons Verlangen nach der Freiheit der Meere verhöhnt. Und am Wahltag vom 5. November hat ihm also das Volk der Vereinigten Staaten recht gegeben, es hat die von Wilson selbst und seiner Partei klar gestellte Frage «Wilson oder Roosevelt?» für Roosevelt beantwortet.

Eine andere Frage, die, ohne die äussere Politik und die Parteipolitik anzugehen, in vielen Wahlkreisen im Vordergrund stand, war die des Frauenstimmrechts, das in den Vereinigten Staaten ebenfalls rapide Fortschritte macht. Ich weiss nicht, wieviel die Volksneigung oder -abneigung in diesen Dingen, die nicht auf den Parteiprogrammen stehen, sondern Privatsache der einzelnen Kandidaten sind, zur Niederlage der demokratischen Partei beigetragen hat. Aber von einem Faktor glaube ich sicher sagen zu können, dass er mit dabei war, obwohl er mit der Frage «Wilson oder Roosevelt?» nichts zu tun hat: Es ist das Problem des Etatismus. Wilson hat, um den Krieg führen zu können, interimistisch grosse Verstaatlichungsaktionen durchgeführt. In für den Amerikaner ganz ungewohnter Weise beherrscht der Staat plötzlich Eisenbahnen, Telegraphen und Telephone. Dem Publikum ist dabei wenig oder schlecht gedient.

Von europäischen Begriffen ausgehend, wird man nun sagen: Mögen die Motive des Volkes so oder so gewesen sein, jedenfalls ist das neue Repräsentantenhaus nun republikanisch und hat die Macht, in Roosevelts Sinne zu handeln. Aber: Das neue Haus tritt sein Amt erst im nächsten März an, und bis dahin macht das alte, was es will, und der europäische Friede wird längst seinen entscheidenden Pli bekommen haben. Und zweitens: Das Parlament geniesst in den Vereinigten Staaten so wenig Macht und hauptsächlich so wenig Respekt, dass es einem starken Präsidenten gegenüber seinen Willen nicht durchsetzen kann. Es ist ganz unglaublich, wie man in Amerika über die Herren National- und Ständeräte sprechen darf. Bei den Wahlen vom 5. November ist Henry Ford, der bekannte Automobilmagnat und Friedens-apostel, trotz Wilsons persönlicher Unterstützung, als Senats-kandidat durchgefallen. Nachher schrieb einer der angesehensten Publizisten Amerikas in einem der angesehensten Blätter Washingtons, Ford habe sich durch die Annahme der Kandidatur als Parvenu erwiesen, der die Lebensart der *five-hundred-million-dollars class of citizens* noch nicht kenne. Ein solcher Herr lasse sich sonst so wenig in den Senat wählen, wie er selbst seine Schuhe putze. Wolle er etwas vom Senat, so schreibe er einfach ein freundliches Briefchen «*with the little enclosure*». Die Senatoren dürfen also öffentlich der Bestechlichkeit geziehen werden!

Dies nur nebenbei zur Erleichterung des Verständnisses für den Fall, dass Wilson trotz seiner Wahlniederlage machen wird, was er will. Speziell in Bezug auf die Freiheit der Meere habe ich mir in Washington von einer Seite, die es wissen muss, sagen lassen, dass Amerika absolut an Wilsons Auffassung festhalten wird und dabei auf die Unterstützung durch die kleinen Neutralen hofft, die ihm an der Kongresstafel willkommen sind.

Die Industriegeschichte schreitet schnell in den Vereinigten Staaten, aber nie ist sie schneller vorwärts geschritten, als in den anderthalb Jahren seit dem Kriegseintritt Amerikas.

Einen riesigen Eindruck machte uns in dieser Beziehung zum Beispiel ein Besuch in den Schiffswerften von Hog Island bei Philadelphia. Dieses Schweine-Eiland war im September 1917 noch ein unzugängliches Sumpfgebiet. Im Oktober 1918 arbeiteten dort zur Zeit unseres Besuches zirka 26'000 Mann und verdienten eine Million Dollars in der Woche. Bis jetzt hat erst ein Schiff die Werft verlassen. Aber die Arbeit ist so sehr im Zuge, dass man darauf rechnet, nächstes Jahr alle zwei Tage ein fertiges Schiff abliefern zu können und mit der vom Staat bestellten Tonnage von 1,65 Millionen rechtzeitig fertig zu sein. Sie dient friedlichen Handelszwecken, wird also auch nach Abschluss des Krieges noch willkommen sein. Ähnliche Wunder sind die Flugzeugfabrik bei Dayton (Ohio), die per Tag 30 Aeroplane abliefert, und die Werkstätte für Feldgeschütze in Bethlehem, aus der täglich $2^1/_2$ komplette Batterien hervorgehen.

Am stärksten wird einem die glänzende Stellung der amerikanischen Arbeiter vielleicht bewusst, wenn man ihre Automobilparke vor den Fabriken stehen sieht. Die Personenautomobile sind überhaupt diejenigen Geschöpfe, die zur Zeit die Fauna der Vereinigten Staaten am meisten von der schweizerischen unterscheiden. Ihrer gibt es im gesamten Unionsgebiet gegenwärtig etwa fünf Millionen, also eines auf 21 Einwohner. In dem reichen Bauernstaate Jowa kommt sogar ein Automobil auf 6 bis 7 Einwohner, woraus hervorgeht, dass auch die Landwirtschaft nicht Not leidet. Dafür noch ein kleines Symptom: Jowa konnte es sich, wie wir in der Staatshauptstadt Des Moines erfuhren, leisten, 400 Gebäude niederreissen zu lassen, um seinem Kapitol eine würdige Umgebung und gute Aussicht zu verschaffen. Um auf die Auto-mobile zurückzukommen: Rund die Hälfte aller in Betrieb stehenden Personenautos stammt von Henry Ford, den man sich bei uns wegen seiner Friedenspropaganda gerne als weltfremden Utopisten vorgestellt hat. Wir haben ihn persönlich kennen gelernt. Er hat schöne, in die Ferne blickende Augen, aber dabei steht er durchaus auf festem Erdboden. Sein Ehrgeiz ist gegenwärtig, dem amerikanischen Landwirt für den festen Preis von 1'000 Dollars drei Motorwagen liefern zu können: das Personenauto, das Lastauto und den Ackermotor. Billigkeit in Verbindung mit Solidität ist überhaupt das grosse Geheimnis der Produkte Fords. Er hat uns erzählt, er sei einmal auf einer Automobilreise auf ein anderes Auto gestossen, das eine Panne hatte, und habe, ohne sich vorzustellen, mit einem Werkzeug über eine Stunde lang den Schaden reparieren helfen. Der dankbare Besitzer reichte ihm zum Abschied einen Dollar, den Ford mit der Motivierung ablehnte, er sei selbst bemittelt. «Das geben Sie mir nicht an», erwiderte der andere, «wenn Sie Geld hätten, würden Sie nicht auf einem Fordwagen reisen!»

Durchweg haben wir uns sehr gefreut zu sehen, welches Ansehen unsere Landsleute, seien sie in bescheidener oder in höherer Stellung, in ihrer Umgebung geniessen. Ein Amerikaner sagte in seinem Toast zu uns, er habe die verschiedenartigsten Schweizer kennen gelernt, *but they are all honest!* Besondere Freude machte es mir, von einem alten Waadtländer zu hören, der in einem Waldgebiet des Nordens fast als Einsiedler haust, aber wegen des scharfen Blickes, mit dem er über öffentliche Gelder wacht, weit und breit gefürchtet ist. Mit einem heitern, einem nassen Auge kann sodann der schweizerische Besucher Amerikas gegenwärtig die Blüte unserer expatriierten Industrien konstatieren. Die schweizerische Seidenbandfabrikation gedieh bekanntlich in Amerika schon vor dem Kriege. Jetzt aber sieht man dort auch viele, allzu viele schweizerische Chemiker. Auch die Stickerei und die Herstellung von Milchprodukten vermehrt sich. Wir haben zum Beispiel einen früheren Importeur von Schweizerkäse gesehen, der jetzt erfolgreicher Fabrikant dieser Delikatesse ist.

Aus den Tischreden hoher amerikanischer Politiker

«Die Schweiz, die uns durch so viele Bande verbunden ist und die gleich Amerika das Leuchtfeuer der Demokratie hochhält, darf nicht unter dem Mangel an Dingen leiden, die für ihr nationales Wohlbefinden wesentlich sind. Die grossen und mächtigen Nationen der westlichen Kultur müssen dafür sorgen, dass keine Nation oder Gruppe von Nationen, die im grossen Massstabe über die Rohmaterialien der Erde verfügt, ihre Macht gegen die Bedürfnisse der kleinern Nationen braucht, die für sich selbst existieren wollen.»
(Dr. Garfield)

«Beim Hilfswerk für Belgien und bei andern Tätigkeiten dieser Art war ich oft in Kontakt mit den Leistungen des Schweizervolkes auf gleichem Gebiet. Die Schweiz hat sich selbst mit all ihrer Kraft die Aufgabe auferlegt, für die hilflos vom deutschen Stiefel Getretenen zu intervenieren. Sie hat ihre Hilfsmittel ausgeschüttet und hat unaufhörlich geholfen. In ihrer einzigartigen Stellung mitten im Streitgebiet haben die schweizerische Republik und ihre Bürger das Tor der Gastfreundschaft für die Schwachen und Unterdrückten offen gehalten. Nie ist es vorgekommen, dass eine Regierung aus ihren Mitteln mehr für den Dienst der Menschheit getan hat. Das ist das Wesen der Demokratie: Menschlichkeit und Menschenfreundlichkeit ... Wir wollen unserer schweizerischen Schwesterrepublik im gleichen Geiste menschliche Dienstbeflissenheit geben, mit dem sie selbst so loyal allen gegeben hat.»
(Herbert Hoover)

Letzter Tage ist gemeldet worden, dass der Senat der Vereinigten Staaten wieder einmal das *Frauenstimmrecht* abgelehnt hat. Ich habe mich für die Bewegung, die dessen Einführung in die amerikanische Bundesverfassung erstrebt und die gewiss nicht endgültig unterlegen ist, sehr interessiert und möchte gerne ein wenig von ihr erzählen.

Für eine Rasse, die den Frauen eine so hohe Stellung gewährt wie die angelsächsische und die den Respekt vor ihnen bei jedem Gentleman als selbstverständlich voraussetzt, lag der Gedanke, ihnen auch politische Rechte zu gewähren, nie ganz fern. Virginia, einer der Gründungsstaaten der Union, die Heimat George Washingtons, hat den Namen von der Königin Elisabeth, die als die jungfräuliche gepriesen wurde. Es war nicht zu verwundern, dass unter den Nachkommen ihrer politisch und religiös radikalen Untertanen, die nach Nordamerika auswanderten, solche waren, die bald herausfanden, dass die Frau, wenn sie Königin sein könne, auch zur Wählerin gut genug sei. Schon im Jahre 1647 forderte Margaret Brent Sitz und Stimme in der Legislative der Kolonie Maryland, die ja ebenfalls nach einer englischen Königin hiess, die selbständig regiert hatte. Und als im Jahre 1776 die aufständischen Kolonien ihre Unabhängigkeit deklarierten, schrieb Mrs. Abigail Adams, Gattin und Mutter von spätern Präsidenten der Vereinigten Staaten, ihrem Mann ein charmantes Brieflein, in dem sie die politischen Frauenrechte forderte. «Denk daran», hiess es dort, «dass alle Männer gern Tyrannen sind, wenn sie können. Wenn auf uns Frauen nicht Rücksicht genommen wird, so sind wir zur Rebellion geneigt und halten uns nicht für verpflichtet, Gesetzen zu gehorchen, auf deren Erlass wir keinen Einfluss haben.»

Hier ist nun nicht der Ort, all die Etappen des Siegeszuges des Frauenstimmrechts aufzuzählen. Es ist dabei nicht sehr stürmisch zugegangen. Im Jahre 1838 bekamen die Frauen von Kentucky das Wahlrecht für die Schulkommissionen, und bei solchen bescheidenen Erfolgen ist es im neunzehnten Jahrhundert fast überall geblieben. Das wichtigste Ereignis war, dass im Jahre 1869 Wyoming, damals Territorium und erst seit 1890 vollberechtigter Unionsstaat, das unbeschränkte Frauenstimmrecht einführte. Eigentlich war dies ein Bierwitz und nicht ein politischer Akt. Die Legislative von Wyoming wollte den Gouverneur, der das Vetorecht besass, ärgern und beschloss das Frauenstimmrecht nur, um ihn zu einem Veto zu nötigen. Der Gouverneur seinerseits wollte die Legislative ärgern und machte gegen deren Erwarten von seinem Veto keinen Gebrauch. Nun musste die Legislative, der es ja mit dem Frauenstimmrecht nicht ernst gewesen war, ein Gesetz zu dessen Abschaffung erlassen. Aber dagegen funktionierte nun plötzlich das Veto des Gouverneurs, und so blieb es beim Frauenstimmrecht. Dieser vereinzelte Zufallserfolg war wichtig genug; denn nun konnte man alle männlichen Gegner, die in edler Selbstunterschätzung den Frauen für den Fall, dass sie mit ihnen Politik treiben sollten, die gänzliche Verrohung und Degeneration in Aussicht gestellt hatten, auf die Damen von Wyoming hinweisen, die geistig und körperlich gesund blieben. Es folgten mit dem Frauenstimmrecht: Colorado 1893, Jdaho 1896, Utah 1896, Washington 1910, California 1911, Oregon 1912, Arizona 1912, Kansas 1912, Montana 1914, Nevada 1917, New York 1917.

Wie man sieht, liegt der Boden, auf dem das amerikanische Frauenstimmrecht gedeiht, vorwiegend im Westen. Es lässt sich eben überhaupt konstatieren, dass das alte Yankeetum der Oststaaten, dessen politischer Initiative die Welt so viel zu danken hat, jetzt ein wenig konservativ geworden ist und gerne den Westen mit dem Fortschritt voran gehen lässt. In den südlichen Oststaaten tritt das Negerproblem komplizierend hinzu. Man sagt, es würde alles drunter und drüber gehen, wenn die faulen und ungebildeten Negerinnen mitregieren könnten. Wenn darauf erwidert wird, die faulen und ungebildeten Neger könnten ja auch mitregieren, ohne dass die Südstaaten daran umkämen, und durch das Frauenstimmrecht werde der schwarze Anteil an der Gesamtwählerschaft relativ nicht grösser, so antwortet man: doch; denn die weiblichen Neger sind nicht so faul und ungebildet wie die männlichen, werden also mehr Interesse für den Staat haben und sich an den Wahlen relativ stärker beteiligen. Derartige Diskussionen schliessen dann meist mit einer spitzigen Erörterung über Männer- und Frauenlogik.

Ich habe aus den Vereinigten Staaten den absolut sichern Eindruck nach Hause gebracht, dass das kraftvolle amerikanische Volk auch auf dem Gebiet seines nationalen Ethos nicht umzubringen ist. Wenn ich an diese Dinge denke, kommt mir eine höchst konkrete kleine Familiengeschichte in den Sinn. In der grössten Stadt eines Einzelstaates, die etwa 700'000 Einwohner zählt, haben wir den angesehenen und liebenswürdigen Bürgermeister kennen gelernt. Sein Grossvater hatte auch einmal den Ehrgeiz gehabt, Bürgermeister zu werden, wenn auch nur von einem Markgräfler Weindorf in der Nähe Basels. Als ihm dies misslang, liess er sich in der Schweiz als Wirt nieder, kam ins Trinken, machte Konkurs und wanderte mit Kind und Kegel nach Amerika aus. Aber im Hafen von Hâvre packte ihn der lange Arm der schweizerischen Polizei und holte ihn für fünf Jahre in ein heimisches Zuchthaus, weil er seinen Gläubigern widerrechtlich Geld vorenthalten habe. Die verlassene Familie hatte ihre Schiffsplätze und fuhr trotz gänzlicher Mittellosigkeit ohne den Vater nach New York. Unterwegs machte das älteste Mädchen den Geschwistern den Vorschlag, sich samt und sonders im Meer zu ertränken. Das beliebte den optimistischen Buben nicht. Sie schlugen sich, wenn auch unter anfangs jammervollen Verhältnissen, durch und brachten es zu etwas, und die folgende Generation brachte es, wie wir konstatieren konnten, noch weiter. In diesem Zeichen eines glücklichen Aufstiegs steht Amerika überhaupt! Ich bin überaus dankbar, dass ich es in einer solchen Zeit kennen lernen durfte. Der Jammer Europas erträgt sich leichter, wenn man sieht, welcher Erhebung die europäische Rasse bei vernünftigem Wollen immer noch fähig ist.

An der Ruhr, 1923

Dokumentarisch überaus wertvoll sind die Reiseeindrücke, die Albert Oeri unter dem Titel «An der Ruhr» vom 12. bis 17. März 1923 in den «Basler Nachrichten; erscheinen liess. Die «kleine Informationsreise», wie der Autor sie nannte, hat er vom 28. Februar bis zum 7. März 1923 unternommen. Der Historiker, der deutsche oder französische Geschichte des 20. Jahrhunderts schreiben will, sollte diese Quelle nicht übersehen.

Zum Verständnis der geschilderten Zustände ist die Erwähnung einiger Daten und Fakten notwendig: Im Jahr 1923 erklärte die deutsche Regierung, die dem Land auferlegten Zahlungen, zum Teil in Form von Kohlenlieferungen, könne Deutschland nicht mehr leisten. Daraufhin beschloss die französische Regierung unter Poincaré, das wichtigste Industriegebiet Deutschlands, das rheinisch-westfälische Gebiet längs des Flusses Ruhr, zu besetzen, und liess 5'000 Soldaten einmarschieren. Deutschland konnte keinen militärischen Widerstand leisten, aber die Regierung rief das Volk des besetzten Gebietes zum «passiven Widerstand» auf. Die deutschen Sabotageakte wurden französischerseits mit Repressalien vergolten. Oeri wollte sich selbst ein Bild von den bürgerkriegsähnlichen Zuständen machen und – reiste ins Ruhrgebiet.

Soldaten und Arbeiter

Jeder Deutsche, mit dem man im Ruhrgebiet spricht, behauptet, die Besetzung demoralisiere den *französischen Soldaten,* jeder Franzose, der Widerstand demoralisiere den *deutschen Arbeiter.* Beides ist leider bis zu einem gewissen Grade wahr.

Um zunächst von den *Soldaten* zu sprechen, will ich vorausschicken, dass ich alle Gerüchte über Meutereien, Massendesertationen und dergleichen bei Seite lasse. Sie erhalten sich im Ruhrgebiet mit grosser Zähigkeit. Ich konnte aber nichts irgendwie Greifbares darüber feststellen. Mein persönlicher Eindruck ist, dass die Subordinationsverhältnisse befriedigend sind, wenn auch der Trieb zum Grüssen der Offiziere bei den Mannschaften nicht gerade stürmisch ist. In einigen Fällen, wo ich mich über die Aufführung des Militärs in Privatquartieren erkundigen konnte – die Regel bildet die Unterbringung in öffentlichen Gebäuden – habe ich die denkbar günstigste Auskunft erhalten: die Leute seien ruhig und bescheiden und vermieden jede unnötige Belästigung des Quartiergebers. Natürlich bedeutet das nicht, dass die Einquartierung ein Vergnügen ist. Eine Familie zum Beispiel, die zwei Offiziere, einen Unteroffizier und neun Mann im Haus hat, wünscht die Gesellschaft hinweg, obwohl sie deren Benehmen wörtlich als «tadellos» bezeichnet.

Auch die Abfertigung, die deutschen Beschwerden über Militärausschreitungen sehr oft zuteil wird, ist nicht geeignet, die Schuldigen zu entmutigen. Manchmal bleibt es bei leeren Vertröstungen auf Untersuchung, manchmal – je nach Laune und Erziehung des Offiziers, an den man sich wendet – ist die Beschwerde für den Beschwerdeführer sogar gefährlicher als für den Beklagten und kann ihm Grobheiten und Unannehmlichkeiten aller Art eintragen. Immerhin ist mir von deutscher Seite auch ein Fall geschildert worden, wo sich der kommandierende Offizier bewegen liess, sich sofort an Ort und Stelle zu begeben, und deshalb gerade noch recht kam, um mit seiner Reitpeitsche unter die mutwilligen Verwüster eines Lokals zu fahren.

Eine allgemeine scharfe Handhabung der Mannszucht läge schon darum im allereigensten Interesse der Franzosen, weil die Art des Dienstes im Ruhrgebiet unvermeidlicherweise auch auf die beste Truppe bis zu einem gewissen Grad demoralisierend wirken kann. Die Besatzung ist nicht stark genug, um durch Arbeit und Übungen vor dem Rosten geschützt werden zu können. Ich habe wenigstens nirgends exerzierende Truppen gesehen. Die Mannschaften müssen mit Ausnahme einer kurzen Ausgangszeit den lieben langen Tag – auch den Sonntag – in den Quartieren für den Alarmfall bereit liegen und langweilen sich sträflich. Kommen sie einmal heraus, so sorgen die männlichen und weiblichen Westfalen aller Stände durch die Gesichter, die sie ihnen hinmachen, und durch den Laden- und Wirtshausboykott dafür, dass die Laune nicht rosiger wird. Mag es noch so oft von französischen Patrouillen abgekratzt werden, so sieht man doch immer wieder ein Miniaturplakat, auf dem zu lesen steht:

Deutscher Schwur

Wer einem Franzosen im Deutschen Land
Obdach gewährt und Unterstand,
Wer die verfluchte Hand ihm fasst,
Ihn nicht verachtet und tödlich hasst,
Ihn eines Blickes würdig hält,
Wie Gift nicht meidet sein gleissend Geld,
Ihn labt mit einem Bissen Brot,
Ihm Hilfe leist', wenn er in Not –
Wer einen Becher Weins ihm reicht,
Wer, wie vorm Aas, von ihm nicht weicht –
Der sei fortan im Deutschen Land
Ein ehrvergessener Lump genannt.

Diese Gesinnung bleibt nicht etwa auf dem Papier stehen. Aus ihr heraus behandelt das Ruhrvolk die Invasionsarmee. Mein schweizerisches Füsilierherz hat hin und wieder gewisse verständnisvolle Regungen für die Truppe, die in dieser Lage ist, nicht verhehlen können.

Wenn es für die Soldaten unerspriesslich ist, nicht zu exerzieren, so ist es für den *Arbeiter* unerspriesslich, nicht zu arbeiten, wie für andere Leute übrigens auch. Der beginnende Arbeitsmangel ist darum eine der gefährlichsten von den vielen gefährlichen Erscheinungen im Ruhrgebiet. Nicht dass es für den Ausgang des Wirtschaftskrieges nicht mindestens ebenso entscheidend oder sogar noch wichtiger wäre, ob im unbesetzten Deutschland eine katastrophale Arbeitslosigkeit vermieden werden kann oder nicht! Aber von der Ausdehnung der Arbeitslosigkeit im Ruhrgebiet selbst hängt es ab, ob die im unmittelbaren Kontakt mit den Franzosen stehende Arbeiterschaft die Nerven behält und ob darum dauernde Ereignisse vermieden werden können, die den Wirtschaftskrieg von einem Tag zum andern in einen blutigen Militär- und Bürgerkrieg verwandeln würden.

Die Deutschen haben durch die Ausfuhrsperre gegen Frankreich, die Franzosen durch die Ausfuhrsperre gegen das unbesetzte Deutschland die Hauptarbeitsmöglichkeiten des Ruhrgebietes unterbunden. Dennoch lässt sich das Bestreben, eine allzu grosse Ausdehnung der Arbeitslosigkeit zu vermeiden oder doch vor der Bevölkerung des Ruhrgebietes nicht als deren Verursacher dazustehen, auf beiden Seiten wahrnehmen. Wo es infolge von französischen Eingriffen zum Betriebsstillstand oder zu demonstrativer Arbeitsniederlegung kommt, scheinen Pfuschereien einzelner Generäle und nicht Absichten von höchster Stelle vorzuliegen.

Ich glaube aber, dass man weder in Paris noch in Berlin die bewusste Absicht hat, dem chaotischen Zufall noch mehr Spielraum zu gewähren, als er ohnehin schon hat. Und ich wunderte und entsetzte mich deshalb immer wieder darüber, dass die gegnerischen Parteien nicht wenigstens zu gewissen Abmachungen gelangen können, die Vermeidbares vermeiden lassen und das Pulverfass vor Funken schützen, solange das grosse Feuer es noch nicht umhüllt.

Was jetzt an der Ruhr vor sich geht, ist *Krieg,* auch wenn beide Parteien das schreckliche Wort wegdisputieren und die Franzosen von «Schutz der Ingenieurmission», die Deutschen von «passivem Widerstand» reden. Es ist Krieg von einer bisher unbekannten Art: *Wirtschaftskrieg.* Als neue Erscheinung bringt er, wie der Tauchbootkrieg unseligen Angedenkens, auch neue Methoden mit sich. Darunter sind solche, die man, solange er dauert, keiner Partei wird ausreden können, weil sie sein eigentliches Wesen ausmachen: auf französischer Seite die Ausfuhrsperre gegen das unbesetzte Deutschland, auf deutscher Seite die Ausfuhrsperre und das Transportverbot gegenüber Frankreich und Belgien.

Aber es gibt in diesem neuartigen Krieg auch Feindseligkeiten, die man unterlassen oder mildern könnte, ohne die Erreichung des Kriegszieles zu beeinträchtigen. Ich denke da vor allem an den Boykott im Kleinverkehr, an die Polizeidesorganisation und an das gegenseitige Sichschneiden der Behörden.

Der von den Deutschen gegenüber den Invasionstruppen verhängte und ziemlich konsequent durchgeführte Boykott im Kleinverkehr ist mehr eine Sache des Gemüts als der Raison. Es tut dem Bürger und Arbeiter an der Ruhr wohl, wenn er sieht, wie dem Franzosen im Laden und im Wirtshaus die Bedienung verweigert wird, und er nimmt es, besonders wenn er nicht selbst Betriebsinhaber ist, gerne in Kauf, dass infolgedessen zahlreiche Lokale von den Franzosen geschlossen worden sind. Dass er dazu auch noch eine gefährliche Verbitterung des französischen Soldaten, deren Opfer bei einem Anlass er selbst werden kann, mit in Kauf nehmen muss, wird ihm weniger bewusst. Es ist aber doch so. Das wäre zu vermeiden.

In Essen

Mein Standquartier schlug ich in einem Essener Hotel auf, weil Essen wirtschaftlich und politisch das Zentrum des besetzten Ruhrgebiets ist. Die andern Städte sind von dort aus mit den spärlichen Eisenbahnverbindungen erreichbar, die entweder vom deutschen Betrieb noch übrig geblieben oder vom französischen Militärbetrieb übernommen worden sind. Ausserdem verkehren aber von Stadt zu Stadt immer noch elektrische Strassenbahnen, und wer in Schweizergeld rechnet, kann auch ganz gut Automobildroschken benützen.

Ich höre nun die Fragen: Haben die Deutschen recht, wenn sie behaupten, es herrsche französischer Militärterror in Essen, weder das Privateigentum, noch Leben und Gesundheit der Einwohner seien sicher vor brutalen Eingriffen?

Oder haben die Franzosen recht, wenn sie behaupten, von Terror sei keine Rede, ihre gewaltsamen Eingriffe beschränkten sich auf die unumgängliche Abwehr deutscher Resistenz- und Sabotageversuche, sie seien nach Kräften bemüht, die Existenz der untern Bevölkerungsschichten erträglich zu gestalten?

Ich stelle vorweg fest, dass von Terror, wenn man darunter ein Regime à la Löwen oder Sowjetrussland versteht, nicht gesprochen werden kann. Ein Reisender, der ganz ahnungslos hereingeschneit käme, könnte das Strassenleben zunächst nicht von dem einer stark belegten Garnisonsstadt unterscheiden. Man hört viel davon, dass Passanten von französischen Offizieren und Soldaten rücksichtslos vom Trottoir gestossen würden. Auch ich habe solche Fälle von einwandfreien Zeugen vernommen. Aber zahlreich können sie nicht sein; denn nirgends, weder im wimmelnden Stadtzentrum noch in den Aussenquartieren, habe ich bemerkt, dass das Publikum die Begegnung von Militärpersonen fürchtet, und das wäre doch sicher der Fall, wenn man Kolbenstösse riskierte. Der Verkehr flutet bis in die späten Nachtstunden hin und her, wie wenn zwischen Zivilisten und Militär kein Unterschied bestünde. Ähnlich steht es mit der Sicherheit der Läden. Es sind gut beglaubigte Fälle vorgekommen, wo Soldaten, denen in Ladengeschäften die Waren verweigert wurden, sich solche einfach genommen und dafür einige unzulängliche Scheine auf den Tisch geworfen haben. Aber weder die prunkvollen Läden der Hauptstrassen, wo man mit einem Griff Markmillionenwerte zusammenraffen kann, noch die bescheidenen in den Arbeitervierteln sind geschlossen, wie vorauszusetzen wäre, wenn jene Fälle von räuberischer Expropriation zahlreich wären.

Was von der Eigentumsbedrohung im Kleinen, gilt auch von der im Grossen. Es sind, wie man weiss, im ganzen Ruhrgebiet Beschlagnahmungen von Bankgeldern vorgekommen. Aber sie haben nicht einen derartigen Umfang angenommen, dass der Bankverkehr sich durch sie wesentlich hätte stören lassen.

Zu den Dingen, die sich bei näherer Betrachtung als Übertreibungen erweisen, gehört auch die Kunde von massloser Inanspruchnahme von Spitalbetten und die vom deutschen Propagandadienst besonders bevorzugte Beschuldigung, das französische Militär trinke den kleinen Kindern die Milch weg. Die Milchnot war schon vor der Besetzung wie überall im industriellen Deutschland gross. Sie hat durch die Besetzung tatsächlich einen fast unerträglichen Grad erreicht, aber infolge der Verkehrsdesorganisation, nicht infolge der Milchgier der Soldaten, die, mit Ausnahme der Kranken, tagaus, tagein keine Milch zu sehen bekommen. Auf die sonstigen Ernährungsverhältnisse hat die Besetzung noch auffällig wenig eingewirkt. Das kommt aber schon noch!

In Bochum

Die geschilderten Verhältnisse in Essen mögen etwa den Normaltyp des französischen Besetzungsregimes vorstellen. Es gibt aber auch Städte, die in eine besondere Kur genommen werden, wie aus den Meldungen über die Vorfälle in Recklinghausen, Gelsenkirchen und Bochum zu ersehen war. Ich bin, um eine Stichprobe von diesem Sonderregime zu bekommen, den Verhältnissen in Bochum etwas nachgegangen. Wodurch sich diese Stadt die besondere Ungnade zugezogen hat, ist schwer festzustellen. Irgend etwas, ein Angriff gegen Offiziere oder dergleichen, scheint vorgefallen zu sein. Aber weder von französischer noch von deutscher Seite erhält man brauchbare Auskunft.

Das Bochumer Strafsystem beruht auf einem komplizierten Mechanismus von zeitlichen und lokalen Strassenverboten, Ausweisvorschriften und dergleichen. Es ist so eingerichtet, dass, wer nicht in seinen vier Wänden bleiben kann, sich straffällig machen muss. Niemand kann jederzeit genau wissen, von welcher Abendstunde an heute das Betreten der Strasse verboten ist, wo ein neues Passierverbot erlassen worden ist; und die Beschaffung der Ausweise für alle diejenigen Teile der Grossstadtbevölkerung, die solche jetzt nötig hätten, ist schon dadurch von den Franzosen vorweg verunmöglicht worden, dass die in Betracht kommenden Polizei- und Verwaltungsbureaux besetzt wurden.

So geraten denn jeden Tag unzählige Bochumer Zivilisten in irgendeine französische Falle. Die Schafe werden dann von den Böcken geschieden, das heisst die Arbeiter von den Herren. Die Arbeiter lässt man ihrer Wege gehen, wenn sie sich durch schwielige Hände oder dadurch, dass sie ein Butterbrot in der Tasche haben, als solche ausweisen können. Die Herren werden abgeführt und haben in irgendeinem Interimsgefängnis die Nacht, manchmal aber auch längere Zeit, zuzubringen. Dort macht man ihnen durch Versagen erträglicher Ruhegelegenheit und Auferlegung niedriger Arbeiten das Leben so sauer wie möglich. Sie müssen zum Beispiel ihr Gelass mit einem Besen ohne Stiel reinigen. Einer der Betroffenen sagte zu mir, die Wegnahme des Stiels habe nur den Zweck, die Gefangenen zum Bücken zu zwingen. Ich glaube eher, dass man sie vor der Versuchung bewahren will, den Besenstiel in einem Moment überkochenden Grimms als Waffe zu verwenden. Wie dem auch sei, unangenehm ist es. Wer irgendwelche Widersetzlichkeit wagt oder auch nur in den Verdacht solcher Absichten gerät, hat Misshandlungen durch Kolbenstösse, Fusstritte usw. zu gewärtigen.

Ein anderer Bochumer Vorfall, der im ganzen Ruhrgebiet grosses Aufsehen erregte, war die nächtliche Verheerung der Handelskammer. Die französische Abteilung, die diesen Auftrag ausführte, hat die wichtigsten Akten und den Grossteil der Möbel mitgenommen, sonstiges Material in Unordnung gebracht und auf den Boden zerstreut und die Telephoneinrichtungen gründlich zerstört. Der Augenschein, den ich genommen habe, hinterliess mir den Eindruck, dass die ausführenden Organe – wohl unter dem Einfluss der im Keller vorgefundenen Alkoholvorräte – weiter gegangen sind, als sie ursprünglich gehen sollten oder wollten. Die Instruktion hat wohl auf Beschlagnahmung der Akten und Sabotierung des Weiterbetriebs des Instituts gelautet. Eine gänzliche Demolierung scheint nicht beabsichtigt gewesen zu sein; sonst wären zum Beispiel nicht fast sämtliche Fensterscheiben heil geblieben. Aber es ist dann auch zu ganz sinnlosen Verwüstungen gekommen, indem zum Beispiel Ölgemälde von der Wand gerissen und zerfetzt wurden. Die Entrüstung der Bochumer Handels- und Industriewelt über das Vorgefallene wandelte sich in Verachtung, als später bekannt wurde, dass in Paris nur eine reguläre Haussuchung zugegeben und der Rest der Verheerungen den Deutschen selbst zugeschrieben wird.

An dem schleppenden Gang der Sache ist vielleicht die Verwirrung und die natürliche Verantwortungsscheu schuld, die die Franzosen durch Verhaftung fast aller Verwaltungsspitzen in die städtischen Behörden getragen haben. Es scheint oft unendlich Mühe zu machen, bis man sich zwischen Franzosen und Deutschen über die einfachsten, im beiderseitigen Interesse liegenden Dinge, arrangiert. Auch davon ein Beispiel: Als zur Zeit meines Essener Aufenthalts der Hauptbahnhof plötzlich besetzt wurde, lag dort ein grosses Milchquantum zum Abladen bereit. Die Franzosen behaupteten, es der Stadt sofort zur Verfügung gestellt zu haben. Die Deutschen behaupteten, es werde den Säuglingen vorenthalten und dem Verderben ausgesetzt. Ich vermute, dass es einfach an der richtigen Kommunikation zwischen den beiden Parteien gefehlt hat und dass man sich auf Kosten der armen Kinder, wenn nicht ganz geschnitten, so doch das Wort nicht recht gegönnt hat. Auch solche Dinge könnten vermieden werden, ohne dass der eine oder andere Teil ein Prinzip oder eine wichtige Kampfposition preisgeben müsste.

Wenn in jeder grösseren Ortschaft des besetzten Gebiets ein Chargierter des Internationalen Roten Kreuzes, der geläufig deutsch und französisch spricht, dem Platzkommando attachiert wäre, so könnte viel – und vielleicht entscheidendes! – Unheil vermieden werden. Wenn in Genf der Völkerbund unfreiwillig schläft, so muss deswegen doch nicht ganz Genf im Dornröschenschlaf liegen. Soll sich seine ältere Schwester, das Rote Kreuz, etwa drum nicht regen, weil kein Präzedenzfall vorliegt, weil der Wirtschaftskrieg eine neue Erfindung ist? Wenn die Menschheit die Zeit von Kain bis auf Henri Dunant gebraucht hat, um zu erkennen, dass man erbitterte militärische Kriege führen und doch das Los der Verwundeten und Gefangenen erleichtern kann, so brauchen deswegen nicht ebenso viele Jahrtausende zu vergehen, bis sie erkennt, dass der Wirtschaftskrieg ein gewisses Mass von vernünftigem Einvernehmen zwischen Okkupationstruppe und Bevölkerung ohne Beeinträchtigung seines Zweckes ertragen kann. Ich glaubte, den Rückblick auf meine kleine Ruhrreise nicht abschliessen zu dürfen, ohne diese Überzeugung zu Papier gebracht zu haben. Möge er einige Leser finden, die nicht nur Verständnis, sondern auch den nötigen Einfluss haben!

Eine Reise nach Estland, 1928

Im Sommer 1928 wurde eine grössere Schar von Journalisten von der estländischen Journalistenvereinigung eingeladen, das grosse nationale Gesangfest und das zehnjährige Bestehen der Republik Estland mitzufeiern. Albert Oeri hat darüber im Sonntagsblatt der «Basler Nachrichten» am 2. September 1928 berichtet. Die folgende Kurzfassung hat etwa einen Viertel der Länge des Originaltextes. Natürlich konnte Oeri in seinem Bericht nur die Existenzfähigkeit des jungen Staates bezeugen. Aber dass dieser einen «sehr bösen Nachbarn» hatte, sah er realistisch schon zwölf Jahre vor der Annexion durch die Sowjetunion. Der Basler Grossrat, von dem Oeri scherzhaft meinte, er werde ihn «herauspauken», war der Nationalrat Franz Welti (1879-1934). Er präsidierte von 1917 bis 1927 die kommunistische Partei der Schweiz.

Oeri hat seine Reise auch literarisch vorbereitet. Vor der Estlandreise las er das eben erschienene Buch «Das Spektrum Europas» vom estnischen Philosophen Hermann Keyserling. Dieser hatte einige boshafte Dinge über die Schweiz geschrieben, etwa «Warum für dieses Bergvolk geradezu Hässlichkeit charakteristisch ist und nicht wie bei den Kaukasiern Schönheit, lässt sich zunächst nicht erklären ... die eigentlichen Bergschweizer haben etwas Gnomenhaftes.» (Spektrum S. 285) Der Aufsatz Keyserlings hatte, wie man sich denken kann, ein heftiges Echo geweckt. Noch im gleichen Jahr, 1918, erschienen drei Rezensionen von bekannten Schweizern, nämlich von Max Rychner, Fritz Ernst und C.G. Jung.

Nun war ich also in Reval! Heutzutage darf man aber nicht mehr «Reval», sondern muss «Talinn» sagen. «Reval» ist zwar anscheinend der estnische Urname der Stadt. Aber es hat den deutschen Zwingherren beliebt, ihn zu gebrauchen. Also ist er den freien Esten verhasst, und sie sagen «Talinn», was da heisst «Dänenstadt», also viel direkter an eine Fremdherrschaft erinnert, aber an eine halb vergessene; im Jahre 1219 haben die Dänen die Esten in blutiger Schlacht besiegt und auf einem Kalkfelsen am Meeresstrand die Burg von Reval gebaut.

Dieser Burgberg mit seinen mächtigen Mauern und Türmen beherrscht noch heute das Bild der etwa 125'000 Einwohner zählenden estnischen Hauptstadt. Ich kenne wenige so pittoreske Städtebilder in Europa. Immer und immer wieder war es eine Freude für mich, durch die Strassen und über die Wälle der Altstadt zu spazieren und die mittelalterlichen Prospekte zu geniessen.

Ob wohl nach dem Warschauer Beispiel einmal die russischorthodoxe Kathedrale wird verschwinden müssen? Ich hoffe es nicht, obwohl ihre Zwiebeltürme von gewissen Stellen aus gesehen eine geradezu groteske Störung der Silhouette der Revaler Akropolis bilden. Ich wollte einmal an einem Abend aus Neugier die Nase in dieses Gotteshaus stecken und nach ein paar Minuten wieder hinausgehen. Aber ich bin stundenlang geblieben, weil ich das unvermutete Glück hatte, einem ergreifend schönen und imposanten Kultus beizuwohnen. Die Haupthandlung war die Segnung von Broten durch farben- und goldstrahlenden Klerus mit wundervoller Gesangsbegleitung. Die Gemeinde bestand nicht mehr wie zur Zarenzeit aus den Landesregenten, der Generalität und den Spitzen der russischen Gesellschaft, sondern aus spärlichem, dürftigem Volk. Ein gräulicher verlumpter Idiot drängte sich überall hinzu. Aber ich habe doch wohl kaum irgendwo eine so tiefe Andacht wie bei diesem armen Rest der russischen Bevölkerung von Reval gesehen. Eine Nonne, die neben mir die Stirn auf den Boden presste, war ganz unheimlich in ihrer Ekstase.

Nun ist es aber Zeit, dass ich von den Relikten aus der deutschen und aus der russischen Vergangenheit Revals übergehe zu dem, was ich von estnisch-nationaler Gegenwartskultur gesehen habe.

Diese kennen und schätzen zu lernen, bot das neunte allestnische Sängerfest, zu dem wir Presseleute geladen waren, die vorzüglichste Gelegenheit. Die grossen Sängerfeste bildeten in der Russenzeit des vorigen Jahrhunderts die beste, ja die einzige Möglichkeit zu nationaler Sammlung und Repräsentation des Estentums; deren erstes wurde 1869 in Dorpat mit 800 aktiven Teilnehmern abgehalten. Die Erlaubnis musste jeweilen in St. Petersburg mit List und Geduld erwirkt werden. Man wurde zum Beispiel vorstellig, es gelte, im Jahr 1880 ein Dankfest zur 25. Jahresfeier des Regierungsantritts Kaiser Alexanders II. zu veranstalten. Wenn man einen so guten Vorwand und ein paar Jahre Geduld hatte, so überwand der Byzantinismus der russischen Regierungskreise schliesslich immer die Bedenken gegen den estnisch-nationalen Charakter der Feste, und es gelang zur Zarenzeit, deren sieben abzuhalten, von denen das letzte, im Jahr 1910, bereits mehr als 10'000 Mitwirkende umfasste und zu einer gewaltigen nationalen Demonstration gegen die Russifizierungspolitik des damaligen Gouverneurs Korostowetz wurde. Im freien Estland aber wurde 1923 das achte Sängerfest und also 1928 während unseres Aufenthaltes das neunte abgehalten. Dieses galt zugleich als Jubiläumsfeier für das zehnjährige Bestehen der Republik Estland und dauerte drei Tage, von Samstag, 30. Juni, bis Montag, 2. Juli.

Beteiligt waren an dem Fest 340 gemischte Chöre mit 12'300 Mitgliedern, 25 Männerchöre mit 2'147 Sängern und 71 Blechmusiken mit 1'400 Bläsern. Wir konnten diese musikalischen Heerscharen in einem 5 Kilometer langen Festzug an uns vorbeidefilieren sehen. Er war sichtlich aus allen Schichten des Volkes gemischt, aus Städtern, Bauern, Fischern, Arbeitern, Soldaten und Studenten. Die alten, schönen Volkstrachten waren namentlich bei den Teilnehmerinnen von den Inseln stark vertreten. Über die Gestalt und Schöne dieser Frauen will ich mich nicht auslassen, sonst heisst es am Ende, das sei eine Retourkutsche für das, was der aus Estland stammende Graf Keyseling im «Spektrum Europas» über die Schönheit der Schweizer geschrieben hat. Vom Volkstypus im allgemeinen kann ich nur sagen, dass es mir nicht gelungen ist, wesentliche Charakteristika des Estentums herauszufinden. Es ist der gleiche kräftige, etwas harthölzige Schlag, den man auch in den übrigen Ostseeländern findet.

Da das allestnische Sängerfest, wie bereits gesagt, nicht nur ein künstlerisches Ereignis, sondern zugleich eine politische Feier sein soll, wurden von der Festbühne aus auch einige Reden gehalten. Vor allem sprach Herr Jan Tönisson, der Präsident der Republik, oder, wie man in Estland einfach und nett sagt, «der Staatsälteste» zu der versammelten Zuhörer-Landsgemeinde. Entgegen dem schweizerischen Brauch bei ähnlichen Festen zerlegte man die Veranstaltungen nicht in einen technischen Teil und ein abendliches Hüttenleben. Eine Festhütte mit Bankett- und Redebetrieb gab es überhaupt nicht. Wer während der Rede- und Konzertpausen Durst hatte, konnte sich am Festplatzrand ein süssliches Tränklein kaufen. Der Alkohol spielte beim ganzen Fest keine Rolle.

Von Reval aus habe ich auch einen ganz kurzen Abstecher nach Helsingfors gemacht. Man kann von Estland aus die finnische Hauptstadt zu Lande, über Wasser oder durch die Luft erreichen. Der Eisenbahnweg schied für mich aus, denn der führt über Sowjetrussland und ist für bürgerliche Schweizer zur Zeit noch immer nicht praktikabel. Vom Luftweg behaupten böse Zungen, er sei sehr empfehlenswert in der Richtung Finnland-Estland, nicht aber umgekehrt, weil Finnland trocken ist, die Piloten also vor der Abfahrt von dort keinen Schoppen nehmen können, das Versäumte aber hin und wieder vor der Abfahrt aus dem nassen Estland allzu sehr nachholen; darum sei im vorigen Winter einmal beim Flug von Estland nach Finnland ein Aeroplan mit

Mann und Maus verschwunden. Als guter Familienvater würde ich nicht gerne mit Maus verschwinden, habe darum den Wink befolgt und bin von Estland nach Finnland übers Meer, von Finnland nach Estland durch die Luft gereist. Die Meerfahrt dauerte wegen rauher See gegen sechs Stunden, die Luftfahrt vierzig Minuten. Auf dem Dampfschiff hatte ich gratis das Schauspiel der langsamen Vernichtung eines vom Sängerfest heimkehrenden Jungfrauenchors durch die Seekrankheit. Im Flugzeug sass ich allein mit einem andern luftfesten Herrn und genoss die Wonne der wundervollen Aussicht auf das grüne Meer, die finnischen Festungsinseln und die waldigen Küsten Estlands in vollen Zügen. Ich hatte, da mein Pilot nieder flog, nicht das geringste Gefühl von Gefahr. Vier Tage nachher ist dann aber ein Flugzeug wegen eines Motordefekts aufs Meer heruntergeplumpst, und zwar auch in der «harmlosen» Richtung Finnland-Estland. Es setzte sich als Wasserflugzeug ganz nett auf die Wellen und hielt sich über Wasser, bis ein deutsches Segelschiff kam und die Leute aufnahm. Mir war der Gedanke, dass auch mir ein solches Abenteuer hätte passieren können, doch nicht ganz gemütlich. Zumal da das hilfreiche Schiff zufällig auch ein sowjetrussisches hätte sein und mich nach Leningrad hätte retten können! Was dann weiter zu tun gewesen wäre – zum Beispiel Telegramm an den kommunistischen Grossratskollegen Dr. Franz Welti: «Bitte herauspauken. Besten Dank im voraus. Oeri.» – hätte mir nicht übermässig gelächelt...

Unsere Reiseregie hatte die liebenswürdige Aufmerksamkeit, uns wenigstens einen Blick in das gelobte rote Reich tun zu lassen, indem sie unsern Zug bis dicht an die Sowjetgrenze heranführte. Wir stiegen bei strömendem Regen aus und schauten hinüber. Ein Schlagbaum, der für die wenigen kursierenden Eisenbahnzüge geöffnet wird, zeigt die eigentliche Grenze. Zu ihren beiden

Seiten zieht sich, soweit das Auge reicht, eine doppelte Stacheldrahthecke hin. Zur Zeit der Maienblüte des Bolschewismus war der Anblick belebt durch Menschenleiber, die in ihren Drähten hingen. Es war damals Brauch bei den roten Grenzwachen, den Bourgeois und Aristokraten, die beim Versuch der Flucht nach Estland ertappt wurden, zuzuflüstern, sie sollten Gold und Juwelen hergeben und könnten sich dann über die Grenze drücken. Bei der Überkletterung des Stacheldrahts schoss man die Flüchtlinge dann ab und liess sie an der Hecke hängen. Diese muss zu jener Zeit ausgesehen haben wie ein Dornbusch, an dem der wüste Vogel, den man Würger oder Dorndreher nennt, seine Opfer aufgespiesst hat. Jetzt stört nichts mehr die Monotonie der Grenzzone.

Jenseits der Grenze sahen wir die rote Schildwache auf- und abschreiten. Sie war aber gar nicht rot, sondern steckte bis über die Ohren in einem Khakimantel und schneuzte sich, da sie sich bei dem Regenwetter offenbar den Schnupfen geholt hatte, in ein anerkennenswert weisses Taschentuch. Über dem Bahngeleise hatten die Russen ein paar Meter hinter der Grenze eine Art Ehrenpforte errichtet mit einer Inschrift. Es hätte darauf stehen können: *«Lasciate ogni speranza voi ch'entrate.»* Da ich den Sowjetgewaltigen aber nicht so viel Selbsterkenntnis zutraue, nahm ich an, die Inschrift rufe dem bourgeoisen Ausland einen Gruss aus Götz von Berlichingen oder so etwas zu. Aber weit gefehlt. Die Inschrift hiess vielmehr, wie ich belehrt wurde: «Willkommen, ihr Werktätigen des Westens!» Da ich auch ein Werktätiger des Westens bin, nahm ich den Gruss mit Genugtuung entgegen, war aber doch froh, dass ich in Estland bleiben und am Nachmittag eine schöne Dampferfahrt auf der Narowa bis zu ihrer Mündung ins Meer machen durfte.

Hier ist wohl der Ort, auch etwas über den Stand des Minderheitenproblems in Estland zu sagen. Von der Bevölkerung Estlands sind estnisch 87,7 Prozent, russisch 8,2, deutsch 1,7, jüdisch 0,4, schwedisch 0,7, sonst etwas 1,4 Prozent. Von diesen Nationalitäten sitzen die wenigen Schweden auf einigen Inseln, die zahlreichen Russen in der Gegend der merkwürdigen Klosterstadt Betschur ziemlich kompakt beisammen und können dank der weitgehenden lokalen Selbstverwaltung ihre Kulturbedürfnisse befriedigen, weil sie an Ort und Stelle in der Mehrheit sind. Ungleich schwieriger ist die Lage der Deutschen. Sie, die jahrhundertelang die politischen und auch zur Schweden- und Russenzeit noch die kulturellen Landesherren gewesen sind und ihre Macht bis aufs Äusserste ausgenützt haben, wohnen nirgends so dicht beisammen, dass sie die lokale Mehrheit ausmachen würden. Sie sind über alle Städte und das flache Land verteilt. Ihnen ist nun der estnische Staat durch das «Gesetz über die Kulturselbstverwaltung der Minoritäten» in einem Grade entgegengekommen, wie kein anderer Staat mit ähnlichen Verhältnissen es getan hat. Ein von ihnen selbst gewählter «Kulturrat» betreut ihre Interessen, namentlich auf dem Gebiete des Schulwesens. Der Staat bezahlt an ihr Unterrichtsbudget so viel wie für die entsprechenden estnischen Anstalten; und darüber hinaus haben sie ein Besteuerungsrecht gegenüber ihrer Gemeinschaft.

Mir ist das Verhältnis des normalen Esten zum Alkohol überhaupt nicht klar geworden. Bei Beginn der Mahlzeiten, die nach skandinavischer und russischer Sitte mit ausgiebigen hors d'oeuvres eingeleitet werden, verleibt er sich einen oder mehrere Schnäpse ein, um die schwere Kost zu zerreissen. Unsereiner kann diesen Betrieb ein- bis dreimal mitmachen, dann lässt er es bleiben aus Sorge um Hirn und Magen. Aber der Ostseemensch treibt es jahrein, jahraus so und wird alt dabei. Er ist an Leib und Seele so stocknüchtern, dass ein Quantum Alkohol, das bei uns bereits zur Belebung einer kleinen Tafelrunde genügen würde, nicht einmal hinreicht, um aus einem Einzelnen einen Funken Lustigkeit herauszuschlagen. Ich glaube, lustig sind die Leute dort oben überhaupt nie. Ein scharfer englischer Beobachter und ich haben uns auf der Heimreise über unsere Wahrnehmungen unterhalten und haben beide festgestellt, dass wir etwa zehn Tage lang niemanden lachen gehört hatten, nicht einmal ein Kind. Aber eine Seele hat diese baltische Menschheit offenbar doch. Sonst hätte sie ihre einfache, zarte Volkspoesie nicht hervorgebracht und würde nicht so gerne singen.

Wenn Estland der Friede erhalten bleibt, wird es sich in wenigen Jahrzehnten aufs Glücklichste entwickeln. Seine Politik, das hat uns der Staatspräsident Tönisson und der Aussenminister Rebane nachdrücklich versichert, ist darum mit aller Energie auf die Friedenswahrung gerichtet. Wir wussten dies übrigens schon aus der Beobachtung der Haltung der estnischen Delegation an den Genfer Völkerbundsversammlungen. Aber: «Es kann der Frömmste nicht in Frieden bleiben, wenn es dem bösen Nachbar nicht gefällt!» Und Estland besitzt in Sowjetrussland einen sehr bösen Nachbarn. Er hat an einem Dezembertag des Jahres 1924 in der Hauptstadt Reval durch seine Emissäre einen Putsch organisiert, der allerdings nach wenigen Stunden komplett zusammenbrach, weil Armee und Volk nicht mitmachten. Wenn Sowjetrussland der estnischen Republik beikommen will, so wird es schon mit seiner eigenen Roten Armee anrücken müssen. Gegen diese Gefahr verlässt sich Estland auf seine kleine, aber gut ausgebildete stehende Armee und ausserdem auf seinen leicht mobilisierbaren Kaitse Kodu, zu deutsch «Heimatschutz». Wir haben einmal eine Gefechtsübung dieser Miliz mitansehen können und nachher das Lager der betreffenden Abteilung in einer Waldlichtung bemerkt.

Es herrschte ein strammer und fröhlicher Geist unter diesen alten und jungen Freiwilligen, nicht zum mindesten vielleicht auch darum, weil als belebendes Element Heimatschützerinnen den Küchen- und Sanitätsdienst besorgten. Letzteres ist eine nicht uninteressante Ergänzung des Frauenstimmrechts, das Estland selbstverständlich besitzt. Bei der Fahnenweihe einer estnischen Division, die uns die ausgezeichnete Haltung der regulären Armee kennen lehrte, hat ausser Ministern und Generälen auch eine Führerin der weiblichen Miliz eine Rede gehalten. Sie klang sehr energisch, verstanden habe ich sie aber nicht. Die Militärmusik spielte dazu «Ein' feste Burg ist unser Gott» und «Jerusalem, du hochgebaute Stadt». Das verstand ich.

Natürlich wäre trotz allem die Lage Estlands prekär, wenn es allein einen russischen Angriff auszuhalten hätte. Darum liegt für die estnische Freiheit wie für die der andern Randstaaten das Heil in möglichst engem Zusammenschluss. In dieser Beziehung ist noch lange nicht alles erreicht, was erreicht werden sollte. Schon rein wirtschaftlich halten diese Staaten noch nicht genügend zusammen, wie das Beispiel der Währung zeigt: Estland hat die skandinavische Kronenwährung, Lettland die schweizerische Goldwährung, Litauen eine auf dem Dollar basierende Währung, Finnland eine zufällige Stabilisierungswährung. Auf wirtschaftlichem, politischem und militärischem Gebiet werden die Randstaaten durch Einigkeit stark werden.

Es gibt Pessimisten, die sagen, auch alle Einigkeit werde den neuen Staaten nichts nützen gegenüber dem Willen des russischen Kolosses, seine Randgebiete an der Ostsee wieder zu erlangen. Ich teile diese Befürchtung schon darum nicht, weil Sowjetrussland heute sogar den Ostseezugang, der ihm verblieben ist, Petersburg, vernachlässigt und seine Expansivkraft nach Asien dirigiert. Und im übrigen ist doch auch darauf hinzuweisen, dass Grossmächte wie Deutschland und Frankreich an wichtigen

Flussmündungen und Gebirgsübergängen die Randstaaten Holland, Belgien und Schweiz dulden können, ohne unter dem Nichtbesitz dieser Gebiete zu leiden. Selbstverständlich dürfen Randstaaten keine schikanöse Wirtschaftspolitik gegen mächtige Kernländer treiben. Das ist die eine Voraussetzung ihrer Lebensmöglichkeit, und die andere ist der unbeugsame Freiheitswille ihrer Völker. Diesen Willen besitzen nach jahrhundertelanger Knechtschaft die Esten heute in höchster Potenz. Darum wird es dem zähen, fleissigen und sparsamen Volk gelingen, sein junges Staatswesen auszubauen und zu erhalten. Das ist die feste Überzeugung, die ich von meiner estnischen Reise nach Hause gebracht habe.

Drei Wochen in Spanien, 1929

Im Juni 1929 hielt sich Albert Oeri drei Wochen in Spanien auf. Der Völkerbund hatte seine Sitzungen ausnahmsweise nach Madrid verlegt; der Journalist Oeri reiste darum dorthin, besuchte aber auch andere Städte und berichtete darüber im Sonntagsblatt der «Basler Nachrichten» vom 25. August 1929. Von den Völkerbundgeschäften erzählt Oeri nichts, aber Geschichte und Kunst Spaniens werden in zwar kurzen, aber prägnanten Darstellungen erhellt. Der Besuch eines Stierkampfes erregte ihm eher Übelkeit als Vergnügen. Hingegen lernt man im Bericht die Vorlieben des Kunstfreunds kennen.

Der erwähnte Primo de Rivera (1870-1930) war spanischer General; er regierte unter dem spanischen König Alphons XIII. diktatorisch.

Zuerst weilte ich ein paar Tage in *Barcelona*. Man kann diese Stadt das spanische Mailand nennen. Wie das italienische Mailand ist sie zwar nicht die Landeshauptstadt, übertrifft aber jene an wirtschaftlicher Bedeutung als Kapitale von Handel und Industrie. Aber der Vergleich stimmt doch nicht ganz. Die Stadt Mailand ist italianissima und darum eine gute Schwester der Hauptstadt Rom. Barcelona ist allerhöchstens eine Stiefschwester von Madrid. Viele seiner Einwohner bestreiten überhaupt jede Verwandtschaft. Barcelona ist für sie die Hauptstadt Kataloniens und damit basta. Von den Kastilianern und deren Hauptstadt Madrid wollen sie so wenig wie möglich wissen.

Ich habe in den 1760 geschriebenen spanischen Reisebriefen des britischen Gesandtschaftspredigers Clarke den Satz gelesen: «Barcelona ist gross, aber die Strassen schmal und finster und so voll Emsigkeit, dass man die Einwohner nicht für Spanier halten sollte.» Prägnanter kann man sich nicht ausdrücken. Auch mit den schmalen und finstern Strassen stimmt es noch jetzt, aber nur für die Altstadt, die zu modernisieren man sich keine Mühe gegeben hat. Alle kommunalen und privaten Mittel wurden in die neuen Quartiere gesteckt, mit denen sich Barcelona an jeder modernen Grossstadt messen kann. Man glaubt, in Genua oder Mailand zu sein, wenn man durch die Rambla, den grossen Corso, geht und das lebhafte, schöne Volk bewundert, das eine besondere Freude an bunten Blumen hat.

Persönlich machte mir während meines Aufenthaltes in Barcelona weitaus das grösste Vergnügen ein Tagesausflug nach dem Berge *Montserrat*. Dieser wird oft mit dem Gralsberg des romantischen Mittelalters identifiziert. Weshalb, ist mir beim Anblick des Berges nicht klar geworden. Wenn ich mir den Gralsberg vorstelle, so sieht er aus wie der Mont S. Michel; er ragt als einsame Kuppe mit seinen Mauern und Türmen zum Himmel hinauf. Der Montserrat ist zwar auch ein isoliertes Gebirge und steigt aus dem Lobregattal, das nur etwa 100 Meter über Meereshöhe liegt, bis zu 1233 Meter schroff empor. Aber er ist keine Kuppe, sondern, aus der Ferne gesehen, eine gezackte Wand, ein «Sägeberg», wie sein Name wörtlich besagt (lateinisch *serra,* die Säge). Die katalanische Form Montsagrat, «heiliger Berg», ist wahrscheinlich eine volksethymologische Weiterbildung des ursprünglichen Montserrat und leitet dann zum Montsalvat *(Mons salvationis)* der französischen Gralssage hinüber.

Eine Nachtfahrt brachte mich von Barcelona nach *Madrid,* wo ich in fürchterlicher Hitze zu arbeiten hatte, ohne dass viel dabei herauskam. Es ist darum vielleicht nicht so sehr objektive Gerechtigkeit als persönliche Verdriesslichkeit, die mich sagen lässt, dass Madrid nicht zu den anziehendsten Hauptstädten Europas gehört. Die spanischen Könige haben nicht viel für ihre Entwicklung getan. Als Philipp II. die Residenz dorthin verlegte, veranlasste er nicht etwa den Hof und den Adel, wie es die französischen

Könige für Paris, die preussischen für Berlin getan haben, sich stattliche Paläste zu bauen, sondern auferlegte den bürgerlichen Besitzern grosser Häuser die Pflicht, die *haute volée* bei sich zu logieren. Das spornte natürlich die Bautätigkeit nicht an. Wer bauen musste, baute *Casas de malicia,* Häuser, die wegen ihrer Kleinheit dem Logierzwang nicht unterstanden. Wie man sieht, ist es also nicht erst der moderne Staat, der sich bei Experimenten zur Lösung der Wohnungsfrage gelegentlich die Finger verbrannt hat. Heute, wo die Bautätigkeit in Madrid frei ist, entstehen gut angelegte moderne Quartiere, und durch das Stadtinnere sind einige Strassenzüge gerissen worden, die an Pomp keine amerikanische Stadt hinter sich lassen. Ein organisches Städtebild ist aber auf diese Weise natürlich nicht entstanden. Die schönsten Stadtteile sind immer noch die, wo die Könige ihre Paläste hineingebaut und ihre weiten Parke angelegt haben. Für diese letztern ist man um so dankbarer, als die weitere Umgebung von Madrid geradezu fürchterlich kahl und verbrannt ist. Im grossen Königspalast habe ich einem feierlichen Empfang der Völkerbundsgäste beiwohnen dürfen. Es bereitete mir unsägliches Vergnügen, einmal ein Schloss nicht, wie es dem Reisenden gewöhnlich beschieden ist, in Filzpantoffeln bei halbgeschlossenen Läden und mit Schutzhüllen versehenen Möbeln zu durchschreiten, sondern es im vollen Glanz eines königlichen «Betriebes» zu sehen mit einem imponierenden Königspaar, lieblichen Prinzessinnen, glänzend uniformierten Höflingen und Diplomaten, Hunderten von Lakaien, und was sonst alles dazu gehört, um einen Märchentraum aus Kinderzeiten zu erfüllen.

Trotz gewissenhafter Vorbereitung habe ich die Probe des *Stierkampfbesuches* nicht bestanden, bin also offenbar ein moralischer und physischer Feigling. Ich besitze vortreffliche Nerven und habe mich darum nicht im Geringsten aufgeregt, als das Blut den gepeinigten Tieren in breiten Bändern über das schwarze Fell hinunter lief. Aber das Ganze fand ich partienweise langweilig und in den Hauptmomenten widerlich. Ich gehörte nicht zur Partei der Peonajes, die den Stier mit roten Tüchern wild machen, nicht zu der der Picadores, die zu Pferde mit Lanzen gegen ihn anstürmen, nicht zu der der Banderillos, die ihm Spiesse mit Widerhaken in den Rücken stecken, und auch nicht zur Partei der vornehmen Espadas, die mit ihrem Degen das halbtot gehetzte Rindvieh erledigen, sondern ich war bei jedem Gang immer nur Partei des Stiers. Wenn der arme Kerl verzweifelt mit grauweiss heraushängender Zunge in der Arena stand und sich unter den vierzehntausend gröhlenden Blutamateuren vergeblich nach Hilfe umsah, hatte ich immer nur eine Vision: eine heitere Alpenweide, auf der der spanische Fatzke von dort unten mit seinen goldenen Hosen einem rechtschaffenen und tatenfreudigen Schweizermuni entgegentreten dürfte. Da sich diese Vision aber doch nicht verwirklichen konnte, trollte ich mich nach dem Tode meiner Freunde Capuchino, Cilindro und Cintanegro davon und überliess es den edlern Gemütern, die drei weiteren programmmässigen Tiermoritaten anzusehen.

Stierkämpfe wird es ja wie seit Römer- und Maurenzeiten in alle Ewigkeit in Spanien geben müssen, nicht so sehr, weil die Stierkämpfer es verlangen, als weil das Publikum es so will. Ich habe mir mehr als über alles andere über dieses Publikum Gedanken gemacht, als ich zum würdigen Abschluss des Stierkampftages nach Mitternacht um die Plaza mayor wandelte. Das ist immer noch der stilvollste Platz von Madrid; seine geschlossene Wirkung beruht darauf, dass die auf ihn einmündenden Strassen nicht ganz durchgebrochen, sondern durch die Untergeschosse der Häuser geführt sind. Auf diesem Platz haben sich in früheren Jahrhunderten die Stierkämpfe abgespielt, aber auch andere Szenen.

In gebührender Höhe über diesen materiellen Genüssen schwebt in meinen Madrider Erinnerungen die Freude, die ich immer wieder im *Prado-Museum* kosten durfte. Der Völkerbundsdienst begann gewöhnlich erst um 11 Uhr vormittags, und die Galerie wurde schon um 10 Uhr geöffnet. Ich konnte darum fast jeden Tag ein Stündchen dort weilen, eine kurze Zeit, wenn ich es zusammenrechne, aber eine herrliche Zeit. Auch wer Velasquez in andern Sammlungen schon sehr intensiv kennen und lieben gelernt hat, wird überwältigt, wenn im Prado die Fülle der Geschichte auf ihn eindringt. Nicht nur seine Menschen, sondern auch seine Landschaften wirken in der spanischen Heimat noch zauberkräftiger als anderswo. Und dann Goya, der spanischste der Spanier! Einzig schon seine Behandlung und Misshandlung der königlichen Familie ist ein malerisches und psychologisches Problem, das den Beschauer im Innersten aufrührt. Und die grosse Exekutionsszene vom Madrider Strassenaufstand des 3. Mai 1808 ist eine Kombination von Licht und Geist, wie ich sie aus der Kunst aller Zeiten kaum kenne. Im Vordergrund liegt eine furchtbare Blutlache. Wenn ihr, statt der Tierschinderei, Graf Keyserling seine Blutandacht gewidmet hätte, so würde ich mich gründlicher bemühen, sie zu verstehen.

Nun muss ich aber noch beichten, dass es mir trotz redlichem Bemühen nicht gelungen ist, zum Greco, dem mehr als dreihundert Jahre alten Modemaler unserer Gegenwart, ein Verhältnis zu bekommen. Der gänzliche Misserfolg ist mir schon dadurch bewiesen, dass ich bereits grosse Mühe habe, die vielen Bilder, die ich in Spanien von ihm gesehen habe, in der Erinnerung auseinander zu halten. Und doch bin ich ihm nicht nur in Madrid und im Eskorial, sondern auch in seiner Heimatstadt *Toledo* nachgestiegen. Er war überall der gleiche kalte Lurch. In das Gesamtbild, das ich von Toledo mitgenommen habe, passt er freilich wunderbar. Diese kastilianische Städtemumie liegt auf einem schroffen, vom Tajo umschlungenen Granitberge. Wer etwas von ihrer Seele empfinden will, der lese zuerst einmal nicht wie ich das raffinierte Buch von Maurice Barrès «Greco ou le secret de Tolède», sondern ganz einfach Gottfried Kellers Schilderung der Stadt Ruechenstein und ihrer finstern Einwohner in den «Leuten von Seldwyla».

Den Schlüssel zu allem Spanischen und allzu Spanischen, soweit es überhaupt fremdem Verständnis einigermassen zugänglich ist, bekommt man erst in die Hände, wenn man sich mit einem Spanier befasst, der eigentlich keiner war, mit König Philipp II., der in Kaiser Karl V. einen deutschen Vater, in Isabella von Portugal eine portugiesische Mutter, aber allerdings in Johanna der Wahnsinnigen eine spanische Grossmutter besass. Und um Philipp II. kennen zu lernen, muss man sein grandioses Werk, den Eskorial, gesehen haben! Gesehen! Alle Beschreibungen und alle Illustrationen versagen vollständig vor dieser steinernen Grosstat.

Das Palastkloster liegt eine starke Tagesreise von Madrid auf einem Ausläufer der Sierra de Guadarrama, etwa 1000 Meter über Meereshöhe. Von dem Dorf Eskorial und den Nebengebäuden ist es durch eine gebührend breite Schlossfreiheit distanziert. Schon deren Dimensionen, dann aber überhaupt alle äusseren und inneren Ausmasse der Granitmauern des Klosters, der Kirche und der Höfe wirken zusammen zu dem ungeheuren und ungeheuerlichen Raumeindruck, den man im Eskorial erlebt. Noch einmal: Im Wort oder im Bild lässt sich dieses Erlebnis nicht einmal andeuten, so wenig wie die Lusttrunkenheit, die einen in der Hagia Sophia und in den erlauchtesten gotischen Domen, nicht aber in der biedern Peterskirche, überkommt. Philipp II. standen für den Bau nacheinander zwei geniale Architekten, Juan Bautista de Toledo und Juan de Herrera, zur Verfügung. Mit ihnen hat er zusammengearbeitet, wie jeder Spanier weiss, der eine 100 Pesetennote besitzt; deren Revers reproduziert das Bild von L. Alvarez, das den König bei einer Beratung auf dem Bauplatz darstellt. Man kann sich des Gefühles nicht erwehren, dass im Eskorial sehr viel vom starken und bösen Geiste Philipps steckt und drin stecken bleibt wie der Geist der grossen Pharaonen in deren Pyramiden. Aus solchen Despotenmonumenten ist nie mehr Geist in die Welt hinausgegangen. Sie bleiben in ihrer einsamen Grösse abgeschlossen und von der Menschheit späterer Zeiten.

Vielleicht fragt mich aber ein Leser, ob diese moderne Welt in Spanien, das doch bekanntlich ein Diktaturstaat ist, nicht bedenkliche Erinnerungen an das Regiment Philipps II. wachrufe. Ohne meiner Absicht, die Politik an dieser Stelle auf der Seite zu lassen, abzuschwören, will ich doch feststellen, dass dem nicht so ist. Die gründlich ungeistige, aber deswegen nicht unverständliche Oberstenherrschaft, der Spanien zurzeit untersteht, ist keine Despotie. Man könnte sich kaum einen stärkeren Gegensatz denken als den zwischen dem königlichen Exponenten der Gegenreformation und dem muntern Weltmann Primo de Rivera. Die Intellektuellen sind diesem aus guten Gründen nicht gewogen. Aber das Volk im Ganzen und Grossen lässt ihn nicht ungern gewähren, weil es ihm eben doch die Abschaffung von allerhand Misswirtschaft und die Anbahnung guter Neuerungen verdankt. Es geht unter Primo zum Beispiel recht ordentlich vorwärts mit der Elektrizitätswirtschaft, die für Spanien nicht nur wegen der Kraft- und Lichtgewinnung wichtig ist, sondern namentlich auch wegen der mit den Stauwerken verbundenen Bewässerungsmöglichkeiten. Schweizerische Maschinen und schweizerische Ingenieure haben ihren guten Anteil daran. Der allzu bequeme Grossgrundbesitz wird durch eine Steuerpolitik aufgerüttelt, die ihn zu intensiverer Ausnützung des Landes zwingt. Die Arbeiterbewegung, soweit sie gewerkschaftlich und nicht umstürzlerisch orientiert ist, kommt mit der Diktatur nicht schlecht aus. Darum kann sich Primo auch überall öffentlich zeigen. Ich habe ihn oft genug gesehen. Besonders bleibt mir in Erinnerung, wie er auf dem Bahnhofperron in Madrid, als Herr Stresemann ankam, einem Winkelried gleich mit ausgebreiteten Armen das gaffende Volk zurückdrängte.

Freilich, wenn man zum ersten Mal durch spanische Strassen schreitet und die furchtbar vielen Schutzmänner und Gendarmen sieht, oder wenn man in den Eisenbahnzügen dem mitfahrenden Detektiv seine Papiere vorweisen muss, oder wenn man sich auf einem Bahnhof ärgert, dass doppelt so viel Polizei als Bedienungspersonal herumsteht, gerät man leicht unter den Eindruck, das Volk lebe unter einer Tyrannis. Tatsächlich aber tut dieses überpolizierte Volk in Spanien so ziemlich, was es will, wird weniger geschulmeistert als in gewissen Demokratien, darf an die Wohlfahrtsleistungen des Staates aber allerdings auch nur recht bescheidene Ansprüche stellen. Symbolisch kam mir an einem Madrider Sonntag Abend der Anblick eines vollgepferchten Vorortszuges vor: Auf mehreren Plattformen standen martialische Gendarmen in Gala; aber um sie herum krakeelte das Publikum, sass in Klumpen auf den Wagentreppen, hatte hordenweise die Dächer erklettert und war in seiner Art vergnügt, bis eine allzu niedere Passerelle einige Dachpassagiere abstreifte und vom fahrenden Zuge warf. Bei uns ist der Vater Staat entschieden strenger, aber auch fürsorglicher.

Nach Schluss der Völkerbundssession folgte ich mit einer grossen Zahl von Kollegen noch einer freundlichen Einladung der Ausstellungsleitung von *Sevilla* und hatte so das grosse Vergnügen, die Nase auch noch für ein paar Tage nach Südspanien hineinstecken zu dürfen, was schon um der starken Gegensätze zu Barcelona, Madrid und Toledo willen interessant war. Die iberisch-amerikanische Ausstellung in Sevilla konnte als Zwillingsschwester der internationalen Ausstellung von Barcelona im Juni so wenig als jene fertig sein, obwohl da wie dort die offizielle Eröffnung längst vollzogen war. Man liebt in Spanien das Gestürm nun einmal nicht. Die verspätete Fertigstellung war insofern kein Unglück, als die bevorzugte Reisesaison in Spanien ja erst jetzt, nach Abflauen der stärksten Hitze, beginnt. Da wird wohl durch starken Zustrom aus dem europäischen und amerikanischen Ausland wenigstens ein Teil der ungeheuren Kapitalien – man spricht von einer halben Milliarde Goldfranken – die der spanische Staat in die beiden Ausstellungen gesteckt hat, wieder eingehen. Mit einem defizitlosen Erfolg rechnet natürlich niemand. Das Land bringt durch seine Ausstellungsleistungen von 1929 ein Opfer, das sich im Laufe der Zeit erst lohnen wird. Der Schleier der Unbekanntheit und Vergessenheit, der über Spaniens herrlichen Kultur- und Naturschätzen liegt, musste erst einmal gelüftet werden; und dazu dient die kraftvolle Propagandaoffensive der beiden Ausstellungen. Mögen ihr noch in diesem Herbst recht viele meiner Leser erliegen! Keiner wird die Reise nach Spanien bereuen.

Übrigens gab es an der Ausstellung von Sevilla wie an der von Barcelona schon zur Zeit unseres Besuches genug des Schönen und Interessanten zu sehen. Ich gedenke vor allem der exquisiten Schau, die der König selbst aus seinem künstlerischen und kunstgewerblichen Besitz veranstaltet hat. Ich gedenke weiter mehrerer bereits eröffneter Pavillons, in denen lateinisch-amerikanische Republiken uns gezeigt haben, was heutzutage bei ihnen geleistet wird. Ich gedenke eines hochinteressanten Besuches, den wir dem in absoluter historischer Treue wiederhergestellten Admiralsschiff des Christoph Columbus abgestattet haben, das auf den Fluten des Guadalquivir schwimmt. Und mit besonderem Vergnügen gedenke ich eines nächtlichen Spazierganges durch den ganzen prachtvollen Park, während die Ausstellungsbauten beleuchtet waren; das war der reine Feenzauber.

Aber das Schönste von allen Ausstellungsobjekten ist doch die wundersame Stadt Sevilla selbst, dieses zu drei Vierteln orientalische Juwel, dessen herrlichster Stein – die Kathedrale – doch wieder der Kunst Westeuropas angehört. Es war ein strahlend schöner Sonntag, als wir in Sevilla ankamen. Auf den Nachmittag waren wir zu einem grossen Stierkampf eingeladen. Den habe ich mir nach meiner Madrider Erfahrung trotz Carmen geschenkt und flanierte dafür vier Stunden lang in den Gärten des Alkazar, des alten maurischen Königsschlosses, herum. Kein Mensch störte mich in dieser königlichen Blumenseligkeit. Das ganze Paradies gehörte mir. So ein Stierkampf, der eine ganze Stadtbevölkerung mitsamt den Fremden resorbieren kann, ist also doch für etwas gut! Als ich genug Duft und Sonne getrunken hatte, stieg ich am Rande der Gärten noch in das weite unterirdische Badegewölbe hinunter, das König Peter der Grausame seiner Geliebten Maria de Padilla in gotischem Dunkel hat bauen lassen.

Hohe architektonische Genüsse bieten auch die maurischen Höfe und Räume des Schlosses selbst. Aber sie verblassen in meiner Erinnerung eben doch vor der *Alhambra von Granada,* die ich mir als Schlussakzent meiner kurzen spanischen Reisetage aufgespart hatte. Mit etwelchem Bangen! Als normaler Europäer habe ich schon so viele Hotels, Restaurants, Badeanstalten usw. in verkitschtem Granadastil gesehen, dass ich ein bisschen Angst hatte, der Eindruck des Originals könne durch diese mesquinen Reminiszenzen beeinträchtigt werden. Die Angst war aber vergebens. Die Alhambra hält stand. So etwas Raffiniertes an kultiviertem Luxus des Wohnens wie die letzten Maurenkönige von Granada hat vorher und nachher kein Herrengeschlecht mehr genossen.

Aber sie haben es allzu schön gehabt! Im gleichen Jahrzehnt, wo sie ihren Löwenbau bauten, haben die Schweizer bei Sempach das altmodische österreichische Ritterheer geschlagen. Es ging abwärts mit der Ritterkultur, ob sie christlich oder maurisch war. Die Spanier haben sich im fünfzehnten Jahrhundert den Forderungen der neuen Zeit angepasst, die Mauren haben es nicht getan und sind im Jahre 1492 durch die Katastrophe von Granada vertilgt worden. Schade! Oder doch nicht schade? Als Trutzbau hat Karl V. neben die zierliche Schönheit des Maurenschlosses auf der Alhambra einen Renaissancepalast von grossartigen Dimensionen bauen lassen. Das war eine Barbarentat, und der Kaiser hätte das wissen können. Als die Klerisei von *Cordoba,* das ich auch noch kurz besucht habe, trotz allen Einsprachen des Stadtrates das Mittelstück des mystischen Säulenwaldes der dortigen Moschee wegrasierte, um ihr christliches Kultzentrum hineinzuwängen, liess Karl sie hart an: «Ihr habt etwas in der ganzen Welt Einzigartiges zerstört, um etwas zu bauen, was man überall finden kann!» Er selbst aber hat sich nicht geniert, dem Maurenmonument auf der Alhambra durch seinen Konkurrenzpalast Gewalt anzutun. Zur Strafe ist sein Bau nie fertig geworden. Er steht als Ruine da, aber freilich als eine Ruine, die unsereinem, auch wenn er sich dem Maurenzauber der Alhambra noch so sehr hingegeben hat, plötzlich zum Bewusstsein bringen kann, dass die erhabene Grösse der Renaissancearchitektur imstande ist, die intime Grazie der maurischen Kunst zu besiegen.

A props Grazie: In Granada habe ich zwischen allen Kunstgenüssen auch einem alten menschlichen Schwarm nachgegeben und habe in einer stillen Gasse das Geburtshaus der Donna Eugenia de Gusman y Portocarrero, Condesa de Teba, aufgesucht, die ein seltsamer Schicksalsweg auf den Kaiserthron von Frankreich geführt hat. Und zu dem alten Schwarm kam erst noch ein neuer hinzu: für eine andere Tochter von Granada, Mariana Pineda. Sie ist zu einem Denkmal, das neben meinem Hotel stand, verdientermassen gelangt, weil sie am 26. Mai 1831 dafür, dass sie der liberalen Partei eine Fahne gestickt hatte, mit dem

Henkerstode gebüsst hat. Ihr bringe ich zum Schluss dieser spanischen Reiseerinnerungen meine ganze respektvolle Huldigung dar. Bei uns richtet niemand eine Jungfrau hin, wenn sie den Liberalen eine Fahne stickt. Aber, den Liberalen eine Fahne zu sticken, fällt auch keiner Jungfrau bei uns ein. Also sei mir gegrüsst, spanisches Heldenmädchen, mit deinem ganzen herrlichen Lande!

Zweite Reise durch die Vereinigten Staaten, 1930

Die zweite Amerikareise fand im Sommer 1930 statt. Die eingeladene Gruppe war dieses Mal international. Oeri berichtet darüber in den Monaten Juni, Juli und August 1930. Wiederum ist es die Carnegie-Friedensstiftung, die eingeladen und die europäischen Gäste betreut hat.

Durch die Südstaaten

Wir fahren mit der Texasbahn von Galveston am Golf von Mexiko zum Grand Canyon in Arizona. Wenn man zum Wagenfenster hinausschaut, sieht oder ahnt man die unendliche Steppe des Llano Estacado. Karl May-Erinnerungen aus der Knabenzeit tauchen auf: der wackere Trapper Old Shatterland, der den verdurstenden Einwanderern aus der Not hilft, nachdem die bösen Indianer die wegweisenden Pfähle entfernt haben.

Hinter uns liegt eine kurze, aber recht interessante Fahrt durch die Südstaaten der Union. Sie hat uns mindestens die Erkenntnis gebracht, dass der Süden der Vereinigten Staaten nicht nur ein geographischer Begriff, sondern eine immer noch höchst lebendige politische und wirtschaftliche Realität ist. Der Bürgerkrieg der sechziger Jahre ist hier durchaus unvergessen. Ein gemeinsamer Patriotismus, um nicht zu sagen Militarismus, einigt noch immer die Südstaatler. Die Veteranen der konföderierten Armee geniessen höchste Verehrung und tragen bei feierlichen Gelegenheiten mit Stolz ihre Kriegsorden. In jedem Nest steht ein Kriegerdenkmal. Mit Vorliebe werden Lieder aus der Zeit des Kampfes gegen die Yankees angestimmt. Aber was mehr ist: Der Süden hat heute mehr als je eine gemeinsame wirtschaftliche Front. Er sucht sich durch grosszügige Industrialisierung von seiner einstigen agrarischen Basis zu emanzipieren. *The poor white trash*, «der arme weisse Abfall», das heisst arme weisse Siedler, die einst durch die Konkurrenz der Sklaven in die Berge getrieben wurden, kommen in die Ebene herunter und werden Fabrikarbeiter. Der Wille ist da. Ob er zu dauerndem Erfolg führen wird, entzieht sich natürlich meiner Beurteilung, obwohl man uns eine glänzend ausgestattete Literatur mitgegeben hat. Bei mehreren Automobilfahrten durch das flache Land ist mir übrigens aufgefallen, wie dünn gesät die kleinbäuerliche Bevölkerung ist. Noch gibt es weite Waldstrecken, in die sich nur ab und zu ein armer Farmer hineinholzt. Die landwirtschaftlichen Gebäude machen, abgesehen von den grossen Baumwollplantagen, einen recht kümmerlichen Eindruck.

Aber die Städte wachsen! Um ein hervorragendes Beispiel kennen zu lernen, haben wir uns ein paar Tage in *Atlanta*, der Hauptstadt des Staates Georgia, aufgehalten.

Eine Spezialität von Atlanta ist der Riesenbetrieb der Coca-Cola-Fabrik. Coca-Cola ist das verbreitetste alkoholfreie Getränk im Lande der Prohibition. Es ist durchaus harmlos; «Coca» hat nichts mit Kokain zu tun. Der alte Physikus Dr. Pemberton, der es 1886 in seinem Laboratorium in Atlanta braute, hat nicht geahnt, dass die Produktion sich im Jahre 1929 auf neun Millionen Portionen im Tag steigern werde. Ich finde das Getränk sehr erfrischend. Aber den Alkohol hat es auch in seiner georgischen Heimat nicht ganz verdrängen können. Das Bundesgefängnis von Atlanta, das für 1800 Insassen eingerichtet ist, beherbergt deren gegenwärtig 4000; die Überfüllung ist den Alkoholschmugglern zu verdanken.

Wir haben in Atlanta ferner einen Betrieb besucht, wo Ford-Automobile zwar nicht von Grund auf hergestellt, aber aus den einzelnen Bestandteilen zusammengesetzt, bemalt und lackiert werden; der Betrieb ist für eine Tagesleistung von 200 eingerichtet, liefert aber in der gegenwärtigen wirtschaftlichen Depressionsperiode nur 135, weil auf Bestellung, nicht auf Lager gearbeitet wird. Er ist nach dem Taylor-System organisiert, nimmt also den einzelnen Arbeiter durch gleichförmige Verrichtung am laufenden Band aufs Härteste in Anspruch. Dennoch machen die Leute einen guten, kräftigen Eindruck; ihre Hoffnung ist das Avancement im Betrieb, das ziemlich rasch erfolgt.

Die untere Schicht der Arbeiterschaft von Atlanta ist schwarz. Die Neger machen im Staate Georgia vierzig Prozent der Bevölkerung aus. Sie werden nicht eigentlich schlecht behandelt, sind aber sozial absolut deklassiert und politisch völlig rechtlos. Die städtische Siedlungspolitik sucht sie in ein Ghetto im Westen zusammenzudrängen. In der Strassenbahn haben sie mit den hintern Sitzen, in der Eisenbahn mit schlechteren Wagen und Wartesälen vorlieb zu nehmen. Auch in den Kirchen und Schulen ist Schwarz und Weiss durchaus getrennt. Davon, dass ein lebhafter schwarzer Kulturtrieb und ein schwarzes Ehrgefühl existiert, hätten wir nichts zu sehen bekommen, wenn nicht eine Initiative aus unserer Mitte den Besuch der schwarzen Gymnasial- und Hochschulanstalten erreicht hätte.

«Schwarz» ist dabei *cum grano salis* zu verstehen; denn unter dem Schülermaterial sind alle Nuancen vertreten vom absoluten Negerschwarz bis zu einer Farbe, die jeder ahnungslose Europäer als einwandfrei weiss definieren würde. Unter den Mädchen, die uns vorsangen, waren Blondköpfe mit hellem Teint und rosigen Wangen. Aber der Amerikaner erkennt an den blauen Adern im Weiss der Augen und an andern Anzeichen die Abkunft von einer schwarzen Urgrossmutter. Und dann wehe, wenn sich die Arme, die gar nicht zu den Schwarzen passt, unter die Weissen drängen will! Völlig legitime Ehen können als ungültig erklärt werden, wenn der Nachweis von Negerblut geführt wird. Die hübschen weissen Negerinnen dauerten mich sehr. Es sind tragische Fälle.

Im übrigen ist die Lage der Neger in den Südstaaten keineswegs tragisch. Sie sind zahlreich und intelligent genug, um nicht nur individuell in Ausnahmefällen, sondern auch als Klasse vorwärts zu kommen. Einer ihrer geistigen Führer hat uns sehr vernünftig auseinandergesetzt, dass ihr Bestreben keineswegs dahin gehe, die Rassenschranken niederzureissen. Sie wollen sich mit der Scheidung von Schwarz und Weiss abfinden, aber dafür sorgen, dass durch schwarze Solidarität alle Stufen und alle Güter der menschlichen Kultur errungen werden. Der Schwarze soll zum schwarzen Arzt und zum schwarzen Bankier gehen, aber nicht nur, weil der Arzt und der Bankier schwarz ist, sondern weil er ein *guter* Arzt und ein *guter* Bankier ist, der sein Metier so wohl versteht wie der entsprechende weisse Berufsmann.

Bevor man nach den Vereinigten Staaten reist, sollte man in Jacob Burckhardts «Griechischer Kulturgeschichte» das Kapitel über den Agon nachlesen; denn auch der Amerikaner lebt und denkt «agonal» bis zum Exzess. Der Geschäftsmann, die Stadt, der Einzelstaat und der Gesamtstaat messen sich jahraus, jahrein an der Konkurrenz. Dabei produzieren sie eine ganz enorme, zum Teil sehr seriöse, zum Teil auch etwas puerile Statistik. Jedes Nest besitzt irgend etwas, von dem es nicht nur versichert, sondern sogar glaubt, es sei *the bigest in the United States,* meistens sogar *in the world.* Wehe dem, der lächelt!

Auf der Durchreise von Georgia nach Texas haben wir einen Sonntag in *New Orleans* verbracht. Auch der war Hafenbesichtigungen und dergleichen geweiht. Aber nicht von mir. Ich dispensierte mich zur Abwechslung von der Corvée, ging bei den Anglikanern zur Predigt und betrachtete nach dem Erwachen mit Vergnügen die vielen rassereinen angelsächsischen Köpfe, die man in solcher Konzentration im amerikanischen Volksgemisch anderswo nicht mehr beisammen sieht. Aber noch viel mehr gefiel mir der Anblick der Überreste der französisch-spanischen Altstadt. Diese ist leider zum Untergang verurteilt und zum grössten Teil schon verschwunden oder verkommen. Die vornehmen Kreolen sind in neue Quartiere verzogen. Selten mehr hört man ein französisches Wort. Negerköpfe schauen aus den heimelig niedern alten Häusern heraus, soweit diese nicht schon den modernen Grossbauten gewichen sind. Aber noch hat die Wüste ein paar Oasen nicht zu verschlingen vermocht. Ich meine damit nicht nur das französische Restaurant, in dem ich mich ein wenig von den Schrecken der amerikanischen Küche erholt habe, sondern ich meine namentlich die Kathedrale von St. Louis und ihre charmante Umgebung. Wenn man die Neue Welt für einen Moment ganz vergessen will, muss man in den stillen Hof der alten erzbischöflichen Residenz eintreten. Beinahe wäre ich dort katholisch geworden. Aber es war wohl mehr ein bisschen Europaheimweh, das mich dort so stark ergriffen hat.

In Südkalifornien

Wir haben auf unserer Reise vier genussvolle, aber auch ziemlich anstrengende Tage in *Los Angeles* und seiner engeren und weiteren Umgebung verbracht.

Los Angeles besitzt ein typisch amerikanisches Museum. In dessen China- und Japansammlung könnte man stundenlang schwelgen. Die naturwissenschaftliche Abteilung ist ebenso reichhaltig wie schön aufgestellt. Zwischenhinein liegt ein grosser Saal, der historische Kuriositäten birgt, zum Teil furchtbaren Mist, zum Beispiel ein Schächtelchen mit drei Edelweiss, die nach Aussage der Beischrift im Jahre 1605 in der Schweiz gepflückt worden sind. *Very old!*

Eine andere Art von Museum haben wir in Riverside besucht: die Glenwood Mission Inn des Herrn Frank Miller. Das ist ein Kalifornier, der auf die Idee gekommen ist, ein grosses Hotel mit einer historischen Sammlung zu verbinden. In verdienstvoller Weise hat er gerettet, was von der Kultur der Misiones noch übrig war. Südkalifornien ist ja kein koloniales Neuland. Ehe es die Mexikaner an sich rissen und, wie gewonnen so zerronnen, an die Yankees verloren, war es ein sorgfältig und liebevoll behütetes Missionsland der spanischen Franziskanermönche. Deren feine Barockarchitektur hat die Formen für den Hotelbau geliefert, der, soweit er nicht für den Gastbetrieb beansprucht wird, in unzähligen grossen und kleinen Räumen die lieblichen Madonnen und anderen kirchlichen und weltlichen Altertümer der frommen Väter beherbergt. In einem grossen, eine Kirche vorstellenden Raum wurde uns nach dem Lunch gute Musik vorgespielt. Herr Miller ist jetzt im Begriff, den herrlichen Campanile von Sevilla, die Giralda, kopieren und neben seiner Inn aufrichten zu lassen.

Ein anderer, heute nicht mehr lebender reicher Mann in dieser Gegend, Henry E. Huntington, hat mehr nach europäischen Begriffen, aber auch mit amerikanischen Geldmitteln, Kunst gesammelt. Sein Museum und seine Bibliothek sind Schatzhäuser höchsten Ranges. In seiner britischen Sammlung ist eine solche Fülle von Gainsboroughs, Reynolds', Romneys usw. angehäuft. Melancholisch blickt Gainsboroughs schöner «Blauer Knabe» von der Wand herunter. Von Romney sind zwei Porträts von Lady Hamilton da, aus der Zeit, da sie noch Emma Lyon hiess. Das eine zeigt sie als schöne Dame, das andere – als Luderchen, aber als vornehmes Luderchen. Dann sind auch ein paar gute Italiener, ein reizender Rogier van der Weyden und noch viele andere gute Sachen da. Aber den Hauptbestand bilden doch die grossen georgianischen Engländer. Was mögen die hochadligen Damen und Herren alles gesündigt haben, um diese Verbannung *in effigie* ins ferne Kalifornien zu verdienen! Aber sie haben gut ausgesehen, diese Herrschaften. Ich kann manchmal, wenn ich durch die Prunksäle amerikanischer Paläste gehe, den leisen Wunsch nicht unterdrücken, dass sich in ihnen die feine Gesellschaft der Huntington-Sammlung bewegen möchte statt der verehrten Zeitgenossen Mr. Babbits [Babbit = amerikanischer Spiessbürger]. Aber das lässt sich nicht gut ändern.

Um gleich wieder ins Dickicht unserer Gegenwartskultur zurückzuspringen, muss ich jetzt erwähnen, dass wir selbstverständlich einen unserer südkalifornischen Tage für die *Filmstadt Hollywood* verwendet haben. Wir sind dabei aufs Freundlichste aufgenommen und herumgeführt worden, namentlich von Herrn Sigmund Moos, der bei First National eine hochbedeutende Stellung einnimmt. Da ich mich nie für den Film interessiert habe, hatte ich in meinem arglosen Kinderglauben angenommen, dass man die Hintergründe der Kinoszenen einfach so hinmale. Nun sah ich zu meinem bassen Erstaunen, dass die Oper, in der das «Phantom der Oper» wütet, wirklich dasteht, so gut wie Onkel Toms bescheidene Hütte und unzählige andere Häuschen, Häuser und Paläste, Kasernen, Kirchen. Und in dieser seltsamen Scheinwelt wird furchtbar gearbeitet, wie wir in einem Betrieb nach dem andern konstatieren konnten. Wir sahen zum Beispiel die Ausarbeitung einer anscheinend ganz einfachen Szene, in der einem studierenden Herrn der Morgencafé serviert wird. Der Diener goss aus Versehen die *Milch à la Suisse* vor dem Café in die Tasse. Sofort wurde abgebrochen und wiederholt, und dann wieder und wieder, aus dem oder jenem Grunde. Prachtvoll waren die Massenszenen in Bagdad und im Bad Ischl der Franzjosefszeit. Eine Entführungsszene bei nächtlichem Gewitter machte mir meine spärlichen Haare zu Berge stehen.

Natureindrücke

Die Carnegie-Friedensstiftung lässt ihre journalistischen Schützlinge aus Europa von Zeit zu Zeit ein wenig ausschnaufen vom eigentlichen Informationsbetrieb und zeigt ihnen amerikanische Naturschönheiten. Das ist für uns recht angenehm. Wir haben in solchen Ruhepausen zwei der grossen Nationalparke besuchen dürfen, die sich das amerikanische Volk als Horte des Naturfriedens reserviert hat.

Der *Yosemite-Nationalpark,* von dem wir eben herkommen, ist über dreihundert Quadratkilometer gross, hat also etwa die Flächenausdehnung des Kantons Waadt. Sein meistbesuchtes Zentralgebiet, das Tal des Merced-Flusses, erinnert stark an das Lauterbrunnen- oder an das Grindelwaldtal. Nur fehlt der Gletscherabschluss. Das Berghotel «Glacier-Point» hat seinen Namen nicht etwa von einer bestehenden, sondern von einer vor zwanzigtausend Jahren am Ende der letzten Eiszeit weggeschmolzenen Gletscherzunge. Der dennoch grossartige alpine Eindruck, den das Tal macht, beruht darauf, dass von seinem Boden aus eine herrliche Granitfluh neben der andern in Höhen von mehr als tausend Meter aufsteigt. Über die Ränder stürzen mächtige Wasserfälle. Der Talgrund ist mit Wald, Waldwiesen und einem kleinen See bedeckt. Hinter den Bäumen schauen unzählige Wohnbaracken und Zelte von Besuchern hervor. Für Komfort sorgt ein grosses, aber unaufdringlich gebautes Hotel. Auch ein paar Hütten der letzten Indianer, die die alten Jagdgründe noch nicht verlassen mochten, sind zu sehen.

Wir wollten das Merced-Tal auch von oben sehen und begaben uns daher am zweiten Nachmittag nach Glacier-Point, das Gros im Automobil auf weiten Umwegen, zwei Fleischkreuziger – darunter ich! – auf einem Saumpfad an den Granitwänden hinauf. Die Partie lohnte sich. Die Aussicht von diesem Voralpenpunkt etwa auf Pilatushöhe war herrlich. Im Vordergrund lagen weite Waldlandschaften und grandiose Bergklippen, und in weiterer Ferne glänzten die Schneeflächen der Sierra Nevada, die in dieser Gegend die Höhe der Berner und Walliser Alpen erreicht und übertrifft. Wenn man bei Nacht ins Merced-Tal hinunterschaute, wurde man an den Blick von Magglingen nach Biel erinnert: unzählige Lichter glänzten, wie wenn da unten eine Stadt läge; es waren die bei Tage vom Walde gut maskierten Touristenhütten. Ein riesiges Feuer wurde auf der äussersten Klippe angezündet und der Gluthaufe über den Rand ins Tal gestürzt wie ein feuriger Wasserfall.

Als mein Reisekamerad und ich, wie erwähnt, zu Fuss die etwa 1'100 Meter vom Merced-Tal nach Glacier-Point hinaufstiegen, begegneten wir mehreren hundert Touristen, die zu Pferd oder auf den eigenen Füssen herunterkamen. Also war dieser Abstieg irgendwie patentiert. Aber keine Menschenseele stieg mit uns hinauf. Der Aufstieg am Nachmittag war offenbar nirgends vorgesehen. Darum rief uns auch jeder Entgegenkommende ein Wort des Erstaunens oder des Trostes zu. Eine ältere Dame zu Pferd schrie bei meinem Anblick, von Mitleid durchschauert: *«Oh boy, oh boy!»*, wie wenn ich dem Tode entgegenkletterte. Ich kletterte aber überhaupt nicht, sondern spazierte auf breitem, allerdings recht heissem Pfad zu einem Berghotel hinauf. Dort gelang es mir beim Nachtessen nicht ganz, meinen angesammelten Durst zu löschen, und ich hätte abends nach neun Uhr gerne noch irgendein Sodagebräu getrunken. Es gab aber im ganzen Hotel nichts mehr ausser lauem Wasser. *Man* liest, schreibt, tanzt oder schläft um diese Stunde, aber *man* hat keinen Durst; denn *man* ist nicht vor dem Nachtessen in der Sonnenglut elfhundert Meter hinaufgestiegen. In diesem Lande muss *man* «*man*» sein; sonst ist *man* lackiert. Aber weil *man* hier fast ausnahmslos *man* ist, so ist der grosse Menschenteig gut zu rühren und zu kneten, und das erleichtert auch die Aufgabe der Nationalpark-Verwaltung.

Deren Geschick, den Zustand der anvertrauten Natur einigermassen zu retten, habe ich am meisten in der Waldzone der grossen Bäume bewundert, die das Yosemitegebiet am weitesten bekannt gemacht haben. Nur eine einzige dieser Riesensequoien ist gründlich verkitscht, indem man eine Automobilstrasse durch sie hindurchgeführt hat. Die andern stehen oder liegen, wenn ein Sturm sie gefällt hat, herum, wie sie mögen, und beschäftigen die historische Phantasie der Besucher: Da steht kräftig und gesund ein solcher Baumgigant da, der schon ein hochgewachsener Bursche war, als Homer noch das Gymnasium besuchte. Der höchste, den wir gesehen haben, hat am Fuss einen Umfang von 28 Meter und einen Durchmesser von 9 Meter; er ist 61 Meter hoch, also fast wie der Martinsturm des Basler Münsters, und sein Alter wird auf etwa 4000 Jahre berechnet. Ich kann nicht sagen, dass mich die Dimensionen einzelner Bäume besonders beglückt hätten. Aber herrlich ist das Waldganze in seiner ruhigen Weite. Das grosse, stille Volk der Bäume ruht in seinem Frieden und lässt sich durch keine neugierige Menschheit stören. Über den Sonnenflecken auf dem Waldboden spielen holde Schmetterlinge, und ab und zu leuchtet eine purpurrote Blume.

Und nun noch ein Wort zum *Grandcanyon-Nationalpark,* den wir besucht haben, ehe wir von Arizona ins südliche Kalifornien hinunter reisten. Wirklich nur ein Wort; denn keine schriftliche und keine bildliche Schilderung kann einen Begriff von der grandiosen Schönheit dieser Landschaft geben. Sie lässt sich auch mit keiner Alpengegend vergleichen, sondern ist etwas ganz Eigenartiges, nur einmal auf dieser Welt zu finden. In das etwa 2100 Meter über Meer liegende Hochplateau von Arizona hat der Rio Colorado eine gegen 1300 Meter tiefe, etwa 20 Kilometer breite und mit allen Windungen mehr als 300 Kilometer lange

Furche gerissen. Das ist der einfache erdgeschichtliche Vorgang. Es wurde dabei reichlich ein Dutzend verschiedener Schichten angebrochen, vom Waldhumus der Hochebene bis hinunter zum ehrwürdigsten Granit und Gneis.

Für Geologen liegt da ein gigantisches Lehrbuch aufgeschlagen, für gewöhnliche Sterbliche aber ein einzigartiges Wunder von Naturschönheit; denn das aufgeschlossene Erdinnere hat eine Architektur, die alle Menschenphantasie übertrifft. Jedes Gestein hat nach seinem eigenen Willen jahrmillionenlang dem Rio Colorado getrotzt und ist ihm in seiner eigenen Art unterlegen, Formen und chaotische Unformen in wildester Fülle bildend, aber alles eingerahmt vom horizontalen Rand der Hochebene. Man ist versucht zu denken: Wenn es dem Teufel gelänge, von diesem Rand aus einen Deckel über den Grand Canyon zu schieben, so könnte er sich eine Hölle schaffen, wie sie sich kein Dante auszumalen vermochte. Nun ist das aber bis jetzt dem Teufel nicht gelungen. Das Sonnenlicht flutet in die ungeheure Erdwunde hinein und lässt die in allen Farben, rot, gelb, grün, violettbraun leuchten. Jede Stunde des Tages hat ihre besonderen Farbenwonnen, die allerschönsten der Abend. Und nachts, wenn der Mond aufgegangen ist, beginnen neue, unsäglich schöne Lichtwunder.

Der Amerikaner bestaunt diese Dinge, indem er sich in sein eigenes Automobil oder in einen der vielen bereitstehenden Autobusse setzt, ein paar Stunden lang am Rande des Grand Canyon hin- und herflitzt, an den passenden Stellen geschwind aussteigt und in die Tiefe schaut. Aber es sind auch nette Rösslein zu mieten. Ich habe mich auf ein solches gesetzt und bin durch den Wald am Canyonrande geritten, wie und wohin es mir am Schönsten schien. Zur Erhöhung meiner Bubenfreude war mein berittener Begleiter ein Arizona-Cowboy mit einem richtigen Lasso. Was will man mehr? Es war ein herrlicher Tag und wenn ich je in meinem Leben einmal ein bisschen Amerika-Heimweh bekommen sollte, so wird es der GrandCanyon verschuldet haben.

Reiseüberlegungen auf der Heimfahrt
An Bord des Schiffes «Berlin», zwischen dem Ambrose-Feuerschiff und den Needles von Wight. Ende Juli 1930.

Als ich Ende 1918 von einer Reise durch die Vereinigten Staaten heimkehrte, stand ich sehr stark unter dem Eindruck des damaligen amerikanischen Auftriebs. Ich habe aber damals immerhin die Ansicht vertreten, dass sich der Aufschwung der transatlantischen Menschheit nicht in einer geraden Linie, sondern in heftigen Schüben und ebenfalls heftigen Rückschlägen vollzieht. Ich glaube, ich habe das Bild vom Wellenberg und vom Wellental gebraucht und habe gezeigt, auf welch hohem *Wellenberg* damals das glückhafte Schiff der Vereinigten Staaten schwebte. Es war die Epoche nicht nur eines militärischen, sondern auch eines moralischen Sieges. Woodrow Wilson, der Präsident der Vereinigten Staaten, schien der geistige Führer der gesamten friedenshungrigen Menschheit zu sein und ihr in Gestalt eines soliden Völkerbundes die ersehnte neue und gute Weltordnung schenken zu können. Auch die innere Politik und die innere Kultur Amerikas schien starken frischen Wind in die Segel zu bekommen durch die bevorstehenden gigantischen Experimente des Frauenstimmrechts und der Alkoholprohibition.

Meine diesjährige Reise, die ich mit dreizehn europäischen Kollegen unter der Ägide der Carnegie-Stiftung für den internationalen Frieden machen durfte, hat mir die Vereinigten Staaten in einer Situation gezeigt, für die ich versucht bin, das Bild eines Schiffes im allertiefsten *Wellental* zu brauchen. Eines ernsthaft gefährdeten Schiffes! Um die kommende Wiedererhebung auf den Wellenberg bestimmt vorauszusehen, braucht es schon amerikanischen Optimismus. Aber den haben sie ja drüben!

Die Enttäuschungen der Jahre 1919 und 1920, der Zusammenbruch der Wilsonschen Idealpolitik und die Abwendung der Vereinigten Staaten von der Völkergemeinschaft, sind ja auch wirklich an und für sich nicht übermässig tragisch zu nehmen. Man kann sagen, Wilson habe Birnen von einem Baume schütteln wollen, die nicht reif waren und darum einfach hängen blieben; ein gewiegterer Gärtner werde sie im Moment der wirklichen Reife wohl zu bekommen wissen.

Die Zeitungen bilden einen besonderen Stolz des heutigen Amerika, und in vielen grossen und kleinen Städten pflegt der führende Zeitungsverleger auch der massgebende Lokaldespot zu sein, der das gute und das schlechte Wetter macht. Ich habe eine ganze Reihe solcher Leute kennen gelernt und habe gelegentlich höchst interessante Diskussionen über ihre Tugenden und Untugenden angehört. Diese musste ich jeweilen an mir ablaufen lassen, ohne zu einem Urteil über den Einzelfall zu gelangen. Was mir aber recht eindrücklich geworden ist, das ist das absolute Fehlen jeder Ambition, dem Leserpublikum zu einiger Anschauung von der Welt und den Menschen jenseits des allernächsten Kirchturm- oder Wolkenkratzerhorizonts zu verhelfen. In den Vereinigten Staaten gibt es ein Blatt, die «New York Times», das einen seines Reichtums würdigen aussenpolitischen Depeschen- und Artikeldienst hat. Gut ist ferner die Tageszeitung der Christian Science, und ein paar wenige New Yorker und Chicagoer Konkurrenzblätter der «Times» suchen sich auch einigermassen auf der Höhe zu halten. Aber das ist alles. Schon in der Bundeshauptstadt Washington, die doch immerhin eine halbe Million Einwohner zählt, ist das aussenpolitische Informationsniveau weniger hoch als in bescheidenen europäischen Provinzstädten.

Und im fernen Süden und Westen, wo nicht die leiseste New Yorker Konkurrenzgefahr mehr zu fürchten ist, kann der Leser wochenlang dahindämmern, ohne von den ausseramerikanischen Kontinenten mehr als Klatsch- oder Sportnachrichten zu vernehmen. Schon der Nachrichtendienst aus Washington und aus den amerikanischen Einzelstaaten ist dürftig. Die transozeanische Welt existiert nicht oder nur in ganz verzerrten Hohlspiegeleien. Desto energischer wird dann das Getöse, das die aus solchen Tümpeln absoluter Ignoranz hervorgegangenen Senatoren in Washington machen, wenn über aussenpolitische Probleme wie den Londoner Pakt entschieden werden soll.

Die Zeitungsgebäude sind meist sehr schön, die Zeitungsdruckereien sind vorbildlich ausgestaltet, die Menagerien, in denen die Redaktionskulis zu mehreren Dutzend beisammen hocken, etwas weniger vorbildlich. Aber man hat uns auch diese Käfige in jeder Stadt mit Stolz gezeigt, und wir haben sie gebührend bewundert, sind aber nicht zur Überzeugung gelangt, es hier mit den Brutkästen der neuen Geister zu tun zu haben, die über Amerika hinfliegen sollen. Tatsächlich fehlt den Vereinigten Staaten total eine Presse, die ihr Volk zu der weltbeherrschenden Politik erziehen könnte, die seiner weltbeherrschenden Wirtschaftsmacht entspräche. Wilson hat nicht zehn Jahre, sondern ich weiss nicht wie viele Jahrhunderte zu früh am Baum geschüttelt.

Die Durchschnittsqualität der amerikanischen Presse ist natürlich kein Zufall. Sie entspricht der Durchschnittsqualität der amerikanischen Volkskultur, und die ist bescheiden zu nennen. Bescheiden, wenigstens wenn man die Ansprüche an sie stellt, die man angesichts des materiellen Wohlstandes glaubt stellen zu dürfen! Man muss sich nur hüten, diesen Wohlstand zu überschätzen und infolgedessen seine Vorstellungen von dem, was mit gutem Willen kulturell geleistet werden könnte, ungerecht zu übertreiben.

Ich habe in vorangehenden Reisebriefen mehrfach darauf hinweisen können, welche Kunstschätze sich in Amerika anhäufen. Die Museumsverwaltungen bringen dabei auch ihrerseits Opfer, indem sie Kunstware, deren Unwert ihnen wohl bewusst ist, seufzend mitausstellen, um die Gebefreudigkeit des Publikums zu stimulieren. Man kalkuliert: wenn wir in Herrn A, die Vorstellung erwecken, dass Sachen wie seine Gabriel Max-Bilder bei uns hoch in Ehren gehalten werden, so vermacht er uns seine ganze *Sammlung,* darunter auch den Rembrandt, den wir ersehen. Natürlich leidet unter diesem System der kunsterzieherische Zweck der Museen. Aber damit findet man sich ab und trachtet unterdessen in aller Stille, die Sammler durch sachverständige Berater tunlichst zu guten Erwerbungen zu veranlassen. Der Erfolg dieses Strebens lässt sich in den Museen der grossen Städte immer deutlicher beobachten. Aber ans Leitseil nehmen kann man natürlich niemanden. Vor ein paar Wochen ist der grosse Petrolindustrielle Henry E. Folger , ein ganz typischer Vertreter des amerikanischen Sammlertums, gestorben. Er sammelte mit Liebe und Verstand 25'000 Bände Shakespeare-Ausgaben und Shakespeare-Literatur und hinterliess sie als Stiftung der Öffentlichkeit. Aber der grotesk-amerikanische Zug an der Sammlung ist, dass sie nicht weniger als fünfunddreissigmal die gleiche erste Folioausgabe von 1623 enthält, von der in der ganzen Welt nur etwa 200 Exemplare existieren. In dieser Beziehung ist die Sammlung keine Sammlung mehr, sondern ein Warenstock, gehamstert zum Zwecke der Marktbeherrschung und Preishochhaltung, den Konkurrenten zuleide.

Die Gegenwartskunst des In- und Auslandes hat Mühe, sich in den amerikanischen Museen und beim amerikanischen Publikum durchzusetzen, wenigstens die wirklich lebende Gegenwartskunst. Wer viel Geld hat, lässt sich immer noch am liebsten à la Gainsborough oder Reynolds malen, Herren auch etwa à la

Lenbach. Die Grenze des erlaubten Stils für die Bilder, die vornehme Wohnräume dekorieren, ist gegenwärtig etwa das Jahr 1900. Der Durchschnittsgeschmack des gebildeten Publikums ist womöglich noch konservativer. Das zeigt jeder Blick auf die Plakatwände oder auf die Auslagen der Zeitschriftenverkäufer. Diese Gebrauchsgraphik ist technisch um tausend Meilen, aber künstlerisch um keine Elle weiter vorgerückt als im Jahre 1880. Selbst hochqualifizierte Revuen halten auf ihren Umschlagseiten das abgestandenste Zuckergebäck feil.

All dies besagt selbstverständlich nichts über das Vorhandensein oder Nichtvorhandensein grosser Künstler im heutigen Amerika. Wer zwei Monate lang karawanenweise im Lande herumgereist ist wie ich und keine solchen bemerkt hat, braucht sich deswegen nicht einzubilden, dass sie nicht existieren und nicht ihre dankbaren kleinen Gemeinden haben. Wenn dem so ist, was ich weder behaupten noch bestreiten kann, so müssen sie sich eben wie andere Kulturmärtyrer damit trösten, dass Amerika kulturell noch immer in hohem Grade koloniales Neuland und nicht ein wohlgedüngter und wohlgepflegter Gartenboden für zarte Blumen ist. Nach einigen Generationen wird es mit den Lebensbedingungen für höhere Kunst schon besser stehen.

Wenn ich mit meinen paar Bemerkungen zur künstlerischen Kultur des heutigen Amerika den Eindruck einiger Unsicherheit erweckt habe, die angesichts der Kürze meines Aufenthalts unvermeidlich ist, so kann ich mich etwas bestimmter über die moralische Kultur aussprechen. Auf diesem Gebiet drängt sich dem Fremden die Information von der Landung bis zum Augenblick des Verlassens der amerikanischen Hoheitsgewässer förmlich auf, weil die ganze Atmosphäre des Landes durchsetzt ist vom Kampf um ein wichtiges moralisches Problem: um die Alkoholprohibition. An seiner Stellungnahme zu diesem Kampf kann man wirklich das Volk und den Einzelnen in mancher Richtung ausgiebig kennen lernen.

Ich habe natürlich in erster Linie versucht, die Verhältnisse von 1918, soweit ich sie in Erinnerung habe, mit denen von 1930 zu vergleichen. Der äussere Befund ist, dass man keine Saloons mehr sieht. Diese übelste Form von Wirtshaus, die in der Welt existierte, ist völlig verschwunden. Es stinkt einem nicht mehr an jeder Strassenecke der Geruch von Whisky entgegen aus Lokalen, in denen die Männer sich rundenweise den Kragen vollschütten, ohne sich auch nur zu setzen. Dafür kann man gute und gesunde Ersatzgetränke auf Schritt und Tritt in Hülle und Fülle bekommen. Dass nicht nur ein Verbot ausgerichtet worden, sondern auch ein Geschmackswandel eingetreten ist, geht ferner daraus hervor, dass der Verkauf von Süssigkeiten ganz kolossal zugenommen hat. Auch Männer sieht man überall in die appetitlichen Obstkuchen beissen.

Wer aber den Alkohol sucht, der findet ihn nach wie vor, und zwar an den meisten Orten ohne viel Mühe. Das «Sprich leise!», die «Blinde Sau» und wie man die Stätten des mehr oder weniger heimlichen Trunks alle nennt, sind unschwer zu finden. Nur muss man sich danach erkundigen, sie drängen sich nicht selbst auf, was übrigens in Amerika auch für das Kapitel der Prostitution gilt und keinen ganz geringen Unterschied bedeutet. Wer heute in eine amerikanische Alkoholkneipe gerät, hat es entweder seiner eigenen Findigkeit oder der seiner Freunde zu verdanken, nicht der Propaganda des Alkoholkapitals. Aber der Einfluss der sogenannten Freunde ist in vielen Fällen gross. Man findet sich zu leichtem Trunk wie zu schwerem Suff zusammen, nicht trotzdem, sondern weil es verboten ist und man eine bubenhafte Freude empfindet, das Verbotene zu tun. Der Fremde, der nach Amerika kommt, geniesst insbesondere das Privileg, als *causa bibendi* verwendet zu werden. Man zeigt ihm gerne, dass die Freiheit noch nicht ganz aus dem Lande verbannt ist und der aufrechte Mann sich immer noch betümpeln kann, bis er eben nicht mehr aufrecht ist.

Die weisse Bevölkerung ist von den obersten bis zu den untersten Schichten kinderarm und erhält wegen der Einwanderungsgesetzgebung auch keinen genügenden auswärtigen Zuwachs mehr. Unbeschränkt wandern immer noch die Mexikaner ein. Aber die sind wegen ihres starken Zusatzes von Indianerblut zweifelhafte «Weisse» und in ihrem gegenwärtigen Kulturzustand kein erfreuliches Plus. Es wird auch schon lebhaft daran herumgemacht, das Prinzip der unkontrollierten Zulassung der benachbarten amerikanischen Völker preiszugeben und die mexikanische Einwanderung so rücksichtslos zu rationieren wie die übrige. Ich zweifle nicht, dass diese Bewegung schliesslich siegen wird; denn hinter ihr steckt der amerikanische Arbeiter, der den mexikanischen Lohndrücker fürchtet. Und der Arbeiter ist, obwohl oder weil es keinen politischen Sozialismus gibt, doch wohl die entscheidende Macht in den Vereinigten Staaten. Ich glaube nicht, dass die herrschende Meinung, das Kapital sei in diesem Lande allmächtig, richtig ist. Eine Klasse, die, wie es durch die Einwanderungsgesetzgebung geschehen ist, die natürliche, seit Jahrhunderten fortschreitende Entwicklung eines Koloniallandes stoppen kann, ist eben *die* Macht. Ohne ihr Einverständnis wären auch die Monstruositäten der gegenwärtigen Zollpolitik nicht möglich. Man lasse sich nicht durch den Umstand trügen, dass das, was wir in Europa unter Arbeiterfürsorge und Arbeitergesetzgebung verstehen, in Amerika noch stark im Rückstand ist. Mit der Zeit werden sich die Arbeiter all dies auch erringen. Man weiss bei uns auch zu wenig, was drüben auf diesem Gebiet vor sich geht. Nur ein Beispiel: General Electric Company in Schenectady, also eine der prominentesten Firmen Amerikas, ja der ganzen Welt, hat sich neuerdings zur Einführung einer ausgiebigen Arbeitslosenversicherung entschlossen.

Der Glaube des ganzen Volkes an seine perfekte Eignung für die wirtschaftliche und kulturelle Weltbeherrschung ist unerschüttert. Und auch der Einzelne glaubt an sich selbst, mehr als irgendwo in der Welt. Erwartet er den durchschlagenden Erfolg nicht mehr für sich selbst, so erwartet er ihn für seine Kinder. Ein Säuglingsmehl-Präparat plakatiert sich an den Landstrassen mit dem Prunkwort: *Food for growing Presidents;* die Mutter, die ihr Kleines mit diesem Brei emporfüttert, soll also hoffen, einen künftigen Präsidenten der Vereinigten Staaten zu mästen. Eine ähnliche Reklame würde bei uns durch Lächerlichkeit töten, nicht stimulieren. Ich möchte auch nicht wünschen, dass das optimistische Selbstbewusstsein der Amerikaner in vollem Masse über uns Europäer käme. Aber schon der zehnte Teil würde uns gut tun, die wir zum Bewusstsein erzogen sind, dass wir untüchtig zu allem Guten und geneigt zu allem Bösen seien.

Das Allerbeste aber, was wir von den Amerikanern übernehmen könnten, scheint mir ihr zuversichtlicher Optimismus zu sein. Ich habe vorhin von den langen Gesichtern gesprochen, die die gegenwärtige Wirtschaftsdepression bei Arbeitnehmern und Arbeitgebern erzeugt. Man glaube aber ja nicht, dass wegen dieser Sorgen irgend jemand im Lande an der wirtschaftlichen Sieghaftigkeit Amerikas zweifle.

Viele Europäer, die studienhalber nach Amerika reisen, haben in ihrem Unterbewusstsein die Absicht, «das Gruseln zu lernen», das heisst, sich von den mächtigen Eindrücken drüben platt schlagen zu lassen. Und weil sie seelisch so vorbereitet sind, tritt der Effekt auch prompt ein. Wenn die Folge dann wäre, dass man zu Hause energisch durchführt, was man drüben an Nachahmenswertem gefunden hat, so liesse sich nichts dawider sagen. Aber meist ist die europäische Mutlosigkeit dann nachher schlimmer als zuvor. Das ist recht fatal und könnte vermieden werden, wenn man im Kabinenkoffer ein bisschen Kritik mitnähme und die amerikanischen Superlative mit dem amerikanischen Massstab mässe, der nicht der unsrige ist. Die europäische Menschheit hat Grund, sehr Vieles und sehr Gutes von Amerika zu lernen, aber nicht den geringsten Grund, sich unterlegen zu fühlen. Der Deutsche, der Franzose, der Italiener und ganz sicher auch der Schweizer können immer noch allerhand, was der Amerikaner nicht kann, vielleicht gerade deshalb nicht kann, weil ihm das Leben leichter wird, weil er nicht mehr der sich mühselig durchsetzende Pionier von ehedem, sondern ein *beatus possidens* ist.

Darum ist beim geistigen und beim wirtschaftlichen Verkehr zwischen hüben und drüben ganz gut ein Austauschverhältnis möglich. Weder das Nehmen noch das Geben braucht einseitig zu sein. Wir sollten einander helfen in der Not unserer Zeit. Sie ist uns gemeinsam. Die weite Welt ist so klein geworden, dass die europäische Not eine amerikanische ist und die amerikanische eine europäische. Ich bringe von unserer Reise die Überzeugung nach Hause, dass wir uns gegenseitig nicht nur helfen *sollten,* sondern auch helfen *könnten,* als Brüder *eines* europäischen Stammes.

Albert Oeri
O. – Tagesberichte 1932-1945
erschienen in den «Basler Nachrichten»
GS-Verlag Basel, ISBN 3-7185-0175-9

Albert Oeri (1875-1950), Chefredaktor der 1976 wegfusionierten «Basler Nachrichten», war nicht nur einer der mutigsten Schweizer Streiter für die demokratische Freiheit und gegen den nationalsozialistischen Ungeist, sondern zugleich ein hervorragender Kommentator des weltpolitischen Geschehens von der Vorkriegszeit bis zum Zusammenbruch des Dritten Reichs. Seine Leitartikel, von ihm schlicht-bescheiden «Tagesberichte» genannt, sind gekennzeichnet durch umfassende Kenntnis der Geschichte, humanistisches Ethos, unbestechlichen analytischen Klarblick und brillanten sprachlichen Ausdruck.

Er selbst hat 1946 eine Auswahl dieser Leitartikel in einem Sammelband vorgelegt. Dieser ist schon längst vergriffen. Die vorliegende ungekürzte Neuausgabe ist geradezu Pflichtlektüre für alle, die sich als Historiker oder als politisch-historisch interessierte Bürger mit jener auch für die heutige Schweiz so folgenschweren Epoche beschäftigen.

Der durch seine Basler Geschichte bekannte Historiker René Teuteberg hat sie mit einem biographischen Abriss über den Verfasser sowie einem Namenregister versehen.

(Rudolf Suter)

Interessant sind Oeris Beiträge zu Geschehnissen, die anders ausgingen, als es zum Zeitpunkt des Ereignisses aussah. In seiner Analyse des Münchner Abkommens (1938), als Frankreich und England Hitler gestatteten, Sudetendeutschland «heimzuholen», stimmte er nur vordergründig in die «Peace for our time»-Theorie der meisten Kommentatoren ein; er folgert sehr klar, dass ein kommender Weltenbrand unvermeidlich ist.

(Urs Hobi in: Basler Zeitung)